Wolfgang W. Müller, Franc Wagner (Hg.)

Ökumene in säkularer Gesellschaft

TVZ

Wolfgang W. Müller, Franc Wagner (Hg.)

Ökumene in säkularer Gesellschaft

EDITION NZN
BEI TVZ
Theologischer Verlag Zürich

Schriften Ökumenisches Institut, Band 13

Die Publikation wurde grosszügig unterstützt:
Förderverein Ökumenisches Institut Luzern
Katholische Kirche im Kanton Zürich
Katholische Kirche der Stadt Luzern

Der Theologische Verlag Zürich wird vom Bundesamt für Kultur
für die Jahre 2021–2024 unterstützt.

Die Deutsche Bibliothek – Bibliografische Einheitsaufnahme
Die Deutsche Bibliothek verzeichnet diese Publikation in der Deutschen Nationalbibliografie; detaillierte bibliografische Daten sind im Internet über https://www.dnb.de abrufbar.

Umschlaggestaltung: Simone Ackermann, Zürich
Satz: Claudia Wild, Konstanz
Druck: CPI books GmbH, Leck

ISBN 978-3-290-20203-3 (Print)
ISBN 978-3-290-20204-0 (E-Book: PDF)

Diesen Band widmen die Herausgeber dem Andenken
an Karl Kardinal Lehmann (1936–2018),
einem Pionier der Ökumene in Wissenschaft und Praxis
im 20. Jahrhundert.

Geleitwort des Vorsitzenden der Ökumenekommission der Deutschen Bischofskonferenz

Bischof Gerhard Feige

Ökumene geschieht nicht im luftleeren Raum. Sie ist kontextuell eingebunden in die jeweilige gesellschaftliche und soziale Situation. Das lässt sich an vielen Beispielen zeigen. So waren schon zu Beginn der Ökumenischen Bewegung die konkreten Erfahrungen in der Mission, aber auch das Verblassen konfessioneller Gegensätze in den Schützengräben des Ersten Weltkrieges Triebfedern für die Entstehung und die ersten Ausprägungen der Initiative. Später waren es die Umstände der nationalsozialistischen Diktatur, in denen sich die Una-Sancta-Bewegung formierte. Die Wanderbewegungen nach dem Zweiten Weltkrieg haben in Deutschland zu einer konfessionellen Durchmischung geführt, die das ökumenische Miteinander prägte und weiter beförderte. Ich selbst habe erlebt, dass es unter der Herrschaft des Kommunismus in der ehemaligen DDR nicht wichtig war, welcher Kirche man angehörte; es zählte nur, ob man Christ und im Glauben miteinander verbunden war oder nicht.

Heute vollzieht sich Ökumene in vielen Ländern vor allem West- und Mitteleuropas in säkularen Gesellschaften. Religion wird mehr oder weniger stark aus dem öffentlichen Leben verdrängt und spielt auch im persönlichen Bereich eine immer geringere Rolle. Dem korrespondiert ein religiöser und weltanschaulicher Pluralismus, der marktförmig anmutet und in dem der Einzelne sich für ein ihm passend erscheinendes Heilsangebot phasenweise oder dauerhaft entscheidet oder sich religiös-weltanschaulich in keiner Weise bindet und eine solche Bindung auch nicht weiter vermisst. Zunächst bedeuten diese Entwicklungen eine Erfahrung von Freiheit, die in früheren Zeiten, als gesellschaftliche und religiöse Zugehörigkeit eng miteinander verknüpft waren, so nicht möglich war. Zugleich zeigen sich aber auch die Schattenseiten dieser Veränderungen. Es kommt zu einer zunehmenden Spaltung der Gesellschaften, und die Risse zwischen einzelnen gesellschaftlichen Gruppen drohen tiefer zu werden. Entfremdungsprozesse verstärken sich, und populistische oder rechtsextreme Gruppierungen verzeichnen einen wachsenden Zulauf. Das Zusammenleben wird schwieriger, Eigeninteressen scheinen wichtiger als Solidarität, alte und neue Feindbilder werden gepflegt. Die mit der Corona-Pandemie verbundenen Belastungen der Gesellschaft haben diese problematischen Tendenzen noch stärker bewusst gemacht, vielleicht sogar befördert. Erfreulicherweise zeigt sich aber gerade in der aktuellen Situation, dass Menschen auch weiter bereit sind, füreinander einzustehen und denen zu helfen, die von den Folgen der Pandemie besonders hart betroffen sind.

Ökumene muss die beschriebenen gesellschaftlichen Entwicklungen wahrnehmen, sich auf sie einstellen und sich in ihnen bewähren. Die christlichen Kirchen in West- und Mitteleuropa stehen hier vor sehr ähnlichen Herausforderungen. Daher ist es gut, wenn sie sich darüber austauschen und miteinander Wege suchen, für die Menschen da zu sein und Zeugnis für Jesus Christus zu geben. Ihre Glaubwürdigkeit wird umso grösser sein, je stärker Christen sich dessen bewusst sind, dass sie im Glauben an Christus eins sind und dies auch in ihrem Leben sichtbar machen. Die Sorge um die Einheit der Kirche ist uns von Jesus selbst aufgetragen, damit die Welt glaubt, dass er vom Vater gesandt ist (vgl. Joh 17,21).

Jesus lässt sich von der Not der Menschen berühren, wendet sich ihnen zu und schenkt Heilung und Heil. Die Orientierung an ihm öffnet den Menschen für solidarisches Handeln und bestärkt ihn darin. Zeichen gelebter Solidarität sind gerade in säkularen Gesellschaften mit Tendenzen zu Individualisierung, Fragmentierung und Polarisierung von grösster Bedeutung. Das zeigt aktuell die Corona-Pandemie, das führen uns auch das durch die grossen Migrationsbewegungen unserer Tage verursachte Leid und die Besorgnis erregenden Folgen des Klimawandels unverhohlen vor Augen. Das Eintreten für die Würde des Menschen, für Frieden, Gerechtigkeit und die Bewahrung der Schöpfung kann eine höhere Durchsetzungskraft entfalten, wenn wir uns als Christen gemeinsam engagieren.

In einem von Säkularisierung und Pluralisierung geprägten Kontext stehen wir als Christen in der Verantwortung, uns selbst immer wieder an Christus auszurichten und in geschwisterlicher Verbundenheit davon Zeugnis zu geben, dass er mit uns und mit allen Menschen auf dem Weg bleibt. Das schliesst Busse, Umkehr und Erneuerung ein, wo wir uns vom Herrn abgekehrt haben, und dies nicht nur im Leben des Einzelnen, sondern auch im Leben der Kirche. Daran lassen die vielen Missbrauchsfälle, die sich im innersten Bereich der katholischen Kirche ereignet haben und von denen jeder einzelne erschütternd ist, keinen Zweifel.

In Deutschland haben wir aus Anlass von 500 Jahren Reformation einen Healing-of-memories-Prozess initiiert. Er ist nicht nur nach innen auf die Überwindung von Trennung und Spaltung unter den Christen gerichtet, so wichtig dies auch ist. Es geht auch darum, ein Signal nach aussen zu setzen: Versöhnung ist auch bei bleibenden Unterschieden möglich. Wenn es uns gelingt, als Christen versöhnt miteinander zu leben und dies auch in die Welt hinein auszustrahlen, könnten Brücken der Verständigung innerhalb der Gesellschaften europäischer Länder und auch zwischen ihnen entstehen. So könnte Ökumene auch einen «Beitrag zur Einheit der Menschheitsfamilie» leisten, von dem Papst Franziskus in seinem Apostolischen Schreiben «Evangelii Gaudium» vom 24. November 2013 spricht (Nr. 244).

Die Tragweite der Ökumene in säkularer Gesellschaft kann nicht hoch genug eingeschätzt werden. In diesem Sinn wünsche ich der vorliegenden Publikation eine breite Diskussion und Aufnahme.

+ Gerhard Feige

Bischof Dr. Gerhard Feige (Magdeburg)

Inhalt

Vorwort

Die Ökumene kennt seit Jahrzehnten eine abwechslungsreiche Debattenkultur. Auf Ankündigungen ökumenischer Bestrebungen in Forschung und Praxis erfolgen vertiefte Anfragen von allen möglichen Seiten. Die ökumenische Fragestellung entwickelt im Ringen um einen Konsens eine eigene, z. T. eigenartige Dynamik. Die aktuelle Beurteilung der Ökumene in den Kirchen wird unter diesen Umständen aus einer Perspektive der «longue durée» (Fernand Braudel) von zwei epochalen Umbrüchen zu reflektieren sein:

Zum einen von einem innerkirchlichen Impuls zur Ökumene (vgl. den biblischen Impuls Joh 17,21: «Auf dass sie alle eins seien»): Unter die ersten Impulse der Ökumene zum Ende des 19. Jahrhunderts sind die Erfahrungen der damaligen missionarischen Aktivitäten der europäischen Kirchen im aussereuropäischen Kontext zu rechnen. Die Impulse zur Ökumene in Europa ging von der praktischen Fragestellung des Miteinanders im Alltag aus. Erster und Zweiter Weltkrieg verzögerten einerseits die Bestrebungen der Ökumene, andererseits zerfiel durch die Nachkriegswirren das konfessionelle Milieu ganzer Regionen. In Deutschland gingen beispielsweise die konfessionellen Parteien in Neugründungen auf. Die Ökumene in der föderalistisch geprägten Schweiz mit ihrer sprachlichen und kulturellen Vielfalt war von diesen Umbrüchen weitgehend vorschont geblieben. Zum anderen erlebt die kirchliche Situation der Schweiz den zunächst ausserkirchlichen Impuls zur Ökumene viel stärker als andere Länder Europas. Angesichts der Moderne, die von einem offenen, pluralen, religionsneutralen Gesellschaftsverständnis ausgeht, wird Religiöses und Kirchliches dem privaten Sektor zugerechnet. Aufgrund der historischen Erfahrungen der Eidgenossenschaft gehören religiöse und konfessionelle Angelegenheiten in den souveränen Bereich der einzelnen Kantone. Den ökumenischen Bestrebungen der Schweiz, einem Land der Reformation, hat man deswegen in der Praxis des kirchlichen Alltags schon sehr früh einen grossen Raum zugebilligt. Einige Beispiele sollen für eine praktische Ökumene avant la lettre als Beispiel dienen. Das erste Beispiel bezieht sich auf die Armeeseelsorge. Sie ist nach einer Verordnung des Bundesrates über die Struktur der Armee ein Dienstzweig derselben und wird von katholischen und reformierten Seelsorgern und Seelsorgerinnen für alle Angehörige der Armee ausgeübt. Dabei haben die Geistlichen Würde und Identität der anderen Konfessionen und Religionen zu respektieren. Als weiteres Beispiel sind die ökumenischen Gesprächskreise in der Deutschschweiz und in der Romandie zu nennen. In der deutschsprachigen Schweiz kommen dafür Pfarrer Peter Vogelsanger (1912–1995) und dem freischaffenden Theologen Otto Karrer (1888–1976) grosse Verdienste zu.[1] In der Westschweiz formiert sich eine Gruppe, die als «Groupe des Dombes» im frankophonen Raume ökumenische Geschichte schreiben wird. Roger Schutz (1915–2005) und Max Thurian (1921–1996) studieren in Genf Theologie und entwickeln in dieser Zeit erste Gedanken zu einer ökumenischen Mönchsgemeinschaft. Die Kommunität der Schwestern von Grandchamp ist ebenfalls ökumenisch orientiert. Von diesem Aufbruch war ebenfalls die Gründung einer wissenschaftlichen Vereinigung aller Theologischen Fakultäten in der Schweiz bestimmt. Diese Idee geht auf das

1 Siehe dazu etwa: *Müller*, Otto Karrer. Die Theologische Fakultät der Universität Luzern unterhält Otto Karrer Memorial Lectures, die einmal jährlich stattfinden: URL: https://www.unilu.ch/fakultaeten/ (5.1.2021). Siehe auch: *Käßmann/Schäuble/Sommaruga*, Horizontale Ökumene; *Müller*, Reden über die Welt und Gott.

Jahr 1959 zurück und wurde von sieben renommierten Theologen initiiert: Johannes Feiner (1909–1985), Walter Frei (geb. 1927), Otto Karrer, Jean-Louis Leuba (1912–2005), Heinrich Ott (1929–2013), Arthur Rich (1910–1992) und Heinrich Stirnimann (1920–2005). Diese Gesellschaft wurde 1965 gegründet und im selben Jahr als Schweizerische Theologische Gesellschaft SThG in die Schweizerische Geisteswissenschaftliche Gesellschaft (heute Schweizerische Akademie für Geistes- und Sozialwissenschaften SAGW) aufgenommen. Ziel und Aufgabe der Gesellschaft ist die Förderung der fachlich-theologischen Diskussion und der wissenschaftlichen Forschung.

Die Entkirchlichung der Gesellschaft einerseits und die Öffnung der katholischen Kirche zur Ökumene im II. Vatikanum andererseits lassen einen «Frühling der Ökumene» auch in der Schweiz entstehen. Die Ökumene erlebt in Lehre und Praxis einen Aufbruch und verankert sich in den Pfarreien und Gemeinden vor Ort. So pflegt beispielsweise die Christkatholische Kirche der Schweiz besonders den Dialog mit den Kirchen der Orthodoxie. Ein Schwerpunkt für den Dialog mit der ostkirchlichen Tradition bildet das Institut in Chambésy, Genf.

Die kirchlichen und gesellschaftlichen Änderungen lassen im eidgenössischen Kontext die Errichtung der Landeskirchen entstehen und verhelfen den Kirchen in den jeweiligen Diaspora-Situationen und konfessionell geprägten Landesteilen zu einer gesellschaftlichen und politischen Aufwertung. So kann beispielsweise 1963 im Kanton Zürich die Errichtung einer öffentlichen Körperschaft der Katholischen Kirche als «offizielle Anerkennung» im Kanton verstanden werden, vice versa gilt dies für die reformierte Kirche in den katholisch geprägten Kantonen der Innerschweiz. Aufgrund dessen konnten im Kanton Luzern im Jahr 2020 die katholische und reformierte Kirche ihr 20-jähriges Bestehen als landeskirchliche Institutionen in einer ökumenischen Perspektive begehen. Der Kanton Luzern ist im 20. Jahrhundert die Heimat herausragender Theologen. Betont der Luzerner Hans Urs von Balthasar (1905–1988) die Katholizität der römisch-katholischen

Kirche in nachkonziliaren Zeit,[2] unterstreicht der aus Sursee stammende Hans Küng (1928–2021) die Bedeutung der Ökumene für Theologie und Kirche.[3]

Allerdings hat sich der gesellschaftliche Stand der Kirchen in der Gesellschaft weiter verringert. Zusehends wird die ökumenische Fragestellung von der Debatte um den interreligiösen Dialog in den Hintergrund gedrängt. Zudem erhält sie durch das Wachstum pentekostaler, charismatischer und evangelikaler Bewegungen eine Akzentverschiebung zum Phänomen einer Transkonfessionalität. Für andere neuere theologische Bewegungen scheint die Ökumene keine grössere Rolle zu spielen. Angesichts der gesellschaftlichen Situation der Kirchen in der säkularen, postchristlichen Gesellschaft kennen die Kirchen identitäre Bestrebungen, welche die ökumenischen Bestrebungen als nicht zielführend erachten und ihnen weniger Bedeutung schenken. Zudem bringen internationale Migrationsströme ein aussereuropäisch geprägtes Christentum in die europäische (lies: säkulare) Gesellschaft ein. So wurde beispielsweise der Lehrstuhl für «Ökumene, Mission und interkultureller Gegenwartsfragen» an der Theologischen Fakultät der Universität Basel im Verständnis einer transkulturellen Theologie in einen Lehrstuhl für «Aussereuropäisches Christentum AEC» umgewidmet. Welche Rolle kommt der Ökumene in der Dialektik von «Wiederkehr der Religion» und neuem Atheismus zu? Im akademischen Betrieb gibt es angesichts dieser Veränderungen eine neue Diskussion um die Ökumene: *Ökumene – überdacht. Reflexionen und Realitäten im Umbruch* lautet ein entsprechender Sammelband aus dem Jahr 2014.[4] Die Umbruchsituation des universitären Lebens und die Ökonomisierung des Wissenschaftsbetriebs stellen die Ökumene nochmals vor neue Fragen. Ist man in Kirche, Gesellschaft und Universität an einer ökumeni-

2 *Balthasar*, Der antirömische Affekt; *ders.*, Glaubhaft ist nur die Liebe.
3 *Küng*, Konzil und Ökumene.
4 *Bremer/Wernsmann*, Ökumene – überdacht.

schen Theologie realiter interessiert, oder versteht sich das Bekenntnis zu ihr, angesichts der radikalen Infragestellung des Religiösen und Kirchlichen in der säkularen Gesellschaft, als ein Lippenbekenntnis? Sind die ökumenischen Errungenschaften des 20. Jahrhunderts nachhaltig? Hat die Ökumene von gestern ein Morgen im 21. Jahrhundert?[5]

Der vorliegende 13. und letzte Band der Reihe «Schriften Ökumenisches Institut Luzern» versucht diesen grossen Fragen im Kleinen nachzugehen. In lokalen Gegebenheiten brechen sich die globalen Umwälzungen wie in einem Prisma. Die Idee zu dieser Publikation entstand im Umfeld des oben genannten Jubiläums der Landeskirchen im Kanton Luzern. Die Publikation gibt zugleich ein Einblick in die Tätigkeit des Ökumenischen Instituts seit seiner Gründung im Jahr 1998.

Für diese Zeit gilt es auch zu danken: Der Dank gilt zum einen der Stiftung Ökumenisches Institut, der Trägerschaft des Instituts an der Theologischen Fakultät der Universität Luzern und zum anderen dem Förderverein «Ökumenisches Institut Luzern» für die ideelle und finanzielle Unterstützung. Der Dank gilt gleichfalls Bischof Dr. Gerhard Feige, Bischof von Magdeburg und Vorsitzender der Ökumene Kommission der Deutschen Bischofskonferenz, für sein Grusswort und last but not least Dr. Markus Zimmer von der Edition NZN im Theologischen Verlag Zürich für die stets behutsame und wohlwollende Betreuung der Bände der Schriftenreihe.

In der Woche der Einheit der Christen, Januar 2022
Wolfgang W. Müller

5 *Feige*, Ökumene auf dem Weg; *Metropolit Augoustinos von Deutschland*, Zum Stand der Ökumene im Jahr 2021; *Kardinal Koch*, Wohin geht die Ökumene?

Literatur

Balthasar, Hans Urs, von: Der antirömische Affekt. Freiburg i. Br.: Johannes, [2]1989.

Balthasar, Hans Urs, von: Glaubhaft ist nur die Liebe. Freiburg i. Br.: Johannes, [8]2019.

Bremer, Thomas/Wernsmann, Maria (Hg.): Ökumene – überdacht. Reflexionen und Realitäten im Umbruch, Freiburg i. Br.: Herder, 2014.

Feige, Gerhad: Ökumene auf dem Weg. Entwicklungen, Herausforderungen und Perspektiven aus katholischer Sicht, in: Catholica 75 (2021) 88–105.

Käßmann, Margot/Schäuble, Wolfgang/Sommaruga, Cornelio (Hg.): Horizontale Ökumene. Otto-Karrer-Vorlesungen zu Ökumene, Caritas und interreligiöser Dialog. Zürich: Edition NZN, 2007.

Küng, Hans: Konzil und Ökumene (= *Küng, Hans*: Sämtliche Werke, hg. von *Küng, Hans/Schlensog, Stephan.* Bd. 2). Freiburg i. Br.: Herder, 2015.

Kurt Kardinal Koch: Wohin geht die Ökumene? Regensburg: Pustet, 2021.

Metropolit Augoustinos von Deutschland: Zum Stand der Ökumene im Jahr 2021, in: Catholica 75 (2021) 81–87.

Müller, Wolfgang W.: Otto Karrer. Fundamente und Praxis der Ökumene gestern und heute. Berlin: Morus, 2004.

Müller, Wolfgang W. (Hg.): Reden über die Welt und Gott. Otto-Karrer-Vorlesungen 2010–2017. Zürich: Edition NZN, 2017.

I Ökumene und Gesellschaft

Anerkennung von Kirchen und Religionsgemeinschaften – aktuelle Fragen und Zukunftsperspektiven

Anlässlich des 50-Jahr-Jubiläums der Anerkennung der Landeskirchen im Kanton Luzern

Daniel Kosch

2020 feierten die römisch-katholische und die evangelisch-reformierte Kirche im Kanton Luzern das 50-jährige Jubiläum als öffentlich-rechtlich anerkannte kantonale «Landeskirchen». Dieses gemeinsame Jubiläum verdanken sie der Revision der Kantonsverfassung von 1958. Die revidierte Verfassung gab den stimmberechtigten Konfessionsangehörigen neu die Möglichkeit, sich mit Zustimmung des Grossen Rates als Körperschaft des öffentlichen Rechts zu organisieren und eine kantonale Kirchenverfassung zu beschliessen. Gestützt auf das entsprechende Gesetz von 1964 nahmen die Kirchen das an die Hand. 1969 wurden beide Landeskirchenverfassungen von den Stimmberechtigten der jeweiligen Konfession angenommen und traten 1970 in Kraft. Diese Gleichzeitigkeit wurde den beiden Kirchen also nicht aufgezwungen, denn die Kantonsverfassung schuf lediglich die *Möglichkeit* zur landeskirchlichen Selbstorganisation. Der Kanton «bot eine Organisationsform auf kantonaler Ebene an und überliess es dem Kirchenvolk, ob davon Gebrauch gemacht werden sollte oder nicht»[1].

Es ist daher durchaus angemessen, im Zusammenhang mit der Schaffung der beiden Landeskirchen von einer «Ökumene in säkularer Gesellschaft» zu sprechen. Beide Kirchen verbindet neben den gemeinsamen Glaubensgrundlagen, dass sie diese öffentlich-rechtliche Anerkennung wollten und weiterhin wollen. Man kann

1 *Kraus*, Staatskirchenrecht 180. Für das Luzerner Staatskirchenrecht nach wie vor grundlegend: *Hafner*, Staat.

also von einer «Ökumene der Anerkennung» sprechen. Denn das Bestreben, als Körperschaft des öffentlichen Rechts vom Staat anerkannt zu werden, hat eine theologische oder ekklesiologische Dimension: Es ist Ausdruck der Überzeugung, dass die anerkennungswillige Kirche einen öffentlichen, auf das Wohl der ganzen Gemeinschaft bezogenen Auftrag hat. Sie will mit dem Staat in einer von gegenseitiger Anerkennung geprägten Beziehung stehen und ist nicht etwa eine rein «private Angelegenheit» mit dem Ziel, nur die frommen Bedürfnisse der eigenen Kirchenmitglieder abzudecken. Dieses Selbstverständnis der beiden Kirchen als öffentliche, auf die Gesamtgesellschaft bezogene Grössen ist eine wichtige Voraussetzung für eine gelebte und gesellschaftlich relevante Ökumene.

Eine solche Übereinstimmung in der Grundhaltung dem Staat gegenüber wäre auch eine wichtige Basis für interreligiöse Zusammenarbeit, wenn eines Tages die in der revidierten Kantonsverfassung von 2007 vorgesehene Möglichkeit der Anerkennung weiterer Religionsgemeinschaften (Art. 79 Abs. 2) Realität würde.

1 Hinweise auf die Zeit der Entstehung der Landeskirchen im Kanton Luzern

Bevor ich näher auf die Anerkennungsthematik und die Frage nach zukünftigen Perspektiven eingehe, möchte ich die Entstehung der beiden kantonalen Landeskirchen vor 50 Jahren ein wenig verorten – um einen Eindruck davon zu vermitteln, was uns von damals trennt und was uns mit 1970 verbindet.

1.1 Transposition des Kirchgemeindeprinzips auf die kantonale Ebene

Mit Blick auf die kantonale Anerkennung selbst ist zunächst zu vermerken, dass diese für beide Kirchen Teil einer längeren Entwicklung war. Schon 1826 erteilte der Grosse Rat der reformierten Minderheit das Recht, regelmässige Gottesdienste abzuhalten, und schon 1853 erhielt ihre Gemeinde die öffentlich-rechtliche Anerkennung. Katholische Kirchgemeinden gab es bereits seit 1842, ihre Vorläufer waren pfarrgenossenschaftliche Verhältnisse, innerhalb derer sich Pfarrgemeinden bildeten, die an der Verwaltung des Kirchenguts beteiligt waren und gegebenenfalls das Patronatsrecht ausübten. Mit der Entstehung der Landeskirchen wurden also auf kommunaler Ebene eingespielte Regelungen auf die kantonale Ebene übertragen.[2]

1.2 95 % Kirchenmitglieder

Um die gesamtgesellschaftliche Bedeutung der Kirchen um 1970 einzuschätzen, genügt ein Blick in die Statistik. 95 % der Bevölkerung gehörten einer der beiden Kirchen an. Die Katholiken machten rund 80 %, die Reformierten rund 15 % aus. Heute umfasst die Bevölkerung 60 % Katholiken, 18 % Konfessionslose, 10 % Reformierte, 4 % Muslime und 8 % Mitglieder nicht anerkannter Kirchen und Religionsgemeinschaften.

1.3 Neue Herausforderungen

Wichtige Anstösse für die Schaffung etlicher römisch-katholischer kantonalkirchlicher Organisation um 1970 gab das Zweite Vatikanische Konzil (1962–1965). Es sorgte für die Öffnung der Kirche hin zur Welt, zur Ökumene und zum interreligiösen Dialog. Und es stärkte die Mitverantwortung der Laien. Das hatte auch zur Folge, dass Mitarbeit in staatskirchenrechtlichen Behörden als Engagement im Dienst der Kirche verstanden wurde. Zudem erforderten pastorale Reformen wie die Wiederentdeckung der Bibel, die Reform der Liturgie, das verstärkte sozialethische Engagement oder die Ausbildung von Laien für den pastoralen Dienst grossräumigere Strukturen, konnten diese Aufgaben doch auf lokaler Ebene nicht sinnvoll wahrgenommen werden. Entsprechend ent-

2 Vgl. dazu *Kraus*, Staatskirchenrecht 179–181.

standen etwa zeitgleich in weiteren Kantonen Landeskirchen, die sich 1971 in der Römisch-Katholischen Zentralkonferenz der Schweiz (RKZ) zusammenschlossen.[3]

1.4 Gesellschaftspolitische und innerkirchliche Spannungen

Es wäre allerdings eine unsachgemässe Verklärung der «guten alten Zeiten», sich die damalige Zeit als «heile Welt» vorzustellen, in der die Kirchen sich allgemeinen Wohlwollens erfreuten.

Die Studentenunruhen von 1968 machten überdeutlich, dass das «Establishment» unter Druck war, die «antiautoritäre Erziehung» von Summerhill machte Schlagzeilen, die Beatles, die sich 1971 trennten, revolutionierten den Musikgeschmack. In Deutschland sorgten 1970 Terroranschläge der RAF für ein gesellschaftlich angespanntes Klima und in der Schweiz tobte ein heftiger Abstimmungskampf um die so genannte Schwarzenbach-Initiative, mit der die Zuwanderung aus dem Ausland gestoppt oder gar rückgängig gemacht werden sollte. Max Frisch veröffentlichte 1971 *Wilhelm Tell für die Schule* und stellte damit den Gründungsmythos der Eidgenossenschaft in Frage. Während alternative Kreise für Basisdemokratie und für die freie Liebe eintraten, veröffentlichte Paul VI. im Jahr 1968 unter dem Titel *Humanae Vitae* die so genannte Pillenenzyklika und löste damit eine innerkatholische Polarisierung aus, die dem «Kirchenfrühling» nach dem Konzil ein Ende setzte. Der Luzerner Theologe Hans Küng publizierte in diesem Kontext 1970 sein Buch «Unfehlbar? Eine Anfrage». Auch in der evangelischen Kirche und Theologie waren die Zeiten unruhig. Die damals sehr umstrittene Theologin Dorothee Sölle (1929–2003) veröffentlichte Bücher mit provokativen Titeln wie *Phantasie und Gehorsam* oder *Atheistisch an Gott glauben* (beide 1968). Ihre Kritiker formulierten ihre Empörung mit dem Slogan «Fahr zur Hölle, geh zur Sölle». Der Berner Pfarrer Kurt Marti (1921–2017) veröffentlichte ein schmales

---

3 Zu den Landeskirchen vgl. *Cavelti*, Entwicklung; zur RKZ vgl. *Kosch*, Zentralkonferenz.

Gedichtbändchen unter dem Titel *Leichenreden* (1969) und übte darin deutliche Kritik an einem verbürgerlichten und angepassten Christentum. Mit der Gedichtzeile «Dem lieben Gott hat es gar nicht gefallen» nahm er Bezug auf eine damals noch durchaus gebräuchliche Formulierung in Todesanzeigen – und protestierte gegen die Vorstellung, es sei «Wille Gottes», wenn ein Mensch in den besten Jahren seines Lebens von einem Auto überfahren wird. Solche Wortmeldungen aus dem Inneren der Kirche machten unübersehbar, dass der allmächtige, autoritäre Vatergott, der «alles so herrlich regieret», definitiv in die Krise gekommen war und mit ihm die traditionelle Kirchlichkeit.

Eigens zu erwähnen ist in diesem Kontext das Frauenstimmrecht. Die Abstimmung über die Gründung der beiden Landeskirchen erfolgte 1969 noch ohne die Stimmen der Frauen, aber 1970 führten der Kanton Luzern und 1971 die Eidgenossenschaft das Frauenstimmrecht mit sehr klaren Abstimmungsergebnissen ein. Noch 1959 war es auf Bundesebene von 66 % der stimmenden Männer klar abgelehnt worden und auch im Kanton Luzern chancenlos geblieben.

1.5 Volkskirchliche Strukturen in Zeiten der Säkularisierung

Zwischen all dem und der Gründung der beiden Landeskirchen besteht kein direkter Zusammenhang. Aber im Rückblick fällt auf, dass die Stärkung der Beziehung zwischen den Ordnungsmächten Staat und Kirchen und die Verankerung übergeordneter demokratischer und volkskirchlicher Strukturen im kantonalen Recht in eine Zeit fallen, in der nicht nur gesellschaftliche, sondern auch innerkirchliche Fundamente zu bröckeln beginnen und sich Entwicklungen abzeichnen, die Kirchen bis heute beschäftigen. Zugespitzt gesagt: Die Anerkennung der Kirchen fällt in eine Zeit, in der der Staat für die Stabilität des Gemeinwesens seinerseits vermehrt auf Legitimation und Stärkung der Wertordnung angewiesen ist, sich aber bereits abzuzeichnen beginnt, dass die Kirchen ihrerseits ebenfalls zunehmend auf Stabilisierung angewiesen sind.

Dass diese Umbruchsituation schon damals deutlich wahrgenommen wurde, belegt ein Gutachten des Staatskirchenrechtlers Urs Josef Cavelti (1927–2003) zur Verfassung der römisch-katholischen Luzerner Landeskirche aus dem Jahr 1971.[4] Er schreibt darin:

> «Die fortschreitende Säkularisierung der Gesellschaft hat die bisher staats-volkskirchlichen Vorstellungen an der Wurzel getroffen».

Deshalb wirft er die Frage auf, ob es langfristig genüge, die Kirchenmitgliedschaft mit dem äusseren Kriterium der Konfessionszugehörigkeit und dem Wohnsitz in einem bestimmten Territorium zu begründen. Als Alternative schlägt er eine «positive und förmliche Beitrittserklärung» vor, denn «kirchliche Gliedschaft gründet weniger auf äusseren Kriterien, denn auf wirklichem Bekennen und der Integration in und aus der Mahlgemeinschaft».

1.6 Modernisierung und Stabilisierung

Zumindest für die römisch-katholische Kirche erweist sich die Schaffung der Landeskirche im Jahr 1970 also als Modernisierung und Stabilisierung zugleich. Zur Modernisierung trug einerseits die Schaffung grossräumigerer Organisationsstrukturen bei, die dem *aggiornamento*, der Präsenz der Kirche in der Welt von heute förderlich waren, anderseits die Demokratisierung der kirchlichen Mitverantwortung. Dass zunehmend auf kantonalkirchlicher und mit der Entstehung der Römisch-Katholischen Zentralkonferenz (1971) auch auf nationaler Ebene demokratisch verfasste und mit teils erheblichen finanziellen Mitteln ausgestattete kirchliche Organisationen entstanden, veränderte das Bild und das Funktionieren der «Kirche Schweiz»: Nicht mehr nur auf kirchgemeindlicher und damit untergeordneter, sondern auch auf überregionaler Ebene hatten nicht mehr nur die Bischöfe und die sehr bescheiden

4 *Cavelti*, Überlegungen 17.

ausgestatteten Bistumsleitungen «das Sagen», sondern auch die zunehmend selbstbewusster auftretenden «Landeskirchen», die sich auf ihre demokratische Legitimation berufen konnten und zugleich die finanziellen Möglichkeiten hatten, Fachstellen einzurichten, die kirchliche Kommunikation und Öffentlichkeitsarbeit zu stärken und das Bild einer modernen, zeitgemässen Kirche zu prägen, die sich den Herausforderungen stellt und die Laien nicht nur beteiligt, sondern auch zur Beteiligung und Mitgestaltung des kirchlichen Lebens befähigt – und dies nicht nur im staatskirchenrechtlichen Bereich, sondern z.B. auch in der Katechese, in der Mitgestaltung der Liturgie oder in der kirchlichen Erwachsenenbildung.[5]

Eindrücklich und heute kaum mehr vorstellbar ist die grosse Anerkennung und explizit theologische Würdigung dieses Engagements und der Mitglieder staatskirchenrechtlicher Behörden durch den damaligen Bischof von Basel, Anton Hänggi (1917–1994). In einer Ansprache vor der Luzerner Synode sagte er 1973[6]:

> «Mit der Tatsache, dass sie als kantonale Synode auf eine bestimmte Art und Weise Kirche verwirklichen, nehmen Sie an der Heilssendung der Kirche teil. [...] Kirchliche Verwaltung ist eine echte Dienstleistung an den Gläubigen, wie zum Beispiel ‹Verwaltung der Sakramente› oder ‹Verwaltung des Wortes›. [...] Öffentliche Verwaltung gehört zum Gesamt des Pastoraldienstes. Mitglieder der Kirchgemeinderäte, Mitglieder einer kantonalen Synode sind tatsächlich kirchliche Dienstträger. [...] Selbstverständlich kann, um dem kirchlichen Leben gerecht zu werden, in der heutigen Vielfalt nicht mehr nur ein einziges Gremium oder eine einzige Personengruppe den Heilsauftrag der Kirche sachgerecht erfüllen».

5 Vgl. dazu die in Anm. 3 genannte Literatur.
6 Zitiert nach: *Römisch-katholische Landeskirche des Kantons Luzern. Synode:* Protokoll der Frühjahressession vom 25. und 26. April 1973, 6.

In typisch katholischer Diktion formuliert der damalige Bischof Dinge, die in der stärker biblisch gefärbten Sprache der reformierten Kirche als «Gottesdienst im Alltag der Welt» (Röm 12,2) und «Priestertum aller Gläubigen» (1 Petr 2,9) bezeichnet werden. In der Kirche der 70er-Jahre, die noch weitgehend eine Priesterkirche war, rezipiert der Bischof mit diesen Aussagen nicht nur das Zweite Vatikanische Konzil und dokumentiert die Neuentdeckung von Traditionen, aus denen die Kirchen der Reformation leben. Er nimmt zugleich einen gesellschaftlichen Trend auf: Stärkung der demokratischen Beteiligung im Verhältnis zum obrigkeitlichen Denken, vermehrtes Bewusstsein für die persönliche Freiheit und Mitverantwortung, Mitbestimmung in allen Lebensbereichen statt Gehorsam und Unterordnung.

Neben der Modernisierung hatte die Gründung der Landeskirchen aber auch einen stabilisierenden Effekt. Es wurden übergeordnete Strukturen, ein Finanzausgleich und höhere Rechtsverbindlichkeit geschaffen. Die Kantonsregierung erhielt in beiden Konfessionen ein demokratisches Vis-à-vis. Die Präsenz in staatlichen Anstalten wie Schulen, Spitälern und Gefängnissen wurde einheitlich geregelt. Um die stabilisierende Wirkung dieses Schrittes abzuschätzen, genügt es, sich vorzustellen, es wäre bei den Kirchgemeinden geblieben. Nur die grössten und finanzkräftigsten unter ihnen vermöchten es auch heute noch, den Anforderungen zu genügen – die Wahrnehmung der Kirchen durch die Gesellschaft wäre eine völlig andere. Ihr Bild wäre durch lokales, von Ort zu Ort unterschiedliches religiöses Leben geprägt. Dank der kantonalen öffentlich-rechtlichen Strukturen werden sie auch heute noch als gesamtgesellschaftlich gestaltende Kräfte wahrgenommen, die neben kultischen Leistungen und Seelsorge auch in den Bereichen Bildung, Kultur und Soziales aktiv sind. Deshalb wird es auch als legitim erachtet, nicht nur von den Kirchenmitgliedern, sondern auch von den Unternehmen Kirchensteuern zu erheben[7].

---

7 Vgl. *Süess u. a.*, Kirchensteuern. Zu den gesamtgesellschaftlichen Leistungen der Kirchen s. auch *Reber*, Unterstützung; *ders.*, Weiterentwicklung.

2 Begriff und Implikationen der öffentlich-rechtlichen «Anerkennung»

Nach diesen Hinweisen zum gesellschaftlichen und kirchlichen Kontext der öffentlich-rechtlichen Anerkennung der beiden Luzerner Landeskirchen vor 50 Jahren ist nun grundsätzlicher vom Rechtsinstitut der öffentlich-rechtlichen Anerkennung zu sprechen. Dabei richtet sich der Blick weniger auf die juristischen Aspekte[8] als auf die grundsätzlichen Implikationen des Anerkennungsvorgangs.

2.1 Bedeutung der Anerkennung[9]

Kern des Begriffs «Anerkennung» ist das Verb «kennen»: Ich kenne dich, ich nehme dich zur Kenntnis, du bist für mich nicht inexistent. Mit der Vorsilbe «*er*-kennen» wird das Element der Wahrnehmung und der Beziehung verstärkt: Ich weiss um deine Identität, deine Existenz ist Teil meines Bewusstseinsinhaltes. Die zweite Vorsilbe «*an*-erkennen» schliesslich gibt zu verstehen, dass diese Erkenntnis positiv konnotiert ist: Ich achte dich, du hast legitime Ansprüche, ich bin bereit, deine Sichtweisen, deine Bedürfnisse, deine Vorschläge und auch dein Wirken bei meinem eigenen Handeln in Betracht zu ziehen. Wir haben gemeinsame Werte und Anliegen. Zugleich respektiere ich jene Bereiche, in denen wir uns unterscheiden. Du bist mir weder unbekannt noch gleichgültig, weder verleugne noch missachte ich dich.

---

8 Vgl. dazu (mit zahlreichen Verweisen auf ältere Literatur): *Pahud de Mortanges*, Anerkennung, sowie *Winzeler*, Anerkennung; sehr kritisch würdigt der Aufsatz von *Kiener/Kempe*, Tradition, die Anerkennungsgesetzgebung der Kantone aus grundrechtlicher Sicht.

9 Vgl. zum Folgenden schon *Kosch*, Anerkennung.

Staatliche Anerkennung Religionsgemeinschaften

Im Hinblick auf die staatliche Anerkennung von Religionsgemeinschaften ist zu präzisieren, was der Begriff der staatlichen «Anerkennung» von Religionsgemeinschaften besagt und was nicht. Dabei sind zwei Ebenen zu unterscheiden: Die Ebene des Religiösen oder Spirituellen an sich und die Ebene der Religionsgemeinschaften.

Anerkennung der spirituellen Dimension des Menschseins

Die staatliche Anerkennung der spirituellen Dimension der menschlichen Existenz und der Tatsache, dass Menschen ihren religiösen Überzeugungen auf unterschiedliche Art und Weise (in Gemeinschaften, ethischen Werten, Riten der Alltagsgestaltung, Theologien, religiösen Bauwerken etc.) Ausdruck verleihen, erfolgt in der Bundesverfassung in der in der Form eines Freiheitsrechtes, das Teil des Grundrechtskataloges ist (BV Art. 15). Damit sagt der Staat – und sagt in der Allgemeinen Erklärung der Menschenrechte die internationale Staatengemeinschaft: Die Freiheit, die eigene Religion auszuüben, ist für das Menschsein von fundamentaler Bedeutung und in höchstem Ausmass schützenswert. Eine höhere Anerkennung als diese gibt es nicht.[10] Diese staatliche Garantie, in religiösen Dingen frei zu sein und den eigenen Glauben (oder Unglauben) in Freiheit leben und zum Ausdruck bringen zu dürfen, ist in sich ein Ausdruck von Wertschätzung. Religion wird nicht verdrängt, nicht verdächtigt, aber auch nicht aufgezwungen. Sie darf anerkanntermassen sein und sichtbar sein.

10 Einzelne Kantonsverfassungen halten zudem ausdrücklich fest, dass der Staat der «spirituellen Dimension der menschlichen Person Rechnung trägt» und «den Beitrag der Kirchen und Religionsgemeinschaften zum sozialen Zusammenhalt und zur Vermittlung grundlegender Werte» in Betracht ziehen (Verfassung des Kantons VD, Art. 169).

Anerkennung von konkreten Religionsgemeinschaften

Was die zweite Ebene, also jene der Anerkennung konkreter Religionsgemeinschaften betrifft, ist zu betonen, dass sie immer einer konkreten Gruppe von Menschen gilt. Sie gilt den Mitgliedern der evangelisch-reformierten Landeskirche im Kanton Luzern oder den Mitgliedern der christkatholischen Kirche im Kanton St. Gallen. Auch bei weiteren Anerkennungen gälte sie z. B. den Mitgliedern der russisch-orthodoxen Kirche im Kanton A oder einer muslimischen Gemeinschaft im Kanton B. Weder gilt sie der katholischen Kirche als weltweiter Organisation noch dem Islam und seinen Glaubensüberzeugungen oder seinen Religionsgesetzen «an sich». Sie besagt: Der Staat anerkennt die konkrete Glaubensgemeinschaft und ihr Wirken. Und indem er sie öffentlich-rechtlich anerkennt, würdigt er ihre Bedeutung für das Gemeinwesen. Den Glaubensüberzeugungen und den religiösen Motiven für die Ethik der Religionsgemeinschaft gegenüber bleibt der Staat allerdings auf Distanz. Anders könnte er weder seine Neutralität noch die Religionsfreiheit wahren.

Mitverantwortung für das gesellschaftliche und staatliche Leben

Dass diese Anerkennung für die Kirchen mit einem hohen Anspruch verbunden ist, hat der Staatskirchenrechtler Urs Josef Cavelti[11] so gut formuliert, dass ich ihn nochmals zu Worte kommen lasse, allerdings nicht ohne den Hinweis, dass es für die die Kirchen heute sehr viel schwieriger geworden ist, diesen Anspruch einzulösen, weil sie schon grosse Mühe bekunden, ihre eigenen, aktiven Mitglieder vom Anspruch ihrer Botschaft zu überzeugen und dafür zu gewinnen, diese im Alltag konkret Gestalt annehmen zu lassen.

---

11 Zu seinem Werk vgl. *Kosch*, Denkanstösse; *Römisch-Katholische Zentralkonferenz der Schweiz*, Weiterentwicklung. Das Zitat stammt aus *Cavelti*, Kirchenfinanzierung 254–256.

«Die Kirchen wachsen damit in die Mitverantwortung für das gesellschaftliche und staatliche Leben hinein. Sie setzen Massstäbe für das menschliche Handeln, die ihre Auswirkungen auf das Zusammenleben im Gemeinwesen haben. Sowohl im Bereich der Individualethik wie in sozialethischen Fragestellungen wirken die Kirchen als ethische Impulszentren. Sie sind nicht zuletzt in einer Zeit überspitzter individualistischer Tendenzen beteiligt an der Bildung gemeinschaftsfähiger Grundhaltungen, an der Förderung des Gemeinsinns von Mass und Fairness, Friedfertigkeit und Toleranz. Dies sind alles geistige und ethische Voraussetzungen, aus denen die Gesellschaft lebt und die für den Staat von Bedeutung sind. [...] Mit einer solchen Stellung will der Staat einzig bekunden, dass die Tätigkeiten einer Religionsgemeinschaft in ihrer Gesamtheit den bloss privaten Bereich übersteigen, für die Allgemeinheit von erheblicher Bedeutung sind und deshalb eine qualifizierte Rechtsstellung im öffentlichen Interesse liegt. [...] Konkret sind mit einer öffentlich-rechtlichen Stellung verschiedene handfeste Vorteile verbunden. Im Vordergrund steht die Möglichkeit der Kirchenfinanzierung mit einem hoheitlich erleichterten Abgabensystem oder mit staatlichen Beiträgen.»

2.2 Implikationen der Bereitschaft, sich öffentlich-rechtlich anerkennen zu lassen

Die Bereitschaft einer Kirche oder Religionsgemeinschaft, das Angebot[12] der öffentlich-rechtlichen Anerkennung anzunehmen, hat eine Reihe von Implikationen: Zunächst setzt die Bereitschaft

12 Diesen «Angebotscharakter, den die öffentlich-rechtliche Anerkennung hat und im freiheitlichen Rechtsstaat letztlich auch allein haben kann», hat in den letzten Jahren insbesondere Giusep Nay immer wieder hervorgehoben, auch um damit der von konservativen Kreisen geübten Kritik entgegenzutreten, die öffentlich-rechtliche Anerkennung sei der römisch-katholischen Kirche gegen ihren Willen aufgezwungen, mit ihrem eigenen Selbstverständnis unvereinbar und verletze damit die «libertas ecclesiae»

zur öffentlich-rechtlichen Anerkennung ein positives Verhältnis zum Staat und die Bereitschaft voraus, als gestaltende Kraft von gesamtgesellschaftlicher Relevanz zu wirken. Aufgrund der konkreten Rechtsfolgen impliziert die öffentlich-rechtliche Anerkennung zudem die Bereitschaft, sich wesentliche Elemente der staatlichen Rechtsordnung für die eigene Selbstorganisation zu eigen zu machen, weil damit staatliche Strukturen und Prozesse in die eigene Organisation hineinkopiert werden: die Grundrechte, Partizipation und Demokratie, föderalistische Strukturen und die Prinzipien des staatlichen Steuerrechts. Die evangelisch-reformierten Kirchen machen sich diese Prinzipien der staatlichen Rechtsordnung für ihre gesamte Organisation zu eigen. Die römisch-katholische Kirche nur, aber immerhin für jene Aspekte der kirchlichen Selbstorganisation, die mit der Finanzierung und den gemäss staatlichem Recht organisierten Teil des kirchlichen Lebens zu tun haben, was zum so genannten dualen System führt. Aber selbst wenn eine Religionsgemeinschaft wie die römisch-katholische Kirche nur einen Teil ihres Lebens gemäss den Regeln des öffentlichen Rechtes organisiert, heisst das mindestens implizit, dass zentrale Voraussetzungen des demokratischen Rechtsstaates mit dem eigenen Gottes- und Menschenbild, mit dem eigenen Offenbarungsverständnis und der eigenen Wertordnung sowie mit dem Selbstverständnis und der Selbstorganisation der eigenen Religionsgemeinschaft als kompatibel erachtet werden.[13]

---

und die Religionsfreiheit (Zitat: *Nay*, Rechtsstaat 35). Vgl. dazu auch *Kosch*, Weiterentwicklung, bes. 187 f. Anm. 25. Mit seiner Bezeichnung der öffentlich-rechtlichen Anerkennung als «zweiseitiges Rechtsgeschäft» betont auch Christoph Winzeler diesen Aspekt der öffentlich-rechtlichen Anerkennung: sie kommt «nur im Konsens beider Seiten zustande» (*Winzeler*, Anerkennung 297).

13 Die Schweizer Bischofskonferenz hat dies 2013 mit der Verabschiedung des «Vademecum[s] für die Zusammenarbeit von katholischer Kirche und staatskirchenrechtlichen Körperschaften in der Schweiz» zum Ausdruck gebracht. Dieses hat – so der damalige Präsident der SBK, Bischof Markus Büchel – zum Ziel, «die bewährte Organisationsform der katholischen

Beispiel Pfarrwahlrecht

Dazu nur ein Beispiel: das in vielen Kantonen bestehende Pfarrwahlrecht. Indem die Kirche dazu ja sagt, anerkennt sie, dass es sinnvoll ist, nur eine Person als geistliches Oberhaupt der Gemeinde einzusetzen, die sich nicht nur auf ihre Berufung und ihre Beauftragung durch den Bischof abstützen, sondern ihr Amt auch mit der Zustimmung einer Mehrheit der Gemeindemitglieder übernehmen kann. Fehlt diese Zustimmung, bleibt ihr der Zugang zu diesem Leitungsamt verwehrt. Das impliziert, dass das hierarchische Kirchen- und ein Amtsverständnis der römisch-katholischen Kirche mindestens bis zu einem gewissen Grad mit einer demokratischen und rechtsstaatlichen Kultur verträglich ist.[14] Dies wirft die Frage auf, wo diese Verträglichkeit ihre Grenzen hat. Was, so kann man mindestens fragen, spräche dagegen, die auf lokaler Ebene für die Amtsübernahme als notwendig erachtete Wahl durch eine Mehrheit der Kirchenmitglieder auch auf höherer Ebene als notwendig zu erachten, also z.B. für das Amt eines für das Kantonsgebiet zuständigen Vertreters des Bischofs oder gar für das Amt des Bischofs selbst[15]?

Kirche in der Schweiz in eine gute Zukunft zu führen». Das Vademecum und die Erklärung des Präsidenten der SBK sind dokumentiert in: SJKR 18 (2013) 317–332.338–339.

14 Es erstaunt nicht, dass dieses der schwierigste und umstrittenste Punkt in den Verhandlungen zwischen dem Verfassungsrat und dem Bischof «auf dem Weg zur römisch-katholischen Kirchenverfassung» war, vgl. *Hafner*, Staat 120–139. Auch in den Diskussionen, die zum «Vademecum» führten (s. Anm. 13), spielte das Pfarrwahlreicht eine wichtige Rolle, vgl. dazu die diversen Beiträge zu «‹Wahl› und ‹Wiederwahl› der Pfarrer durch die Kirchgemeinden» im Bericht der Fachkommission, die das «Vademecum» erarbeitet hat: *Gerosa*, Körperschaften 49–117.

15 Für eine Stärkung der Synodalität im Kontext von Bischofsernennungen und anderen wichtigen Entscheidungen gibt es auch Argumente aus der Kirchengeschichte. Bekannt ist das Diktum «Wer allen vorsteht, muss von allen gewählt werden» (Papst Leo I. der Grosse, 5.Jh.). Josef Ratzinger verwies in einer von ihm im Jahr 2000 erneut herausgegebenen Schrift zur

Ein der «Ökumene der Anerkennung» gewidmeter Beitrag ist nicht der Ort, diese primär innerkatholische Frage zu vertiefen. Aber über die katholische Kirche hinaus machen diese Überlegungen zu den Implikationen der öffentlich-rechtlichen Anerkennung deutlich, dass es sich bei der Anerkennung um einen Vorgang handelt, der sich auf die Religionsgemeinschaft selbst auswirkt und sie mit der Frage konfrontiert, wie weit sie sich demokratische Prozesse zu eigen machen will.[16] Mit Blick auf die Zukunft heisst das: Es ist nicht nur der Staat, der sich die Frage stellen muss, ob er weitere Religionsgemeinschaften anerkennen will – auch die Religionsgemeinschaften selbst müssen sich fragen, ob sie diese Anerkennung wünschen, inwiefern sie mit ihrem Selbstverständnis vereinbar ist und ob sie sich auf Entwicklungen einlassen wollen, die diese Anerkennung möglicher Weise in ihrem eigenen Inneren auslösen.

3 Entwicklungen und Zukunftsperspektiven

Mit diesem Blick in die Zukunft stehen wir vor der Frage der Entwicklungen und Zukunftsperspektiven für die öffentlich-rechtliche Anerkennung von Kirchen und Religionsgemeinschaften.

Demokratisierung der Kirche (*Ratzinger/Maier*, Demokratie [^{1}1970]) auf den Kirchenvater Cyprian: Nichts ohne den Bischof – nichts ohne den Rat des Presbyteriums – nichts ohne die Zustimmung des Volkes. Zum Verhältnis zwischen diesem Prinzip und der «Demokratisierung» der Kirche aus Sicht von Joseph Ratzinger/Papst Benedikt XVI. vgl. *Kosch*, Miteinander, bes. 82–87.

16 Diese Frage stellt sich auch für die evangelisch-reformierten Kirchen. Ist für sie der Pfarrer/die Pfarrerin in der Verkündigung ausschliesslich dem Wort Gottes verpflichtet, oder ist er/sie verpflichtet, Vorgaben der demokratisch verfassten Kirchenbehörde zu respektieren? Ist alles – z. B. auch der Bestand des neutestamentlichen Kanons – demokratischen Entscheidungen unterworfen; und wenn nicht: Wo ist die Grenze?

3.1 Wandel der Religionslandschaft

Die Veränderungen der Religionslandschaft in der Schweiz und auch im Kanton Luzern sind schon so bekannt,[17] dass Stichworte genügen.

Das erste Stichwort lautet *Pluralisierung*: Vielfältiger sind nicht nur die Religionsgemeinschaften, sondern auch in ihrem Inneren hat die Pluralität stark zugenommen. Die Religionssoziologie spricht sogar von «Katholizismen» und «Protestantismen» im Plural.

Das zweite Stichwort lautet *Minorisierung:* Schweizweit gesehen sind die beiden grossen Konfessionen auf dem Weg in die Minderheit. 1970 gehörten ihnen noch 95 % an, 2018 sind es gerade noch 58 %. Auch wenn diese Entwicklung im Kanton Luzern langsamer verläuft, gibt es keine Anzeichen dafür, dass der Rückgang in den nächsten Jahren aufhört.

Das dritte Stichwort lautet *migrantische Prägung*: Die Veränderung der Religionslandschaft ist eng verbunden mit der Zuwanderung. Dank ihr haben nicht nur die Zahl der Religionsgemeinschaften und die Präsenz der Muslime zugenommen, sondern auch die interne Vielfalt und Buntheit der römisch-katholischen Kirche[18]. Mehr als ein Drittel ihrer Mitglieder hat in der Schweiz Migrationshintergrund, im Kanton Luzern ist es rund ein Fünftel.

Das vierte Stichwort lautet *Rückgang der Mitgliederbindung* und veränderte Nutzung der kirchlichen Angebote: Die Distanz zur Institution Kirche und die Vertrautheit mit ihrer Botschaft, ihren Traditionen, ihren gottesdienstlichen Vollzügen haben stark zugenommen. Das Verhalten der Kirchenmitglieder folgt den Gesetzen des Marktes: Man wählt aus, geht bei Bedarf auf den «Markt religiöser Angebote» oder bleibt ihm fern, hat keine Scheu, auch auf anderen Märkten einzukaufen, prüft das Verhältnis von Kosten und Nutzen, wobei zu den Kosten nicht nur die Kirchensteuern

---

17 Die Literatur zum Thema ist uferlos. Für die Schweiz s. besonders: *Bochinger*, Religionen; *Stolz u. a.*, Religion. Für die katholische Kirche in unseren Breitengraden besonders erhellend ist *Bucher*, ... wenn nichts bleibt.

18 Vgl. *Albisser/Bünker*, Kirchen.

zählen, sondern z.B. auch der Zeitaufwand, der Verpflichtungscharakter, die moralischen und sozialen Erwartungen, mit denen man konfrontiert wird.

Das fünfte Stichwort lautet *Vermehrung der sinngebenden Ressourcen*: Wer sich aufgrund von Sinnfragen, existenziellen Nöten, biografischen Zäsuren, intellektueller Neugierde, Sehnsucht nach tiefen Erfahrungen oder spiritueller Beheimatung auf die Suche macht, hat heute tausend Möglichkeiten, etwas zu finden, das seinem derzeitigen Bedürfnis und seinen Möglichkeiten entspricht. In den Kirchen, an ihren Rändern, in anderen religiösen und spirituellen Traditionen, in Philosophie und Esoterik, in der Psychologie, aber auch in Achtsamkeitsübungen oder körperlichen Aktivitäten mit einer spirituellen Dimension wie Yoga, Heilfasten oder meditativem Tanz.

Ein sechstes Stichwort lautet Wahrnehmung von *Religion als Ursache von Gewalt und Unterdrückung*. Seit Beginn des 21. Jahrhunderts, bzw. seit 9/11 im Jahr 2001 ist die Wahrnehmung von Religion wieder stärker durch ihre dunklen Seiten mitgeprägt: Terrorismus, religiös motivierte Konflikte und kriegerische Auseinandersetzungen, Unterdrückung der Frauen, aber auch sexualisierte Gewalt an Kindern, Machtmissbrauch und spiritueller Missbrauch sowie deren Vertuschung zum Schutz der Institution oder der Hierarchie. Entsprechend wird gefordert, dass der religiöse Glaube durch die Vernunft gereinigt und aufgeklärt, die religiöse Macht durch den Rechtsstaat eingegrenzt und das Wirken der Religionsgemeinschaften durch eine kritische Öffentlichkeit kontrolliert werden muss.

3.2 Folgen für die anerkannten Kirchen

Diese tiefgreifenden Veränderungen und Erweiterungen der Religionslandschaft haben für die anerkannten Kirchen hauptsächlich drei Folgen:

Erstens haben sie ihre *Monopolstellung* eingebüsst, und zwar nicht nur statistisch, sondern auch in den Seelen ihrer eigenen

Mitglieder. Diese orientieren sich nicht nur in ethischen, sondern auch in zutiefst religiösen Fragen keineswegs nur am Glauben ihrer Kirche, sondern trinken aus vielen Quellen.

Zweitens verliert das traditionelle *Konzept der Kirchenzugehörigkeit* an Plausibilität. Dass man in eine Kirche hineingeboren und hineingetauft wird, in ihr aufwächst, konfirmiert oder gefirmt wird, heiratet, die eigenen Kinder hineintauft, je nach Verdienst und Vermögen seine Kirchensteuern bezahlt und im Alter nach seelsorgerlicher Betreuung auch kirchlich bestattet wird, ist längst nicht mehr der Normalfall kirchlicher Biografien. Zu ihnen gehören zunehmend Phasen langer Abstinenz vom kirchlichen Leben, biografische Brüche, mit denen der Verlust der Beheimatung in einer Kirchgemeinde oder Pfarrei verlorengeht, oder eine religiöse Praxis ausserhalb der eigenen Kirchgemeinde, wo man kirchensteuerpflichtig ist.

Kürzlich las ich von einem Ehepaar, das im Laufe des Jahres nie zur Kirche geht, aber während der jährlichen Woche im Schwarzwald jeden Tag, und damit religiös auftankt. Wenn ein solches Paar noch traditionell kirchlich sozialisiert ist, wird es vermutlich aus Solidarität noch Kirchensteuern bezahlen. Aber wenn es sich an Kosten-Nutzen-Überlegungen orientierte, gäbe es durchaus Gründe, den Austritt aus der Kirchgemeinde zu erklären und das kirchliche Leben im Schwarzwald mit einer grosszügigen Spende zu unterstützen.

Die dritte Folge dieser Veränderungen der Religionslandschaft und des Mitgliederverhaltens ist ein *Rückgang der gesamtgesellschaftlichen Bedeutung* der Kirchen. Sie werden zunehmend als ein Angebot an spiritueller Beheimatung, religiösen Lebens und ethischer Orientierung unter vielen wahrgenommen[19]. Auch ihr soziales Engagement im Einsatz für Gerechtigkeit oder konkreter Hilfe für Menschen am Rande der Gesellschaft findet zwar viel Anerken-

19 Zu den religionspolitischen Implikationen dieser Entwicklungen und ihre Auswirkungen auf die finanzielle Unterstützung von Religionsgemeinschaften vgl. *Reber*, Weiterentwicklung; *ders.*, Unterstützung.

nung, aber es gibt daneben auch andere, die ähnliche Aufgaben übernehmen. Das trifft auch auf klassische Handlungsfelder kirchlicher Seelsorge zu: Neben Spitalseelsorge entsteht zunehmend «spiritual care» ohne kirchlichen Rückbezug, und auf den Friedhöfen sind neben Seelsorgenden zunehmend frei tätige Ritualbegleiterinnen anzutreffen, die für die Hinterbliebenen eine ebenso ergreifende und persönlich gestaltete Feier gestalten.

3.3 Entwicklungen im staatlichen Recht und im Rechtsbewusstsein

Für die Zukunft der öffentlich-rechtlichen Anerkennung von Kirchen und Religionsgemeinschaften spielen aber nicht nur Veränderungen der Religionslandschaft und der öffentlichen Wahrnehmung von Religion eine Rolle, sondern auch Entwicklungen im staatlichen Recht und im Rechtsbewusstsein. Ich beschränke mich auf zwei Hinweise.

3.4 Grössere Bedeutung der religiösen Neutralität für das staatliche Handeln

Der erste betrifft die gewachsene Bedeutung der Religionsfreiheit und damit auch der religiösen und ethischen Neutralität des Staates.[20] Die Pluralisierung der Religionslandschaft, die wachsende Entkirchlichung der Gesellschaft und die Tatsache, dass die Öffentlichkeit stark für die dunklen Seiten von Religion und religiösen Institutionen sensibilisiert ist, haben zur Folge, dass die Privilegierung der anerkannten gegenüber den nicht-anerkannten Religionsgemeinschaften, aber auch die Sonderbehandlung von Kirchen/Religionsgemeinschaften gegenüber anderen Organisationen mit einem ethisch-weltanschaulich motivierten Grund-

---

20 Vgl. das Standardwerk von *Engi*, Neutralität des Staates. Zum Verständnis der öffentlich-rechtlichen Anerkennung im Kontext der Religionsfreiheit; s. auch *Kosch*, Weiterentwicklung.

auftrag (z.B. Rotes Kreuz, Amnesty International, humanistische Organisationen) begründungspflichtig werden. Historische Argumente, die auf die besondere geschichtliche Bedeutung des Christentums für die westlichen Gesellschaften verweisen, werden dafür je länger je weniger ausreichen.

Bemerkenswert ist in diesem Zusammenhang die Begründung, die die Zürcher «Religionsministerin», Regierungsrätin Jacqueline Fehr für die besondere gesellschaftliche Bedeutung der Kirchen anführt. Sie begründet deren Sonderstellung wie folgt:

> «[Die Religionsgemeinschaften] sind zivilgesellschaftliche Akteure – aber nicht einfach irgendwelche. Die Religionsgemeinschaften – und besonders die beiden grossen christlichen Kirchen – haben in unserer Gesellschaft eine besondere Rolle. NGOs zum Beispiel vertreten typischerweise ein ganz konkretes Anliegen: Tierschutz, Menschenrechte etc. Die Kirchen haben auch besondere Anliegen und Interessen, aber sie kümmern sich ganz generell um den Menschen und das Zusammenleben in der Gesellschaft. Sie vermitteln Werte wie Rücksichtnahme, Fürsorge oder Toleranz. Ich sehe keinen anderen sozialen Akteur, der das in dieser Breite tut. Zusammen mit der numerischen Grösse der Kirchen ergibt das eine besondere gesellschaftliche Bedeutung.»[21]

Zusammen mit der Zunahme der religiösen Vielfalt und der rückläufigen Anteile der Kirchenmitglieder an der Gesamtbevölkerung resultiert aus der wachsenden Bedeutung der religiösen Neutralität für das staatliche Handeln jedoch, dass die exklusive Anerkennung und finanzielle Unterstützung der Kirchen vermutlich zunehmend Fragen aufwerfen und auf Kritik stossen wird.[22] Ent-

---

21 *Fehr*, Staat 2f.; vgl. dazu auch *Regierungsrat des Kantons Zürich*, Staat.

22 Vgl. insbesondere *Kiener/Kempe*, Tradition. Ihr Beitrag beurteilt die geltende Gesetzgebung zur Anerkennung von Religionsgemeinschaften unter dem grundrechtlich relevanten Gesichtspunkt der Nicht-Diskriminierung sehr kritisch, was de facto einer Verletzung der religiösen Neutralität gleichkommt.

sprechend befassen sich so unterschiedliche Kantone wie Zürich und Freiburg mit einer «Modernisierung» ihres Religionsrechtes. Sie streben an, auch die Beziehungen des Staates zu anderen Religionsgemeinschaften zu stärken. Zudem wird in Zürich erwogen, nicht nur die gesamtgesellschaftlichen Leistungen der Kirchen, sondern auch jene anderer Religionsgemeinschaften abzugelten.[23]

Eine Prognose, wie sich dies längerfristig auf die Entwicklung des staatlichen Anerkennungsregimes auswirken wird, ist schwierig. Möglich scheinen zwei Entwicklungen: Entweder nähert sich der rechtliche Status anderer grösserer Religionsgemeinschaften mit der Zeit jenem der anerkannten Kirchen an. Oder aber der Staat geht stärker auf Distanz zu allen Religionsgemeinschaften, was auch für die Kirchenfinanzierung Folgen hätte, insbesondere was staatliche Beiträge und die Kirchensteuern juristischer Personen betrifft.

Wachsende Bedeutung der Gleichstellung der Geschlechter

Der zweite Hinweis im Zusammenhang mit der Rechtsentwicklung betrifft wie wachsende Bedeutung des Gleichstellungsprinzips. Lange galt es als unbestritten, dass bei der Abwägung zwischen Religionsfreiheit und Gleichstellung das Grundrecht auf Religionsfreiheit und damit das Selbstbestimmungsrecht der Kirchen und Religionsgemeinschaften den Vorrang hat. Trotz öffentlich-rechtlicher Anerkennung und damit verbundener Grundrechtsbindung wurde es als unproblematisch angesehen, dass die katholische Kirche Frauen (aber auch Verheiratete und in homosexueller Partner-

23 Zu FR s. URL: https://www.fr.ch/de/ilfd/institutionen-und-politische-rechte/gesetzgebung/der-staatsrat-moechte-die-beziehungen-zwischen-dem-staat-und-den-nicht-anerkannten-religionsgemeinschaften-modernisieren (1.3.2020). Zu ZH s. URL: https://ji.zh.ch/internet/justiz_inneres/de/themen/religionsgemeinschaften/studie-zur-regelung-des-verhaeltnisses-zu-nicht-anerkannten-reli.html (1.3.2020). Vgl. zu diesem Themenkomplex auch *Bochinger*, Religionen; *Pahud de Mortanges*, Anerkennung; *ders.*, Inkorporationsregime, sowie mit Fokus auf die Finanzierungsfragen: *Reber*, Unterstützung; *ders.*, Weiterentwicklung.

schaft Lebende) vom Priesteramt ausschliesst – und dass demzufolge die öffentlich-rechtlich anerkannten römisch-katholischen Kirchgemeinden nur Pfarrer, aber keine Pfarrerinnen wählen können, was eine Diskriminierung der Frauen darstellt. Es wurde als ausreichend erachtet, dass in der staatskirchenrechtlichen Organisation selbst Frauen und Männer die gleichen Rechte haben.

Diese Selbstverständlichkeit des Vorrangs der Religionsfreiheit vor der Gleichstellung wird aus unterschiedlichen Gründen zunehmend hinterfragt. In der politischen Diskussion ist es vor allem die leider oft vorurteilsbehaftete Diskussion um die Stellung der Frau im Islam. Der Diskurs tendiert diesbezüglich stärker zur Einschränkung der Religionsfreiheit der Muslime bezüglich Kleidervorschriften (Kopftuch und Burka) als zu ihrer staatlichen Anerkennung.

Einfluss auf die Diskussion haben aber auch juristische Überlegungen. Ist der Vorrang der Religionsfreiheit so eindeutig – oder wird eine stärkere Gewichtung des Gleichstellungsprinzips irgendwann zu einem anderen Resultat führen, weil «die Religionsfreiheit dem Gleichstellungsprinzip nicht [mehr] diskussionslos übergeordnet wird»[24]? Schliesslich wird auch innerhalb der katholischen Kirche und Theologie zunehmend gefragt wird, ob der Ausschluss der Frauen vom Weiheamt heute noch theologisch gerechtfertigt werden kann, und weil ein erheblicher Teil der Katholikinnen und Katholiken selbst dies in Frage stellt. 2017 hat ein von katholischen Bischöfen mitgetragener Kongress zu Frauen in kirchlichen Ämtern die These verabschiedet: «Nicht der Zugang von Frauen zu kirchlichen Diensten und Ämtern ist begründungspflichtig, sondern deren Ausschluss»[25]. Wenn diese Begründungspflicht schon innerhalb der Kirche gilt, muss auch der Staat sie sich neu stellen.

24 Zum Thema der Diskriminierung der Frauen vgl. *Buser*, Religionsgemeinschaften (Zitat 136); *dies.*, Diskriminierung; *Loretan*, Grundrechte; *Müller*, Religion 125–131; *Belser*, Religionsfreiheit; *Winzeler*, Rezension 159–164. Zur Diskriminierung von gleichgeschlechtlichen Paaren vgl. *Hafner u. a.*, Trauung.

25 *Eckholt*, Frauen 465.

Natürlich kann, soll und wird die katholische Kirche die Zulassungsbedingungen zu den Weiheämtern nicht weltweit diskriminierungsfrei gestalten, bloss um in den Schweizer Kantonen ihre öffentlich-rechtliche Anerkennung nicht zu gefährden. Und natürlich wäre auch der Staat schlecht beraten, eine Religionsgemeinschaft vor die Alternative zu stellen, entweder Frauen zu allen Ämtern zuzulassen oder staatskirchenrechtlich benachteiligt zu werden. Denn damit würde die betroffene Kirche oder Religionsgemeinschaft ausgegrenzt, was Ressentiments schüren und jenen Kräften Auftrieb verschaffen würden, die sich als «Kontrastgesellschaft» profilieren und sich auf ihre internen Regelungen zurückziehen möchten, womit dem Gleichstellungsgedanken und der Nichtdiskriminierung kein Dienst erwiesen würde.[26] Trotzdem ist die Frage der Gleichstellung und der Einsatz der Kirchen und Religionsgemeinschaften für die Geltung sämtlicher Grund- und Menschenrechte auch innerhalb der eigenen Gemeinschaft für die Zukunft der öffentlich-rechtlichen Anerkennung von wachsender Bedeutung.

4 Empfehlungen für die öffentlich-rechtlich anerkannten Kirchen

Nach diesem Blick auf aktuelle Entwicklungen und Zukunftsperspektiven fasse ich meine Überlegungen in Form von sieben Empfehlungen für die öffentlich-rechtlich anerkannten Kirchen zusammen, die ich stichwortartig kommentiere.

---

26 Dieser eher religionspolitische Aspekt ist m. E. wichtiger als der Verweis von Eva Maria Belser auf die «jahrzehntelange […] Duldung der Ungleichbehandlung […] und ihre – wohl schon fast gewohnheitsrechtlich – gesicherte öffentlich-rechtliche Anerkennung die damit verbundenen Privilegien» (*Belser*, Religionsfreiheit 414).

4.1 Gesellschaftliche Relevanz durch eigenes Wirken beglaubigen

Die Kirchen sind, gerade angesichts der Umbrüche in der Religionslandschaft, der Konfrontation mit Mitgliederrückgang und interner, teils konflikthafter Pluralisierung, stark mit sich selbst beschäftigt. Wollen sie auch in Zukunft von gesamtgesellschaftlicher Bedeutung sein, müssen sie ihren öffentlichen Auftrag aktiv wahrnehmen. Das gilt nicht nur für das soziale und diakonische Handeln, sondern auch für ihre Verkündigung und ihre Kommunikation, bis hin zum Gottesdienst als nach wie vor zentralem Element des kirchlichen Lebens: Liturgie und Predigt (und erst recht Stellungnahmen zu gesellschaftlichen Fragen) dürfen nicht nur für den «inneren Kreis» nachvollziehbar und verständlich sein. Sie müssen sich auf die Welt von heute beziehen, nachvollziehbar argumentieren und die Sprache der Menschen sprechen. Dies gilt nicht nur, wenn es um Ethik und Weltgestaltung geht, sondern auch, wenn von Gott, vom Glauben oder vom Wirken des Geistes die Rede ist.

4.2 Relevanz qualitativ und nicht quantitativ legitimieren

Der eingeschränkte Tunnelblick auf die Mitgliederzahlen und die damit verbundene Rede davon, dass man «noch» eine deutliche Mehrheit sei, dass «noch» viele distanzierte Mitglieder davon überzeugt sind, dass die Kirche Gutes tut und deshalb Steuern bezahlen, ist gefährlich. Er droht zu lähmen und ängstlich dafür zu sorgen, dass dieses «Noch» möglichst lange anhält – also niemand ärgern, es allen recht machen, Dienstleistungen möglichst kundenfreundlich anbieten. Verheissungsvoller und dem Auftrag des Evangeliums entsprechender ist eine konsequente Orientierung an der Frage der Relevanz. Es muss «einen Unterschied machen», ob die Kirche etwas sagt oder ob sie schweigt. Es muss eine Bedeutung haben und folglich eine Erfahrung sein, wenn ich an einem Gottesdienst teilnehme. Es muss erkennbar sein, ob eine Beerdigung in der christlichen Hoffnung auf den Gott Jesu, des Gekreuzigten und Auferstandenen, gestaltet ist oder von einem freien Ritualberater.

4.3 Den Implikationen der öffentlich-rechtlichen Anerkennung Beachtung schenken

Öffentlich-rechtliche Anerkennung impliziert ein Bekenntnis zum demokratischen Staat, aber auch zu Demokratie, Rechtsstaatlichkeit, Nicht-Diskriminierung und finanzieller Transparenz im eigenen Wirken, mindestens im staatskirchenrechtlichen Bereich, aber auch mit entsprechender Ausstrahlung auf das ganze kirchliche Wirken. Behördenwahlen, aber auch die Gestaltung des Budgets und erst recht die Wahl und Anstellung von Mitarbeitenden sind keine «Insider-Geschäfte», sondern wichtige öffentliche Prozesse. Die damit verbundene Partizipation braucht Pflege und darf nicht vernachlässigt werden.

4.4 Sich für eine kluge Weiterentwicklung des staatlichen Religionsrechts einsetzen

Das Recht folgt dem Leben und gesellschaftlichen Entwicklungen. Unweigerlich werden auch das Staatskirchenrecht oder staatliche Religionsrecht dem gesellschaftlichen Wandel Rechnung tragen müssen und wollen. Die Verteidigung eigener Besitzstände ist zwar legitim, darf aber nicht das einzige Ziel sein. Die Kirchen sind gut beraten, für eine kluge Öffnung und Weiterentwicklung des Rechts einzutreten. Wenn sie andere Religionsgemeinschaften, die sich auf den Weg machen, aber mit Vorurteilen konfrontiert sind, konstruktiv, aber auch kritisch begleiten, dient das am Ende auch ihnen.

4.5 Auf eigenen Beinen stehen, auch finanziell

Die Kirchensteuern natürlicher und juristischer Personen, dort wo es sie gibt, auch die Staatsbeiträge flossen und fliessen noch vielerorts reichlich. In Zukunft könnte eine Situation eintreten, in der diese Quellen nicht mehr sprudeln. Je klarer den Verantwortlichen bewusst ist, dass das kirchliche Leben so ausgestaltet werden muss, dass die eigenen Mitglieder für den Grundauftrag aufkommen, und dass es daneben Aufgaben geben kann, die man nur wahrnimmt, wenn man dafür auch die erforderlichen Mittel erhalten oder erwirtschaften kann, desto selbstbewusster und zuversichtlicher können die Kirchen wirken. Finanzielle Transparenz, offene Debatten über die Zukunft der Kirchenfinanzierung, sowie die bewusste Pflege der vom Evangelium ohnehin gebotenen Bescheidenheit werden dazu beitragen.

4.6 Sich vorausschauend mit absehbaren Veränderungen auseinandersetzen

Der Mensch, aber auch menschliche Gemeinschaften und Institutionen neigen dazu, das bedrohliche Unvermeidliche zu beschweigen, statt es zu besprechen. Dahinter steckt vielleicht die magische Vorstellung, wenn man etwas nicht anspreche, werde es auch nicht eintreten. Wer aufgrund statistischer Entwicklungen von 50 Jahren sagt, voraussichtlich werde es mit den Mitgliederzahlen noch deutlich stärker abwärts gehen, riskiert, als hoffnungsloser «Pessimist» zu gelten – «noch» sei man ja in der Mehrheit. Sich vorausschauend mit absehbaren Veränderungen zu befassen, ist meines Erachtens aber die bessere Strategie, denn sie ermöglicht es, im Erwartbaren auch das Gestaltbare und aus eigener Kraft Veränderbare zu entdecken, und seien es die eigene Haltung und die eigenen Muster, aber auch die blinden Flecken in der eigenen Wahrnehmung.

4.7 Sich nicht durch «Selbstsäkularisierung» überflüssig machen

Der Blick auf den Staat und die Gesellschaft, die die Kirchen anerkennen, können dazu führen, dass man nicht nur deren Erwartungen wahrnimmt, sondern sich auch deren Logik zu eigen macht. Zugespitzt formuliert: Weil der Staat religiös neutral ist, tendieren auch die staatlich anerkannten Kirchen dazu, nach den Regeln religiöser Neutralität zu handeln. Damit aber machen sie sich selbst überflüssig. Religionssoziologen bezeichnen das als

«Selbstsäkularisierung». Das Gegenteil dieser Haltung ist weder missionarischer Eifer noch eine permanent sicht- und hörbare Frömmigkeit, die für alles und jedes ein Bibelwort zitiert oder den zuständigen Heiligen anruft. Vielmehr geht es um ein Handeln, das in der eigenen christlichen und kirchlichen Identität verwurzelt ist und an dieser Mass nimmt. Das wird zur Folge haben, dass die Kirchen dem Staat und seiner Politik gegenüber ihre Eigenständigkeit und, wo nötig, ihre kritische Distanz wahren.

Dass diese Eigenständigkeit und Nicht-Neutralität der Kirchen und ihre Verwurzelung in einem religiösen Erbe nicht gegen, sondern für ihre öffentlich-rechtliche Anerkennung spricht, möchte ich mit einem abschliessenden Hinweis erläutern. Obwohl die Schweiz ein religiös neutraler und vielfältiger Staat ist, wurde bei der letzten Revision der Bundesverfassung von 1999 mit deutlicher Mehrheit entschieden, sie weiterhin «im Namen Gottes, des Allmächtigen» beginnen zu lassen. Auch die Luzerner Kantonsverfassung von 2007 wird «in Verantwortung vor Gott» erlassen. Damit brachten nicht nur religiöse, sondern auch nicht-religiöse Menschen zum Ausdruck, dass es im Leben Dimensionen gibt, die sich der Verfügbarkeit entziehen, unsere eigenen Möglichkeiten übersteigen und auf die wir vertrauen müssen, weil sie grösser sind als wir und die Grenzen von Raum und Zeit überschreiten. Wenn der Staat Kirchen und Religionsgemeinschaften anerkennt, dann geschieht auch das letztlich im Sinne dieser Anrufung Gottes in der Präambel seiner Verfassung. Umso mehr sollten die Kirchen das stets vor Augen haben, durch ihr Wirken bezeugen und wenn nötig auch aussprechen. Ihr grösstes Ziel ist, dass alles was sie tun, den Namen Gottes heilige, seinem Willen entspreche und dem Kommen seines Reiches diene – auch und gerade dann, wenn sie das tägliche Brot teilen, für Versöhnung eintreten oder sich den Menschen samt den Gefährdungen und Risiken ihrer Existenz zuwenden.

Literatur

Albisser, Judith/Bünker, Arnd (Hg.): Kirchen in Bewegung. Christliche Migrationsgemeinden in der Schweiz. St. Gallen: SPI, 2016.

Belser, Eva Maria: Die Religionsfreiheit und das Verbot der Geschlechterdiskriminierung. Vom Umgang des Staats mit Religionsgemeinschaften, die Frauen von Ämtern ausschliessen, und anderen Grundrechtskollisionen, in: *Pahud de Mortanges,* Staat 381–420.

Bochinger, Christoph (Hg.): Religionen, Staat und Gesellschaft. Die Schweiz zwischen Säkularisierung und religiöser Vielfalt. Zürich: NZZ Libro, 2012.

Bucher, Rainer: ... wenn nichts bleibt, wie es war. Zur prekären Zukunft der katholischen Kirche. Würzburg: Echter, 2012.

Buser, Denise: Die unheilige Diskriminierung: Eine juristische Auslegeordnung für die Interessenabwägung zwischen Geschlechtergleichstellung und Religionsfreiheit beim Zugang zu religiösen Leitungsämtern (ReligionsRecht im Dialog 16). Zürich/ Wien: Lit, 2015.

Dies.: Dürfen Religionsgemeinschaften Frauen beim Zugang zu religiösen Ämtern diskriminieren?, in: *Hänni,* Religionsfreiheit 111–136.

Cavelti, Urs Josef: Entwicklung und neues Bewusstsein der staatskirchenrechtlichen Organisationen, in: *ders.:* Kirchenrecht im demokratischen Umfeld. Ausgewählte Aufsätze (FVRR 7). Freiburg i. Üe.: Universitätsverlag, 1999.

Ders.: Kirchenfinanzierung im Widerstreit der Erwartungen und Interessen, in: *Dubach, Alfred/Lienemann, Wolfgang (Hg.):* Aussicht auf Zukunft. Auf der Suche nach der sozialen Gestalt der Kirche von morgen. Kommentar zur Studie «Jede(r) ein Sonderfall? Religion in der Schweiz», Bd. 2. Zürich: NZN, 1997, 253–268.

Ders.: Staatsrechtliche Überlegungen zur Verfassung der römisch-katholischen Landeskirche des Kantons Luzern (24 Seiten, Gossau, 15. Mai 1971; zugänglich im Archiv der RKZ).

Eckholt, Margrit u. a. (Hg.): Frauen in kirchlichen Ämtern. Reformbewegungen in der Ökumene. Freiburg i. Br./Göttingen: Herder/Vandenhoeck & Ruprecht, 2018.

Engi, Lorenz: Die religiöse und ethische Neutralität des Staates. Theoretischer Hintergrund, dogmatischer Gehalt und praktische Bedeutung eines Grundsatzes des schweizerischen Staatsrechts. Zürich: Schulthess, 2017.

Fehr, Jacqueline: Staat und Religion heute und morgen. Rede anlässlich der Plenarversammlung der RKZ am 30. November 2018, URL: https://ji.zh.ch/internet/justiz_inneres/de/unsere_direktion/regierungsrat/Refereate_ansprachen/_jcr_content/contentPar/downloadlist_8/downloaditems/_30_11_2018_rede_anl.spooler.download.1543315406454.pdf/Rede+RKZ+Web.pdf (1.3.2020).

Gerosa, Libero (Hg.): Staatskirchenrechtliche Körperschaften im Dienst an der Sendung der katholischen Kirche in der Schweiz (Kirchenrechtliche Bibliothek 16). Wien: Lit, 2014.

Hafner, Felix u. a.: Die Trauung oder Einsegnung von homosexuellen Paaren – Glaubensgemeinschaften im Spannungsfeld zwischen Selbstbestimmungsrecht und Diskriminierungsverbot, in: *Pahud de Mortanges*, Staat 359–380.

Hafner, Pius: Staat und Kirche im Kanton Luzern. Historische und rechtliche Grundlagen (FVKS 33). Freiburg i. Üe.: Universitätsverlag, 1991.

Hänni, Julia u. a.: Religionsfreiheit im säkularen Staat. Aktuelle Auslegungsfragen in der Schweiz, in Deutschland und weltweit. Zürich: Schulthess 2019.

Kiener, Regina/Kempe, Sebastian: Zwischen Tradition und Grundrechtsschutz: Die öffentlich-rechtliche Anerkennung von Glaubensgemeinschaften, in: ZBl (2016) 567–587.

Kosch, Daniel: Anerkennung. Schlüsselbegriff des staatlichen Religionsrechts in der Schweiz, URL: https://www.feinschwarz.net/anerkennung-schluesselbegriff-des-staatlichen-religionsrechts-in-der-schweiz/ (24.2.2021).

Ders.: Das Miteinander von kirchenrechtlichen und öffentlichrechtlichen Strukturen als Lernchance, in: *Loretan-Saladin/Bernet-Strahm,* Kreuz 69–87.

Ders.: Denkanstösse von Urs Josef Cavelti zur Weiterentwicklung des Staatskirchenrechts, in: *ders.:* Demokratisch – solidarisch – unternehmerisch. Organisation, Finanzierung und Management der katholischen Kirche in der Schweiz (FVRR 19). Zürich: Schulthess, 2007, 85–153

Ders.: Die Römisch-katholische Zentralkonferenz. Geschichte – Gegenwart – Herausforderungen, in: *Römisch-Katholische Zentralkonferenz (Hg.):* Katholische Kirche und demokratischer Rechtsstaat in pluralistischer Gesellschaft. Festschrift zum 40-jährigen Bestehen der Römisch-Katholischen Zentralkonferenz der Schweiz (RKZ). Zürich 2012, 65–101.

Ders.: Die Weiterentwicklung der öffentlichrechtlichen Anerkennung als Chance für Staat und Religionsgemeinschaften, in: *Könemann, Judith/Loretan, Adrian (Hg.):* Religiöse Vielfalt und Religionsfrieden. Herausforderung für die christlichen Kirchen (Beiträge zur Pastoralsoziologie 11). Zürich: Edition NZN, 2009, 179–205.

Kraus, Dieter: Schweizerisches Staatskirchenrecht. Hauptlinien des Verhältnisses von Staat und Kirche auf eidgenössischer und kantonaler Ebene (Jus Ecclesiasticum 45). Tübingen: Mohr, 1993.

Loretan-Saladin, Adrian/Bernet-Strahm, Toni (Hg.): Das Kreuz der Kirche mit der Demokratie. Zum Verhältnis von katholischer Kirche und Rechtsstaat. Zürich: Edition NZN, 2006.

Loretan, Adrian: Grundrechte innerhalb der Religionsgemeinschaften – oder: Individuum contra Kollektiv, in: *Hänni:* Religionsfreiheit 167–192.

Müller, Markus: Religion im Rechtsstaat. Von der Neutralität zur Toleranz (Kleine Schriften zum Recht). Bern: Stämpfli, 2017.

Nay, Giusep: Schweizerischer Rechtsstaat und Religionsgemeinschaften: Hilfen und Grenzen, in: *Loretan-Saladin/Bernet-Strahm,* Kreuz 35–47.

Pahud de Mortanges, René (Hg.): Staat und Religion in der Schweiz des 21. Jahrhunderts. Beiträge zum Jubiläum des Instituts für Religionsrecht (FVRR 40). Zürich: Schulthess, 2020.

Ders.: Das rechtliche Inkorporationsregime für Religionsgemeinschaften, in: *Arens, Edmund u. a. (Hg.):* Integration durch Religion? Geschichtliche Befunde, gesellschaftliche Analysen, rechtliche Perspektiven (Religion – Wirtschaft – Politik 10). Zürich/Baden-Baden: Pano/Nomos, 2014, 179–212.

Ders.: Staatliche Anerkennung von Religionsgemeinschaften: Zukunfts- oder Auslaufmodell? (FVRR 31). Zürich: Schulthess, 2015.

Ratzinger, Josef/Maier, Hans: Demokratie in der Kirche. Möglichkeiten und Grenzen. Limburg/Kevelaer: Lahn, 2000.

Reber, Christian: Die Weiterentwicklung des staatlichen Anerkennungs- und Unterstützungssystems für Religionsgemeinschaften, in: *Pahud de Mortanges,* Staat 167–199.

Ders.: Staatliche Unterstützung für gesamtgesellschaftliche Leistungen – Religionspolitik nach zweierlei Mass? (FVRR 39). Zürich: Schulthess, 2020;

Regierungsrat des Kantons Zürich: Staat und Religion im Kanton Zürich. Eine Orientierung, URL: https://ji.zh.ch/internet/justiz_inneres/de/themen/religionsgemeinschaften/orientierung/_jcr_content/contentPar/downloadlist_0/downloaditems/staat_und_religion_i.spooler.download.1518767112004.pdf/Staat+und+Religion.pdf (1.3.2020).

Römisch-Katholische Zentralkonferenz der Schweiz (Hg.): Weiterentwicklung des Staatskirchenrechts. Aktuelle Herausforderungen im Licht der Denkanstösse von Urs Josef Cavelti. St. Gallen: Selbstverlag 2008.

Stolz, Jörg u. a.: Religion und Spiritualität in der Ich-Gesellschaft. Vier Gestalten des (Un-) Glaubens (Beiträge zur Pastoralsoziologie 16). Zürich: Edition NZN, 2014.

Süess, Raimund u. a.: Die Kirchensteuern juristischer Personen in der Schweiz. Eine Dokumentation (FVRR 28). Zürich: Schulthess, 2013.

Winzeler, Christoph: Die öffentlichrechtliche Anerkennung als zweiseitiges Rechtsgeschäft, in: *Pahud de Mortanges,* Staat 283–304.
Ders.: Rezension Markus Müller, Religion im Rechtsstaat, in: SJKR/ASDE 23 (2018) 155–164.

In postsäkularer Gesellschaft

Perspektiven und Potenziale öffentlicher Religion und Theologie

Edmund Arens

1 Drei Blitzlichter

Die gegenwärtige Debatte um Säkularität und Postsäkularität lässt sich wie in einem Brennspiegel an drei gewichtigen Werken zweier Philosophen und eines Soziologen ablesen. Es handelt sich dabei um den kanadischen Philosophen Charles Taylor, seinen deutschen Kollegen Jürgen Habermas und den spanisch-amerikanischen Soziologen José Casanova.

Charles Taylor vertritt und entfaltet in seinem Meisterwerk unter dem programmatischen Titel *Ein säkulares Zeitalter* die Auffassung, dass sich zwischen dem 16. Jahrhundert und der Gegenwart ein grundlegender Wandel im Selbstverständnis der Menschen, im Zugang zur Wirklichkeit sowie in ihrer Mentalität vollzogen habe, der ihn zu der pointierten Frage führt: «Warum war es in unserer abendländischen Gesellschaft beispielsweise im Jahre 1500 praktisch unmöglich, nicht an Gott zu glauben, während es im Jahre 2000 vielen von uns nicht nur leichtfällt, sondern geradezu unumgänglich vorkommt?»[1] Den Gestaltwandel zum säkularen Zeitalter bedenkt Taylor, indem er dessen verborgene Hintergrundgeschichte erzählt. Sein narrativer Zugang ermöglicht ihm, alternativ zur vorherrschenden Geschichte der säkularisierenden Entzauberung des Gottesglaubens, die er als Substraktions-

---

1 *Taylor*, Zeitalter 51.

geschichte qualifiziert, eine Moderne in den Blick zu nehmen, die vielstimmig ist und «für eine Polysemie des Säkularen plädiert».[2]

Der kanadische Philosoph differenziert zwischen drei Bedeutungen von Säkularität. Die erste ist ihm zufolge durch die Bezugnahme auf das Öffentliche definiert. Auch wenn Gott in den Institutionen und Tätigkeitsbereichen der Menschen nicht mehr vorkommen mag, lässt sich laut Taylor «diese Entleerung der sozialen Bereiche von allem Religiösen»[3] gleichwohl damit vereinbaren, dass auch innerhalb einer öffentlichen Säkularität viele weiterhin an Gott glauben und ihre Religion praktizieren. Die zweite Bedeutung von Säkularität bestehe darin, dass der religiöse Glaube und damit die Praxis von Religion erodieren. «In diesem Sinn sind die Länder Westeuropas größtenteils säkular geworden.»[4] Säkularität im dritten Sinne bezieht sich laut dem Autor vor allem auf die Bedingungen des Glaubens. In der Säkularität 3 ist der Glaube nicht mehr unangefochten, sondern er wird zu einer Option unter mehreren, wie sie auch religiöse Menschen haben und treffen. Taylor untersucht die gegenwärtige Gesellschaft als eine säkulare, in welcher der Glaube an Gott keine unabdingbare Voraussetzung mehr darstellt. Im gegenwärtigen Kontext wird «der naiven Anerkennung des Transzendenten»[5] ein Ende gemacht. Seit dem Aufkommen des ausgrenzenden Humanismus existieren säkulare Optionen. Der Denker des säkularen Zeitalters erzählt eine Verlustgeschichte von Religion, in der den Menschen der Bezug zur Transzendenz zunehmend abhandenkommt. Allerdings lassen sich ihm zufolge die verstreuten Sinnmomente wieder einsammeln und durch Konversionen und Re-Konversionen die Verlusterfahrungen in Bekehrungserlebnisse umkehren.[6]

Der deutsche Philosoph *Jürgen Habermas* rekonstruiert in seinem monumentalen Spätwerk *Auch eine Geschichte der Philosophie*

2 *Kühnlein*, Einführung 13.
3 *Taylor*, Zeitalter 14.
4 Ebd.
5 A. a. O. 46.
6 Vgl. *Arens*, Sinnsuche 197 ff.

Konstellationen von Glauben und Wissen. Dabei geht es ihm insbesondere um die Geschichte der Emanzipation der zunehmend säkular gewordenen Vernunft von der Religion bis in die postsäkulare Gegenwart. Habermas zufolge stellt Religion in der Tat eine «gegenwärtige Gestalt des objektiven Geistes»[7] dar. Ungeachtet von Relevanzverlusten konstatiert er auch missionarische Erfolge. Religionen erscheinen ihm zudem als «Stachel im Bewusstsein einer säkularen Gesellschaft».[8] Der Theoretiker der kommunikativen Vernunft liefert einen umfassenden Durchgang durch die okzidentale Philosophie- und Religionsgeschichte, die er als Geschichte der fortlaufenden Detranszendentalisierung präsentiert. Letztere bedeutet nicht nur eine Ablösung der Metaphysik, sondern zugleich eine zunehmende Subjektorientierung, die sich schliesslich in der sprachlich verkörperten kommunikativen Vernunft vergesellschafteter und miteinander interagierender Subjekte artikuliert.

Habermas kritisiert den Säkularismus. Der «säkularistischen Überzeugung vom absehbaren Verschwinden der Religion»[9] hält er die angemessenere Wahrnehmung einer «postsäkularen Gesellschaft» entgegen, die sich «auf das Fortbestehen religiöser Gemeinschaften in einer sich fortwährend säkularisierenden Umgebung einstellt».[10] Säkular sind für Habermas die Prämissen und das Selbstverständnis nachmetaphysischen Denkens. Den Begriff des Säkularen erkennt er als verbunden «mit dem Autonomieanspruch der von Weltbildern unabhängigen Vernunft».[11] Bei ihm findet sich immer wieder die Gegenüberstellung von säkularen und religiösen Überzeugungen, religiösen und säkularen Denkens und Wissens. Letzteres qualifiziert er als vom Glauben entkoppelt. Im Westen hat ihm zufolge die Theologie ähnlich wie die Philosophie auf die Veränderung der Lebensbedingungen «mit dem Rückzug vom Charakter eines Weltbildes reagiert, das heisst mit einer

7 *Habermas*, Geschichte 1, 75.
8 A. a. O. 86; vgl. *Arens*, Gerechtigkeit.
9 *Habermas*, Geschichte 1, 91.
10 A. a. O.; Zitat aus *Habermas*, Glauben 13.
11 *Habermas*, Geschichte 1, 133.

Anpassung religiöser Überlieferungen und praktizierter Glaubensinhalte an das Wissensmonopol der Wissenschaften, an den religiösen Pluralismus und an die rechtsstaatlich-demokratische Verfassung des säkularen Staates».[12] Von der Achsenzeit bis zur Gegenwart zeigt Habermas minutiös Säkularisierungsprozesse auf, die Religiöses verwandeln, entmachten und verallgemeinern, aber nicht zum Verschwinden bringen. Im Gegenteil stellt er die Präsenz und die Potenziale von Religion heraus, die er nicht zuletzt an den Bindungskräften ihrer rituellen Performanz festmacht und als Stachel im Bewusstsein einer säkularen Gesellschaft erkennt. Habermas plädiert dafür, «aus den historischen Spuren jener moralisch-praktischen Lernprozesse» Mut zu schöpfen, «die sich im Zuwachs an institutionalisierten Freiheiten und heute vor allem in den Praktiken und rechtlichen Gewährleistungen demokratischer Verfassungsstaaten verkörpern».[13] In der liturgischen Praxis der Gemeinde verkörperte Religion bleibt für den Verfechter des aus den Ressourcen der säkularen kommunikativen Vernunft gespeisten nachmetaphysischen Denkens indessen «ein Pfahl im Fleisch einer Moderne, die dem Sog zu einem transzendenzlosen Sein nachgibt».[14]

Mit seinem einflussreichen Werk *Public Religions in the Modern World* hat der spanisch-amerikanische Religionssoziologe *José* Casanova in den 1990er-Jahren den Begriff der *public religion* in Umlauf gebracht. Er sucht damit deutlich zu machen, dass Religion in der Moderne weder der Säkularisierung zum Opfer fällt noch in Individualisierungsprozessen verdunstet, sondern sich vielmehr ausgesprochen präsent und bisweilen potent zeigt. Öffentliche Religion betrachtet Casanova als das Resultat eines Prozesses, bei dem es zu einer Entprivatisierung des Religiösen kommt. Seine zentrale These lautet: «We are witnessing the ‹deprivatization› of

---

12 A. a. O. 191.
13 *Habermas*, Geschichte 2, 806.
14 A. a. O. 807.

religion in the modern world.»[15] Damit ist bei Casanova das Heraustreten der Religion aus der Privatsphäre als dem ihr von Seiten der Aufklärung, des Liberalismus und Laizismus zugewiesenen Bereich gemeint. «What I call ‹deprivatization› of modern religion is the process whereby religion abandons its assigned place in the private sphere and enters the undifferentiated public sphere of civil society to take part in the ongoing process of contestation, discursive legitimation, and redrawing of the boundaries.»[16] Das *going public* von dadurch öffentlicher Religion impliziert zudem eine Absage an alle Formen von Staatsreligion, also die Aufgabe jedes Monopolanspruchs, der sich aus der exklusiven Verbindung mit dem Staat ableitet. In der Ausdifferenzierung der weltlichen Sphäre und ihrer Ablösung von der Kontrolle durch religiöse Institutionen und Normen erkennt Casanova den unaufgebbaren Kern des neuzeitlichen Säkularisierungsprozesses. In den gängigen Säkularisierungstheorien wird jener Vorgang ihm zufolge indes undifferenziert verstanden als ein irreversibler, universaler, linearer, auf die Privatisierung des Religiösen hinauslaufender Prozess.[17]

Public Religions in the Modern World belegt die Herausbildung von öffentlichen Religionen anhand von fünf empirischen Fallstudien zum nachfranquistischen Spanien, zum Polen der Solidarność-Bewegung, zur befreiungstheologisch geprägten Bewegung für Demokratie und einer *Kirche des Volkes* in Brasilien, zum evangelikalen Protestantismus sowie zum öffentlich werdenden Katholizismus in den USA. Dabei konstatiert Casanova signifikante Veränderungen der religionspolitischen Landschaften, nämlich Tendenzen einer Entstaatlichung des spanischen und polnischen

15 *Casanova*, Religions 5.

16 A. a. O. 65 f.: «Was ich ‹Entprivatisierung› moderner Religion nenne, ist der Prozess, durch den Religion den ihr zugewiesenen Platz in der Privatsphäre aufgibt und in die undifferenzierte öffentliche Sphäre der Zivilgesellschaft eintritt, um darin teilzunehmen am fortlaufenden Prozess des Widersprechens, der diskursiven Legitimation und des Neuziehens von Grenzen.» (Übersetzung E. A.).

17 Zur Kritik an Säkularisierungstheorien vgl. a. a. O. 19–39.

Katholizismus sowie einer Entprivatisierung sowohl des amerikanischen evangelikalen Protestantismus als auch des Katholizismus in den Vereinigten Staaten. In allen fünf Fällen wird die Zivilgesellschaft zum bevorzugten bzw. entscheidenden Raum religiöser Präsenz und religiös-kirchlichen Engagements. Bei der öffentlichen Religion tritt an die Stelle der Beschränkung auf den Privatbereich bzw. der Beanspruchung staatlicher Privilegien und politischer Macht deren Lokalisierung in der Zivilgesellschaft. Letztere wird zum Ort, an dem Religionen ihre Anliegen, Beiträge, Perspektiven und Potenziale öffentlich einbringen und im Diskurs mit anderen zivilgesellschaftlichen Akteuren zur Geltung bringen können.

2 Säkularer Staat

Moderne Staaten sind säkular. Sie begreifen sich nicht mehr als von einer transzendenten Wirklichkeit konstituiert, sondern als aus dem Willen des Volkes entstanden. Für moderne Staaten gilt die Verfassung und nicht das göttliche Gesetz als Grundlage und Richtschnur. Staaten im modernen Sinne haben sich in der frühen Neuzeit etabliert. Dabei spielten die hochmittelalterlichen Konflikte sowie die Konkurrenz zwischen Kirche und Staat eine zentrale Rolle. Die Trennung erfolgte in Richtung einer Säkularisierung der Staatsgewalt. «Der in der frühen Neuzeit sich herausbildende Staat mit einer Verwaltung von juristisch geschulten Fachbeamten verlangt einen Begriff der souveränen Herrschaftsgewalt.»[18] Der moderne demokratische Verfassungsstaat ist Ergebnis eines im Mittelalter einsetzenden, seit dem 17. Jahrhundert forcierten Differenzierungsprozesses, in dem sich nicht nur Staat und Religion zunehmend trennen, sondern sich auch Staat und Gesellschaft mitsamt Recht, Wirtschaft, Wissenschaft und Kunst etc. ausdifferenzieren. Die Verfassungen demokratischer Rechtsstaaten «verbinden das Prinzip der Volkssouveränität mit dem rechtsstaatlichen Prinzip der Herrschaft der Gesetze in der Weise, dass

18 *Habermas*, Geschichte 1, 161.

die Bürger nur den Gesetzen unterworfen sind, als deren Autoren sie sich verstehen können».[19] Demokratische Verfassungsstaaten sehen sich auf das Prinzip der zeitlich begrenzten Macht, die Würde jedes Menschen, dessen Gleichheit in Freiheit und dessen Grundrechte verpflichtet, wozu Schutz- und Freiheitsrechte gegenüber der Staatsmacht sowie Partizipationsrechte zählen, darunter auch die Religions- und Gewissensfreiheit inklusive der Freiheit von Religion. Das berühmte Böckenförde-Diktum, der freiheitliche, säkularisierte Staat lebe von Voraussetzungen, die er selbst nicht garantieren könne,[20] lässt sich auf verschiedene Weise lesen. Es kann auf die Unverzichtbarkeit von Religion bzw. Kirche für den Staat hinweisen, es kann aber auch so gedeutet werden, dass der säkularisierte Staat aus eigener Unzuständigkeit bzw. Unfähigkeit auf die zivilgesellschaftlichen Debatten und Diskurse über diese Voraussetzungen verwiesen bleibt.

Das sich über Jahrhunderte erstreckende Bündnis von Thron und Altar ist obsolet geworden. Wo es noch Staatskirchen gibt wie im Vereinigten Königreich und bis vor Kurzem in skandinavischen Ländern wie Schweden und Norwegen, in denen das Kirchenoberhaupt gleichzeitig Staatsoberhaupt war bzw. ist, bleibt der jeweilige Staat de facto dennoch weitgehend säkular, da die Regierungen aus freien, allgemeinen Wahlen hervorgehen und die Länder parlamentarisch-demokratisch regiert werden. Das gilt zugleich für Länder wie den Vereinigten Staaten, in denen sich auf Geldscheinen, bei Inaugurationsfeiern, Gedenktagen, in Zeremonien etc. vielfältige religiöse Symbole, zivilreligiöse Praktiken und Bekenntnisse finden. Auch wo in der Präambel einer Verfassung, deren Prolog *im Namen Gottes* spricht, Gott angerufen wird, bleibt die Säkularität des Staates unangetastet, insofern die Verfassung Ausdruck und Ergebnis des Willens des Volkes ist. Entscheidend ist, dass der Staat sich aus dem demokratisch ermittelten Willen

---

19 A. a. O. 2, 764.

20 *Böckenförde*, Entstehung 60.

des Staatsvolkes konstituiert und aus dem in Wahlen demokratisch-parlamentarisch erhobenen Willen des Volkes heraus agiert.

In Deutschland sind Kirche und Staat institutionell getrennt, aber operativ vielfach verbunden durch den an etablierte Religionsgemeinschaften verliehenen Rechtsstatus einer Körperschaft des öffentlichen Rechts, durch den staatlichen Einzug der Kirchensteuern sowie zahlreiche weitere Kooperationen insbesondere im Bildungswesen und in der Wohlfahrtspflege. In der Schweiz sind die Beziehungen zwischen Kirche und Staat kantonal geregelt. Sie reichen von der staatlichen Erhebung von Kirchensteuern, staatlicher Bestellung von und Aufsicht über Pfarrpersonen im Kanton Bern bis zur strikten Trennung von Kirche und Staat in den Kantonen Neuenburg und Genf. Definitiv kein säkularer Staat ist allerdings der Vatikanstaat, dessen Souverän nicht das Kirchenvolk darstellt, sondern der Papst.

3 Postsäkulare Gesellschaft

Den Begriff der *postsäkularen Gesellschaft* hat Jürgen Habermas geprägt und in seiner Frankfurter Friedenspreisrede 2001 öffentlichkeitswirksam eingeführt. Seither wird in der Philosophie und in den Sozialwissenschaften unter dem Stichwort der Postsäkularität über die Präsenz von Religion in modernen Gesellschaften reflektiert und gestritten. Mit dem Prädikat *postsäkular* wollte Habermas gegenüber einer fortschrittsoptimistischen Deutung der Säkularisierung, entsprechend dem Verdrängungsmodell wie gegen das verfallstheoretische Enteignungsmodell, eine Gesellschaft charakterisieren, «die sich auf das Fortbestehen religiöser Gemeinschaften in einer sich fortwährend säkularisierenden Umgebung einstellt».[21] Der Begriff bezieht sich zum einen auf die soziale Tatsache, dass Religion aus der gegenwärtigen Gesellschaft weder verschwunden noch so weit privatisiert ist, dass sie jede öffentliche Bedeutung eingebüsst hat. Zum anderen wird damit

---

21 *Habermas*, Glauben 13; vgl. *Arens*, Going.

ein Bewusstseinswandel angesprochen, der in weitgehend säkularisierten Gesellschaften im Blick auf die Wahrnehmung von Religion im Gange ist. Darüber hinaus impliziert Postsäkularität eine kognitive und normative Herausforderung für den Umgang der säkularen und der religiösen Seite miteinander. Der Frankfurter Philosoph hält fest, dass der Ausdruck postsäkular «kein genealogisches, sondern ein soziologisches Prädikat»[22] darstellt. Gegenüber der undifferenzierten Rede von der Wiederkehr der Religion meldet Habermas Vorbehalte an. Gleichwohl konstatiert er in der Gegenwart eine weltweite «Vitalität des Religiösen».[23] Diese zeigt sich ihm zufolge zum einen im missionarischen Elan der grossen Weltreligionen, wobei sowohl innerhalb der monotheistischen Religionen als auch im Hinduismus und im Buddhismus vor allem orthodoxe bzw. konservative Gruppen auf dem Vormarsch seien. Zum anderen führt er schnell wachsende religiöse Bewegungen an, die in dezentralisierten Netzwerken operieren und die Moderne entweder wie die radikalen Muslime bekämpfen oder sich wie die Pfingstkirchen aus ihr zurückziehen. Beide lassen sich seiner Auffassung nach am ehesten als fundamentalistisch einstufen. Als drittes Phänomen nennt er die politische Instrumentalisierung von Religion, die eine politische Entbindung religiöser Gewaltpotenziale beinhalte, die am spektakulärsten im islamistischen Terrorismus zutage trete, sich aber auch in der Mobilmachung der religiösen Rechten in den USA zum Irakkrieg dokumentiere.

Den mit postsäkular bezeichneten Bewusstseinswandel macht Habermas an drei Sachverhalten fest. Dazu gehört eine signifikante Veränderung des öffentlichen Bewusstseins durch die medial vermittelte Wahrnehmung der weltweiten Konflikte, die als religiös induziert bzw. imprägniert gelten. Die mediale Präsentation entweder andauernder oder gar forcierter religiöser Aktivitäten und Konflikte bringt «die säkularistische Überzeugung vom abseh-

22 *Habermas*, Denken 101; vgl. *Graham*, Rock 45–52.
23 *Habermas*, Denken 310.

baren Verschwinden der Religion»[24] ins Wanken. Religion gewinne auch innerhalb nationaler Öffentlichkeiten an Bedeutung, insofern Religionsgemeinschaften in die öffentlichen Meinungs- und Willensbildungsprozesse säkularer Gesellschaften intervenieren und sich darin mit ihren Beiträgen profilieren. Schliesslich ist der postsäkulare Bewusstseinswandel auch auf die verstärkte Arbeits- und Flüchtlingsimmigration aus Ländern mit traditional geprägten Kulturen zurückzuführen, in deren Gefolge sich für die Einwanderungsgesellschaften «Dissonanzen zwischen verschiedenen Religionen mit der Herausforderung eines Pluralismus von Lebensformen» verbinden, der über einen konfessionellen «Pluralismus von Glaubensrichtungen»[25] hinausgeht. In europäischen Einwanderungsgesellschaften wird laut Habermas die Frage des toleranten Zusammenlebens unterschiedlicher Religionsgemeinschaften durch das «Problem der gesellschaftlichen Integration von Einwandererkulturen verschärft».[26]

Habermas verortet Religion in der Öffentlichkeit der postsäkularen Gesellschaft. Gegen den säkularistischen Ausschluss religiöser Äusserungen und Gemeinschaften aus dem öffentlichen Leben plädiert er für die Einbeziehung religiöser Themen und Subjekte. Nicht nur erkennt er Religion und Religionen als de facto in der medialen Öffentlichkeit präsent, virulent und vital, sondern er fordert auch deren Beteiligung an öffentlichen Diskursen, in die sie ihre Positionen und Perspektiven einzubringen vermögen. Die Säkularität des modernen, demokratischen Staates widerspricht nicht der Beteiligung religiöser Bürger und Gemeinschaften an der zivilgesellschaftlichen und politischen Öffentlichkeit. In letzterer sind komplementäre Lernprozesse möglich sowohl für die säkulare als auch für die religiöse Seite auf der Basis reziproker Anerkennung und des Bewusstseins, «einer inklusiven Gemein-

24 A. a. O. 313.
25 A. a. O. 314; vgl. *Casanova*, Postsecular.
26 *Habermas*, Denken 314.

schaft gleichberechtigter Bürger anzugehören».[27] Gleichzeitig verlangt Habermas mit Blick auf die staatlichen Institutionen der Beratung und Entscheidungsfindung einen institutionellen Filter, der nur in die allgemein zugängliche Sprache der Vernunft übersetzte, «also säkulare Beiträge aus dem babylonischen Stimmengewirr der Öffentlichkeit zu den Agenden der staatlichen Institutionen durchlässt».[28]

4 Öffentliche Religionen

Öffentliche Religionen zeigen, verorten und bewegen sich im öffentlichen Raum. Zu ihren Kennzeichen gehört ihre Sichtbarkeit. Bei ihnen handelt es sich, wie immer sie sich selbst verstehen, jedenfalls nicht um Fälle privatisierter Religion. Vielmehr ist ihnen eine Visibilität eigen, und zwar eine materiale, mediale und soziale. Ihre öffentliche Wahrnehmung ist zum einen Folge ihrer materialen Präsenz durch repräsentative Gebäude, Kulträume, Versammlungsorte und weiterer architektonischer Denkmäler und Merkmale, die als Orte und Zeichen religiöser Präsenz erkennbar sind und anerkannt werden wollen. Konflikte zwischen etablierten und marginalisierten Religionsgemeinschaften um repräsentative Gotteshäuser und der Kampf um religiöse Bauten von Immigrantenreligionen zeigen, dass der öffentliche Raum gerade auch auf der Ebene der materialen Sichtbarkeit umstritten ist.[29] Die soziale Sichtbarkeit von Religionen geschieht vor allem durch deren amtliche Repräsentanten einerseits und jene charismatischen Köpfe andererseits, die eine Religionsgemeinschaft öffentlichkeitswirksam darstellen und ihr ein öffentliches Gesicht geben.[30] Sozial sichtbar werden Religionen durch ihre Autoritäten und Instanzen sowie

27 A.a.O. 318.
28 A.a.O. 326.
29 Vgl. *Baumann*, Sichtbarkeit.
30 Vgl. *Baumann*, Imame.

durch ihre Gruppierungen, Gemeinschaften und Organisationen und deren vor allem medial vermittelten Auftritte.

Die materiale wie die soziale Visibilität impliziert zugleich eine mediale. Materiale Artefakte sind ebenso sehr Repräsentanten wie Medien einer *message*. Durch die modernen Massenmedien und insbesondere die elektronischen Medien weitet sich der «Raum medialer Öffentlichkeit».[31] Spektakuläre Auftritte prominenter Religionsführer, religiöse Grossveranstaltungen, Skandale und Fehltritte religiöser Repräsentanten, professionell inszenierte Religionskonflikte, religiös konnotierte Gewalttaten, terroristische Anschläge *im Namen Gottes* und Religionskriege finden weltweite mediale Aufmerksamkeit. In der medialen Öffentlichkeit werden allerdings auch bedeutende religiöse Rituale, Feiern und Manifestationen sowie interreligiöse Veranstaltungen sichtbar, die Religionsgemeinschaften eine willkommene öffentliche mediale Präsenz verschaffen. Visibilität macht Religion öffentlich, schafft indes noch keine öffentliche Religion. Gleiches gilt für die Performanz bzw. die performative Öffentlichkeit. Nicht nur öffentliche, sondern auch private Religion bzw. Religiosität[32] ist mit Performanzen verbunden. Zu den persönlichen Vollzügen des Gebets, der Meditation und der Ausführung weiterer mehr oder weniger ritualisierter Handlungen kommen in diversen Religionsgemeinschaften gemeinschaftliche Aktivitäten wie Rituale, Gebete, Gottesdienste, Liturgien oder Zeremonien hinzu. Die performative Dimension zeigt sich paradigmatisch auch in der Partizipation an musikalischen Vollzügen, zu denen nicht zuletzt die weit über die Religionsgemeinschaften hinaus geschätzten Aufführungen und *enactments* sakraler Musik gehören.[33]

Prozessionen und Wallfahrten, Trauerzeremonien und Protestmärsche, Massenversammlungen, öffentliche und gegenöffentliche Inszenierungen markieren signifikante gemeinschaftliche und

31 *Gabriel*, Säkularisierung 28.

32 Vgl. *Arens*, Gottesverständigung 118–135.

33 Vgl. *Müller/Wagner*, Religion.

öffentliche Vollzüge von Religion. Sie bilden wichtige Anlässe religiösen Handelns, repräsentieren und artikulieren Anliegen religiöser Gemeinschaften. Zu den öffentlichen Performanzen von Religionen zählen auch deren Aktivitäten, darunter diakonische, bildungsbezogene, advokatorische, prophetische und politische Tätigkeiten. In modernen Gesellschaften findet Religion immer auch in der diskursiven Öffentlichkeit statt. Religionen positionieren sich selbst und beziehen Position in der Öffentlichkeit. Sie machen darin ihre Anliegen und Ansprüche geltend, setzen sich in Beziehung zu anderen, artikulieren ihren Dissens gegenüber fremden Auffassungen und suchen den Konsens mit nahen Überzeugungen. Religiöse Akteure agieren auf vielfältige Weise im Raum diskursiver Öffentlichkeit, den sie erstens als Forum der Artikulation ihrer Auffassungen vom guten und richtigen Leben und Zusammenleben, von Gerechtigkeit und Solidarität, Heil und Unheil gebrauchen. Zweitens wird die diskursive Öffentlichkeit zur Auseinandersetzung mit anderen Religionsgemeinschaften, Andersgläubigen sowie Nichtreligiösen gebraucht. Drittens kommt es darin gegebenenfalls zur gemeinsamen Beratung, Willensbildung und Verständigung mit anderen.[34]

Die diskursive Öffentlichkeit umfasst insbesondere den intermediären zivilgesellschaftlichen Bereich zwischen Privatsphäre und Staat. Darin sind, freilich nicht exklusiv, öffentliche Religionen lokalisiert. Sie intendieren, je nach den vorherrschenden religionspolitischen Regimes, sei es in einem Staat der gegenseitigen Respektierung, der kooperativen Trennung oder aber im religionsfreundlichen Staat, durch wichtige Voten, Beschlüsse und Interventionen politische Wirkungen zu erzielen. Sie übernehmen insbesondere, wenn Religionsgemeinschaften gemeinsam agieren, bisweilen auch «zivilreligiöse Funktionen der Stabilisierung prekärer Ordnungen angesichts öffentlicher Ohnmachtserfahrungen».[35] Repräsentanten und Expertinnen öffentlicher Religionen

34 Vgl. *Käßmann/Schäuble/Sommaruga*, Ökumene; *Müller*, Christentum.
35 *Gabriel*, Säkularisierung 32; vgl. *Arens*, Schweiz.

wirken in staatlichen Beratungsgremien mit, setzen sich für den öffentlichen Auftrag ihrer Gemeinschaften ein und beteiligen sich an den zivilgesellschaftlichen und staatlich-politischen Debatten, Willensbildungs- und Entscheidungsfindungsprozessen über elementare Lebensfragen. Öffentliche Religionen wirken also, entsprechend den jeweiligen religionsrechtlichen Konstellationen, auch in der politischen bzw. der politisch organisierten Öffentlichkeit.

Als öffentliche Religionen kommen primär Religionsgemeinschaften infrage, die nicht nur um das persönliche Heil ihrer Anhänger und Mitglieder besorgt sind, sondern zugleich das gesellschaftliche Zusammenleben und Wohlergehen, das Gemeinwohl und damit soziale Gerechtigkeit und Solidarität im Blick haben. Das ist nicht nur bei den christlichen Kirchen der Fall, sondern auch beim Islam und beim Judentum, die sich im öffentlichen Raum bewegen bzw. zu den öffentlichen Religionen zählen.[36] Bei den Akteuren öffentlicher Religion kann es sich um Gemeinschaften handeln, die sich vorbehaltlos auf die Zivilgesellschaft einlassen, die sich die Prozeduren des zivilgesellschaftlichen Diskurses aneignen und selbst Verfahren demokratischer Auseinandersetzung und Willensbildung praktizieren. Allerdings kommen dafür auch Gruppierungen infrage, welche die Öffentlichkeit als Arena begreifen, in der sie im Konflikt mit anderen zivilgesellschaftlichen Akteuren für ihre Überzeugungen, Wertvorstellungen und Praktiken kämpfen. Zu den potenziellen Trägern öffentlicher Religionen zählen folglich auch fundamentalistische Bewegungen, sofern sie sich nicht separatistisch von der gesellschaftlichen Öffentlichkeit abschotten, und «solange sie die formalen Reziprozitätsbedingungen einer zivilen und egalitären Konflikt- und Diskurspraxis faktisch anerkennen».[37]

Öffentlich wird Religion dann, wenn eine religiöse Gemeinschaft den von ihr vertretenen und gelebten Überzeugungen eine gesellschaftliche Bedeutung beimisst und dies in ihrer religiösen

36 Vgl. *Casanova*, Religions; *ders.*, Angst.
37 *Große Kracht*, Koexistenz 249.

Praxis bekundet, was sich in der Bereitschaft manifestiert, sich an den gesellschaftlichen Auseinandersetzungen um Grundfragen menschlichen Lebens und Zusammenlebens zu beteiligen. Über die Teilnahme an öffentlichen Auseinandersetzungen wird ein *public encounter* mit anderen ermöglicht, was längerfristig zu Lernprozessen und zur ökumenischen Verständigung der verschiedenen Religionen miteinander führen kann. Öffentlichen Religionen geht es darum, die in ihnen tradierten und aktualisierten Glaubensüberzeugungen, moralischen Einsichten und ethischen Wertvorstellungen zu bewahren, sichtbar zu machen und öffentlich darzustellen und damit ebenfalls ihre Vorstellungen vom guten Leben und gerechten Zusammenleben in den gesellschaftlichen und politischen Diskurs einzubringen. Indem sie ihre substanziellen Auffassungen über soziale Gerechtigkeit und Gemeinwohl, Solidarität und Anerkennung, Fürsorge und Verantwortung füreinander sowie für andere in ihrer eigenen gemeinschaftlichen Praxis zum Ausdruck bringen und zudem in gesellschaftliche Meinungs- und Willensbildungsprozesse einspeisen, erweisen sie sich als wichtige Akteure im Raum der Zivilgesellschaft. Indem sie «die persönliche Moral mit öffentlichen Problemen und die Öffentlichkeit mit Fragen der privaten Moral konfrontieren, nötigen sie moderne Gesellschaften dazu, sich reflexiv auf ihre normativen Grundlagen zu beziehen und diese zu rekonstruieren».[38] Mit ihren Interventionen leisten sie eine immanente normative Kritik bestimmter moderner Entwicklungen. Sowohl mit ihren prophetischen Herausforderungen als auch mit ihren moralischen Optionen und Interventionen tragen öffentliche Religionen zur Vitalisierung der Zivilgesellschaft bei. Sie mobilisieren moralische Ressourcen, die auch eine moderne pluralistische Gesellschaft und ein säkularer Staat benötigen, weil beide nämlich auf die politisch-kulturellen Moralbestände «intakter gesellschaftlicher Moral- und Gesinnungsgemeinschaften»[39] angewiesen sind.

---

38 *Casanova*, Chancen 191 f.

39 *Große Kracht*, Koexistenz 249.

5 Was Religionsgemeinschaften leisten

Religionsgemeinschaften bringen Menschen zusammen. Sie gewinnen und binden ihre Mitglieder, weil und wenn sie ihnen eine gemeinsame Sprache, gemeinsame Überzeugungen und Praktiken vermitteln. Religionen bieten Menschen eine über das eigene Leben hinausreichende Orientierung. Dazu gehören lebensleitende Einsichten über elementare Fragen des persönlichen Lebens und sozialen Zusammenlebens. Religionen schaffen und tradieren eine Sprache und Kultur, in denen Grundfragen nach Herkunft und Zukunft, Sinn und Ziel des menschlichen Lebens angesprochen werden. Darin wird Erinnerung und Hoffnung artikuliert, die eigene sowie kollektive Erfahrungen spiegelt, aufeinander bezieht und zusammenbindet. Religionsgemeinschaften binden Menschen in lokale, regionale und zum Teil globale Zusammenhänge ein. Durch Initiations- und andere Übergangsriten markieren sie an riskanten Knoten- und Wendepunkten des Lebens Ablösung, Zugehörigkeit und Zusammengehörigkeit. In einer Fülle von Alltagspraktiken und Alltagsriten werden Elemente von Grundüberzeugungen und Handlungsorientierungen habitualisiert. Indem Religionsgemeinschaften ihre jeweilige Geschichte in einer Vielzahl von Geschichten zur Sprache bringen und deren Höhepunkte rituell inszenieren, stiften und bekräftigen sie horizontale wie vertikale Gemeinschaft. Sie errichten und unterhalten dazu Orte und Räume des Zusammenkommens, des gemeinsamen Feierns, des Betens, der gottesdienstlichen Aktion und Interaktion. Durch Symbole der Verbundenheit, Gesten der Solidarität und Praktiken des Teilens unterstreichen sie die Verbindung der Anwesenden untereinander und deren Eingebundensein in die grössere, umfassende Gemeinschaft, sei es die des Volkes Gottes, der Kirche Jesu Christi oder der islamischen Umma.

Religionsgemeinschaften normieren den Umgang ihrer Mitglieder mit Angehörigen der eigenen Gemeinschaft und nehmen Abgrenzungen vor zwischen Gläubigen, Andersgläubigen und Ungläubigen. In Bezug auf Letztere geschehen einerseits dezidierte

Ausgrenzung, Abwertung und Konfrontation; andererseits können auch Gemeinsamkeiten profiliert und die Einbeziehung in eine verbindende gemeinsame Geschichte betont werden. Religionen formulieren mittels Geboten und Verboten fundamentale Lebensregeln als Grundregeln für die Beziehung zu dem sowie den Umgang mit dem Göttlichen. Ferner kommen hinzu Gebote und Verbote für das persönliche Leben, das gemeinschaftliche Zusammenleben in Familie, Verwandtschaft, religiöser Gemeinschaft, mit nahen und fernen Mitmenschen sowie mit anderen Lebewesen und der Natur. Religionsgemeinschaften schreiben freilich nicht nur Basisverpflichtungen vor, sondern sie zeigen auch auf, was die Gläubigen wem Gutes tun sollen; sie appellieren an die Bereitschaft zur Solidarität, Gerechtigkeit und Barmherzigkeit und rufen zum solidarischen Teilen der materiellen und spirituellen Güter auf. Glaubensgemeinschaften sind zudem Lernorte für das Einüben der normativen Regeln, Gebote und Verbote. Sie stellen Räume dar, in denen die göttlichen Vorgaben sowie die normativen Ansprüche der Gründer und Vorbilder individuell und kollektiv zur Geltung gebracht werden.

Glaubensgemeinschaften ermöglichen eine Vielfalt von Face-to-Face-Interaktionen, persönlichen Kontakten und Begegnungen. In Gestalt von Gottesdiensten, Unterweisung, Hilfeleistungen und Geselligkeit schaffen sie Gelegenheit zu Begegnung und Austausch, bieten öffentliche Foren für Debatten und Selbstverständigung. Durch ein dichtes Netz von Aktivitäten wirken sie sozialisatorisch und lebensbegleitend, insofern innerhalb solcher Gemeinschaften Freundschaften geschlossen, Ehen eingegangen, Kinder initiiert werden, Eltern Unterstützung und Ältere Betreuung finden. Zudem werden Kranke besucht, Sterbende begleitet und Tote bestattet. Das gemeinsame gottesdienstliche, diakonische, gesellige und gesellschaftliche Handeln markiert und affirmiert Zugehörigkeit, stärkt Bindungen und nicht nur religiöse Bande. Begegnungen im Zusammenhang mit Riten, Festen und Feiern bringen einerseits den Zusammenhalt symbolisch und symbolträchtig zum Ausdruck. Andererseits handelt es sich dabei selbst um performative Vollzüge des Zusammenstehens und Zusammenhandelns.

Insbesondere in fremder Umgebung sind Religionsgemeinschaften für religiöse, ethnische und kulturelle Minderheiten eine wichtige Integrationsinstanz, die Kinder und Jugendliche in ein engmaschiges, von diesen bisweilen als repressiv empfundenes Netz von Gewohnheiten und Verpflichtungen einbinden.[40] Gerade in unvertrauter, als fremd erfahrener oder gar als feindselig wahrgenommener Umwelt ist dichte interaktionelle Integration für den Fortbestand der lokalen Gemeinschaft unverzichtbar. Das zeigt sich etwa am orthodoxen Judentum, das in der doppelten Diaspora einer religiösen Minderheit in der permissiven Gesellschaft um sein spirituelles wie physisches Überleben kämpft. Affektive Bindung an sowie emotionale Einbindung in eine Religionsgemeinschaft bedeuten, dass die Gemeinschaft für ihre Mitglieder nicht nur eine kulturell-kognitive, normative und interaktive Grösse darstellt, sondern zugleich die Gefühlsebene anspricht und emotionale Bedeutung besitzt. Durch den Gebrauch gemeinsamer Symbole wie Erkennungszeichen, Fahnen, durch das Tragen gruppenspezifischer Kleidung, durch signifikante rituelle Vollzüge und Feiern wird die kollektive Identität performativ in Szene gesetzt, sinnfällig demonstriert und affektiv bewegend bekundet.

Ein hohes affektives Potenzial besitzen ausseralltägliche Vollzüge, in denen sich intensive Interaktion, Bewegung und Identitätsbekundung verbinden. Dazu zählen emotionale und spirituelle Höhepunkte und Gipfelerfahrungen wie Wallfahrten oder Pilgerreisen. Zur Bekräftigung und Intensivierung der affektiven Bindung tragen für die Beteiligten zum Beispiel spirituelle *events* bei, wie sie evangelikale amerikanische «megachurches»[41] sonntäglich inszenieren, aber auch Grossveranstaltungen wie etwa Katholiken- und Kirchentage sowie geradezu globale Ereignisse wie Weltjugendtage oder der islamische Hadsch. Religionsgemeinschaften

40 Vgl. *Nagel*, Netzwerke.

41 Vgl. *Putnam/Campbell*, Grace 37 u. ö.

ist offenbar das eigen, was als Sozialkapital des *bonding* und *bridging* charakterisiert worden ist.[42] *Bonding* bezeichnet die Fähigkeit, langfristige, verlässliche, enge Bindungen zu Menschen und Gruppen einzugehen. *Bridging* bedeutet demgegenüber die Bereitschaft und Fähigkeit, die Grenzen der eigenen Gemeinschaft zu überschreiten, auf andere zuzugehen, Beziehungen zu ihnen aufzubauen und mit ihnen zusammenzuarbeiten.

6 Reflexionen öffentlicher Theologie

Öffentliche Theologie lässt sich begreifen als eine aus der Perspektive von Religionsgemeinschaften betriebene wissenschaftliche Reflexion auf die öffentliche Bedeutung, Brisanz und Relevanz von Religion und Religionen. In dieser Theologie werden die religiösen, interreligiösen und zivilgesellschaftlichen Potenziale von Religionsgemeinschaften eruiert. Öffentliche Theologie bedenkt die Bedeutung religiöser und religionsgemeinschaftlicher Bindungen ebenso wie die Relevanz gemeinschaftsüberschreitenden Brückenbauens. Sie reflektiert auf die Beiträge und Barrieren zur gemeinschaftlichen und gesellschaftlichen Verständigung, partizipatorischen Teilhabe und Verantwortung. Einerseits richtet sich Öffentliche Theologie gegen die Privatisierung und andererseits gegen die Verstaatlichung von Religion. Sie unterstreicht demgegenüber die Wichtigkeit zivilgesellschaftlicher Präsenz von Religion und Religionen sowie die Bedeutung religiöser und religionsgemeinschaftlicher Beiträge in der und für die Öffentlichkeit. Öffentliche Theologie beinhaltet prophetische Kritik an Diskriminierung und Marginalisierung, Ausgrenzung und Exklusion von Religion und Religionen. Sie kritisiert ebenso die Exklusion religiöser Minderheiten wie die Selbstabkapselung und Selbstabschottung religiöser Gruppierungen und Glaubensgemeinschaften. Sie akzentuiert dagegen die Chancen, welche die Einbeziehung der Anderen

---

42 Vgl. *Putnam*, Bowling; *ders./Campbell*, Grace; *Liedhegener*, Unterschied 124–134.

bietet, desgleichen die Ausrichtung auf Begegnung und Dialog. Sie präferiert diskursive Konfliktlösung und die Suche nach Verständigung in interkonfessioneller sowie interreligiöser Ökumene.

Öffentliche Theologien treten dafür ein, dass Religionsgemeinschaften ihre Überzeugungen, Anliegen und Kritik in der performativen, der medialen, der diskursiven sowie der politisch organisierten Öffentlichkeit artikulieren können, dass sie als öffentliche Religionen zugleich an diesen Öffentlichkeiten partizipieren und sich darin engagieren. Geleitet von der Überzeugung, dass die in religiösen Überlieferungen bewahrten und in Religionsgemeinschaften tradierten Visionen und Praktiken für das Gemeinwohl wichtige, unverzichtbare Ressourcen darstellen, suchen öffentliche Religionen diese zu aktualisieren und fortzuschreiben. Denn es geht darin um elementare Anliegen gelingenden, guten Lebens und gerechten, solidarischen Zusammenlebens.

Öffentliche Theologien machen sich darum dafür stark, dass diese semantischen und performativen Ressourcen vonseiten öffentlicher Religionen auch in die gesellschaftlichen und politischen Debatten und Diskurse eingebracht und darin im dialogischen Austausch, der gegenseitigen Anerkennung und Kritik konstruktiv zur Geltung gebracht werden. Öffentliche Theologien können dazu beitragen, Perspektiven und Schritte zu imaginieren und zu antizipieren, durch die in Religionsgemeinschaften die Bereitschaft und Befähigung zum interkonfessionellen sowie interreligiösen Gespräch wächst. Es kommt darauf an, um Verständigung zu ringen, Ressourcen und Kräfte zum interreligiösen Brückenbau zu mobilisieren und zum Aufbau ökumenischer Beziehungen und Bindungen bereit und in der Lage zu sind. Diese Schritte können dialogisch-deliberativ das Verständnis für und die Verständigung über Glaubensinhalte und religiöse Vollzüge der Anderen umfassen. Sie können politisch-partizipativ das gemeinsame Engagement für eine menschenwürdige Zukunft für alle in Freiheit, Gerechtigkeit, Solidarität sowie der Bewahrung der Schöpfung beinhalten. Derartige Anliegen vollziehen sich affektiv-performativ durch gemeinsame religiöse Praxis, durch die Teilnahme an Ritualen, Feiern und anderen religionsverbindenden Vollzügen, womit ein Aufbau ökumenischer Beziehungen und Bindungen einhergeht.

Was aus den Reflexionen öffentlicher Theologie auf die Komplementarität des säkularen Staates und der postsäkularen Gesellschaft, der Aktivierung und Intensivierung der religionsverbindenden Potenziale öffentlicher Religionen sowie den brückenbauenden Tätigkeiten von Religionsgemeinschaften erwachsen könnte, wäre womöglich eine Ökumene öffentlicher Religionen.

Literatur

Arens, Edmund: «In der Schweiz, in der Schweiz, in der Schweiz ...» – Öffentliche Religion im helvetischen Raum, in: *Gabriel, Karl (Hg.):* Religionen im öffentlichen Raum: Perspektiven in Europa (Jahrbuch für Christliche Sozialwissenschaften 44). Münster: Regensberg, 2003, 131–142.

Ders.: Gottesverständigung. Eine kommunikative Religionstheologie. Freiburg i. Br.: Herder, 2007.

Ders.: Going public – Öffentliche Religionen und Öffentliche Theologie, in: *ders./Baumann, Martin/Liedhegener, Antonius:* Integrationspotenziale von Religion und Zivilgesellschaft. Theoretische und empirische Befunde (Religion – Wirtschaft – Politik 14). Zürich/Baden-Baden: Pano/Nomos, 2016, 19–69.

Ders.: Sinnsuche, Verlusterfahrungen und Bekehrungserlebnisse (Kap. 19, 20 und Epilog), in: *Kühnlein, Michael (Hg.):* Charles Taylor: Ein säkulares Zeitalter (Klassiker Auslegen 59). Berlin/Boston: De Gruyter, 2019, 197–211.

Ders.: Von der rettenden Gerechtigkeit zur vernünftigen Freiheit: Jürgen Habermas rekonstruiert Konstellationen von Glauben und Wissen, in: Ethik und Gesellschaft 1/2020, 1–25, URL: http://dx.doi.org/10.18156/eug-1-2020-rez-4 (7.3.2021).

Baumann, Martin: Umstrittene Sichtbarkeit. Zur Öffentlichkeit religiöser Bauten von Immigranten in Europa, in: *Stausberg, Michael (Hg.):* Religionswissenschaft. Ein Studienbuch. Berlin: De Gruyter, 2012, 365–377.

Ders.: Engagierte Imame und Priester, Dienstleistungsangebote und neue Sakralbauten: Integrationspotenziale von religiösen Immigrantenvereinen, in: *Arens, Edmund/ders./Liedhegener, Antonius:* Integrationspotenziale von Religion und Zivilgesellschaft. Theoretische und empirische Befunde (Religion – Wirtschaft – Politik 14). Zürich/Baden-Baden: Pano/Nomos, 2016, 71–120.

Böckenförde, Ernst-Wolfgang: Die Entstehung des Staates als Vorgang der Säkularisation, in: *ders.:* Staat, Gesellschaft, Freiheit. Studien zur Staatstheorie und zum Verfassungsrecht. Frankfurt a. M.: Suhrkamp, 1976, 42–64.

Casanova, José: Public Religions in the Modern World. Chicago/London: University of Chicago Press, 1994.

Ders.: Chancen und Gefahren öffentlicher Religion, in: *Kallscheuer, Otto (Hg.):* Das Europa der Religionen. Ein Kontinent zwischen Säkularisierung und Fundamentalismus. Frankfurt a. M.: S. Fischer, 1996, 181–210.

Ders.: Europas Angst vor der Religion. Berlin: Suhrkamp, 2009.

Ders.: Exploring the Postsecular. Three Meanings of «the Secular» and Their Possible Transcendence, in: *Calhoun, Craig/Mendieta, Eduardo/Van Antwerpen, Jonathan (Hg.):* Habermas and Religion. Cambridge/Malden: Polity Press, 2013, 27–48.

Gabriel, Karl: Säkularisierung und öffentliche Religion. Religionssoziologische Anmerkungen mit Blick auf den europäischen Kontext, in: *ders. (Hg.):* Religionen im öffentlichen Raum: Perspektiven in Europa (Jahrbuch für Christliche Sozialwissenschaften 44). Münster: Regensberg, 2003, 13–36.

Graham, Elaine: Between a Rock and a Hard Place. Public Theology in a Post-Secular Age. London: SCM Press, 2013.

Große Kracht, Hermann-Josef: Kirche in ziviler Gesellschaft. Studien zur Konfliktgeschichte von katholischer Kirche und demokratischer Öffentlichkeit. Paderborn u. a.: Schöningh, 1997.

Große Kracht, Hermann-Josef: Selbstbewusste öffentliche Koexistenz. Überlegungen zum Verhältnis von Religionen und Republik im Kontext moderner Gesellschaften, in: *Gabriel, Karl (Hg.):* Religionen im öffentlichen Raum: Perspektiven in Europa (Jahrbuch für Christliche Sozialwissenschaften 44). Münster: Regensberg, 2003, 225–272.

Habermas, Jürgen: Glauben und Wissen. Rede zum Friedenspreis des Deutschen Buchhandels 2001. Frankfurt a. M.: Suhrkamp, 2001.

Ders.: Nachmetaphysisches Denken II. Berlin: Suhrkamp, 2012.

Ders.: Auch eine Geschichte der Philosophie, Bd. 1: Die okzidentale Konstellation von Glauben und Wissen. Bd. 2: Vernünftige Freiheit. Spuren des Diskurses über Glauben und Wissen. Berlin: Suhrkamp, 2019.

Kässmann, Margot/Schäuble, Wolfgang/Sommaruga, Cornelio: Horizontale Ökumene, in: *Müller, Wolfgang W. (Hg.):* Otto-Karrer-Vorlesungen zu Ökumene, Caritas und interreligiösem Dialog, (Schriften Ökumenisches Institut Luzern 6). Zürich: Edition NZN, 2007.

Kühnlein, Michael: Einführung: Taylors Gegenwart, in: *ders. (Hg.):* Charles Taylor: Ein säkulares Zeitalter (Klassiker Auslegen 59). Berlin/Boston: De Gruyter, 2019, 1–15.

Liedhegener, Antonius: Ein kleiner, aber feiner Unterschied. Religion, zivilgesellschaftliches Engagement und gesellschaftliche Integration in der Schweiz, in: *Arens, Edmund/Baumann, Martin/ders.:* Integrationspotenziale von Religion und Zivilgesellschaft. Theoretische und empirische Befunde (Religion – Wirtschaft – Politik 14). Zürich/Baden-Baden: Pano/Nomos, 2016, 121–181.

Müller, Wolfgang W. (Hg.): Christentum und Islam. Plädoyer für Dialog (Schriften Ökumenisches Institut Luzern 8). Zürich: Edition NZN, 2009.

Müller, Wolfgang W./Wagner, Franc (Hg.): Religion – Musik – Macht. Musikalische Dimensionen einer ästhetischen Theologie (TeNOR – Text und Normativität 8). Basel: Schwabe, 2021.

Nagel, Alexander-Kenneth (Hg.): Religiöse Netzwerke. Die zivilgesellschaftlichen Potentiale religiöser Migrantengemeinden. Bielefeld: Transcript, 2015.
Putnam, Robert D.: Bowling Alone. The Collapse and Revival of American Community. New York: Simon & Schuster, 2000.
Putnam, Robert D./Campbell, David E.: American Grace. How Religion Divides and Unites Us. New York: Simon & Schuster, 2010.
Taylor, Charles: Ein säkulares Zeitalter. Frankfurt a. M.: Suhrkamp, 2009.

Recht hat, wer am längsten wachbleibt

Anmerkungen zum ökumenischen Dialog

Peter Strasser

Das ökumenische Anliegen bestand seit jeher darin, ein liberales, freundliches Klima zu erzeugen, in dem es möglich wäre, dass die grossen Weltreligionen, namentlich die christlichen Konfessionen, das Judentum und der Islam, späterhin auch die fernöstlichen Glaubensrichtungen, zumal der Buddhismus, «miteinander ins Gespräch kommen». Aber was heisst miteinander ins Gespräch kommen? Im Wikipedia-Eintrag zu dem Stichwort «Ökumenische Theologie» ist nachzulesen, dass «in vielen Ansätzen eine Überwindung der Spaltung im Dialog zielgebend» sei, «der nicht die Widerlegung des Gegners, sondern die Wertschätzung des anderen im Blick hat».

Ökumenischer Dialog und Ergebnisoffenheit

Vielleicht sollte gleich eingangs erwähnt werden, dass der Begriff Ökumene im 20. Jahrhundert insofern eine Verengung erfahren hat, als die so genannte Ökumenische Bewegung zunächst auf die christlichen Konfessionen der Katholiken und Protestanten fokussiert. Das griechische Wort oikumene (οἰκουμένη) bezeichnete noch die ganze Welt, den Erdkreis, wie er in der Antike bekannt war. Im Neuen Testament schwankt die Wortbedeutung, weil an einigen Stellen das römische Imperium gemeint ist und einmal, im Hebräerbrief (2,5), auf die «zukünftige Welt» abgestellt wird.

Die so genannten ökumenischen Konzile, als deren folgenreichstes das Erste Konzil von Nizäa (325) zu nennen wäre, erhoben den Anspruch, verbindliche Entscheidungen für die gesamte Christenheit zu treffen. Auf dem Konzil von Nizäa wird, exemplarisch gesprochen, die für die spätere Ausformung des Christentums, seiner Dogmatik und Theologie so wichtige Lehre von der Dreieinigkeit formuliert: Gottvater, Gott Sohn (Jesus) und der Heilige Geist sind folglich dem Wesen nach eins. Von einer dialogischen Haltung kann dabei nur sehr bedingt die Rede sein, denn wer an das Trinitätsdogma nicht glaubt, den soll fortan der Kirchenbann treffen, Exkommunikation und Ausschluss aus der Gemeinschaft der Rechtgläubigen.

Damit bewegen wir uns bereits an der Scheidelinie, die den normalen vom ökumenischen Dialog trennt, und gar erst von jener Art der radikalliberalen Auseinandersetzung, für die gilt: Wir kennen keine Tabus, alles darf zur Diskussion gestellt werden! Ein Vertreter dieser Richtung, die heute fast nur noch in akademischen Zirkeln der westlichen Welt anzutreffen ist, war Paul Feyerabend mit seinen Büchern, besonders dem einflussreichen Essay *Wider den Methodenzwang* (*Against Method*, 1975). Feyerabend war ein Polemiker, er schreckte nicht davor zurück, den *Hexenhammer* (*Malleus Maleficarum*, 1487) auf dieselbe Stufe der Argumentationsmethodik zu stellen wie etwa ein durchschnittliches Lehrbuch der Physik. Damit wollte er vor allem seine Gegner herausfordern, die darauf bestanden, dass es ein Mindestmass an Vernunftregeln gebe, die zu missachten jeden Diskurs oder Dialog diskreditieren müsste.

Wir sollten uns im Folgenden um diese Auseinandersetzung nicht weiter bemühen, denn in einer Zeit der *Fake News*, die ständig über das Internet transportiert werden und stets Tausende von Anhängern finden, hat sich – wie es so schön heisst – der Spass aufgehört. Es gibt eine Logik, es gibt Fakten, es gibt verlässliche Methoden, der Wirklichkeit zu Leibe zu rücken und herauszufinden, was «Sache» ist! Nicht alles ist eine Frage der vorausgesetzten «Weltanschauung», Ideologie, oder der jeweils eingenommenen persönlichen Perspektive.

Dies einmal zugestanden, bleibt dann immer noch genügend freier Raum, um sich unter verständigen, liberal gesinnten Menschen über strittige Fragen *ergebnisoffen* zu unterhalten. Niemand wird, soweit es um weltliche Angelegenheiten geht, bezweifeln – ausser einige, die sich vom Heiligen Geist beseelt glauben –, dass Menschen in fast allen Angelegenheiten irren können. Niemand kann mit Sicherheit behaupten, im Besitz der Wahrheit zu sein.

Man denke an die Probleme, die mit der Entwicklung eines Impfstoffes in Zeiten der Corona-Pandemie einhergehen. Die Entwicklung kostet viele Millionen, der Gewinn wird viele Milliarden einbringen. Das macht Druck auf die Entwickler, Mikrobiologen, Chemiker, Mediziner. In solchen Fällen ist die kritische, weitgestreute Diskussion in Fachjournalen und auf internationalen Kongressen äusserst wichtig. Die Scientific Community wird sich herauszufinden bemühen – ganz nach dem Vorbild der Methodologie Karl Poppers, wonach es gilt, strengen Prüfversuchen standzuhalten –, ob präsentierte Ergebnisse als «bisher bewährt» qualifiziert werden dürfen und ihr schrittweiser Einsatz empfohlen werden sollte.

Ist eine ähnliche «Ergebnisoffenheit» im ökumenischen Dialog erwünscht oder überhaupt möglich? Die Frage mag naiv anmuten. Die meisten Religionen sind jedoch darauf gegründet, dass am Wahrspruch oberster Autoritäten – im Katholizismus: an den *ex cathedra* geäusserten Deklarationen des Papstes – ein dauerhafter Zweifel nur um den Preis des Abfalls vom rechten Glauben möglich scheint. Dies bedeutet freilich nicht, dass es gar keinen Spielraum zur Ausräumung jener Glaubensdifferenzen gäbe, die zur Verhärtung zwischen den Konfessionen führen.

Annäherungsspielräume

Mariens leibliche Aufnahme in den Himmel wird 1950 von der Katholischen Kirche zum Dogma erhoben. Fortan sind alle Katholiken verpflichtet, daran festzuhalten. Verkündet wurde das Dogma – übrigens das erste unter der Unfehlbarkeitsdoktrin des Papstes – von Pius XII. in der apostolischen Konstitution *Munificentissimus Deus.* Der Wortlaut: «Wir verkünden, erklären und definieren es als ein von Gott geoffenbartes Dogma, dass die unbefleckte, allzeit jungfräuliche Gottesmutter Maria nach Ablauf ihres irdischen Lebens mit Leib und Seele in die himmlische Herrlichkeit aufgenommen wurde.» Was den leiblichen Aspekt betrifft, so wirft er unweigerlich Fragen auf. Was eigentlich ist mit «Leib» gemeint? Der materielle Körper mit all seinen Bestandteilen, Nahrungserfordernissen und Ausscheidungsfunktionen? Nicht wenige Gläubige würden solche Fragen als geschmacklos empfinden.

Daher zieht sich die Theologie auf den Gedanken zurück, dass Marias leibliche Aufnahme in den Himmel vorwegnehme, was alle von Gott Erwählten bei der Auferstehung am Jüngsten Tag erwarte. Aber was wird sie denn erwarten, zusammen mit jenen, die dann noch nicht im Grabe ruhen? Martin Luther sieht die Sache folgendermassen: «Denn es soll ein anderes Wesen und ein anderer Leib werden, der nicht esse, noch trinke, nicht arbeite noch schlafe, nicht Hochzeit halte noch Kinder zeuge [...] Das ist die Verwandlung, dass die, so entschlafen sind und unter der Erde liegen, zugleich mit uns, die wir noch leben, und wir mit ihnen, werden zu einem neuen Leben verändert werden». (Auslegung zu 1 Kor 15,51–53[1]) So gesehen, dürfte es, was die Frage der leiblichen Aufnahme Mariens in den Himmel betrifft, im protestantischen und katholischen Lager genügend Interpretationsspielraum geben, um einen «Diskurs» über den Begriff «Leiblichkeit» zu führen. Das ist nicht weiter verwunderlich, da man sich rasch auf eine gemeinsame Formel wird einigen können, nämlich dass «ein anderes Wesen und ein anderer Leib (soll) werden».

Völlig anders liegt die Situation in der Frage der Autorität des Papstes, namentlich seiner Stellung als Nachfolger Petri, als der er der gesamten Christenheit im Weltkreis vorsteht – eine absolutistische Vorsteherfunktion, der durch die Doktrin päpstlicher Unfehlbarkeit bei *ex cathedra* verkündeten Glaubenswahrheiten die Krone aufgesetzt wird. Mit der Unfehlbarkeitsdoktrin begibt sich die katholische Kirche in klarem Gegensatz zu der protestanti-

1 Zit. nach *Walch*, Luthers sämtliche Schriften.

schen Lehre, wonach die Gewissensentscheidung des Gläubigen die letztgültige Instanz der Gottestreue sei. Auch hier gab es im Laufe der Zeit Annäherungen, was man als eine Folge ökumenischer Gesinnung interpretieren könnte. So heisst es beispielsweise, als Bekundung des II. Vatikanums, im Abschnitt 16 der Pastoralkonstitution *Gaudium et spes* (1965): «Das Gewissen ist die verborgenste Mitte und das Heiligtum im Menschen, wo er allein ist mit Gott, dessen Stimme in diesem seinem Innersten zu hören ist.»

Aber einige Zeilen vorher liest man: «Im Innern seines Gewissens entdeckt der Mensch ein Gesetz, das er sich nicht selbst gibt, sondern dem er gehorchen muss»; und: «Denn der Mensch hat ein Gesetz, das von Gott seinem Herzen eingeschrieben ist, dem zu gehorchen eben seine Würde ist und gemäß dem er gerichtet werden wird.» Misstrauische Interpreten erblicken in diesen Worten nicht einfach einen Rückgriff auf christliches Naturrecht, dessen Prinzipien dem menschlichen Herzen «eingeschrieben» sind, sondern eine Subordination unter die Weisungen der Amtskirche, die, gedeckt durch die Autorität des Papstes, letztinstanzlich um jenes «Gesetz» weiss, während das individuelle Gewissen sehr wohl irren kann.

Was hier, auf dem geduldigen Papier, als eine relativ harmlose Frage der Interpretation erscheinen mag, führte und führt in der Praxis der Kirchen zu scheinbar unüberwindbaren Spannungen, deren Auflösung im ökumenischen Dialog kaum zu erwarten ist. Freilich, unter dem Druck der öffentlichen Meinung und schwindender Mitgliederzahlen über längere Zeiträume hinweg wird schliesslich auch seitens der kirchlichen Autorität für eine «Aussöhnung» geworben. Interpretationsspielräume sind niemals vollkommen definitiv.

Man denke an die Ehelosigkeit der Priester oder den Ausschluss der Frauen von sakralen Ämtern im katholischen Bereich. Die evangelischen Kirchen wiederum verwerfen einige katholische Sakramente (Firmung, Ehe, Priesterweihe, Krankensalbung), weil diese – so die Begründung – nicht von Jesus eingesetzt wurden. Der Umkreis der dialogfähigen Möglichkeiten innerhalb des gebildeten Gewissens, belehrt durch das gläubige Herz, unterliegt in beiden Konfessionsgruppen einschneidenden Beschränkungen, ohne deshalb völlig auszutrocknen.

Dabei mag als Regel gelten: Je enger die Verbindung zwischen rituellen, liturgisch verbindlichen, im weiteren Sinne dogmatischen *Handlungen* und den sie begründenden *Glaubensdogmen* ist, desto weniger Spielraum wird vorhanden sein, um sich einander «ökumenisch» anzunähern. Man sieht dies am deutlichsten an der Auseinandersetzung, die heute zwischen dem selbstbewusst praktizierten Islam und den anderen monotheistischen Konfessionen stattfindet, namentlich den christlichen (sieht man einmal vom wachsenden Antisemitismus ab, der im israelisch-palästinensischen Konflikt eines seiner Zentren hat).

Ökumene – Reizthema der Politischen Theologie

Sowohl der Islam als auch das Christentum verstehen sich als Glaubenshaltungen mit einem globalen Missionsauftrag. Dabei ist die Aggressivität der Durchführung in beiden Fällen asymmetrisch. Die christlichen Kirchen, mit Ausnahme rabiat evangelikaler Gruppen, namentlich in den USA, gründen ihre Überzeugungskraft auf spirituelle Ideale: Es ist die Liebe, zumal die Gottes- und Nächstenliebe, die Gemeinschaft der Herzen, die innere Strahlkraft entfalten und sich als Band der äusseren Gemeinschaft bewähren soll.

Demgegenüber hat die Freund-Feind-Stellung, die noch für Carl Schmitt in dessen einflussreichem Werk *Römischer Katholizismus und politische Form* (1923) bestimmend war, an Bedeutung verloren. Für Schmitt definierte sich die Religion massgeblich durch ihren Feind, den es zu bekämpfen galt. Darunter fielen nicht nur alle, die Dogmen der römisch-katholischen Kirche ablehnten, sondern generell die «Feinde Jesu», zuvorderst *der* Sakralfeind: die Juden. Mit ihnen in einen ökumenischen Dialog einzutreten, hätte bedeutet, dem Teufel zuzuarbeiten.

Ferner: Auch wenn eine Trennung von Kirche und Staat liberaldemokratische Verhältnisse erzeugen würde, so doch keine, die – wie immer auch durch Mehrheiten «legitimiert» – vor Gott als rechtmässig bestehen könnten. Alle Theologie ist, so Schmitt, von Naturrechts wegen politisch und alle Politik, insofern sie Legitimität beansprucht, darauf angewiesen, von theologischen Beständen zu zehren; deshalb der zentrale Stellenwert, den in Schmitts Werk die *Politische Theologie* (1922/1970) einnimmt.

Und noch ein Aspekt, der besonders im *römischen Katholizismus* hervorgehoben wird, hat in unserem Zusammenhang – οἰκουμένη – Bedeutung: Der heilsgeschichtliche Kern des authentischen Christentums kann laut Schmitt niemals dadurch korrumpiert werden, dass sich die Kirche aus Vorteils- oder gar Überlebensgründen mit irgendeiner Staatsform verbündet. Alle politischen Bündnisse, ob mit blutigen, menschenverachtenden Diktaturen oder humanitär besorgten Demokratien, dienen letzten Endes der Rettung des sakralen Korpus.

Schmitts Aktualität ist nicht zu leugnen, bloss haben sich die Fronten verschoben. Heute ist es der Islam, der gegenüber dem Westen politisch-theologisch agiert. Das mag in jener sanften Form geschehen, die einen unbeugsamen Willen verbirgt, wie es in Michel Houellebecqs *Soumission* (2015) als literarisches Gedankenexperiment durchgespielt wird. Darin erringt die Partei der Muslimbruderschaft bei demokratischen Wahlen so viele Stimmen, dass sie die Regierungsgeschäfte wesentlich prägen kann; aus den liberalen Versprechungen werden in der politischen Arena zusehends Gesetzesvorhaben, die auf die Einführung der Scharia dringen.

Houellebecq errichtet für die Multikulturalisten, unter denen naturgemäss die heftigsten Befürworte des ökumenischen Dialogs zu finden sind, ein eindringliches Warnschild: Spielt nicht mit dem Feuer, indem ihr die kriegerischen Worte des Propheten für Schall und Rauch haltet! Hat sich der Rauch erst verzogen, dann werden die Züge jener Bereitschaft sichtbar, die den Gotteskrieger ausmachen: Entweder Bekehrung des Andersgläubigen oder seine mehr oder minder grausame Unterdrückung bis hin zur Ausrottung, wie sie der islamische Extremismus, gipfelnd im tödlichen Terror, vorführt.

Es soll hier keineswegs der Eindruck erweckt werden, dass der Islam seinem Wesen nach militant sei – einem polittheologischen Wesen, dem alles, was der westlichen Lebensart nahesteht, ein Gräuel sein müsste. Es gibt den «Frieden des Islam», der eine fruchtbare Koexistenz mit Christen und Juden, allgemein: ein gedeihliches Miteinander im Staat, sucht und befördert. *Salam alaikum*, Friede sei mit euch, ist der traditionelle islamische Gruss, der, nach einer bekannten Erzählung, vom Propheten Mohammed so gedeutet wurde: «[...] dass du den Friedensgruss dem entbietest, den du kennst, und dem, den du nicht kennst», also – gemäss dem ökumenischen Verständnis – allen Menschen, die dem Gläubigen begegnen. Dazu bedarf es keiner gemeinsamen Bethäuser oder liturgischer Formeln, wohl aber der Gewissheit wechselseitiger Anerkennung.

In jedem Fall muss damit gerechnet werden, dass eine Religion, zumal eine Weltreligion, nur solange für ihre Anhänger attraktiv bleibt, wie sie nicht darauf verzichtet, jene existenziellen Bedürfnisse anzusprechen und positiv zu modulieren, die im säkularen Staat und im Rahmen eines wissenschaftlichen Weltbildes gleichsam in der Luft hängen. In Zeiten der persönlichen Not, unter der Knute des Bösen und dem Verdikt der Sterblichkeit für alle, die auf Erden leben, bedarf es eines übernatürlichen Trostes und einer Hoffnung auf «Erlösung vom Übel», die durch kein weltliches Wohllebensprogramm bereitgestellt werden kann.

Das Verlangen, sich durch «Kryonisierung» (das Einfrieren des eigenen Körpers am Lebensende) vor dem endgültigen Tod zu retten, um sich in ferner Zukunft durch technische Verfahren wieder «zum Leben erwecken» zu lassen – hinein in eine heute noch unausdenkbare Welt der Cyborgs –: dieses Verlangen hat mit der religiösen Sehnsucht nach dem Leben bei Gott als dann «körperlich und seelisch Verwandelte» nichts zu tun. Es ist vielmehr die Comics-Version der Endlosexistenz, ein Rückfall in die Fantasiewelt der Pharaonenkönige, die ihren ganzen Hausstand samt Kriegern und Rössern mit ins Jenseits nehmen wollten, um möglichst erst gar nicht zu bemerken, dass sie tot sind.

Alle Menschen werden Brüder/Schwestern?

Das bisher Gesagte darf nicht darüber hinwegtäuschen – zumal im Beethovenjahr 2020, welches trotz Corona ein musikalisches Menschheitspathos beschwört: «Freude, schöner Götterfunken [...]» –, dass ein Friede zwischen den Religionen ohne die permanente Anstrengung des ökumenischen Diskurses reines Wunschdenken bliebe.

Unsere Welt ist global geworden. Das Ideal der Menschheit als einer Solidargemeinschaft hat an Dringlichkeit gerade unter den obliegenden Umständen gewonnen: Die Schere zwischen Arm und Reich geht immer weiter auf, tagtäglich verhungern Hundertausende Menschen, Millionen sind auf der Flucht, politisch monströse Psychopathen bekommen nach wie vor Zuspruch oder putschen sich mit ihren Söldnern an die Macht. Die Liste der Gräuel scheint endlos.

Ein Teil der Unfriedlichkeit unter den Menschen ist religiös motiviert, doch ein Grossteil jener Kräfte, die versuchen, die Not der Armen und Ärmsten zu lindern, verdankt sich ebenfalls einer spezifisch religiösen Antriebskraft. Aber dann wiederum: Nicht alle grossen Religionen sind am Menschheitsprojekt der Caritas und einer Weltethik gleichermassen beteiligt. Man denke an den Buddhismus und verwandte Haltungen, die im hochreligiösen Sektor keinen Gott kennen, sondern eine mehr oder minder fatalistische Weltseele und, auf volkstümlichem Niveau, tausenderlei Gottheiten, bis hin zu regionalen Hausgöttern. Die Lehre von den Wiedergeburten je nach Verdienst und Laster im Leben ist den monotheistischen Religionen fremd, ebenso die starken Formen der Allbelebtheit, ob Tier, ob Pflanze – dies gehört für uns bereits zur Archaik des religiösen Empfindens.

Es gab und gibt Religionen, darunter auch das Juden- und Christentum, welche die Übel der Welt, ob physisch, moralisch oder spirituell, auf eine Urkatastrophe, einen Sündenfall zurückführen, sodass sich als «natürliche» Konsequenz ergäbe, dass das biblische Tal der Tränen ein immerwährendes kleines Strafgericht sei und eine strenge Ermahnung, den rechten Glauben zu zelebrieren, bevor das Endgericht ansteht. Auch diese Konsequenz ist unter dem Gesichtspunkt der Aufklärung und einer rationalen Theodizee nicht mehr haltbar; es gibt Erklärungen, die uns die Wissenschaften anbieten, allesamt empirisch abgesichert und daher glaubhafter als die Idee einer gottgesandten, menschheitsgeschichtlich unausgesetzten Strecke der Plagen und Strafen. Worauf also sollte sich der ökumenische Dialog stützen, was ist der kleinste gemeinsame Nenner?

Die wenig tröstliche Antwort lautet: Es gibt keinen solchen Nenner. Schon angesichts der Frage, ob Männer und Frauen gleichgestellt sein sollten, ob die einen wie die anderen alle sakralen Funktionen ausüben dürfen, wird der «Dialog» im besten Fall dabei enden, dass man einander freundlich zunickt; ja, man versteht den jeweils anderen, etwa so, wie die Katholiken die Protestanten «verstehen». Was dabei leicht unter den Tisch fällt, sind die Abgründe des Dogmas und der innerkirchlichen Tradition, die ihrerseits, im katholischen Reich durch Enzykliken ummauert, als sakrosankt gilt.

Die Aufforderung zum Dialog, der dem Weltethos zuarbeiten soll, führt vielfach dazu, dass das gläubige Empfinden einen schizophrenen Zug annimmt. Tief in ihrer katholischen Seele – um dabei zu bleiben, wobei die islamische Seele hier fast im Gleichklang mitschwingt – halten viele Gläubige an ihrer heiligen Überlieferung fest, die besagt, dass in Gottes Schöpfung Männer und Frauen nicht «gleichgestellt» sind (man lese nur die Genesis!); dass die Juden die verfeindeten Brüder der Christen sind (man denke an den Verrat des Judas!); dass Aids und Corona Geisseln sind, die unsere gottvergessene Gesellschaft schon längst verdient hat. Führt Aids, die ursprüngliche «Schwulenkrankheit», nicht eine eindeutige Botschaft mit sich?

Aber das alles darf unter einem reformreligiösen Vorzeichen nicht gesagt – ja nicht einmal deutlich gedacht – werden; es bleibt im Keller der Seele, dort allerdings rumort es weiter und wartet auf Befreiung. Wollen traditionstreu geprägte und liberale Christen, wollen Vertreter der unterschiedlichen Weltreligionen bei aller unterschiedlichen Nähe zu archaischen Formen des Heiligen miteinander im Gespräch bleiben, dann werden sie nach aussen hin eine «Softversion» dessen präsentieren, was in ihrer Tiefe seit Jahrtausenden Stimmung macht. Die wahre, reine Lehre ist das freilich nicht mehr. Aber es gibt auch hier Anpassungsvorgänge an das allgemeinmenschlich Verbindende, bis sich das religiöse Herz aus dem blinden Gehorsam zur eigenen, die Menschheit spaltenden Tradition befreit.

Zur Frage der Deutungshoheit

Mit dem Willen zum ökumenischen Dialog erwächst unweigerlich die Frage nach der Deutungshoheit der Kirchen angesichts der Übel in der Welt. Wie ist eine Pandemie, die hunderttausende Menschenleben fordert, vom religiösen Blickwinkel aus – die Welt als Schöpfung betrachtet – zu verstehen?

Aus den *Vatikan News* im Internet war zu erfahren, dass sich die beiden grossen christlichen Kirchen in Deutschland gemeinsam gegen die «These» wenden, Corona sei eine Strafaktion Gottes. Entsprechend teilte die Direktorin des Katholischen Bibelwerks der Katholischen Nachrichten-Agentur mit: «Gott straft nicht, sondern Gott rettet.» Nur vereinzelt waren andere Töne zu vernehmen. In seiner Ostersonntagspredigt fand der Regensburger Bischof Voderholzer deftige Worte: «Wer zum Himmel spuckt, trifft sich selbst. Vielleicht ist die Menschheit als ganze gerade dabei, sich die eigene Spucke aus dem Gesicht zu wischen.» Diese Worte sind so gewählt, dass daraus nicht strikt abgeleitet werden kann, Gott habe seine strafende Hand im Spiel – aber wenn nicht, wie soll der Gläubige das Bild dann verstehen? Sicher ist nur: Der Frevler Mensch ist zurzeit mit dem Wegwischen verseuchter Aerosole beschäftigt!

Im Dezember 2004 war Kardinal Christoph Schönborn, damals Erzbischof von Wien, aus Anlass des Tsunami, der eine Viertelmillion Tote forderte, in die schwerstbetroffene Region Indonesiens, Banda Aceh, gereist. Er spendete den dort Überlebenden

Trost. Anschliessend liess er uns wissen, dass Gott ein Zeichen gesetzt habe, das uns auffordere, zum Glauben zurückzukehren. Angesichts der Corona-Pandemie wollte Schönborn – er hat aus Altersgründen sein Amt mittlerweile niedergelegt – von göttlicher Belehrung nicht mehr reden. Vor Ostern stellte er im österreichischen Fernsehen (ORF) der Nation einige Fragen, allesamt rhetorisch: «Ist es wirklich notwendig, dass wir übers Wochenende zum Shoppen fliegen nach London? Ist es wirklich notwendig, dass wir unsere Weihnachtsferien auf den Malediven verbringen?» Und konsequent endeten die Bedenken des Kardinals bei einer ökologisch, nicht theologisch alarmierten Frage: «Müssen wirklich zweihunderttausend Flugzeuge täglich in der Luft sein?»

Gewiss, es war unerlässlich, dass von kirchlicher Seite aus etwas gesagt wurde, was über die Formel vom «unergründlichen Ratschluss» Gottes hinausging. Aus den Worten des Kardinals, der Gott, eher lustlos, «zunächst» aus dem Spiel lassen wollte, ging hervor, dass wir tödlicher Krisen bedürften, um existenziell wieder zur Besinnung zu kommen. Aber die höhere Pädagogik des christlichen Gottes der Liebe, ob als solche ausgesprochen oder nicht, ist wohl kaum geeignet, religiöse Zweifel zu besänftigen. Denn die unspezifischen Lektionen der Gnade – einmal ein Tsunami, dann ein Erdbeben, dann wieder eine Seuche – ergeben summa summarum noch keine Theodizee.

Théodicée, das war zu Beginn des 18. Jahrhunderts der von Gottfried Wilhelm Leibniz unternommene Versuch, Gottes Schöpfungswerk zu rechtfertigen. Leibniz machte sich anheischig, die leidensdurchwirkte Schöpfung mit Hilfe der Formel, wir lebten in der besten aller möglichen Welten, rational zu «begründen». In Wahrheit untergrub er jene Religiosität, die seit jeher am Leitfaden der Heilsgeschichte orientiert war. Diese kannte einen guten Anfang und ein gutes Ende; dazwischen lag unsere sündige Welt, worin Gott unbotmässiges Verhalten in patriarchalischer Manier bestrafte.

Seit der Vertreibung aus dem Paradies war Gottes Liebe eine bittere; ihr Weg führte über die Dornenkrone und den Kreuzestod. Am Ende jedoch war die Herabkunft des Neuen Jerusalem geweissagt:

Halleluja. In jeder Phase kollektivmenschlicher und individueller Not lebte der Christ hoffnungsvoll auf dieses Ende zu. Heute hingegen fühlen sich die meisten Menschen metaphysisch alleingelassen. Sie sollen beten. Warum? Sie sollen ihr Leben ändern. Wozu? Alle letzten Gewissheiten sind verblasst. So bemerkenswert, ja bewunderungswürdig das sozialethische Engagement aus dem Geiste der Caritas ist, es kann die Deutungshoheit über die letzten Fragen der Existenz nicht hinreichend ersetzen. Die Menschen richten all ihre Hoffnungen zusehends auf Sozialingenieure und Biotechniker, die mit wissenschaftlichen Instrumenten den Massentod, gefolgt vom Zusammenbruch des Systems, zu verhindern suchen.

Diesem Wandel des kollektiven Klimas entsprachen symbolhaft die heiligen Messen, die aus Corona-Angst vor leeren Bänken abgehalten und via TV in die Wohnstuben übertragen wurden, wo man die Finger nicht mehr in Weihwasser tauchte, sondern sich mehrmals täglich die Hände zwanzig Sekunden lang wusch. Aus unseren Gesellschaften sind mit der Glaubensinbrunst, die nicht nach Vernunftgründen fragt, auch die grossen Tröstungen gewichen. Und es wäre naiv annehmen zu wollen, dass zu dieser Abschwächung der religiösen Stimmungslage nicht auch die Bereitschaft zum ökumenischen Dialog ihren Beitrag geleistet hat.

Denn eine derartige Bereitschaft ist nur unter einigermassen zivilisierten Verhältnissen des Miteinanders vorfindlich. Fundamentalisten, welcher religiösen Ausprägung auch immer, empfinden jede Art von *aufrichtigem* Dialog mit den «Glaubensfeinden» als gotteslästerlich, zum Mindesten aber als Bedrohung der eigenen Erwartungen und Ansprüche an das Ewige, Absolute – an Gott oder die Götter, die ja meist Aspekte *einer* Heilserwartung sind.

Regenbogen der Religionen – eine ökumenische Utopie

Der britische Theologe und Religionsphilosoph John Hick, seiner Konfession nach Presbyterianer, setzte sich für eine radikale Form des ökumenischen Dialogs über die christlichen Grenzen hinweg ein. Sein Buch *A Christian Theology of Religions* (1995) trug den bezeichnenden Untertitel: *The Rainbow of Faiths.* In einer freien Interpretation seiner Gedanken liesse sich sagen, dass alle Weltreligionen gewisse Aspekte des Göttlichen zeigten, aber keine einzige Religion in der Lage sei, die Fülle Gottes auszuschöpfen. Daraus resultiert der «sakrale Regenbogen».

Erst durch die Würdigung des Wahrheitsgehaltes auch anderer Religionen wird das Christentum in die Lage versetzt, der eigenen Einsicht in die Transzendenz – vielfach dargeboten in der Erzählweise des Mythos, weniger in jener des Buddhismus oder Hinduismus als mystischer Erfahrung – gerecht zu werden. Genauer besehen ist es jedoch schwierig zu argumentieren, wie der «religiöse Regenbogen» zustande kommen und Bestand haben könnte angesichts der vielen Widersprüche und Ungereimtheiten zwischen den Religionen. Ein Beispiel soll genügen:

Im Christentum schuf Gott dem Menschen nach seinem Bilde. Es ist nicht leicht, diese *Imago-Dei*-Lehre zu deuten, doch ist der Dialog mit dem Humanismus und der Aufklärung sicherlich ein Grund dafür gewesen, dass dem Westen heute als absolute normative Wahrheit gilt, wonach alle Menschen mit gleicher Würde ausgestattet sind und daher auch an denselben Menschenrechten unabdingbar teilhaben. Schwenken wir hier zum Weltbild des Hinduismus, so fällt sofort das traditionelle Kastensystem ins Auge, das von den Brahmanen (den Priestern und Gelehrten) bis zu den Shudras, der dienenden Kaste, und, am untersten Ende der Pyramide, den «Unberührbaren», Parias bzw. Dalits reicht. Hunderte Millionen Menschen gehören in Indien dieser Kaste an. Deren Angehörige gelten als «unrein», sie dürfen nur unreine Berufe (Wäscher, Müllentsorger) ausüben, die Tempel nicht betreten und nicht aus den öffentlichen Brunnen trinken. Die Heirat «nach oben», in eine höhergestellte Kaste, gilt als Tabu. Hinter dieser – für unsere Begriffe – grausamen Trennung der Menschen in Klassen mit unterschiedlichen Privilegien und Rechten, mit abgestufter Würde, steht ein religiöses «Weltbild» der Seelenwanderung. Die Seele wohnt im Körper eines Menschen, dessen Tugenden oder Laster sein nächstes Dasein in einer der Kasten bestimmen, was zur Folge hat, dass gerade die Ärmsten auch zur am meisten verachteten Gruppe gehören, deren Mitglieder oft Opfer von Gewalt werden. Nur die untadelige Seele des Brahmanen darf hoffen, in das Nirvana, den Himmel der subjektlosen Glückseligkeit, einzugehen.

Dieses Beispiel erhellt schlaglichtartig das Problem des Gedankens, die grossen, alten Religionen mit ihrer ehrwürdigen Tradition brächten verschiedene Aspekte des Göttlichen zum Ausdruck. Vor allem aber auch: Wie könnte denn ein konstruktiver ökumenischer Dialog zwischen einem Hindu und einem Christen aussehen, sobald er sich der Essenz beider Lehren zuwendet? Soll der Christ dem Hindu entgegenkommen, indem er eingesteht, dass es auch im Christentum lange Zeit üblich war, die Menschen in Klassen mit unterschiedlichen Rechten und Pflichten zu unterteilen, angefangen bei den Leibeigenen, über die Bauern, Handwerker, Bürger bis hinauf in die wiederum in sich gegliederten Adelsschichten? Dabei nahm die Priesterklasse stets eine privilegierte Sonderposition ein, verwaltete sie doch das Erbe Jesu (allerdings stets bedroht durch die Absolutheitsansprüche der weltlichen Machtträger, des Königs oder Kaisers «von Gottes Gnaden»).

Durch eine solche Argumentation würde dem Diskussionspartner doch nur zu verstehen gegeben, dass sich das Christentum heute von derlei archaischen, brutalen, die Menschenwürde verletzenden Vorstellungen längst gelöst hat. Ausserdem ist die über einen grossen geografischen Raum verbreitete Seelenwanderungslehre einem Christen kaum schmackhaft zu machen. In jedem Fall bildet deren Zentrum die Auffassung, dass die Seele mehrere Leben «durchwandert», während ihr im Christentum Himmel, Fegefeuer oder Hölle geweissagt sind – wobei der moderne Christ einräumen mag, dass die Hölle «leer steht».

Ökumene als Toleranz über die Grenzen hinweg

Allgemein gesagt: Religionen bilden, solange sie lebendig sind, eigene Lebensformen und Sprachspiele, die sich nicht auf die Denkweise der Wissenschaft oder der Geschichtsforschung reduzieren lassen. «Lebensformen» und «Sprachspiele» – das sind Begriffe, die auf Ludwig Wittgensteins *Philosophische Untersuchungen* (postum 1953) zurückgehen.

Wittgensteins Ansichten mögen, ohnehin nur fragmentarisch ausgearbeitet, zu radikal sein. Denn Lebensformen und Sprachspiele sind durchlässig. Was die monotheistischen Religionen betrifft, so hat ihre Durchlässigkeit enge Grenzen, die erst in einer Phase der dogmatischen Ermüdung diffus werden. Erst dann finden sich alle möglichen Versatzstücke religiösen Denkens und Empfindens neben- und durcheinander, beispielsweise Christliches neben Buddhistischem, Grenzwissenschaftlichem, Naturmystischem und einem Hang zur spirituell gestylten Wellness.

Aber gerade dagegen will sich der ökumenische Dialog abgrenzen. Er will keine Ausbleichung des Glaubens oder gar dessen Auflösung in individuell beliebige Glaubenshaltungen. Diese würden je nach persönlicher Verfassung und gesellschaftlicher Mode wechseln, ohne noch den tiefen Ernst des Göttlichen mit sich zu führen, ohne die Pflicht zum Gebet, zum Lobpreis, zur Nächsten-, ja Feindesliebe; zugleich wäre kein Trost in der tiefen Not mehr zu haben und die Angst vor dem Nichts des Todes bliebe das letzte Wort.

Nein, der ökumenische Dialog möchte das religiöse Wesen in der Gesellschaft dadurch stärken, dass die relative Wahrheit des Andersgläubigen klar vor Augen tritt, ohne deswegen die erforderlichen Grenzen zwischen den Konfessionen zu verwischen und eine halbherzige Konversionsmentalität zu befördern. Ist dieses Ziel realistisch? Soweit es sich um theologisch sensible Themen handelt, man denke an die Frage des Schwangerschaftsabbruchs oder der künstlichen Befruchtung – Fragen innerhalb der Heiligkeitsdoktrin des Lebens –, wird der Dialog brüchig werden. Selbst zwischen Religionsverwandten, etwa traditionell denkenden Katholiken und liberal gesinnten Protestanten, ist dann zu beobachten, dass beide Parteien ihre Argumente *immer wieder repetieren*, wenn auch in wechselnden Formulierungen, die eine tolerante Nähe zum Glaubenskonkurrenten nahelegen.

Das aber ist noch kein vollwertiger Dialog. Es behält nämlich am Schluss derjenige «recht», der – ironisch gesprochen – am längsten wachbleibt (ich habe es auf interkonfessionellen Tagungen selbst erlebt).

Die Zukunft des ökumenischen Dialogs – einige Szenarien

Erst unter dem Druck einer staatlichen Gesetzgebung, die dem Prinzip des Allgemeinwohls und dem Grundsatz der Gleichbehandlung verpflichtet ist, wird sich der obrigkeitliche Klerus zu dogmatischen Kompromissen durchdringen – man möchte ja auch weiterhin unter der prinzipiellen Bedingung einer Trennung von Kirche und Staat an den öffentlichen Angelegenheiten zumindest indirekt teilhaben dürfen.

Dass der Dialog, der kaum Überbrückungsprinzipien kennt, dennoch nicht bloss einen strategischen Sinn hat, hängt am schlichten Faktum der *menschlichen Begegnung*. Im Streit und Widerstreit der Glaubensmeinungen lernt man einander kennen. Das anfängliche Misstrauen geht günstigenfalls in eine Atmosphäre des Vertrauens über, das zwar nicht die religiöse Lebensform (Liturgie) und das ihr entsprechende Sprachspiel überbrückt, wohl aber den strategischen Zug solcher Begegnungen Schritt für Schritt überwindet. Das muss nicht immer der Fall sein, aber es wird oft genug eine Art Freundschaft unter den Männern und Frauen entstehen, die den Dialog ernsthaft pflegen. Und die Vermutung ist nicht abwegig, dass aus solchen Freundschaften die Bereitschaft erwächst, auch in den religiösen Fixierungen des anderen so etwas wie eine gottgefällige Alternative zur eigenen Glaubensposition zu erahnen.

Niemand kann im Voraus ernsthaft sagen, wohin dieser Prozess der wechselseitigen Anerkennung führt, soweit es die Auffassung der heiligen Dinge betrifft. Gut möglich, dass diejenigen, die den Dialog ernstnehmen, ihn befürworten und befördern, äussere und innere Lernprozesse erfahren, die sie zum Schreckgespenst eines ultrakonservativen Katholiken wie Carl Schmitt machen würden. Denn in den Köpfen und Seelen derer, die den Dialog führen, mag sich die Evidenz festsetzen, dass sie alle, die guten Willens sind, zu demselben Gott beten, ob sie ihn nun so nennen oder nicht. Das muss nicht bedeuten, dass man die eigene Glaubensidentität verliert. Man wird womöglich ihre Fülle nun erst erfahren können, da man sich gegenüber den anderen nicht mehr als «Glaubensritter» engherzig behaupten muss.

Aber man ist eben in eine bestimmte religiöse Kultur hineingeboren (sofern es eine solche überhaupt noch gibt), und – im Wissen um die Dignität fremder Kulturen – weiss man auch, dass es keinen guten Grund gibt, die eigene religiöse Identität durch eine andere auszutauschen oder sie mit Elementen zu «bereichern», die einer anderen Form des Lebens angehören. Man hat eine respektierliche Alternative kennengelernt und nun ist man in der Lage, ihr ohne Ressentiment zu begegnen; nicht mehr und nicht weniger.

Freilich, das gezeichnete Bild macht zwei – womöglich naive – Voraussetzungen. Die eine Voraussetzung lautet: Der Dialog wird nicht von strategischen Überlegungen, die im Untergrund mitlaufen, verunstaltet; man will nicht die Oberhand gewinnen. Die andere Voraussetzung: Es gibt eine gebildete und dabei liberale religiöse Kultur, deren Vorhandensein eine geistige Grundlage für die Ökumene bildet. Ist eine solche Kultur im Westen noch vorhanden?

Als jemand, der an der Universität viele Jahre lang das Fach «Religionsphilosophie» unterrichtete, liegt mir eine eher ernüchternde Diagnose auf der Zunge. Meine Studentinnen und Studenten kamen in der Mehrzahl bereits aus Elternhäusern, die religiös desinteressiert waren, ohne geringste Vorbildung in jenem Christentum, dem sie formal angehörten. Und wenn sich einmal ein Muslim oder (äusserst selten) eine Muslimin in meine Vorlesung «verirrte», so nie für lange. Die Eventualität, aus der Fraglosigkeit des eigenen Glaubens in ein philosophisches Feld geführt – dabei womöglich «verführt» – und mit unangenehmen, als häretisch empfundenen Fragen konfrontiert zu werden, war wohl doch zu bedrohlich.

Ich will also mit einer düsteren Prognose nicht hintanhalten (obwohl ich zuversichtlich hoffe, sie möge sich nicht bewahrheiten): Es ist vielleicht schon zu spät für den ökumenischen Dialog. Denn wenn auf der Seite des Christentums die Schätze einer langen, über zwei Jahrtausende währenden Glaubenstradition weitgehend aus dem sozialen Stimmungs- und Wissensfeld verschwunden sind, dann wird die Zukunft unserer Gesellschaften das Wort vom Gott, der sich zurückzieht (*Dieu se retire*, Léon Bloy), in vollem Umfange wahrmachen. Es wird dann ein grundsätzlicher Wandel des Menschseins stattfinden. Der Mensch wird zu etwas werden, das – wie «sophisticated» und titanisch auch immer – dem transhumanistischen Menschmaschinenwesen, dem Cyborg der einstigen Fantasy, ähnelt.

Und was die andere Seite betrifft, die eines Neofundamentalismus religiöser Prägung, der die Trennung zwischen Staat und Religion gewaltsam negiert, so erübrigt sich die Frage des Dialogs. Unter der eisernen Faust religiöser Führer wird wieder ausgemistet, scheinheilig (oder auch nicht) zur Ehre Gottes. Um Karl Popper zu variieren: Statt Dogmen sterben dann wieder Menschen – ein Umstand, der in nicht wenigen Ländern des Erdballs bereits grausame Realität ist.

Literatur

Zitationen aus dem Internet (alle Quellen abgefragt am 3.5.2021):

«Corona ist keine Strafe Gottes», 30.3.2020, 14:46, URL: https://www.vaticannews.va/de/kirche/news/2020-03/corona-virus-kirche-strafe-gott-wilmer-bedford-bibelwerk-deutsch.html.

«Das Corona-Virus hat sich der Mensch selbst geholt» – Eine Seuche zeigt uns die Grenzen menschlicher Autonomie, 12.4.2020, URL: https://www.bistum-regensburg.de/news/das-corona-virus-hat-sich-der-mensch-selbst-geholt-eine-seuche-zeigt-uns-die-grenzen-menschlicher-autonomie-7394/.

Schönborn: «CoV wird Angesicht der Erde verändern», 22.3.2020, URL: https://religion.orf.at/stories/3000335/.
Kardinal Christoph Schönborn in der ORF-Pressestunde, 20.3.2020, URL: https://religion.orf.at/tv/stories/3000343/.
Der Abschnitt «Zur Frage der Deutungshoheit» wurde in der Neuen Zürcher Zeitung vorauspubliziert: «Wer zum Himmel spuckt, trifft sich selbst» – über den Deutungsnotstand der Kirchen im Seuchenfall. Gastkommentar in der Neuen Zürcher Zeitung 241. Jg., vom 29. Mai 2020, 13.

Weiterführende Literatur vom Autor:

Strasser, Peter: Ist Religion Krieg? – Was vom Gott aller Menschen bleibt. Wien/Graz/Klagenfurt: Styria, 2018.
Ders.: Die Sprengkraft des Humanismus – Ein Beitrag zur Politik der Seele. Freiburg i. Br./München: Karl Alber, 2020.
Ders.: Kritik der Spiritualität – Warum uns die Welt nicht genug ist. Basel: Schwabe, 2020.

Religionsfreiheit – ein individuelles Menschenrecht

Volker Kauder

1 Religionsfreiheit geht alle an

Wer sich mit Religionsfreiheit auseinandersetzt, begibt sich sogleich mitten hinein in jahrhundertelange theologische, philosophische und politische Diskussionen über Religion, Freiheit, Toleranz und deren Verortung im staatlichen und gesellschaftlichen System. Dabei kann weder über Freiheit noch über Religiosität oder Politik losgelöst vom Menschen gesprochen werden. Idealerweise werden sie direkt auf den Menschen und sein Umfeld hin bezogen und in Verbindung mit den Grundfragen des Menschseins gedacht. Eine Politik, die dem Menschen dient, hat ihn in seinem ganzen Sein im Blick und stellt ihn in den Mittelpunkt. Ein geradezu existenzieller Vollzug des Menschseins ist die Religiosität. Individuelle religiöse Grundentscheidungen und deren Praxis, die Auseinandersetzung mit den Grenzfragen des Lebens oder die Sinnsuche, sind identitätsstiftend und untrennbar mit der Personalität verbunden. Das Menschenrecht der Religionsfreiheit schützt diesen grundlegenden Aspekt des Menschseins und stellt seine Bedeutung für das gesellschaftliche Miteinander heraus.

Dass sich in den letzten Jahren Vertreter aus Politik und gesellschaftlichen Gruppen in weiten Teilen der Welt wieder vermehrt mit dem Menschenrecht der Religionsfreiheit auseinandersetzen, ist einerseits erfreulich. Es zeigt, dass das Thema ernst genommen wird, seine Relevanz für viele deutlich geworden ist und Berührungsängste abgebaut werden konnten. Andererseits ist diese Entwicklung schlicht ein Zeichen dafür, dass die Notwendigkeit der thematischen Auseinandersetzung gestiegen ist, da vielerorts Religionsfreiheit nicht oder nur unzureichend gewährt wird.

Das *Pew Research Center* dokumentierte in seinen zwei jüngsten Berichten zur Lage der weltweiten Religionsfreiheit[1], dass insbesondere staatliche Beschränkungen der Religionsfreiheit weltweit zunehmen. Im Europäischen Raum gehört das Recht auf Religionsfreiheit zum Kernbestand des Wertekanons, ist in verbindlichen Dokumenten wie dem Grundgesetz oder der Europäischen Menschenrechtskonvention festgeschrieben und wird weitestgehend[2] uneingeschränkt gewahrt. In anderen Teilen der Erde wird es, obwohl es dort oft ebenso verbindliche rechtliche Grundlagen zur Religionsfreiheit gibt, mit Füssen getreten. In Staaten wie China, Nigeria, dem Sudan oder Iran sehen sich einzelne Religionsgemeinschaften teils sehr hoher Repression ausgeliefert. Bestimmte Gruppen werden systematisch benachteiligt und sogar verfolgt und getötet. In vielen politischen Auseinandersetzungen wird Religion als Legitimationsgrund instrumentalisiert und missbraucht. Nicht nur in Indien oder Russland wird Religion für nationalistische Ideologien instrumentalisiert und werden religiös Andersdenkende teils schwer benachteiligt. Anderswo machen radikal-fundamentalistische Gruppen und terroristische Vereinigungen, wie die Terrormiliz Islamischer Staat in ihren Einflussgebieten, wie Boko Haram in Nigeria oder die Al-Shabaab in Somalia und die von ihnen hervorgerufenen Auseinandersetzungen, das hohe Konfliktpotenzial von Intoleranz und nicht gewährter Religionsfreiheit mehr als deutlich. Auch heute bleiben also diese Verhältnisse leider – seien sie staatlicherseits, seitens radikaler religiöser Gruppen oder von Einzelpersonen verursacht – Mit-Ursachen für Anschläge, Krieg und Mord, für Vertreibung und Flucht.

---

1 Vgl. *Pew Research Center*, Bericht 2020, sowie *dass.*, Bericht 2019.

2 Das Pew Research Center spricht in seinem Bericht von 2019 auch von einzelnen Einschränkungen der Religionsfreiheit in Europa, beispielsweise in Moldavien: Vgl. *Pew Research Center*, Bericht 2019, 19.

So erschütternd diese Erkenntnis ist, umso wichtiger ist es, dieses Unrecht öffentlich immer wieder beim Namen zu nennen und sich für die Problemlösung einzusetzen. Dabei muss der Einsatz für Religionsfreiheit im doppelten Sinne inklusiv sein: Zum einen darf sich das Bemühen um die Religionsfreiheit nicht nur auf bestimmte Religionsgemeinschaften beschränken, sondern muss grundsätzlich allen gelten, deren Religionsfreiheit gefährdet ist. Zum anderen darf man Religionsfreiheit nie nur als singuläres Menschenrecht sehen, sondern muss stets auch ihre Interdependenz mit anderen Menschenrechten im Blick haben.

Gerade aufgrund des Zusammenhangs der einzelnen Menschenrechte untereinander ist das Recht auf Religionsfreiheit für alle – auch atheistische, agnostische oder strikt laizistische Stimmen – von Relevanz. Religionsfreiheit schützt das Recht auf Gedanken-, Gewissens-, Glaubens-, Religions- und Weltanschauungsfreiheit und sichert deren öffentliche Praxis.[3] Darin sind das Werben für die eigene Überzeugung, die Konversion und die Ablehnung alles Religiösen miteingeschlossen. Das Recht auf Religionsfreiheit umspannt also sowohl das *forum internum* als auch das *forum externum*.[4] Da Religiosität das Innerste des Menschen betrifft, da die Missachtung von Religionsfreiheit Minderheiten, Benachteiligte und Verfolgte schafft und da sie aktuell weltweit so stark unter Druck steht, ist Religionsfreiheit ein Menschenrecht, dem man besondere Aufmerksamkeit widmen muss. In den vielen Jahren meiner Arbeit hat sich gezeigt, dass dort, wo Religionsfreiheit nicht gesichert ist, auch keine allgemeine Freiheit herrschen kann, da andere Menschenrechte wie Versammlungs-, Meinungs- oder Pressefreiheit mit beeinträchtigt werden. Es lohnt sich daher zu klären, was das Menschenrecht der Religionsfreiheit umfasst und wo seine Grenzen liegen.

---

3 Vgl. *Kirchschläger*, Religionsfreiheit 354.

4 Vgl. hierzu den Bericht vom Oktober 2012 des UN-Sonderberichterstatters für Religions- und Weltanschauungsfreiheit: *Bielefeldt*, Freedom of Religion or Belief 100–105.

2 Religionsfreiheit als individuelles Menschenrecht – eine Annäherung

Religionsfreiheit ist ein Menschenrecht. Sie ist nicht – jedenfalls nicht nur – ein abstraktes philosophisches oder theologisches Konzept, sondern ein konkretes und klassisches Freiheitsrecht, das etwa kodifiziert ist in Art. 18 des *Internationalen Paktes über bürgerliche und politische Rechte*[5] (IPbpR), in Art. 9 der *Europäischen Menschenrechtskonvention*[6] und in Art. 18 der *Allgemeinen Erklärung der Menschenrechte*[7] (AEMR). Auch wenn die AEMR in formaler Hinsicht keine Rechtsquelle des Völkerrechtes im engeren Sinne ist, so hat sie doch zweifellos einen überwältigenden symbolischen und heuristischen Wert. Ein entscheidender Punkt in Bezug auf die Individualität des Menschenrechts auf Religionsfreiheit kommt in Art. 18 bereits deutlich zur Sprache: Das Recht, Religion und Überzeugung auch zu wechseln. Hierin zeigt sich, dass bereits die Väter und Mütter der AEMR in Bezug auf die Religionsfreiheit die Position vertraten, dass es sich um ein *individuelles* Menschenrecht handelt. Denn während Lehre, Gottesdienst und Kulthandlungen Ausdrücke von Religion im *forum externum* sind – die also oftmals auch von einer ganzen Gemeinschaft und Institutionen wahrgenommen werden – ist die Entscheidung, einen Glauben abzulegen und einem anderen – oder gar keinem – angehören zu wollen, etwas, das nur der einzelne Mensch individuell für sich treffen kann. Es handelt sich um eine Angelegenheit des *forum internum.*

Als völkerrechtlicher Vertrag bindet der IPbpR all jene Staaten, die ihn ratifiziert haben. Er ist daher ein entscheidendes Instrument für den rechtlichen und politischen Schutz von Menschenrechten. Vergleicht man Art. 18 der AEMR mit Art. 18 Abs. 1 des

---

5 Vgl. ICCPR, Art. 18.

6 European Convention for the Protection of Human Rights and Fundamental Freedoms, Art. 9.

7 Vgl. UDHR, Art. 18. Zur besseren Lesbarkeit werden englische Texte übersetzt wiedergegeben.

IPbpR[8], so fällt einerseits auf, dass der Wortlaut auch in der deutschen Übersetzung sehr ähnlich ist. Ebenso fällt auf, dass das Recht, die Religion zu wechseln, in einer anderen Formulierung in Art. 18 des IPbpR übernommen wurde. Von «wechseln» ist nun nicht mehr die Rede, sondern lediglich von einer «Religion oder Weltanschauung eigener Wahl». Eine Synopse der beiden Texte könnte zu dem Missverständnis führen, dass der IPbpR das Recht der Religionsfreiheit in diesem Punkt gegenüber der AEMR abgeschwächt habe. Es ist vor dem Hintergrund dieser mutmasslichen Begriffsverwirrung daher zu betonen, dass der zuständige Ausschuss der UN ausdrücklich und unzweideutig präzisiert hat, dass auch der IPbpR das Recht miteinschliesst, den Glauben zu wechseln.[9] Damit ist präzisiert, dass die im englischen Original des IPbpR verwendete Formulierung «to have or adopt»[10] das Recht, den eigenen Glauben abzulegen und durch einen anderen oder keinen zu ersetzen, miteingeschlossen ist. Das Recht, religiöse Grundentscheidungen zu treffen, ist damit weder umstritten noch optional noch Auslegungssache – es gehört vielmehr zum Kernbestand der Religionsfreiheit selbst.

Natürlich gibt es noch weitere einschlägigen Dokumente, die im Hinblick auf Verständnis und Umfang der Religionsfreiheit von Interesse sind. Insbesondere Regelungen in nationalen Verfassungen sind dafür relevant. Zu denken wäre hier etwa an den bereits 1791 verabschiedeten 1. Zusatzartikel der Verfassung der Vereinigten Staaten, der zu den ersten und am breitesten rezipierten Garantien der Religionsfreiheit überhaupt gehört.[11] Für den spezifischen Stellenwert und das Verständnis der Religionsfreiheit in Deutschland ist Art. 4 des deutschen Grundgesetzes[12], der die Unverletzlich-

8 Vgl. UDHR, Art. 18, sowie ICCPR, Part III, Art. 18, para. 1.

9 Vgl. UN-CCPR, CCPR/C/21/Rev.1/Add.4, General Comment No. 22., para. 5, Dokumentendownload bei URL: https://digitallibrary.un.org/record/182777 (Version vom 27.9.1993).

10 UN-CCPR, Art. 18.

11 Vgl. The Constitution of the United States, Amendment 1.

12 Vgl. Grundgesetz für die Bundesrepublik Deutschland, Art. 4.

keit der Freiheit des Glaubens festschreibt und die ungestörte Religionsausübung gewährleistet, die entscheidende Referenz.

Es liegt auf der Hand, dass das Verständnis dieser Normierungen immer auch auf ein ausgeprägtes rechtsgeschichtliches Bewusstsein angewiesen ist. Unstrittig ist aber, dass all diejenigen Staaten, die entsprechende Rechtsnormen ratifiziert haben, Gedanken-, Gewissens-, Religions- und allgemeine Weltanschauungsfreiheit gewährleisten müssen, auch wenn sich mitunter individuelle Vorstellungen von denen der politischen Verantwortlichen oder der Mehrheit der Bevölkerung unterscheiden. Selbstverständlich fällt darunter auch das Recht, jeden Glauben anzunehmen oder schlicht keiner offiziellen Religionsgemeinschaft angehören zu wollen. Wie einige Staaten dies umgehen und die Religionsfreiheit in ihrem Sinne instrumentalisieren und bewusst umdeuten, wird später noch Gegenstand dieses Beitrags sein. Zuvor sollen einige wichtige Dimensionen[13] des individuellen Menschenrechts auf Religionsfreiheit abgesteckt werden.

Es ist bereits deutlich geworden, dass der Kern des Rechts auf Religionsfreiheit eigentlich sein Träger ist: Der Mensch selbst. Schutz und Freiheit gebühren dem Individuum – sei es gläubig oder nicht – und beziehen sich nicht auf die Religionsinhalte oder die Religionsgemeinschaft als Institut. Daher ist Religionsfreiheit ein individuelles Freiheitsrecht. Sie schützt religiöse Überzeugungen von Einzelpersonen sowie deren Freiheit, sich zur Ausübung religiöser Praxis zu Gruppen zusammenschliessen zu können und öffentlich zu agieren. Sie dient nicht dem Schutz «der Identität eines Kollektivs»[14], obwohl sie durch die meist gemeinschaftliche Organisation der Religionen auch eine gewisse «kollektive Dimension»[15] neben der individuellen aufweist. Sie dient dem Schutz

13 Vgl. hierzu ausführlicher meine Ausführungen in *Kauder*, Das hohe C 77–82. Dort beziehe ich mich in diesem thematischen Zusammenhang auf *Fritzsche*, Menschenrechte 18–22.

14 *Kirchschläger*, Religionsfreiheit 365.

15 *Walter*, Religionsfreiheit als individuelles Menschenrecht 24.

eines der innersten Bereiche des Individuums und ist daher fundamental. Die eigene Religiosität ist existenziell für die Ausbildung der individuellen Identität – ebenso dann, wenn sich jemand als areligiös bezeichnet.

Wie andere Menschenrechte auch kommt die Religionsfreiheit allen Menschen gleichermassen und überall qua Existenz und nicht aufgrund der Zugehörigkeit zu einem bestimmten Staat, einer bestimmten Gesellschaftsschicht oder einer Religion zu. Sie ist damit angeboren, universell, egalitär und vorstaatlich. Der Staat trägt die Verantwortung, dass Menschenrechte gewährleistet sind. Aber die Menschenrechte selbst sind Grundlage, Ziel und Sinn von Staatlichkeit.[16] Weitere wichtige Dimensionen sind ihre Unteilbarkeit und Interdependenz: Menschenrechte können nicht gegeneinander aufgewogen oder ausgespielt werden, sondern bedingen sich gegenseitig und sind aufeinander verwiesen.[17] Sie sind *rechtlich* durch ihre Verankerung in Verfassungen als Grund- und Menschenrechte und durch ihre Bindung aller staatlichen Gewalt. Sie verpflichten Staaten zur Garantie ihrer selbst. Damit haben sie sogleich eine politische Dimension. Durch den universellen Geltungsanspruch der Menschenrechte können bestehende und aufkommende Missstände länderübergreifend zur Anklage gebracht werden. Daher haben sie eine kritische Funktion. Als auf der Menschenwürde basierende Freiheitsrechte sind sie zudem *moralisch*.[18] Trotz dieser vielfältigen Dimensionen steht die heutige Politik und Gesellschaft weltweit vermehrt vor der Herausforderung, die Religionsfreiheit als individuelles Menschenrecht zu plausibilisieren. Im Folgenden sollen einige Aspekte dieser Begründungsoffenheit behandelt werden.

---

16 Vgl. *Kauder*, Das hohe C 78.

17 Vgl. UN Doc. A/CONF.157/23, part I, para. 5, Dokumentendownload bei URL: https://digitallibrary.un.org/record/183139 (Version vom 12.7.1993).

18 Vgl. *Kauder*, Das hohe C 78.

3 Zur Begründung des Menschenrechts auf Religionsfreiheit

Eine Vielzahl von Begründungsmodellen für Menschenwürde und Menschenrechte sind weltweit und im Laufe der Geschichte gewachsen. Manche beziehen sich auf die Moralphilosophie Kants und die Selbstzweckhaftigkeit des Menschen, andere haben pragmatischere Ansätze und verweisen darauf, dass Menschenrechte der bestgeeignete Weg sind, den Bedürfnissen von Menschen und Gemeinschaften gerecht zu werden, wieder andere beziehen sich auf religiöse Traditionen und Vorstellungen. Die AEMR spricht von der «Anerkennung der angeborenen Würde und der gleichen und unveräusserlichen Rechte aller Mitglieder der Gemeinschaft der Menschen»[19] als der «Grundlage von Freiheit, Gerechtigkeit und Frieden in aller Welt»[20] und definiert damit die Würde des Menschen als Letztbegründung der Menschenrechte.

Offen bleibt dabei die Begründung der Menschenwürde selbst. Nach jüdisch-christlichem Verständnis gründet die Würde des Menschen auf seiner Gottesebenbildlichkeit. Für atheistische Denkweisen mag eine solche Herleitung nicht hinreichend plausibel sein. Gleichwohl findet die Würde des Menschen auch in diesen Strömungen breite Zustimmung und ist der unumstössliche Anspruch auf gegenseitige Achtung. Bereits die antike Philosophie hatte ja den Begriff der *dignitas humana* geprägt und bearbeitet, der erst später in christlicher Tradition rezipiert wurde. Dass Menschen Würde haben, ist eben mehr als eine Meinung. Menschenwürde ist etwas grundsätzlich Gegebenes und kein Ergebnis von Entwicklung. Sie wurde auch nicht irgendwann «erfunden». Vielmehr wurde sie entdeckt, vorgefunden. Sie durch Gesetzgebung anwendbar zu machen und zu garantieren, ist die gemeinsame Aufgabe der Weltgemeinschaft.

Menschenrechte – und mit ihnen selbstverständlich auch die darin enthaltene Religionsfreiheit – sind im Sinne der AEMR keine rein westlichen Traditionen. Ebenso wenig sind sie, wie etwa von

19 UDHR, Präambel.
20 Ebd.

Sai Rajaie-Khorassani, dem früheren iranischen Vertreter bei der UN behauptet, einfach eine säkulare Version der jüdisch-christlichen Tradition des Denkens und daher für Muslime nicht bindend.[21] Das war bereits an der Zusammensetzung jener Expertenkommission ablesbar, die den Text der AEMR damals erarbeitete: Neben dem Kanadier John Peters Humphrey sind etwa Peng-chun Chang, ein chinesischer Gelehrter, der sich stark mit dem Konfuzianismus identifizierte, sowie der Libanese und orthodoxe Christ Charles Malik zu nennen. Dass die AEMR in geschlechtsneutraler Sprache verfasst wurde, ist auf das Wirken von Hansa Mehta, der indischen Abgesandten in der Expertenkommission, zurückzuführen. Wir – der Westen – dürfen also nicht der Überheblichkeit verfallen zu glauben, wir hätten die Menschenrechte «erfunden». Doch dass wir die Interpretation der Menschenrechte als eine partikularkulturelle Innovation zurückweisen, ist vor allem im Hinblick auf ihren Verpflichtungscharakter wichtig: Wir – als globale Gemeinschaft – dürfen nicht zulassen, dass einzelne Staaten die Menschenrechte unterlaufen oder gezielt ausser Kraft setzen mit dem Argument, es handle sich dabei ja ohnehin nur um westliches Gedankengut, auf die andere Staaten mit anderen kulturellen Traditionen nicht verpflichtet werden können.

Mit der Einsicht, dass die Menschenrechte keine exklusiv westliche oder gar jüdisch-christliche Errungenschaft sind, ist aber keineswegs gesagt, dass wir auf eine im christlichen Menschenbild gegründete Herleitung der Menschenrechte verzichten sollten – im Gegenteil. Das christliche Menschenbild ist nicht *der*, aber sehr wohl *ein* Weg zur Begründung der Würde des Menschen. Abgesehen von einer theologisch-philosophischen Begründung von Würde und Menschenrechten – die ja auch zweifellos relevant ist für jene, die sich religiös mit dem Christentum identifizieren – vermag das christliche Menschenbild noch Weiteres zu leisten: Es

21 United Nations General Assembly: A/C.3/39/SR.65, Nr. 95, Dokumentendownload bei URL: https://digitallibrary.un.org/record/73659 (Version vom 7.12.1984).

kann die Würde des Menschen plausibel machen und so zu ihrer Achtung und Beachtung beitragen. Damit zusammenhängend bewirkt es, dass sich Menschen dieser Menschenwürde und den damit zusammenhängenden Wertevorstellungen auch wirklich verpflichtet fühlen, indem sie sie als ihre eigene wahrnehmen. Gerade weil das christliche Menschenbild dieses Potenzial nicht nur der Begründung, sondern auch der Plausibilisierung der Menschenwürde und der darin verankerten Menschenrechte in sich trägt, ist es im Interesse auch derjenigen, die sich als religiös «unmusikalisch» betrachten, diese Ressource nicht versiegen zu lassen. Dies gilt in besonderer Weise für das Verständnis der Religionsfreiheit als individuelles Menschenrecht.

4 Grenzen von Religionsfreiheit

Jede Freiheit gilt jedoch – bezogen auf das *forum externum* – nicht schrankenlos, sondern findet ihre Begrenzung «an den Freiheiten der anderen oder an den (auf Verfassungsebene verankerten) Wertgrundlagen politischer Gemeinschaften»[22]. So ist auch die Religionsfreiheit nicht grenzenlos. Grenzen von Freiheit sind aber immer begründungspflichtig und müssen höchst präzise argumentiert werden. Sie können nur anhand freiheitlicher Kriterien[23] abgesteckt werden und nicht vage – wie von manchen Staaten und Gruppen gefordert oder schon durchgesetzt – anhand eigener religiöser Überzeugungen oder gar religiöser Gefühle. Solche sind kein eigenes Schutzgut und stehen nicht insofern über dem Unbedingtheitsanspruch der Menschenrechte, als könnten sie sie aushebeln. Natürlich muss aber der gegenseitige Respekt und die Achtung voreinander – gerade bei so einem individuellen und persönlichen Thema wie der eigenen religiösen Überzeugung – eine Selbstverständlichkeit unter Menschen sein. Beispielsweise

22 *Kotzur*, Gewissens-, Religions-, Meinungsfreiheit 252–253.
23 Vgl. hierzu: Bundestagsdrucksache 19/23820, sowie ICCPR, Art. 18, Abs. 3.

sind schwere Beleidigungen, die den öffentlichen Frieden stören, nach dem Tatbestand der Beschimpfung von Religionsgesellschaften, Bekenntnissen und Weltanschauungsvereinigungen auch in Deutschland strafbar.[24] Das bedeutet aber nicht die Vorrangstellung der Religion oder des religiösen Kollektivs vor dem Individuum, wie das anderswo der Fall ist. Ebenso wenig stellt es eine Einschränkung der Meinungsfreiheit dar.

Religionsfreiheit ist auf die anderen Menschenrechte verwiesen, und alle sind voneinander anhängig, bauen aufeinander auf, bedingen sich gegenseitig. Die Menschenrechte miteinander zu denken, ermöglicht «Nichtdiskriminierung»[25] und verhindert ein Ausspielen gegeneinander. Staaten, die die Religionsfreiheit nicht als individuelles Menschenrecht anerkennen und als solches missachten, verletzen meistens auch andere Freiheitsrechte. So sind dort häufig auch der Zugang zu Arbeit, Bildung oder Hilfsgütern, sowie das Recht auf politische Partizipation für Angehörige einzelner Religionsgemeinschaften eingeschränkt. Hier kann das Mass an gewährter beziehungsweise verwehrter Religionsfreiheit ein Indikator für das Mass an Freiheit in der jeweiligen Gesellschaft sein. Das «Recht auf Gedanken-, Gewissens- und Religionsfreiheit»[26] ist beispielsweise besonders eng verzahnt mit dem «Recht, sich friedlich zu versammeln»[27] oder dem «Recht auf ungehinderte Meinungsfreiheit»[28]. Meinungsfreiheit beinhaltet ihrerseits auch das Recht, «ohne Rücksicht auf Staatsgrenzen Informationen und Gedankengut jeder Art in Wort, Schrift, Druck [...] zu beschaffen, zu Empfangen und weiterzugeben».[29] Dies findet seine Grenzen im Art. 20 des IPbpR, nach dem «jedes Eintreten für nationalen, rassischen oder religiösen

24 Vgl. StGB, § 166.
25 *Kirchschläger*, Religionsfreiheit 355.
26 ICCPR, Art. 18.
27 A. a. O., Art. 21.
28 A. a. O., Art. 19.
29 A. a. O., Art. 19, Abs. 2.

Hass, durch das zu Diskriminierung, Feindseligkeit oder Gewalt aufgestachelt wird»[30], durch Gesetz verboten ist.

168 Staaten haben den IPbpR ratifiziert. Trotz seiner bindenden Verpflichtung haben viele Staaten Gesetze erlassen, die die Religionsfreiheit gezielt einschränken. Darunter fällt eine weltweit steigende Anzahl von so genannten Blasphemiegesetzen, beispielsweise in Pakistan. Es gibt aber auch staatlich gesteuerte systematische Benachteiligung oder Bevorzugung entsprechend der jeweiligen Religionszugehörigkeit, etwa in Indien. Solche Gesetzgebung ist aus menschenrechtlicher Sicht höchst problematisch. Besonders erschreckend sind diese Vorgehensweisen, wenn sie unter dem Deckmantel der Religionsfreiheit vollzogen werden. Dann werden Massnahmen gegen die individuelle Religionsfreiheit als Einsatz für Religionsfreiheit verkauft.

Verschiedene Akteure staatlicher- und kirchlicherseits sowie seitens Nichtregierungsorganisationen (NGOs) beschäftigen sich lange und intensiv mit religionsfreiheitlichen Missständen weltweit. Der Sonderbeauftrage der Deutschen Bundesregierung hat unlängst im «Zweiten Bericht der Bundesregierung zur weltweiten Lage der Religionsfreiheit»[31] ausführlich zusammengetragen, wo und inwiefern Religionsfreiheit verletzt wird. Fast zeitgleich erschien ein Report des *Pew Research Center*, der staatliche Beschränkungen der Religionsfreiheit in Länderberichten darlegt.[32] Einige Fallbeispiele dieser untersuchten Missachtungen sollen im Folgenden ausschnitthaft behandelt werden.

5 Missachtung von Religionsfreiheit als individuellem Recht

Kritisch zu beobachten ist etwa das Verständnis von Religionsfreiheit in einigen Staaten der *Organisation für Islamische Zusammenarbeit* (OIC), einem Zusammenschluss von derzeit 56 Staaten, in

30 A. a. O., Art. 20, Abs. 2.
31 Vgl. Bundestagsdrucksache 19/23820.
32 Vgl. *Pew Research Center*, Bericht 2020.

denen der Islam Staatsreligion, die mehrheitliche Religion der Bevölkerung oder die einer grossen Minderheit ist. Sie ist weltweit eine der grössten Staatenorganisationen und setzt sich als Leitbild, den Islam international zu repräsentieren. Dies unterscheidet die OIC von anderen Staatenbündnissen insofern, als der Zusammenschluss nicht etwa aufgrund geografischer Nähe oder Handelsvorteilen erwirkt wurde, sondern in der gemeinsamen religiösen Ideologie begründet liegt.[33] Mit der Kairoer Erklärung der Menschenrechte des Islams[34] legte die OIC 1990 ihre Antwort auf die AEMR nach islamischem Verständnis vor. Hier werden Staats- und Verfassungsrecht auf der Scharia aufgebaut und Religionsfreiheit primär als Schutz der Religion – des Islams – vor Kritik und Bedrohung von aussen verstanden. Damit wird das Menschenrecht Religionsfreiheit zu einem Recht der Religion verkehrt, das auch noch staatlicherseits durchgesetzt wird.[35] Obwohl die OIC selbst seit vielen Jahren über die Kairoer Menschenrechtserklärung diskutiert und sich die Staaten untereinander bezüglich der Interpretation der einzelnen Standpunkte uneins sind, konnte bis heute keine überarbeitete Version vorgelegt werden.[36] Viele Staaten der OIC haben den IPpbR unterzeichnet und ratifiziert. Zugleich hat der Islam häufig – etwa als Staatsreligion – einen übergeordneten Stellenwert. In den einzelnen Verfassungen der Mitgliedsstaaten ist oft Religionsfreiheit (zusätzlich zur bestehenden Verpflichtung des IPpbR) genannt, jedoch wird sie nicht in dessen Sinne als individuelles Freiheitsrecht verstanden, sondern fehlinterpretiert[37]: Religionsfreiheit bezieht sich dort – zum Beispiel in Afghanistan – hauptsächlich auf Glaubensfreiheit innerhalb des Islam und der Muslime oder innerhalb genau abgesteckter, dem Staatsideal entsprechender Grenzen. Sie umfasst beispielsweise die Freiheit, sich dem Islam anzuschliessen, also seine Religion zu

33 Vgl. *Baumgart-Ochse*, Schutz der Religion oder Schutz der Gläubigen 6.
34 Vgl. Cairo Declaration on Human Rights in Islam.
35 Vgl. *Bielefeldt/Wiener*, Religionsfreiheit auf dem Prüfstand 111.
36 Vgl. *Baumgart-Ochse*, Schutz der Religionen oder Schutz der Gläubigen 11.
37 Vgl. *Oehring*, Für das universelle Menschenrecht auf Religionsfreiheit 15f.

wechseln – aber nur in eine Richtung. Die Freiheit, den Islam zu verlassen (Apostasie) und ohne Religionszugehörigkeit zu leben oder sich einer anderen Religion anzuschliessen (Konversion), wird nicht gesichert. Im Gegenteil sehen sich Menschen, die sich für einen dieser Wege entscheiden, oft mit extremen Einschränkungen konfrontiert. Ihnen wird gesellschaftliche und politische Partizipation erschwert oder unmöglich gemacht, teilweise haben sie auch mit finanziellen Konsequenzen zu kämpfen, mit unverhältnismässigem Rechtfertigungsdruck oder verstärkter Kontrolle.[38] Kurz gesagt: Individuelle Religionsfreiheit ist in diesen Ländern schlicht nicht gewährleistet, obwohl sie in der Verfassung festgeschrieben ist.

Aber nicht nur in islamisch geprägten Ländern wird Religionsfreiheit nicht als individuelles Recht des Einzelnen verstanden und stattdessen auf die Religion als Institut und ihre Anhänger als Kollektiv gemünzt. Auch in mehrheitlich buddhistischen und hinduistischen Staaten sind Verletzungen der Religionsfreiheit zu finden. Aktuell gibt es beispielsweise in acht indischen Bundesstaaten so genannte Anti-Konversionsgesetze, die Freiheitsstrafen von bis zu vier Jahren Haft bei Abkehr vom Hinduismus für einzelne Kasten vorsehen.[39] Und obwohl es Anhängern anderer Religionen grundsätzlich möglich ist, ihre Glaubenstraditionen zu leben, kann auch hier die Konversion zu einer anderen Religion Erb- und Unterhaltsansprüche zunichtemachen und einen legitimen Scheidungsgrund darstellen.[40] Immer wieder kommt es dort zu gewalttätigen Ausschreitungen, besonders gegen Christen und Muslime. Christen gehören im Kastensystem oft der Kaste der Dalits an und gelten damit als unberührbar. Sie sind – neben der ohnehin hohen gesellschaftlichen Ächtung – überdurchschnittlich häufig Opfer von Verbrechen. Auch hier zeigt sich ein Verständnis des Men-

38 Vgl. a. a. O. 18. Durch den politischen Umsturz in Afghanistan im August 2021 durch die radikal-muslimischen Taliban ist eine Religionsfreiheit im Sinne der Menschrechte wiederum in unerreichbare Ferne gerückt.

39 Vgl. Bundestagsdrucksache 19/23820 93.

40 Vgl. a. a. O. 94 f.

schen als Teil eines Kollektivs und weniger seine Wertschätzung als individuelle Person.

Als Form von staatlich-struktureller Diskriminierung von Muslimen gilt der so genannte *Citizen Amendment Act* von 2019. Als Zugeständnis an Angehörige unterschiedlicher Religionsgemeinschaften getarnt, denen durch dieses Gesetz ein Zugang zur indischen Staatsbürgerschaft innerhalb von fünf Jahren ermöglicht werden sollte, wurden Muslime hier bewusst aussen vor gelassen. Die Verabschiedung des Gesetzes führte zu landesweiten Protesten[41]. Ein anderer islamfeindlicher Akt der indischen Regierung aus dem Jahr 2019 ist der Widerruf des Autonomiestatus des mehrheitlich muslimisch bewohnten Bundesstaates Jammu und Kaschmir. Die ohnehin politisch sehr unruhige Region wurde noch zusätzlich durch Menschenrechtsverletzungen wie Einschränkungen der Versammlungs- und Pressefreiheit und vorsorglichen Verhaftungen zum Schutz vor «Terrorismus» belastet.[42] Die letzten Wahlerfolge der hindu-nationalen Bharatiya Janata Party (BJP) verstärken bestehende Spannungen zusätzlich. Teile ihrer Mitglieder stehen der Hindutva-Ideologie nahe, die eine Einheit von Nation, Kultur und Religion fordert und bringen dieses Gedankengut ins indische Parlament.[43]

Eine weitere Missachtung – ja, geradezu Entkernung – des Menschenrechts auf Religionsfreiheit als individuellem Recht stellen die teils menschenverachtenden Blasphemie-Gesetzgebungen einiger Staaten dar. In Pakistan werden beispielsweise vermeintliche Beleidigungen des Islams mit einer lebenslangen Freiheitsstrafe geahndet. Lästerungen des Propheten Mohammed können mit dem Tod bestraft werden.[44] Dabei hat auch Pakistan den IPpbR ratifiziert, und die Verfassung sichert Religionsfreiheit und Schutz religiöser Minderheiten zu. Unter Berufung auf die Scharia ist es

41 *Kauder*, Das hohe C 133f.
42 Vgl. Bundestagsdrucksache 19/23820 94.
43 *Kauder*, Das hohe C 133.
44 Vgl. Bundestagsdrucksache 19/23820 126.

dort jedoch möglich, solche Verpflichtungen zu umgehen oder gegebenes Recht im Sinne der Scharia umzudeuten. In Bezug auf die Religionsfreiheit kommt beides einer Nichteinhaltung gleich.

Unter anderem Pakistan hat im Namen der bereits angesprochenen OIC bis 2011 bei den Vereinten Nationen Resolutionen[45] vorgetragen, die gegen Diffamierung der Religion, zum Schutz der religiösen Identität, des interreligiösen Friedens und gegen die Zurückdrängung des Religiösen aus der Öffentlichkeit argumentierten.[46] Die UN-Sonderberichterstatterin über Religions- und Weltanschauungsfreiheit von 2004–2010, Asma Jahangir, stellte – trotz relativer Stimmenmehrheit in den Kommissionen[47] – richtigerweise und unmissverständlich dar, dass Religionsfreiheit nicht das Recht umfasst, eine Religion oder Weltanschauung zu haben, die frei von Kritik oder Spott ist.[48] Diese Linie führten ihre Nachfolger konsequent weiter.[49] 2011 hat die OIC auf Drängen mehrerer Akteure – aus den eigenen Reihen etwa ihr damaliger Generalsekretär Ekmeleddin İhsanoğlu – eine neue Resolution[50] im UN-Menschenrechtsrat vorgelegt, die das Individuum als Träger des Rechts auf Religionsfreiheit anspricht und im Konsens verabschiedet werden konnte.[51]

Mittlerweile jedoch treten die immer da gewesenen Differenzen in der Gewichtung von Meinungsfreiheit und dem Schutz der

45 Vgl. *Bielefeldt/Wiener*, Religionsfreiheit auf dem Prüfstand 104.

46 Vgl. *Kauder*, Das hohe C 125.

47 Vgl. *Bielefeldt/Wiener*, Religionsfreiheit auf dem Prüfstand 69.

48 «[...] does not include the right to have a religion or belief that is free from criticism or ridicule.» Vgl. *Jahangir, Asma/Diène, Doudou:* Report of the Special Rapporteur on freedom of religion or belief and the Special Rapporteur on contemporary forms of racism, radical discrimination, xenophobia and related intolerance, further to Human Rights Council decision 1/107 on incitement to racial and religious hatred and the promotion of tolerance», UN Doc. A/HRC/2/3 para. 36, digital verfügbar bei URL: https://digitallibrary.un.org/record/583355 (Version vom 20.9.2006).

49 Vgl. *Bielefeldt/Wiener*, Religionsfreiheit auf dem Prüfstand 70.

50 Vgl. A/HRC/Res/16/18, Digital verfügbar bei URL: https://digitallibrary.un.org/record/70146 (Version vom September 1982).

51 Vgl. *Bielefeldt/Wiener*, Religionsfreiheit auf dem Prüfstand 70.

religiösen Ehre in neuer Schwere hervor. Mit ein Grund dafür ist, dass sich mittlerweile auch andere, auch säkulare Länder, wie etwa Russland, verstärkt für Sanktionierungen von Religionsbeleidigung oder -verhöhnung aussprechen und teils hohe Strafen für die Verletzung religiöser Gefühle ansetzen.[52] Dort vermischen sich nationalistische und religiöse Interessen. Das russisch-orthodoxe Bekenntnis wird als Teil der nationalen Identität instrumentalisiert und andere Gruppen gegen es ausgespielt. So dürfen alle anderen Religionsgemeinschaften ausser der russisch-orthodoxen Kirche ausserhalb ihrer religiösen Stätten keine Gespräche über ihren Glauben führen und kein Material oder religiöse Literatur verteilen.[53] Auf Grundlage des russischen Extremismus-Gesetzes wurden die Zeugen Jehovas 2017 in Russland verboten und ihr Eigentum beschlagnahmt. Es kam zu Verhaftungen und Vandalismus.[54] Weltweit steigt die Zahl der Blasphemie- und Anti-Konversionsgesetze weiter an.[55] Kritisch zu beurteilen ist in diesem Zusammenhang besonders, welch geringe Kritik bereits als Blasphemie definiert und welches teils grausame Strafmass für Verstösse gewählt wird.

Bei den Akteuren, die sich für solch eine Rechtsprechung einsetzen, ist der verdrehte Bezug von Meinungs- und Redefreiheit sowie Religionsfreiheit auffällig. Religionskritik wird als Anstachelung zu religionsbezogenem Hass, Rassismus und Diskriminierung verstanden. Da sie religiöse Gefühlte verletzten, seien sie eine unzulässige Übertretung der Meinungsfreiheit und wegen der Diskriminierung einer spezifischen Religion ein Angriff auf die Religionsfreiheit.[56] Hier sollen die «Grenzen zwischen verbotener

52 Vgl. Bundestagsdrucksache 19/23820 132.

53 Vgl. a. a. O. 131.

54 Vgl. a. a. O. 132.

55 Vgl. a. a. O. 13.

56 Der aktuelle Generalsekretär der OIC, Dr. Yousef A. Al-Othaimeen, begründet so beispielsweise sein Missfallen über den erneuten Abdruck von Mohammed-Karikaturen des französischen Satire-Magazins Charlie Hebdo im September 2020.

Hassrede und erlaubter freier Rede»[57] neu ausgelotet werden: Zu Ungunsten der Religionskritik und missbräuchlich unter Berufung auf die Religionsfreiheit. Der UN-Menschenrechtsrat stellte jedoch schon nach den Debatten über die Resolution 16/18 heraus, dass gerade die öffentliche Auseinandersetzung mit Religion und ihren Inhalten sowie der interreligiöse Dialog vor Vorurteilen, Intoleranz und religiös motiviertem Hass schützen können.[58]

6 Religionsfreiheit als Zukunftsthema

Eine Bedrohung des individuellen Menschenrechts auf Religionsfreiheit tritt in vielen Erscheinungsformen auf. Diese «Vielfalt» gilt es im Blick zu behalten. Dort, wo das Recht der Religionsausübung möglicherweise nicht unmittelbar eingeschränkt ist, aber andere Freiheitsrechte, die die Religion beispielsweise in Bezug auf ihre Grundentscheidungen, Lehre oder Praxis betreffen, eingeschränkt werden, ist Religionsfreiheit nur unzureichend gewährt. Glaubensüberzeugungen und Religionen können eine wichtige Ressource des gelingenden Zusammenlebens in Staat und Gesellschaft sein. Religiöse Akteure haben das Potenzial, zentral an Entwicklung und Zusammenhalt von Gesellschaften mitzuwirken, indem sie selbst – besonders für Randgruppen und Minderheiten – aktiv sind, aber auch zwischen konträren Positionen zu vermitteln vermögen.[59] Gleichzeitig bergen radikale und fundamentalistische Auslegungen hohes Gewalt- und Konfliktpotenzial. In den letzten Jahrzehnten konnten wichtige Schritte in Bezug auf weltweite Religionsfreiheit gegangen werden. Dazu gehört auch die Implementierung entscheidender politischer Mandate, wie etwa der EU-Sonderbeauftragte für Religionsfreiheit oder der Beauftragte der Deutschen Bundesregierung für weltweite Religionsfreiheit. Sol-

---

57 *Baumgart-Ochse*, Schutz der Religionen oder Schutz der Gläubigen? 27.
58 Vgl. A/HRC/Res/16/18 para. 4.
59 Vgl. Bundestagsdrucksache 19/23820 10.

che Ämter müssen verstetigt werden. Es ist wichtig, dass sich bestehende Allianzen zwischen Politik, NGOs und Religionsgemeinschaften – unter Einbeziehung atheistischer und agnostischer Stimmen – verfestigen und konkrete Schritte zur Verbesserung der weltweiten Lage der Religionsfreiheit gegangen werden. Zugleich müssen durch gezielte Öffentlichkeitsarbeit und in Zusammenarbeit mit Medien und Presse aktuelle Probleme und Entwicklungen weiter an die Öffentlichkeit gebracht werden. Wünschenswert wäre ausserdem eine Verknüpfung von Frauenrechten und Religionsfreiheit, wie sie die Organisation *Religions for Peace* in ihrer letztjährigen Konferenz angestossen hat.[60] Es ist wichtig, dass sich auch areligiöse Akteure der Tragweite der Religionsfreiheit bewusst werden und Kooperation in den grossen thematischen Überschneidungen stattfindet. Auch in der Entwicklungszusammenarbeit sollten Regierungen, Religionsgemeinschaften und NGOs Partner bleiben und ihre gemeinsame Arbeit weiter ausbauen. Beide haben ja im Idealfall zum Ziel, Menschen einen grösseren Freiheitsraum zu schaffen. Ein wichtiger Akteur ist im Zusammenhang mit internationaler religionsbezogener Politik das Parlamentariernetzwerkes *IPPFoRB*, das sich gegen religiöse Verfolgung und für weltweite Religionsfreiheit einsetzt.

Der Einsatz für Religionsfreiheit als individuelles Recht ist nie abstrakt und vage, sondern geht immer von der konkreten Situation der Bedrängnis und Diskriminierung von Menschen aus. Solche Situationen gibt es leider immer noch zuhauf. Daher ist es eine wichtige Aufgabe, sich diesem Kernstück der menschlichen Person und des Zusammenlebens unermüdlich anzunehmen.

60 Der letztjährige Weltkongress von Religions for Peace fand vom 10.–13. November 2020 virtuell statt und stand unter dem Thema «Frauen, Glauben und Diplomatie».

Literatur

Baumgart-Ochse, Claudia: Schutz der Religion oder Schutz der Gläubigen? Die Organisation für islamische Zusammenarbeit und die Kampagne gegen die «Diffamierung von Religionen», in: HSFK Report 12/2014, URL: https://www.hsfk.de/fileadmin/HSFK/hsfk_downloads/report1214_01.pdf (6.3.2021).

Bielefeldt, Heiner/Wiener, Michael: Religionsfreiheit auf dem Prüfstand. Konturen eines umkämpften Menschenrechts. Bielefeld: transcript, 2020.

ders.: Freedom of Religion or Belief. Thematic Reports of the UN Special Rapporteur 2010–2013, in: Religious Freedom Series (IIRF) 3. Bonn: Verlag für Kultur und Wissenschaft, 2014.

Bundestagsdrucksache 19/23820 vom 29.10.2020, URL: https://dip21.bundestag.de/dip21/btd/19/238/1923820.pdf (6.3.2021).

Cairo Declaration on Human Rights in Islam: 5.8.1990, URL: http://hrlibrary.umn.edu/instree/cairodeclaration.html (06.03.2021).

European Convention for the Protection of Human Rights and Fundamental Freedoms: 4.11.1950, ETS 5, UNTS 13, 221, BGBl. 1952 II, 685, URL: https://www.echr.coe.int/Documents/Convention_ENG.pdf (6.3.2021).

Fritzsche, Karl-Peter: Menschenrechte. Eine Einführung mit Dokumenten. Paderborn: Schöningh, 2016.

International Covenant on Civil and Political Rights [ICCPR]: 16.12.1966, 999 UNTS 171, BGBl. 1973, 1534, URL: https://www.ohchr.org/Documents/ProfessionalInterest/ccpr.pdf (6.3.2021).

Jahangir, Asma/Doudou, Diène: Report of the Special Rapporteur on freedom of religion or belief, *Asma Jahangir*, and the Special Rapporteur on contemporary forms of racism, radical discrimination, xenophobia and related intolerance, *Doudou Diène*, further to Human Rights Council decision 1/107 on incitement to racial and religious hatred and the promotion of tolerance, UN Doc. A/HRC/2/3, para. 36, URL: https://undocs.org/en/A/HRC/2/3 (6.3.2021).

Kauder, Volker: Das hohe C. Politik aus dem christlichen Menschenbild. Freiburg i. Br.: Herder, 2020.

Kirchschläger, Peter G.: Religionsfreiheit: ein Menschenrecht im Konflikt, in: FZPhTh 60 (2013) 353–374.

Kotzur, Markus: Gewissens-, Religions-, Meinungsfreiheit· in: *Pollmann, Arnd/Lohmann, Georg (Hg.):* Menschenrechte. Ein interdisziplinäres Handbuch. Stuttgart/Weimar: J. B. Metzler, 2012, 252–253.

Oehring, Ottmar: Für das universelle Menschenrecht auf Religionsfreiheit!, in: *Kauder, Volker/Pöttering, Hans-Gert (Hg.):* Glauben in Bedrängnis. Religionsfreiheit als Menschenrecht. Freiburg i. Br.: Herder, 2017,14–22.

Organisation of Islamic Cooperation: Republishing of Abusive Cartoons of Prophet Muhammad, peace be upon him, by French Charlie Hebdo Newspaper, is an affront to Islam and a Provocation to Feelings of Muslims, 02.09.2020, URL: https://www.oic-oci.org/topic/?t_id=23831&ref=14161&lan=en (6.3.2021).

Pew Research Center: A Closer Look at How Religious Restrictions Have Risen Around the World, 15.7.2019, URL: https://www.pewforum.org/wp-content/uploads/sites/7/2019/07/Restrictions_X_WEB_7-15_FULL-VERSION-1.pdf (6.3.2021).

Pew Research Center: In 2018, Government Restrictions on Religion Reach Highest Level Globally in More Than a Decade, 10.11.2020, URL: https://www.pewforum.org/wp-content/uploads/sites/7/2020/11/PF_11.10.20_religious.restrictions.full_.report.pdf (6.3.2021).

The Constitution of the United States: Amendment 1, 15.12.1791, URL: https://constitution.congress.gov/constitution/amendment-1/ (6.3.2021).

UN-CCPR: 30.07.1993, CCPR/C/21/Rev.1/Add.4, General Comment No. 22., para. 5, URL: http://tbinternet.ohchr.org/_layouts/treatybodyexternal/Download.aspx?symbolno=CCPR%2fC%2f21%2fRev.1%2fAdd.4&Lang=en (6.3.2021).

United Nations General Assembly: 39th Session, Third Committee, 65th meeting, held on 07.12.1984 at New York, A/C.3/39/SR.65, zitiert nach: *Gontowska, Luzia Maria:* Human rights Violations Under the Sharia'a. A Comparative Study of the Kingdom of Saudi Arabia and the Islamic Republic of Iran, 4.5.2005, URL: https://digitalcommons.pace.edu/cgi/viewcontent.cgi?referer=&httpsredir=1&article=1010&context=honorscollege_theses (6.3.2021).

United Nations General Assembly: Human Rights Council, 16th Session, A/HRC/Res/16/18, 24.3.2011, URL: https://www2.ohchr.org/english/bodies/hrcouncil/docs/16session/A.HRC.RES.16.18_en.pdf (6.3.2021).

Universal Declatarion of Human Rights [UDHR]: General Assembly Resolution 217 A (III), 10.12.1948, URL: http://www.un-documents.net/a3r217a.htm (6.3.2021).

Vienna Declaration and Programme of Action: 25.6.1993, UN Doc. A/CONF. 157/23, part I, para. 5, URL: https://www.ohchr.org/Documents/ProfessionalInterest/vienna.pdf (6.3.2021).

Walter, Christian: Die Religionsfreiheit als individuelles Menschenrecht und als Grundpfeiler demokratischer Verfassungsordnungen, in: *Kauder, Volker/Pöttering, Hans-Gert (Hg.):* Glauben in Bedrängnis. Religionsfreiheit als Menschenrecht. Freiburg i. Br.: Herder, 2017, 23–35.

II Ökumene in den christlichen Kirchen

Ökumenische Bestrebungen von Bischof Eduard Herzog (1841–1924)

Angela Berlis

Am 1. August 2021 jährte sich der 180. Geburtstag von Eduard Herzog, einer weit über die Schweiz hinaus bedeutenden ökumenischen Pioniergestalt, einem Bindeglied zwischen den Wiedervereinigungsbestrebungen des 19. Jahrhunderts und der modernen Ökumenischen Bewegung des 20. Jahrhunderts.[1] Herzog wurde in Schongau im Kanton Luzern als Bauernsohn geboren. Im Juni 1876 wählte ihn die zweite Synode der Christkatholischen Kirche der Schweiz zu ihrem Bischof, die Konsekration erfolgte am 18. September des gleichen Jahres durch den deutschen altkatholischen Bischof Joseph Hubert Reinkens (1821–1896) in Rheinfelden. Von keiner anderen Persönlichkeit der christkatholischen Kirche finden sich noch heute in Kirchen (etwa in der Christuskirche in Luzern), Pfarrämtern und Kirchgemeindesälen so viele Büsten und Bildnisse wie von ihm – sogar in Deutschland (Krefeld) und in Polen sind ein Saal resp. ein Haus nach ihm benannt. «Das Bewusstsein, dass die christkatholische Kirche ihm Entscheidendes für ihr Weiterbestehen über die turbulenten siebziger Jahre» des 19. Jahrhunderts verdanke, sei «weithin noch lebendig, auch

1 Zu Herzog, «einer überaus würdevollen und geistlich feinen Hirtengestalt», hält Vogelsanger im Jahr 1969 fest: «In seinen Auffassungen von Amt, Liturgie, Verkündigung, Gebet, Glauben, Freiheit, Liebe finden sich in nuce bereits in wundervoller Reinheit die Gedanken und Anliegen einer ‹Evangelischen Katholizität›, wie sie später etwa von Söderblom vertreten worden sind.» *Vogelsanger*, Über die Anfänge der Ökumenischen Bewegung in der Schweiz 155.

wenn keine genaueren Kenntnisse über sein Leben oder seine Anliegen vorhanden sind», konstatierte Urs von Arx anlässlich einer Gedenkfeier zu Herzogs 150. Geburtstag im Jahr 1991.[2]

In der erstmals 1994 erschienenen «Ökumenische[n] Kirchengeschichte der Schweiz» werden nicht nur die Umstände gewürdigt, die in der Folge des Ersten Vatikanischen Konzils (1869/70) zur kirchlichen Organisation und Eigenexistenz der Christkatholischen Kirche der Schweiz führten, sondern auch die Anliegen christkatholischer Theologie und liturgischer Erneuerung, die Eduard Herzog massgeblich mitgeprägt hat. Bischof Eduard Herzogs Engagement in der frühen Ökumenischen Bewegung wird darin anerkennend benannt.[3] Herzogs Beitrag zur Entwicklung der Ökumene dürfte ein Vierteljahrhundert später, bei seinem 180. Geburtstag, wohl noch weniger allgemein bekannt sein. Dieser Beitrag will seine ökumenische Pionierrolle im Kontext seiner theologischen Anliegen und vor dem Hintergrund seiner persönlichen Entwicklung nachzeichnen.

1 Eduard Herzog: ein entschiedener Katholik auf Lebenszeit

Der Sohn des Landwirts Josef Leonz Herzog und dessen Frau Elisabeth geb. Leu verbrachte seine Kindheit auf dem Untern Peyerhof in Schongau und anschliessend seine Gymnasialzeit in Luzern, wo er bei dem Bruder seiner Mutter, dem Stiftspropst Burkard Leu (1808–1865) Kost und Logis genoss und grosszügig unterstützt wurde. Im Haus des Stiftspropsts von St. Leodegar lernte der junge Musterschüler, der während seiner Schul- und Studienzeit überall die Bestnote erhielt, den liberal-katholischen Geist kennen. Von 1863 bis 1868 studierte er Theologie, zunächst drei Semester an der

2 *Von Arx*, Was wird bleiben? 206. Vgl. zu Herzog ausserdem: *Berlis*, Eduard Herzog.

3 Vgl. *Vischer/Schenker/Dellsperger*, Ökumenische Kirchengeschichte der Schweiz 229–236, 257 f., 264, 269, 284. Dem Arbeitskreis für dieses Buch gehörten 25 Mitglieder an (drei von ihnen sind die Herausgeber), dazu wurden neun Beraterinnen und Berater für einzelne Aspekte beigezogen.

kantonalen Höheren Lehranstalt in Luzern, anschliessend zwei in Tübingen und eins in Freiburg i.Br. und, nachdem er das Priesterseminar in Solothurn absolviert und 1867 zum Priester geweiht worden war, auch in Bonn.[4] 1868 wählte ihn der Luzerner Regierungsrat zum Professor der Exegetik an der theologischen Lehranstalt Luzern. In der vorwiegend liberal-katholisch geprägten Stadt Luzern stiessen die Pläne und die schlussendliche Dogmatisierung der Unfehlbarkeit und Universalgewalt des Papstes durch das Erste Vatikanische Konzil am 18.Juli 1870 nicht auf allzu viel Anklang. So gab Herzog gemeinsam mit dem Luzerner Stadtpfarrer Melchior Schürch (1823–1890) und den geistlichen Gymnasiallehrern Josef Alois Suppiger (1830–1884) und Stephan Helfenstein (1836–1920) von April bis Ende Dezember 1870 die *Katholische Stimme aus den Waldstätten. Organ für Besprechung religiöser Tagesfragen*[5] heraus. Nachdem das Blatt vom Bischof von Basel, Eugène Lachat (1819–1886), als «kirchenfeindlich» bezeichnet und von der Schweizerischen Kirchenzeitung verdammt worden war, stellten die Herausgeber das Erscheinen der *Katholische[n]Stimme aus den Waldstätten* ein, obwohl es weder an Abonnenten noch an Anerkennung gebrach. Herzog, der während des Deutsch-Französischen Kriegs 1870/71 bis Oktober 1870 als Feldprediger gedient hatte,[6] veröffentlichte seine Beiträge fortan im *Luzerner Tagblatt* oder in der ausländischen alt- und später ab 1873 auch in der christkatholischen Presse. Eduard Herzog war bis ins hohe Alter ein sehr reger Autor.

In seinem Fastenhirtenbrief vom 6.Februar 1871 verpflichtete Bischof Lachat von Basel die Gläubigen zur Annahme der neuen

4 Vgl. zu seinem Leben ausser der bereits in Anm.2 genannten Literatur (dort finden sich viele weitere Literaturangaben): *von Arx*, «Herzog, Eduard». Es gibt eine Biografie (1935) aus der Feder seines Neffen: *Herzog*, Bischof Dr. Eduard Herzog.

5 Vgl. dazu *Moser*, Furchen, Stimmen, Blätter.

6 Vgl. dazu *Lustenberger*, «Soldatendienst ist Gottesdienst».

Dogmen.[7] Johann Baptist Egli (1821–1886), Strafhauspfarrer in Luzern und Verfasser volkstümlicher Schriften, protestierte öffentlich dagegen und wurde am 10. März 1871 exkommuniziert.[8] Gegen Eglis Exkommunikation kam es zu Protesten an verschiedenen Orten, so auch zu einer Kundgebung im Schützenhaus Luzern am 31. März 1871. Andere Priester im Kanton Luzern, unter ihnen auch der Theologieprofessor Eduard Herzog, blieben trotz ihrer ablehnenden Haltung gegenüber der Unfehlbarkeit von der kirchlichen Obrigkeit unbehelligt. Dies lag an der schützenden Hand Philipp Anton von Segessers (1817–1888) im Luzerner Regierungsrat.[9] Nach langwierigem Gewissenskonflikt bezog Eduard Herzog schliesslich am 23. September 1872 öffentlich gegen die neuen Dogmen Stellung; seine Suspension von allen geistlichen Verrichtungen erfolgte eine Woche später, am 30. September 1872.[10] Kurz danach riefen ihn die Krefelder Altkatholiken als Pfarrer an den Niederrhein.[11] Dort blieb er nicht lange; im März 1873 wählte ihn die Gemeinde von Olten zu ihrem Pfarrer. Erst relativ spät, am

---

7 Die Schweizer Bischöfe nahmen während des Vatikanischen Konzils der päpstlichen Infallibilität gegenüber eine unterschiedliche Haltung ein: Während Bischof Peter-Joseph Preux (1795–1875) von Sitten und der Genfer Pfarrer Gaspard Mermillod (1824–1892), seit 1864 Titularbischof von Hebron, die Infallibilität unterstützten, was auch der gemässigte Bischof Eugène Lachat (1819–1886) von Basel tat, gehörte Bischof Karl Johann Greith (1807–1882) von St. Gallen, ein gelehrter Schüler des in München lehrenden Kirchenhistorikers Ignaz von Döllinger (1799–1890), während des Konzils mit seinen Bedenken bezüglich der Opportunität zur Konzilsminorität.

8 Für eine ausführliche Darstellung der Geschichte der Christkatholischen Kirche der Schweiz vgl. *Suter/Berlis/Zellmeyer*, Die Christkatholische Kirche der Schweiz.

9 *Conzemius*, Philipp Anton von Segesser 1817–1888.

10 Vgl. seinen Brief an Bischof Lachat vom 23. September 1872, *Herzog*, Bischof 54–60; auszugsweise auch abgedruckt in: *Vischer/Schenker/Dellsperger*, Ökumenische Kirchengeschichte, 236. Herzog demissionierte am 23. September 1872 auch von seiner Funktion als Professor der Theologie und als Religionslehrer am Lyzeum in Luzern. Vgl. *Herzog*, Bischof, 61.

11 Vgl. dazu und zur Rolle Walther Munzingers: *von Arx*, Die Berufung von Eduard.

30. November 1873, wurden Herzog und andere antivatikanisch gesinnte Priester des Bistums Basel von Bischof Lachat namentlich exkommuniziert.

Im Herbst 1874 wurde Eduard Herzog als Professor für Exegese an die neu gegründete Katholisch-Theologische Fakultät der Universität Bern berufen, wo er fast 99 Semester lang lehren sollte. Bei der Zweiten Session der Nationalsynode am 7./8. Juni 1876, bestehend aus 104 Laien und 54 Geistlichen, wurde er im ersten Wahlgang mit 117 Stimmen zum Bischof gewählt. Der damals 35 Jahre alte Priester wollte die Wahl zunächst nicht annehmen. Es war der aargauische Politiker Augustin Keller (1805–1883), dem es gelang, ihn zu überzeugen. Am 6. Dezember 1876 verhängte der Papst über Herzog Exkommunikation und Anathema. Sein Amt als erster Bischof der Christkatholischen Kirche der Schweiz übte Herzog seit 1876 zusätzlich zur Professur aus; ausserdem war er von 1876 bis 1884, dem Jahr, als er Rektor der Universität Bern wurde, Pfarrer der Berner christkatholischen Gemeinde.[12]

2 Herzogs Grundanliegen: Katholisch bleiben

Eduard Herzogs Grundanliegen, das sich wie ein roter Faden durch seine Schriften zieht und das andere altkatholische Väter und Mütter mit ihm vertraten, ging über eine reine Ablehnung der Papstdogmen von 1870, die weder von der Schrift noch von der Tradition gestützt seien, hinaus. Es ging um nichts weniger, als dass die Christkatholiken und Altkatholikinnen auf dem vorvatikanischen Boden «Katholiken bleiben» wollten.[13] Der Protest gegen die Papst-

12 Es ist im Rahmen dieses Beitrags nicht möglich, Herzogs Bedeutung als Bischof und Professor entsprechend zu würdigen. Vgl. dazu *Berlis*, Herzog; für 2022 ist die Herausgabe des Briefwechsels zwischen Eduard Herzog und Joseph Hubert Reinkens durch Angela Berlis und Martin Bürgin vorgesehen, in dem solche Aspekte ausführlich zur Sprache kommen werden.

13 *Von Arx*, Was bleibt 208. Dies kommt auch in der Selbstbezeichnung als «Altkatholiken» zum Ausdruck. Sie umfasst beides: katholisch bleiben zu wollen im alten katholischen Sinne und die Berufung auf die alte Kirche.

dogmen wird als Zeugnis für die katholische Kirche verstanden; es wird durch die Berufung auf die alte Kirche und ihre ungebrochene Überlieferung gestützt und legitimiert und durch weitere Reformen entfaltet, die als dringend notwendig im Sinne dieser altkirchlichen Bezugnahme erachtet werden. Die Berufung auf die alte Kirche verbindet Herzog mit einem weiteren Referenzrahmen, der für ihn seit seiner Jugend prägend war: die Bezugnahme auf einen von der Aufklärung geprägten Katholizismus, wie er ihn bei dem letzten Generalvikar des Bistums Konstanz, Ignaz Heinrich von Wessenberg (1774–1860),[14] aber auch bei verschiedenen Luzerner Katholiken,[15] nicht zuletzt bei seinem eigenen Onkel vorfand. Burkard Leu, der wie sein Neffe in Berlin und in Tübingen – u. a. bei Johann Adam Möhler (1777–1854) und Johann Baptist Hirscher (1788–1865) – studiert hatte und zeitweise an der Höheren Lehranstalt Luzern Kirchengeschichte lehrte, war in seinem Denken von der Tübinger Schule geprägt. 1854 hatte Leu gegen die Dogmatisierung der Unbefleckten Empfängnis protestiert und sich nach der Indizierung seines Werkes unterworfen.[16] Zweimal – 1854 und 1863 – war Leu Bischofskandidat für das Bistum Basel.[17] Für die Vertiefung und Aktualisierung eines sich auch wissenschaftlich

---

14 Die Wertschätzung für Wessenberg findet sich nicht nur bei Eduard Herzog, sondern auch bei anderen Alt- und Christkatholiken. Auch formierten sich auf dem Gebiet des ehemaligen Bistums Konstanz etliche alt- bzw. christkatholische Landgemeinden, was dem Nachwirken von Wessenbergs pastoralen und liturgischen Reformanliegen zugeschrieben wird. In der römisch-katholischen Kirche wurde Wessenberg erst in der Folge des Zweiten Vatikanischen Konzils (1962–1965) wieder allgemein entdeckt und gewürdigt als Vorläufer für theologische und pastorale Anliegen. Dies spiegelt etwa der Beitrag von Müller, Wessenberg in heutiger Sicht.

15 Vgl. dazu *Holenstein*, Eduard Herzog und die Kirchenpolitik der Helvetik. Der Beitrag bezieht sich auf den luzernischen Stadtpfarrer Thaddäus Müller (1763–1826), Mitstreiter Wessenbergs und einflussreichen Reformer. Vgl. *Weitlauff/Ries*, Ignaz Heinrich Reichsfreiherr von Wessenberg.

16 Vgl. *Leu*, Warnung vor Neuerungen und Übertreibungen; dazu: *Herzog*, Stiftspropst Josef Burkard Leu; vgl. auch *Berlis*, «Frevelhaft, irrgläubig, ketzerisch» 532 f., Anm. 10.

17 Vgl. dazu *Leimgruber*, Joseph Burkard Leu (1808–1865).

verantwortenden, im 19. Jahrhundert gelebten aufgeklärten, liberalen Katholizismus dürfte zudem Herzogs Studienzeit und die Begegnung mit theologischen Lehrern wie Franz Heinrich Reusch (1825–1900) und Joseph Langen (1837–1901) in Bonn und Carl Josef Hefele (1809–1893) in Tübingen sowie seine Freundschaft mit dem 20 Jahre älteren Joseph Hubert Reinkens (1821–1896) und anderen zusätzlich von Bedeutung gewesen sein. Wird dieser theologische Bezugsrahmen in Betracht gezogen, so ist die Forderung nach einer selbstständig ihre Angelegenheiten ordnenden katholischen Nationalkirche[18] (heute würden wir stattdessen eher über «Ortskirche» sprechen) ebenso verständlich wie der Protest gegen das beim Ersten Vatikanum dogmatisierte, universalepiskopale Gegenbild und die Ablehnung ultramontaner Tendenzen in der Kirche.

Als Bischof führte Herzog das Anliegen der Katholizität der altkatholischen Sache konsequent weiter: Nach innen stellte er seine enorme Schaffenskraft für die Umsetzung synodal beschlossener Reformen ins kirchliche Leben zur Verfügung; dies war mal erfolgreich (wie in der Erarbeitung liturgischer Bücher), mal kurzfristig weniger durchsetzungsfähig.[19] So konnte Herzog sich zwar bei der Beschreibung der Stellung des Bischofs in der Verfassung gegen eine stark antiklerikale Gesinnung im Christkatholizismus anfangs nicht durchsetzen. Zu frisch in der Erinnerung war die Enttäuschung über das Verhalten von Bischöfen nach dem Ersten Vatikanum.[20] Durch seine 48-jährige Amtsführung vermochte er aber langfristig, die dem Bischofsamt gebührende Anerkennung und Autorität zurückzugewinnen und damit ein ausgewogenes bischöflich-synodal verfasstes katholisches Kirchenwesen zu stärken.

18 Vgl. *Köhler*, Staatskirche, Episkopalismus oder Ultramontanismus.

19 Vgl. *von Arx*, Was bleibt 209. – Zu Herzogs Beitrag zur Erneuerung der Liturgie vgl. a. a. O. 223, Anm. 8; *von Arx*, Altkatholische Liturgie im 19. und 20. Jahrhundert, inbes. 444–446, 458.

20 Vgl. dazu *Böhm-Aebersold*, Die Ekklesiologie von Bischof Eduard Herzog 229–231.

3 Herzogs ökumenische Anliegen und Bestrebungen

Nach aussen verwirklichte Herzog seine Anliegen in den Bestrebungen zur Wiedervereinigung der getrennten Kirchen (wie Ökumene damals genannt wurde), wie sie in den 1870er-Jahren in programmatischen Texten des Altkatholizismus und in Versammlungen entwickelt wurden – die bedeutendsten waren die Bonner Unionskonferenzen von 1874 und 1875 unter Leitung Ignaz von Döllingers (1799–1890).[21] Herzog nahm an der 2. Bonner Unionskonferenz 1875 teil, die wichtige Thesen zur Frage des *filioque* aufstellte.[22] Er knüpfte sehr viele Kontakte, wie sein umfangreicher Briefnachlass mit Personen aus aller Welt zeigt.[23] Er handelte nicht als Einzelgänger, sondern bezog seine Kirche mit ein, etwa indem er bei Synoden, in seinen Hirtenbriefen oder Artikeln über unternommene Schritte zur «Wiedervereinigung der Kirchen» berichtete.

Zunächst bemühte Herzog sich – in enger Absprache mit seinem deutschen Amtsbruder Joseph Hubert Reinkens – um die Stärkung der inneraltkatholischen Bande, insbesondere mit der *Oud-Katholieke Kerk van Nederland*, die seit dem ausgehenden 17. Jahrhundert in eine Auseinandersetzung mit Rom verwickelt war, was 1723/24 zum Schisma geführt hatte.[24] Seitdem vermieden die Niederländer selbst Veränderungen rein kirchendisziplinärer Art , da sie sich selbst als weiterhin in Gemeinschaft mit Rom stehend betrachteten. Nicht zuletzt deshalb standen die niederländischen Bischöfe der Reformfreudigkeit der Schweizer Christkatholiken, etwa der sehr schnellen Aufhebung der Zölibatspflicht für die Geistlichen, reserviert gegenüber. Keiner der niederländischen altkatholischen Bischöfe war aufgrund dieser Situation im Jahr

21 Vgl. dazu *Reusch*, Bericht über die 1874 und 1875 zu Bonn gehaltenen Unions-Conferenzen.

22 Zum *filioque* vgl. *Aldenhoven*, Das Filioque aus altkatholischer Sicht.

23 Seine Position als Sekretär der Internationalen Altkatholischen Bischofskonferenz ab 1889 haben diese rege Korrespondenz zusätzlich gefördert. – Vgl. ausserdem seine eigene Darstellung: *Herzog*, Internationale kirchliche Beziehungen der christkatholischen Kirche der Schweiz.

24 Vgl. dazu *Schoon*, Van bisschoppelijke Cleresie tot Oud-Katholieke Kerk.

1876 bereit, Eduard Herzog die Weihe zum Bischof zu erteilen[25] – so weihte der deutsche Bischof Joseph Hubert Reinkens ihn allein. Es dauerte bis 1889, bis es zum Zusammenschluss der altkatholischen Bischöfe mit ihren Bischöfen zur Utrechter Union und zu einer Grundsatzerklärung (Utrechter Erklärung vom 24. September 1889) kam, der sich in der Folge weitere Bischöfe mit ihren Kirchen in der Habsburgermonarchie, den USA, Polen und Kroatien anschlossen. Der Takt für die ökumenischen Bestrebungen wurde hier gemeinsam festgesetzt, was sich erheblich auf die Beziehungen zur Orthodoxie und zur Anglikanischen Kirchengemeinschaft auswirkte, da die niederländische altkatholische Kirche – anders als die deutschsprachigen altkatholischen Kirchen – erst 1922 offiziell ihr theologisches Urteil über die Orthodoxie veränderte[26] und 1925 schliesslich auch die anglikanischen Weihen anzuerkennen bereit war.

Seit dem Beginn seines Episkopats suchte Herzog den Kontakt mit der anglikanischen Kirche. Eine Einladung führte ihn nach England, wo er und weitere altkatholische Vertreter nach der Lambethkonferenz von 1878 (bei der die Altkatholiken Thema waren) an einer Konferenz der Anglo-Continental Society auf Farnham Castle in Surrey teilnahm; einer weiteren Einladung im Jahr 1881 leistete auch Joseph Hubert Reinkens Folge. In späteren Jahren folgten drei weitere Besuche. Diese Verbindung nach England führte auch zu einzelnen wichtigen Freundschaften – etwa mit dem Bischof von Salisbury, John Wordsworth (1843–1911),[27] was auf längere Sicht auch die Beziehung zur Kirche von Schweden

---

25 Vgl. dazu *Smit*, Meinungsverschiedenheiten zwischen den altkatholischen Kirchen. Für Herzogs Verständnis von Katholizität und zum Verhältnis von Synode und Bischof ist der Briefwechsel mit Erzbischof Johannes Heykamp aufschlussreich, vgl. a. a. O. 67–73.

26 Das Utrechter Provinzialkonzil von 1763 bezeichnete die Orthodoxen als «Schismatiker». Am 7.6.1922 hielt der Erzbischof von Utrecht fest, dass man den Standpunkt Roms nicht mehr vertrete und die Orthodoxe Kirche als Teil der «Catholica» betrachte. Vgl. *Kenninck*, Een officielle uitspraak.

27 Vgl. *Kessler*, Briefe von Bischof Eduard Herzog an Bischof John Wordsworth zur Utrechter Union.

beeinflussen sollte.[28] Zu förmlicheren Beziehungen mit der Kirche von England kam es damals jedoch nicht. Anders verhielt es sich mit der (anglikanischen) Bischöflichen Kirche von Amerika: 1880 reiste Herzog in die Vereinigten Staaten, wo er an der General Convention der Episkopalkirche teilnahm und zur aktiven Teilnahme an den eucharistischen Gottesdiensten eingeladen wurde.[29] Während man ihn in England höflich empfangen hatte, sei er – so Mark Chapman – in den USA begrüsst worden «with enthusiasm as a fellow catholic bishop at the governing body of the church».[30] In einem Hirtenbrief beschrieb Herzog nach seiner Rückkehr diese Verbindung für die christkatholischen Gläubigen ausführlich.[31] Die Amerikaner unterstützten den Bau der Luzerner Christuskirche, die am 19. März 1892 eingeweiht wurde. Später firmte Herzog wiederholt in anglikanischen Kirchen. Mark Chapman zufolge spielten bei der unterschiedlichen Gestaltung der Beziehungen durch die beiden damals grössten anglikanischen Kirchen der christkatholischen Kirche gegenüber zwei Aspekte eine wichtige Rolle: ihr Ökumeneverständnis und ihre Auffassung über die Funktion einer Nationalkirche.[32] Während die Kirche von England in ihrer Rolle als Staatskirche auch Fragen der Diplomatie und Kirchenpolitik einbezog, verhielt sich dies für die Episkopalkirche anders: Infolge der Unabhängigkeitserklärung der USA am 4. Juli 1776 hatte sie sich von der englischen Mutterkirche gelöst und war eine eigenständige anglikanische Kirche geworden; nach dem Bür-

28 John Wordsworth, der 1892 den Ehrendoktor der (christkatholischen) Katholisch-Theologischen Fakultät der Universität Bern erhalten hatte, war Mitglied einer von der Lambethkonferenz von 1908 eingerichteten Kommission, die die Möglichkeit zur Anbahnung einer Allianz mit der Kirche von Schweden untersuchen sollte. Sein Buch über die Katholizität der Kirche von Schweden beeinflusste auch die altkatholische Wahrnehmung dieser Kirche. Vgl. dazu *Berlis/Feenstra:* Die Altkatholischen Kirchen der Utrechter Union und die Kirche von Schweden – historische Begegnungen und aktuelle Entwicklungen 14–19.

29 Vgl. dazu *Böhm-Aebersold*, Ekklesiologie 239.

30 *Chapman*, The Fantasy of Reunion 281.

31 Vgl. dazu *Herzog*, Gemeinschaft mit der anglo-amerikanischen Kirche.

32 *Chapman*, The Fantasy of Reunion 263–296.

gerkrieg (1861–1865) hatte sie erneut ihre Position innerhalb der religiösen US-amerikanischen Landschaft als unabhängige Kirche für die Nation bekräftigt. Bereits bei den Bonner Unionskonferenzen 1874 und 1875 waren sich die englischen und die amerikanischen Anglikaner und die Altkatholiken darin einig, dass es keine Differenzen gebe, die einer «Wiederherstellung einer tatsächlichen Gemeinschaft» im Wege stehe. Herzog verfolgte diesen Weg in der Schweiz konsequent weiter: Am 10. August 1879 feierten Bischof Eduard Herzog, Bischof Joseph Hubert Reinkens, Père Hyacinthe Loyson und der schottische Bischof Henry Cotterill gemeinsam Eucharistie in der christkatholischen Kirche St. Peter und Paul in Bern. In späteren Jahren kam es zu einer gewissen Abkühlung der Beziehungen. Mehr als drei Jahrzehnte nach seinem Besuch in den USA griff Bischof Herzog die Initiative der Episkopalkirche zur Begründung der Bewegung für Glauben und Kirchenverfassung auf, in der er wichtige Aspekte des altkatholischen ökumenischen Anliegens wiedererkannte. Die *Internationale Kirchliche Zeitschrift* wurde in den 1910er-Jahren zu einer wichtigen Drehscheibe dieser Bestrebungen der jungen Ökumenischen Bewegung in Europa.[33]

Auch in die Beziehungen zur Orthodoxie investierte Eduard Herzog, vermehrt ab 1890. Bis zu Herzogs Lebensende durchliefen diese Beziehungen verschiedene Phasen: von der Euphorie der Bonner Unionskonferenzen 1874/75 über die innerorthodoxe Diskussion über den theologischen Stellenwert des Dialogs bis zum Austausch theologischer Gutachten (bis 1913) und dem Wiederaufleben nach dem Ersten Weltkrieg und Beratungen am Rand der sich formierenden Bewegung für Glauben und Verfassung 1920 in Genf und 1927 in Lausanne.[34] Auf theologischer Ebene war hier der in Bern Dogmatik und Kirchengeschichte lehrende Theologe

---

33 Vgl. dazu *Berlis*, «Disrupted ecclesial internationality».

34 Für die verschiedenen Phasen der orthodox – altkatholischen Beziehungen, vgl. *von Arx*, Kurze Einführung in die Geschichte des orthodox-altkatholischen Dialogs.

Eugène Michaud (1839–1917)[35] zwar weitaus aktiver, was sich nicht zuletzt in der *Revue Internationale de Théologie* spiegelt, die seit ihrer Begründung 1892 unter Michaud als Redaktor zu «einem damals einmaligen Organ des kirchlich-wissenschaftlichen Austausches über Fragen einer west-östlichen Kirchenunion» wurde.[36] Für Herzog sorgte auch der Kontakt mit den orthodoxen Studenten, die vermehrt an die christkatholische Katholisch-Theologische Fakultät kamen, zu einer tiefergehenden Auseinandersetzung mit der Orthodoxie. Sein bekanntester Doktorand war Nikolaij Velimirović (1881–1956), der 2003 durch die serbisch-orthodoxe Synode kanonisiert wurde.[37] Die altkatholische ökumenische Programmatik, die Bischof Eduard Herzog vertrat, wurde an der Berner Fakultät aufgegriffen und fortgeführt in den folgenden Generationen der Professorenschaft: Sie waren und sind beteiligt an allen bisherigen Dialogprozessen der Altkatholischen Kirchen der Utrechter Union mit der Anglikanischen Kirchengemeinschaft (Full Communion seit 1931), dem abgeschlossenen Dialog mit der Gesamtorthodoxie (1987), dem Dialog mit der Römisch-Katholischen Kirche, zunächst auf Schweizer Ebene, von 2003/4 bis 2016/17 auf internationaler Ebene, dem Dialog mit der Kirche von Schweden (Agreement, 2016) sowie in jüngerer Zeit dem Dialog mit der Malankara Mar Thoma Syrian Church und den Gesprächen mit der Armenisch-Apostolischen Kirche.

Eduard Herzog wurde auf mehrfache Weise zur prägenden Gestalt der Christkatholischen Kirche der Schweiz: Als Bischof leistete er Grundlegendes zu Aufbau und geistlicher Festigung der christkatholischen Kirche und zu ihrem katholischen Selbstverständnis.[38] Als Pionier der Ökumene vernetzte er seine Kirche und die altkatholische Programmatik international; so wurde er zu einem Bindeglied zwischen einer altkirchlich orientierten Öku-

35 Zu ihm vgl. *von Arx*, Michaud, Eugène.

36 *Von Arx*, Was bleibt 212.

37 Vgl zu ihm *von Arx*, Bishop Nikolaj Velimirović (1880–1956).

38 Vgl. etwa *Herzog*, Der religiöse Standpunkt der christkatholischen Kirche.

mene, wie sie altkatholischer Programmatik entsprach, und der modernen Ökumenischen Bewegung des 20. Jahrhunderts. Herzog hat vieles angeregt und grundgelegt, was im weiteren Verlauf des 20. und bisherigen 21. Jahrhunderts ökumenisch umgesetzt wurde.[39] Sein weit gespanntes Beziehungsnetz reichte – ausser zu den hier bereits beschriebenen Kontakten mit Anglikanern und Orthodoxen in verschiedenen Ländern – zu katholischen Reformbewegungen in Frankreich, Italien, Spanien, Portugal, England, dem damals zu Russland gehörenden Teil von Polen, aber auch in den USA, und zu asiatischen Eliten auf den Philippinen und Ceylon (heute Sri Lanka).[40] Manche dieser antiultramontanen Bewegungen kamen schon bald an ihr Ende, andere entwickelten sich zu eigenständigen kirchlichen Organisationen. Manchem, der sich an ihn um Unterstützung wandte, schenkte Herzog zu viel Vertrauen,[41] andere bestärkte er zu Recht in ihren Reformanliegen. Engagiert setzte Herzog sich ein für die Verwirklichung seiner Ideale von Katholizität und Ökumene.

Bei der Vorkonferenz von Glauben und Kirchenverfassung, die vom 12. bis zum 20. August 1920 in Genf stattfand, bat der Rechtsanwalt und Organisator dieser Bewegung, Robert Hallowell Gardiner (1825–1924), Eduard Herzog, den letzten lebenden Teilnehmer der 2. Bonner Unionskonferenz von 1875, darum, die Versammlung zu begrüssen und die Wahl des Präsidenten – Bischof Charles Henry Brent (1862–1929) – zu leiten. Herzog eröffnete die Konferenz mit

39 Vgl. dazu etwa *von Arx*, Kirchliche Gemeinschaft auf der Basis einer eucharistischen Ortskirchentheologie; *ders.*, The compatibility of ecumenical dialogues.

40 Vgl. *de Boer/Smit*, Die frühen Beziehungen zwischen der Iglesia Filipina Independiente und den altkatholischen Kirchen. Vgl. ausserdem *Hermann*, Grenzen der Ultramontanisierung.

41 Dies gilt etwa für Arnold Harris Mathew (1852–1919), mit dem Herzog in Briefwechsel stand. Mathew wurde in gutem Glauben 1908 zum Bischof geweiht und in die Utrechter Union aufgenommen, wenige Jahre später jedoch wieder ausgeschlossen. Viele Vagantenbischöfe berufen sich auf ihn, um ihre Sukzessionsfolge zu legitimieren. Vgl. *Berlis*, Een bisschop met twee ringen.

einem Gebet in deutscher Sprache, danach beteten alle Anwesenden das Vater Unser in ihrer eigenen Sprache.[42] Seine Überlegungen zur Methode der Wiedervereinigung, die Herzog einige Monate nach der Genfer Vorkonferenz anstellte, nehmen Vieles von dem vorweg, was seit der zweiten Hälfte des 20. Jahrhunderts immer mehr ökumenischer Common Sense geworden ist: keine Rückkehrökumene[43]; wo es möglich ist, Abendmahlsgemeinschaft bei verfassungsmässig ähnlichen Kirchen; und Anerkennung, «dass die Früchte des Geistes Gottes in jeder Kirche dankbar anzuerkennen seien und eine allfällige Wiedervereinigung der getrennten Kirchen für alle den unschätzbaren Vorteil hätte, die eigene Gabe für andere Kirchen nutzbar machen und an den Gaben anderer Kirchen friedlich und unbefangen teilnehmen zu können»[44]. Am Ende kommt Herzog zum Schluss:

«Die Wiedervereinigung ist wohl nicht zu erreichen auf dem Wege der Theologie, wohl aber auf dem Wege der christlichen Religion.»[45]

42 Vgl. Internationale Kirchliche Zeitschrift 10 (1920) 263–272, 263 (Text der Ansprache und Eröffnungsgebet). Herzog veröffentlichte anlässlich dieser Konferenz einen Hirtenbrief: *Herzog*, Unsere Stellung zu den kirchlichen Unionsbestrebungen. Auch seine Überlegungen zur Methode für die Wiedervereinigung sind von der Genfer Vorkonferenz veranlasst: vgl. *ders.*, Nach welcher Methode ist die kirchliche Wiedervereinigung zu versuchen?

43 Es ist hier nicht der Ort, dies weiter auszuführen, aber Herzog grenzt sich in seine Schriften wiederholt vom römischen Katholizismus in seiner ultramontanen Ausprägung ab.

44 A. a. O. 16.

45 Ebd.

Literatur

Aldenhoven, Herwig: Das Filioque aus altkatholischer Sicht, in: *Centre orthodoxe du Patriarcat oecuménique Chambésy-Genève (Hg.):* La signification et l'actualite du IIe concile oecumeniqué pour le monde chrétien d'aujourd'hui. Les études théologiques de Chambésy). Chambésy: Editions du Centre Orthodoxe du Patriarcat Œcuménique, 1982, 229–308.

von Arx, Urs: Kurze Einführung in die Geschichte des orthodox-altkatholischen Dialogs, in: *ders. (Hg.):* Koinonia auf altkirchlicher Basis. Deutsche Gesamtausgabe der gemeinsamen Texte des orthodox-altkatholischen Dialogs 1975–1987 mit französischer und englischer Übersetzung. Beiheft zu Internationale Kirchliche Zeitschrift 79 (1989) 11–26.

Ders.: Was wird bleiben? Ein Rückblick auf ein Grundanliegen von Eduard Herzog, in: Internationale Kirchliche Zeitschrift 82 (1992) 206–232.

Ders.: Bishop Nikolaj Velimirović (1880–1956) and His Studies within the Context of the Old Catholic – Serbian Orthodox Relationship, in: Serbian Studies: Journal of the North American Society for Serbian Studies 20 (2006) 325–339.

Ders.: Die Berufung von Eduard Herzog nach Krefeld im Herbst 1872, in: Internationale Kirchliche Zeitschrift 101 (2011) 156–175.

Ders.: Kirchliche Gemeinschaft auf der Basis einer eucharistischen Ortskirchentheologie – illustriert am Dialog mit der Orthodoxen Kirche, der Römisch-katholischen Kirche und der Kirche von Schweden, in: Internationale Kirchliche Zeitschrift 105 (2015) 259–287

Ders.: Altkatholische Liturgie im 19. und 20. Jahrhundert, in: *Kranemann, Benedikt/Bärsch, Jürgen (Hg.):* Geschichte der Liturgie in den Kirchen des Westens: rituelle Entwicklungen, theologische Konzepte und kulturelle Kontexte, Bd. 2: Moderne und Gegenwart. Münster: Aschendorff, 2018, 441–481.

Ders.: The compatibility of ecumenical dialogues. A case study based on the dialogue between the Mar Thoma Syrian Church and the Old Catholic Union of Utrecht viewed from an Old Catholic perspective, in: Internationale Kirchliche Zeitschrift 109 (2019) 2–24.

Ders.: «Michaud, Eugène», in: Historisches Lexikon der Schweiz (HLS), Version vom 10.11.2009. URL: https://hls-dhs-dss.ch/de/articles/027554/2009-11-10/ (3.1.2021).

Ders.: «Herzog, Eduard», in: Historisches Lexikon der Schweiz (HLS), Version vom 24.1.2020. URL: https://hls-dhs-dss.ch/de/articles/010669/2020-01-24/ (19.9.2020).

Berlis, Angela: Een bisschop met twee ringen. De gehuwde bisschop in de Oud-Katholieke Kerk, in: *Berlis, Angela/de Haan, Peter (red.):* Met passie en precisie. Vriendenbundel voor Jan Jacobs bij zijn afscheid als hoogleraar geschiedenis van kerk en theologie. Nijmegen: Valkhofpers, 2010, 114–145.

Dies. (Hg.): Eduard Herzog (1824–1924). Christkatholischer Bischof, Rektor der Universität, Wegbereiter der Ökumene. Neue Forschungsperspektiven zur Geschichte der Christkatholischen Kirche der Schweiz. Themendoppelheft Internationale Kirchliche Zeitschrift 101 (2011) 145–334.

Dies.: «Frevelhaft, irrgläubig, ketzerisch» (Thomas Braun). Stellungnahmen gegen die Dogmatisierung der Unbefleckten Empfängnis (1854), in: *Althaus, Rüdiger/Hahn, Judith/Pulte, Matthias (Hg.):* Im Dienste der Gerechtigkeit und Einheit. Festschrift für Heinrich F.J. Reinhardt zur Vollendung seines 75. Lebensjahres (Münsterischer Kommentar zum Codex Iuris Canonici 75). Essen: Ludgerus, 2017, 531–554.

Dies.: «Disrupted ecclesial internationality». The Old Catholic «International Kirchliche Zeitschrift» during the First World War, in: Kirchliche Zeitgeschichte/Contemporary Church History 31 (2018) 146–168.

Dies./Feenstra, Peter: Die Altkatholischen Kirchen der Utrechter Union und die Kirche von Schweden – historische Begegnungen und aktuelle Entwicklungen, in: *Berlis, Angela (Hg.):* Utrecht and Uppsala on the Way to Communion. Report from the official dialogue between the Old Catholic Churches of the

Union of Utrecht and the Church of Sweden (2013) with a revised translation «Utrecht und Uppsala auf dem Weg zu kirchlicher Gemeinschaft» (2018) (Beiheft zu Internationale Kirchliche Zeitschrift 108). Bern: Stämpfli, ²2018, 10–46.

de Boer, Wim/Smit, Peter-Ben: Die frühen Beziehungen zwischen der Iglesia Filipina Independiente und den altkatholischen Kirchen der Utrechter Union, in: Internationale Kirchliche Zeitschrift 98 (2008) 122–144.169–190.

Böhm-Aebersold, Sarah: Die Ekklesiologie von Bischof Eduard Herzog aufgrund der Auswertung seiner frühen Korrespondenzen, in: Internationale Kirchliche Zeitschrift 101 (2011) 227–242.

Chapman, Mark D.: The Fantasy of Reunion. Anglicans, Catholics, and Ecumenism, 1833–1882. Oxford: Oxford University Press, 2014.

Conzemius, Victor: Philipp Anton von Segesser 1817–1888: Demokrat zwischen den Fronten, Zürich/Einsiedeln/Köln: Benziger, 1977.

De Oostersche kerk en de onze, in: De Oud-Katholiek NF 2 (1922) 114–116.

Hermann, Adrian: Grenzen der Ultramontanisierung: Unabhängige katholische Bewegungen in Asien um 1900 am Beispiel der Iglesia Filipina Independiente, in: *Blaschke, Olaf/Solans, Francisco Javier Ramón (Hg.):* Weltreligion im Umbruch. Transnationale Perspektiven auf das Christentum in der Globalisierung. Frankfurt a. M.: Campus, 2019, 451–474.

Herzog, Eduard: Gemeinschaft mit der anglo-amerikanischen Kirche. Hirtenbrief auf die Fastenzeit 1881, in: *ders.:* Synodalpredigten und Hirtenbriefe. Bern: Wyss, 1886, 208–230.

Herzog, Eduard: Der religiöse Standpunkt der christkatholischen Kirche, in: Internationale Kirchliche Zeitschrift 9 (1919) 273–288.

Ders.: Internationale kirchliche Beziehungen der christkatholischen Kirche der Schweiz, in: Internationale Kirchliche Zeitschrift 9 (1919) 1–37, 112–126.

Ders.: Unsere Stellung zu den kirchlichen Unionsbestrebungen. Hirtenbrief anlässlich der Genfer Vorkonferenz über Glauben

und Kirchenverfassung, in: Internationale Kirchliche Zeitschrift 10 (1920) 161–177.
Ders.: Nach welcher Methode ist die kirchliche Wiedervereinigung zu versuchen?, in: Internationale Kirchliche Zeitschrift 11 (1921) 1–16.
Ders.: Stiftspropst Josef Burkard Leu und das Dogma von 1854. Ein Beitrag zur Vorgeschichte des vatikanischen Konzils. Bern: Wyss, 1904.
Herzog, Walter: Bischof Dr. Eduard Herzog. Ein Lebensbild. Laufen: Volksfreund, o.J. [1935].
Holenstein, André: Eduard Herzog und die Kirchenpolitik der Helvetik. Traditionsbildung in christkatholischer Perspektive, in: Internationale Kirchliche Zeitschrift 101 (2011) 201–214.
Kenninck, Franciscus: Een officielle uitspraak, in: De Oud-Katholiek NF 2 (1922) 114.
Kessler, Ewald: Briefe von Bischof Eduard Herzog an Bischof John Wordsworth zur Utrechter Union, in: Internationale Kirchliche Zeitschrift 105 (2015) 169–189.
Köhler, Joachim: Staatskirche, Episkopalismus oder Ultramontanismus. Kirchliche Reformforderungen im 19. Jahrhundert als Erbe der Reichskirche, in: *Rudolf, Hans Ulrich (Hg.):* Alte Klöster, neue Herren. Die Säkularisation im deutschen Südwesten 1803, Bd. 2.2: Aufsätze. Ostfildern: Jan Thorbecke, 2003, 1039–1262.
Leimgruber, Stephan: Joseph Burkard Leu (1808–1865). Vertreter des theologischen Aufbruchs, in: *Leimgruber, Stephan/Schoch, Max (Hg.):* Gegen die Gottvergessenheit. Schweizer Theologen im 19. und 20. Jahrhundert, Freiburg i. Br.: Herder 1990, 42–56.
Leu, Joseph Burkard: Warnung vor Neuerungen und Übertreibungen in der katholischen Kirche Deutschlands, Luzern: Kaiser, 1853
Lustenberger, Werner: «Soldatendienst ist Gottesdienst». Die Feldpredigten aus den Jahren 1870–1872 von Albert Bitzius, Twann, und Eduard Herzog, Luzern, mit einem Begleitwort herausgegeben von W. L. Zürich: Thesis, 2000.

Moser, Erika: Furchen, Stimmen, Blätter. Die christkatholische Presselandschaft in der Schweiz 1870 bis 1924, in: Internationale Kirchliche Zeitschrift 109 (2019) 277–308.

Müller, Wolfgang: Wessenberg in heutiger Sicht, in: Zeitschrift für schweizerische Kirchengeschichte 58 (1964) 293–308.

Reusch, Franz Heinrich (Hg.): Bericht über die 1874 und 1875 zu Bonn gehaltenen Unions-Conferenzen. Neudruck der Ausgabe in zwei Bänden von 1874 und 1875 mit einer Einführung von Günther Esser. Bonn: Alt-Katholischer Bistumsverlag, 2002.

Schoon, Dick: Van bisschoppelijke Cleresie tot Oud-Katholieke Kerk. Bijdrage tot de geschiedenis van het katholicisme in Nederland in de 19de eeuw. Nijmegen: Valkhof Pers, 2004.

Smit, Fred: Meinungsverschiedenheiten zwischen den altkatholischen Kirchen Deutschlands, Hollands und der Schweiz im Jahre 1876, in: Internationale Kirchliche Zeitschrift 71 (1981) 65–120.

Suter, Adrian/Berlis, Angela/Zellmeyer, Thomas: Die Christkatholische Kirche der Schweiz: Geschichte und Gegenwart. Zürich: TVZ, 2022 (i. V.).

Vischer, Lukas/Schenker, Lukas/Dellsperger, Rudolf (Hg.): Ökumenische Kirchengeschichte der Schweiz. Im Auftrag eines Arbeitskreises hg. Freiburg i. Üe./Basel: Paulusverlag/Friedrich Reinhardt, [2]1998.

Vogelsanger, Peter: Über die Anfänge der Ökumenischen Bewegung in der Schweiz, in: *Leuba, Jean-Louis/Stirnimann, Heinrich (Hg.):* Freiheit in der Begegnung. Zwischenbilanz des ökumenischen Dialogs. Frankfurt a. M./Stuttgart: Josef Knecht/Evangelisches Verlagswerk, 1969, 147–161.

Weitlauff, Manfred, in Zusammenarbeit mit Ries, Markus (Bearb.): Ignaz Heinrich Reichsfreiherr von Wessenberg, Briefwechsel mit dem Luzerner Stadtpfarrer und Bischöflichen Kommissar Thaddäus Müller in den Jahren 1801 bis 1821, 2 Teile. Basel: Kommission Krebs, 1994.

Wie soll die Sprache der Verkündigung der Kirche heute sein?

Christoph Sigrist

1 Heiligabend 2019 im Grossmünster

Ökumene in säkularer Gesellschaft als Verkündigung der Kirche – dies gilt aus meiner Praxis in hohem Masse für den Heiligabend im Grossmünster in Zürich. Um 22:00 Uhr versammelt sich die ganze Stadt Zürich im Kirchenraum, geschätzte 1300 Personen waren es am letzten 24. Dezember. Im Kirchenraum drinnen spiegelt sich der Stadtraum draussen. Ökumene in der säkulareren Gesellschaft in Zürich heisst: Interreligiosität in pluraler Gesellschaft. Neben den gut 75 000 eingeschrieben Mitgliedern der evang.-ref. Kirche des Kantons Zürich leben gut 93 000 Mitglieder der römisch-katholischen Kirche in Zürich. Wer nun glaubt, dies seien alles reformiert geprägte katholische Schwestern und Brüdern, der täuscht sich: Es sind vor allem Kulturen mit Migrationshintergrund, die die nüchternen katholischen Kirchenräume bevölkern, meist am Nachmittag nach den so genannten einheimischen Gottesdiensten. Dazu kommen 12 000 orthodoxe Christinnen und Christen, 3900 Jüdinnen und Juden, 19 000 Muslimas und Muslime, alle anderen Religionen und zuletzt rund 100 000 Menschen, die keine Konfession und Religion bei der Anmeldung in der Stadt angeben.[1] Wer

1 Statistik Stadt Zürich (persönliche Kommunikation, 19. August 2020): Die Zahlen beziehen sich auf die ständige Wohnbevölkerung (15-Jährige und Ältere) der Stadt Zürich und sind gerundet. Die Statistik gibt zudem an: ca. 9000 andere Christen, 3400 Hindus, 3100 Buddhisten, 1000 andere Religionen.

nun bei dieser Gruppe mit dem Verein der Freidenker glaubt, dass die Personen überzeugte Atheistinnen und Atheisten sind, täuscht sich ein weiteres Mal. Konfessionslos meint nicht religionslos. Und religiös meint nicht kirchlich oder freikirchlich kodiert gläubig.

So einfach ist es nicht mehr mit der Sprache der religiösen Zuschreibungen und spirituellen Erfahrungen, der Glaubensinhalte und volkskirchlichen Rituale. Das pfingstliche Stimmenwirrwarr postsäkularer Religiosität, so möchte ich diese diffuse religiöse Erregung oder spirituelle Berührung einmal begrifflich fassen, schwingt am Heiligabend im Grossmünster und tangiert in hohem Masse den Auftrag der Kirche, das Evangelium zu verkünden.

Warum setze ich beim Heiligabend 2019 an? Nun, an diesem Abend geschah mir, was ich während 30 Jahren Predigttätigkeit so nie erlebt habe: Ich wurde mitten im Predigen unterbrochen. Unterbrochen werde ich beim Predigen viel. Leute stehen auf und gehen fluchend aus dem Kirchenraum. Ich werde durch wütende Rufe unterbrochen. Der Monolog auf der Kanzel wird durch den aktuellen Dialog im Kirchenschiff und dem vergangenen Dialog im Stadtraum konstituiert, mehr noch – aufgebaut. Was mir zum ersten Mal im letzten Advent geschah war, dass ich durch ein zustimmendes Klatschen mitten in der Predigt unterbrochen wurde. Das heisst für unsere Fragestellung: Die Verkündigung geschah im Kirchenraum so, dass das Gesprochene verstanden, und zwar zustimmend verstanden wurde. Und das Verstandene berührte die Herzen so, dass die Hände zu klatschen begannen.

Wie soll die Sprache der Verkündigung heute sein? Sie soll, oder besser, sie kann demnach so sein, wie ich es im Grossmünster erlebte. Aus dieser vielleicht lapidar anmutenden Antwort folgt der Aufbau dieses Beitrages: Erstens beschreibe ich die Verkündigungssituation im Grossmünster, zweitens skizziere ich den theoretischen Ansatz, bei dem ich mich stark an Ingolf Ulrich Dalferth, Religionsphilosoph und Theologe, halte. Daraus folgen drittens hermeneutische Einsichten für die Sprache der Verkündigung heute. Und viertens … lesen Sie dann.

2 Gesprochene Verkündigung im Grossmünster

Jeder Kirchenraum ist gebauter Text des Glaubens, gestaltete Liturgie des Evangeliums, ausgeschmückte heilige Schrift des Volkes. Im letzten Jahr kamen ca. 650 000 Personen ins Grossmünster. Menschen beten, singen, deuten, legen die Heilige Schrift aus, ohne Lehramt und ohne Pfarrpersonen, geistgewirkt und spontan. Auf unsere Fragestellung hin fokussiere ich auf die gesprochene Verkündigung im Gottesdienst, genauer auf die Predigtsituation.

Für mich kann der Gottesdienst als Inszenierung des Glaubens und so als Weg in das Leben beschrieben werden. Damit positioniere ich mich nahe bei Friedrich Schleiermachers theoretischen Entwürfen des Gottesdienstes als darstellende Glaubenskunst im Unterschied zur diakonischen Praxis als wirkende Glaubenskunst.[2] Zudem orientiere ich mich in der Praxis am verhaltenstheoretischen Theorieansatz von Manfred Josuttis, der das, was im Gottesdienst geschieht, mit den Verben Begriffen Gehen – Sitzen – Sehen – Singen – Hören – Essen – Gehen zu begreifen versucht.[3] Bei der Sprache der Verkündigung der Kirche geht es mir darum, das Sprechen und Hören im Akt der Verkündigung als Kunst zu verstehen, die auf dem Weg in das Leben Glauben zu inszenieren, darzustellen vermag. Solche darstellende Kunst erregt nach Schleiermacher das religiöse Gefühl oder kann nach David Plüss als Ausdruck einer «performativen Ästhetik» verstanden werden.[4]

Mit *Glauben* meine ich jenes Gottvertrauen, das entsteht, wenn das Evangelium verkündet wird. Unter *Evangelium* verstehe ich,

---

2 «Das objektive im Gottesdienste […] ist das Kunstganze, und indem der einzelne dieses aufnimmt, muß die religiöse Erregung in ihm gesteigert werden und zwar nur durch das gemeinsame. Aber nun muß diese gesteigerte Erregung auch unwillkürlich ausgedrückt werden von dem einzelnen, jedoch nur so, daß der Ausdruck immer dem ganzen untergeordnet bleibt, damit an jedem Punkte sich herausstelle, daß der Gottesdienst einerseits ein gemeinsamer ist und anderseits ein für den einzelnen lebendiger.» (*Schleiermacher*, Die christliche Sitte 549 f.).

3 Vgl. den Band: *Josuttis*, Der Weg in das Leben.

4 *Plüss*, Gottesdienst als Textinszenierung,

dass Gott in unserem Leben so gegenwärtig ist, dass unser Leben Tiefe und Glanz bekommt. Tiefe und Glanz Gottes scheinen, so waren die ersten Christen überzeugt, in besonderem Masse bei Jesus Christus auf. In Jesus wirkt Gott, so lasen sie aus dem Tanach ihrer Tradition, indem er arm macht und reich, erniedrigt und erhöht. So besingt es Hanna, als sie ihren lang ersehnten Sohn Samuel zum Tempel in Sichem brachte. Ähnliche Worte, so beschrieb es der Evangelist Lukas seiner Gemeinde, sprach die schwangere Maria beim Besuch bei ihrer Verwandten Elisabeth. Die Herzen von Hanna und Maria waren übervoll und jubelten, mehr noch: Das übervolle Herz erst ist es, das davon sprechen kann, wie gegenwärtig Gott ist in dem, was geschieht. Mit diesem übervollen Sprechen beschreibe ich das, was ich unter Verkündigung verstehe.

Allgemein gilt aufgrund der Lobgesänge der beiden Frauen: Verkündigen geschieht dann, wenn das Herz übervoll ist von dem, der spricht. Daraus folgt erstens: Wer ein leeres Herz hat, soll nicht zum Ambo oder zur Kanzel. Zweitens kann abgeleitet werden: Wer – metaphorisch gesprochen – nicht schwanger mit Gott ist, soll es bleiben lassen. Und drittens ist das übervolle Herz auf Resonanz aus. Wer so spricht wie Hanna und Maria, der möchte keinen Echoraum, wo es gleich zurücktönt, wie es ausgesendet wird. Sondern ein übervolles Herz ist auf einen Raum angewiesen, wo das gesprochene Wort gehört wird. Trifft das Gesprochene auf Gehör, widerfährt es, dass die Seele erregt, das Herz bewegt, die Hände erwärmt und der Blick geöffnet werden, dass der Mund auf den Geschmack kommt, die Füsse in Bewegung geraten.

Das Sprechen ist auf das Hören aus, wie das Hören auf das Gesprochene. Beides, Sprechen wie Hören – ich nehme den Resonanzbegriff von Harmut Rosa auf – verhalten sich wie zwei Stimmgabeln zueinander.[5] Kanzel und Kirchenschiff beginnen, miteinander zu schwingen, indem die Präsenz auf der Kanzel und die Präsenz im Kirchenschiff zum Resonanzraum verschmelzen. Trifft das ausgelegte Wort der Heiligen Schrift, ausgelegt von der Kanzel,

5 Vgl. dazu *Rosa*, Resonanz 281–298.

auf die hörende Gemeinde, sitzend in der Kirchenbank oder stehend im Kirchenschiff, sodass das hörende Herz in Schwingung kommt, weil das Wort trifft, das Wort sich in der Seele einnistet, dann spreche ich vom Wort Gottes, das sich ereignet.

3 Theoretischer Ansatz: Kopräsenz

Mit dieser Einsicht in Resonanzräume, in denen sich das übervolle Herz verausgabt, die hörende Seele ergriffen wird und das glaubende Herz plötzlich im diffusen Stimmengewirr das eindeutig an ihn adressierte und eindeutig verstehbare Wort Gottes hört, orientiere ich mich am Theorieansatz Ingolf Dalferths, den er unter dem Aspekt «von der Vieldeutigkeit der Schrift und der Eindeutigkeit des Wortes Gottes» entwickelt hat.[6] Ich fasse in meinen Worten zusammen:

Wenn Karl Rahner in einer seiner letzten Veröffentlichungen vor dem Tod die reformatorischen Aufbrüche damit würdigen wollte, dass er das Wort Gottes als in Buchform inkarniertes Wort beschrieb, das jedem zugänglich gemacht wurde, verwischt er die Begriffe Bibel, Schrift und Wort Gottes. Auf den Punkt gebracht: Die Bibel kann jeder und jede besitzen, das Wort Gottes besitzt niemand. Es gibt Gemeinden ohne eine einzige Bibel im Regal, es gibt keine Gemeinde ohne die Auslegung der Schrift. Ich unterscheide mit Ingold Dalferth zwischen Bibel, Schrift und Wort Gottes.

- Die Bibel ist eine Textsammlung von Büchern, die mit Verstand und Herz aus ihrer Ursprache immer wieder übersetzt und in ihrer Zeit interpretiert werden muss.
- Unter Schrift verstehe ich den praktischen Gebrauch der biblischen Texte in der Verkündigung wie im Gottesdienst.
- Das Wort Gottes ereignet sich, wenn das, was als Schrift ausgelegt und verkündet wird, zu dem mich persönlich angehenden Wort wird.

---

6 *Dalferth*, Vieldeutigkeit der Schrift 155–173.

Das Thema erschliesst den Text der Schrift, also das, was mich angeht und was mich verändert, nicht exegetische Erkenntnisse einzelner Kommentare. Die Verkündigung erschliesst das Thema der Schrift, also Gottes Nähe zum Menschen, wie sie in Jesus Christus aufscheint, nicht meine Einstellung zu Sexualität oder Beteiligung der Frauen an der kirchlichen Macht. Gottes Wort selbst erschliesst die Wahrheit der Verkündigung, das unverfügbare Ergriffensein von etwas ganz anderem, also nicht meine Intelligenz und meine Eloquenz.

Dies ist die Pointe des reformatorischen Prinzips, dass sich die Schrift durch sich selber auslegt (*sui ipsius interpres*), wenn eine von der Gemeinde gewählte Person die Schrift im öffentlichen Raum inmitten der hörenden Gemeinde auslegt. Gottes Präsenz mit seinem Wort und des Menschen Präsenz mit seinem Ohr erschliessen einen Resonanzraum, wo beide, Gott und Mensch aufeinandertreffen. In solcher Resonanz ereignet sich Kopräsenz: Der gegenwärtige Gott und die gegenwärtigen Menschen kommen in Schwingung. Was dann geschieht, haben wir nicht in der Hand, geht unter die Haut, berührt das Herz, beseelt *i Gotts Name* den Zuhörenden, die Zuhörende.

4 Hermeneutische Einsichten

Solche Resonanzräume haben es in sich, gewiss. Begeben sich Kirchen und Gottesdienstorte in Resonanz, wird die Sprache selber durch solche Vibrationen erregt. Es *geschieht* etwas mit der Sprache, also mit dem, wie gesprochen und vor allem, was gesprochen wird. Aufgrund meiner Erfahrung als Predigender und Zuhörender gleich einem arpeggierten Akkord einige Töne in solchen Räumen:

- Schaue auf den Mund des Volkes!
- Die Predigt gehört nicht dir,[7] das Wort Gottes besitzt du nicht, die Bibel ist ein Buch mit sieben Siegeln!

---

7 «Die Hörenden sind mehr als das Subjekt der Predigt; sie sind Prädikat, und dies in mehrfacher Hinsicht. Zum ersten sind sie die Handelnden, im

- Zittern und Zagen auf der Kanzel bringen Lachen und Weinen in den Kirchenbänken!
- Lachen und Weinen auf der Kanzel erzeugen Offenheit und Betroffenheit im Kirchenschiff!
- Verkündigen ist nicht vorlesen, zuhören ist nicht ablesen.
- Der Stoff der Predigt ist das Leben, der rote Faden die Geschichte Gottes mit den Menschen zwischen Geburt und Tod, Schuld und Sühne, Hanna und Maria, Mose und Christus, die Qualität Befreiung, Auferstehung, Leben, das Muster geistgewirkt.
- Achte auf die Obertöne, wenn Worte von christlichen Lippen auf muslimische, jüdische, areligiös sich nennende und spirituell geübte Ohren treffen!
- Rede lustvoll und fantasievoll statt abgelöscht und abgedroschen, denn aus Lust und Fantasie entstehen Poesien.
- Verkündigen ist Poesie. Poesie ist die Sprache der Liebe. Die Liebe ist erfinderisch. Sie findet Bilder, die nicht auf der Hand liegen, jedoch unter die Haut gehen.
- Der Glaube redet in der Sprache der Liebe. Wird im Glauben verkündet, finden dogmatische Sprache und postulierte Wahrheit keine Resonanz. Wer glaubt, dichtet Sprache, wer vertraut, findet Worte, wer verkündigt, spricht Bände.

---

syntaktischen Sinn des Verbs praedicare (vorsagen/bewerten). Sie sind die Koproduzierenden, die im Anschluss an den Gottesdienst entscheiden, die Predigt weiterzutragen oder ruhen zu lassen. Sie verleihen der Predigt ein Prädikat. Tragen sie die Predigt weiter, werden sie selbst zu Prädikanten, die das, was sie gehört und verstanden haben, iterativ in einen neuen Kontext stellen und zur Verbreitung der Predigt beitragen, ihrer eigenen Predigt. Die Hörenden sind Multiplikatoren, die bereits während der Predigt ihre Welt in den Raum bringen, bevor sie als Veränderte das Gehörtverstandene wieder hinaustragen; das ist Koproduktion. Letztlich gehört daher die Predigt ihnen, den Hörenden.» (*Peier*, gehört 121f.).

5 Predigt, gehalten am Heiligabend 2019 im Grossmünster, 22:00 Uhr

> Der Herr macht arm, und er macht reich.
> Er erniedrigt, aber er erhöht auch.
> Denn aus eigener Kraft ist der Mensch nicht stark.
> 1 Sam 2,7.9

Liebe Gemeinde
Meine Seele erhebt den Herrn! Manch eine Seele, erschöpft vom Einkaufsrummel, erfüllt von der Familie im Kerzenschein der Stube, traurig und einsam, wütend und enttäuscht – manch eine Seele unter uns ist hellhörig auf die Lobgesänge vom Himmel. Mein Geist jubelt über Gott, meinen Retter. Der Lobgesang Marias hallt seit 2000 Jahren in unserer Welt, in verschiedenen Räumen, an unterschiedlichen Plätzen. Der Klang Marias zieht uns heute Abend zu fünf Orten ausserhalb des Grossmünsters. Ich komme ins Gespräch mit Frauen mit ihren eigenen Lobgesängen. Hören wir hin, wie Gott rettet.

(1) Anita, wir beide stehen beim Blindeneingang zum Tram vor 10 Tagen. Wir sind aus dem 4er-Tram ausgestiegen. Ich habe dich im übervollen Tram fast umgestossen. Dank deinem weissen Stock stehe ich nun bei dir. Du bist blind, du bist eine alte Frau. Du willst den 15er nehmen, weil du den Weg am Stadelhofen vom Tram zur Forchbahn besser vor deinem inneren Auge siehst. Die Leute hasten um uns. «Wissen Sie, ich bin mit 15 Jahren zum ersten Mal erblindet. Ich konnte bis vor 15 Jahren noch gut sehen. Doch jetzt im Alter sehe ich nichts mehr. Einige Lichtspuren. Doch die sind hinderlich. Ich habe den Rucksack voller Bücher aus der Zentralbibliothek für jemanden im Heim. Ich kenne den Weg im Dorf, auch den zum Grossmünster, auswendig. Doch Sie müssen jetzt gehen. Sie haben es streng im Advent.» «Ach, ich bleibe jetzt bei Ihnen, bis das Tram kommt. Dann wird halt die Predigt am Heiligabend kürzer.» «Was predigen Sie?» «Maria singt, dass die

Mächtigen vom Thron gestossen werden und die Niedrigen erhöht. Hanna singt, dass Gott arm und reich macht.» «Oh, wunderschön. Ich erfahre dies mit Peter, der gerade nebenan sein Magazin Surprise verkauft. Er hat ein gelähmtes Bein. Doch er sieht mich immer. Er kommt dann zu mir und fragt mich, wohin ich gehen muss. Und dann nimmt er mich am Arm und führt mich über die Strasse. Er ist immer da. Die alltägliche Hilfe ist entscheidend.» Das Tram kommt, Anita steigt ein. Das Tram fährt. Ich sehe Peter. Ich kenne ihn. Ich kaufe immer ein Magazin. Damit unterstütze ich ihn in seiner Armut. Natürlich kaufe ich ein Surprise, ohne zu sagen, dass ich am selben Tag schon zwei gekauft habe von seinen Kollegen. Das Kompliment von Anita hört Peter gern. «Und was denken Sie, was meint Maria, wenn Gott Arme erhöht?» Peter denkt nach, schweigt, blickt zu Boden. «Wenn man arm ist», er richtet sich auf, «wenn man arm ist, dann merkt man, wie wenig man braucht, um reich zu sein.»

Wie rettet Gott? Die Tramhaltestelle Rathaus zeigt an: Gott rettet durch die gegenseitige Hilfe im Alltag. Die alltägliche Hilfe führt Blinde und Lahme zusammen, verbindet Menschen in ihrer Not und macht sie reich. Auch mich?

(2) Maria von Wedemeyer, was hast du in der Adventszeit 1944 leiden müssen! Dein Verlobter Dietrich Bonhoeffer sass im Kellergefängnis in der Prinz-Albrecht-Strasse in Berlin. Der Theologe und Pfarrer kam von Amerika zurück ins Nazi-Deutschland. Er predigte, er lehrte, er sagte 1938, als die Synagogen brannten, dass es alle im Hörsaal hörten: «Nur wer für die Juden schreit, darf gregorianisch singen.»

Heute Abend sage ich es so: Nur wer für die Schwestern und Brüder jüdischen, muslimischen oder christlichen Glaubens schreit, die verfolgt werden, getötet werden, die mit rassistischen oder antisemitischen Worten in den Gassen und im Internet fertig gemacht werden, darf «Stille Nacht, heilige Nacht» singen.

Bonhoeffer, dein Verlobter, wusste nach dem zerschlagenen Widerstand gegen Hitler am 20. Juli 1944 um die Gefahr, exekutiert, ermordet zu werden. Im Januar 1944 hast du ihm geschrieben: «Du sollst nicht denken, wieder etwas gutmachen zu müssen. Sieh, das darfst du nicht schreiben. Du tust nur damit weh. Es ist doch gar nicht mein Schmerz, sondern es ist der deine. Und du gibst mir einen Teil deines Schmerzes zu tragen mit [...]» Du öffnest den Weihnachtsbrief von Bonhoeffer. Du liest: «Ich habe mich noch keinen Augenblick allein und verlassen gefühlt. Du, die Eltern, Ihr alle, die Freunde und Schüler im Feld, Ihr seid mir immer ganz gegenwärtig. Eure Gebete und guten Gedanken, Bibelworte, längst vergangene Gespräche, Musikstücke, Bücher bekommen Leben und Wirklichkeit wie nie zuvor. Es ist ein grosses, unsichtbares Reich, in dem man lebt, und an dessen Realität man keinen Zweifel hat.» Ein Zettel fällt zu Boden. Es ist ein «Weihnachtsgruss», ein Gedicht deines Dietrichs: «Von guten Mächten treu und still umgeben, behütet und getröstet wunderbar, so will ich diese Tage mit euch leben und mit euch gehen in ein neues Jahr.»

Wie rettet Gott? Der Weihnachtsgruss aus dem Gefängnis in Berlin weist darauf hin: Gott rettet, indem er in sein unsichtbares Reich Freie und Gefangene zieht durch Mauern und Wände. So werden Leiden hüben wie drüben miteinander geteilt. Auch mein Leiden?

(3) Anna, ich bin nun bei dir in der Helferei kurz vor Weihnachten 1519 in deiner Kammer mit Ulrich Zwingli, unserem Reformator in Zürich. Dein späterer Mann war ein paar Monate Pfarrer für das Volk in Zürich. Er erholt sich in Pfäfers. Die Pest brach vor Monaten aus. Du schickst einen Meldeläufer. Du hast dich in ihn verliebt. Ulrich unterrichtet deinen Sohn. Du hast deinen ersten Mann durch Krankheit verloren. Ulrich kommt sofort. Er weiss um die Gefahr, angesteckt zu werden. Er hilft, er betet, er steht bei, er wird krank. Jetzt stehst du bei ihm. Du wäschst den kalten Schweiss von der Stirn. Er fiebert. Du hast Angst. Stirbt er? Du schläfst ein. Deine Hand hält seine. Gegen Morgen richtet er sich auf. «Anna, es ist besser. Viel besser. Gib mir ein Papier.» Er beginnt zu schreiben, zu summen. «Was schreibst Du da?» «Bald, Anna, bald.» Er legt die Feder zur Seite. «Hör mal: ‹Hilf Gott, hilf in dieser Not! Dein Krug bin ich, mach ganz! Gsund, Herr Gott,

gsund! So will ich doch den Trutz und Joch in dieser Welt tragen fröhlich mit Hilfe dein, ohn den nichts mag vollkommen sein›.»

Wie rettet Gott? Der Zettel im Zwinglizimmer in der Hand Annas, Zwinglis späterer Frau, malt es vor: Gott rettet, indem er die Scherben von Gesunden und Kranken zu einem neuen Krug töpfert. Auch meine Scherben?

(4) Hanna, du hast dein Lied, ja, deinen Lobgesang vor gut 2500 Jahren gesungen, als du deinen entwöhnten Sohn Samuel dem Priester Eli im Tempel Schilo brachtest. Von Gott hattest du ein Kind erbeten, für den Dienst an Gott hast du es zurückgebracht. Du hast das Lied von Gott gesungen, der arm und reich macht, das Lied vom armen und reichen Menschen, der aus eigener Kraft nichts vermag. Die Not hatte dich beten gelernt. Durch das Gebet war dir Kraft erwachsen. Durch die Kraft begannst du zu singen. Weil du Erbetenes von Gott bekamst, warst du bereit, es *i Gotts Name* weiterzugeben. Ist das ein dem Singen eigenes Gesetz? Wer durch das Singen den Atem empfängt, weiss, dass alles nur etwas ist, das gewährt wird. Das Herz, das übervolle, fliesst über mit Singen und Sagen. Und leichter öffnet er oder sie die Hand, um es weiter-, um es abzugeben. Wer singt, empfängt und lässt los. Er schenkt sich und verschenkt sich.

Wie rettet Gott? Der Lobgesang Hannas im Tempel singt davon: Gott rettet durch seine Kraft, die die harten Herzen der Reichen zu erweichen und die verkrampften Hände der Armen zu öffnen vermag. Auch meine Hände, auch mein Herz?

Hanna, du bist zum Vorbild von Maria geworden. Maria wusste wohl, was sie von Gott empfangen hatte. Sie musste schmerzlich wieder hingeben, was sie empfangen hatte. Ihren Sohn, der die gottvergessene Trennung auf sich genommen hatte, die Trennung zwischen blind und lahm, frei und gefangen, krank und gesund, arm und reich. Du, Hanna, brachtest deinen Sohn Samuel in den Tempel, damit er einst Könige der Welt salbte. Die andere Mutter, Maria sah, wie ihr Kind in der Krippe zum König einer anderen Welt gesalbt wurde. In dieser anderen Welt regiert Gott. Gott regiert, indem er liebt. Gott liebt, indem er rettet. Gott rettet, indem er mit seiner Kraft Hirten und Könige, Arme und Reiche zum selben Ort zieht: Zur Krippe, also zur Tramhaltestelle, ins Gefängnis, ans Krankenbett, in den Tempel. Dorthin, wo Jesus wartet, Mariens Kind, Gottes Sohn. An den Ort, wo Gott in unsrer Welt geboren wird. Die Geburt Gottes in der Welt draussen legt die Kraft in unserer Seele drinnen frei, eine unglaubliche Kraft.

Es ist dieselbe Kraft, die seit Urzeiten fliesst, durch dich, Hanna, zu all den Königen und Hirten, durch Maria und durch deren Kind hin zu uns. Wenn sie fliesst, die göttliche Kraft, dann rettet sie: Sie hilft im Alltag, sie zieht die guten Mächte des Himmels mitten in die bösen Orte der Welt, sie töpfert mit Scherben die Krüge neu, sie öffnet die Hände, damit sie empfangen und loslassen. Sie fliesst bis zu uns und durch uns hin in alle Welt. Auch durch mich? Ja, durch dich und mich, durch uns alle.

Das ist so sicher wie das Amen in der Kirche.

Die Frage, die sich jetzt stellt, ist: Wo hat am Heiligabend die hörende Gemeinde spontan mit Klatschen unterbrochen? Ich bin für die Beantwortung erreichbar unter:

Pfarramt Grossmünster, Kirchgasse 13, 8001 Zürich,
Tel: 044 250 66 65, christoph.sigrist@reformiert-zuerich.ch.

Literatur

Dalferth, Ingolf: Von der Vieldeutigkeit der Schrift und der Eindeutigkeit des Wortes Gottes, in: *Ziegert, Richard (Hg.):* Die Zukunft des Schriftprinzips. Stuttgart: Deutsche Bibelgesellschaft, 1994, 155–173.

Josuttis, Manfred: Der Weg in das Leben. Eine Einführung in den Gottesdienst auf verhaltenswissenschaftlicher Grundlage. München: Kaiser, 1991.

Peier, Martin: gehört. Wirkungen der Rede am Beispiel der Predigt. Zürich: TVZ, 2018.

Plüss David: Gottesdienst als Textinszenierung. Perspektiven einer performativen Ästhetik des Gottesdienstes. Zürich: TVZ, 2007.
Rosa, Hartmut: Resonanz. Eine Soziologie der Weltbeziehung. Wissenschaftliche Sonderausgabe. Berlin: Suhrkamp, 2018.
Schleiermacher, Friedrich Daniel Ernst: Die christliche Sitte nach den Grundsätzen der evangelischen Kirche im Zusammenhang dargestellt, in: F. Schleiermachers sämtliche Werke. Hg. von Ludwig Jonas. Erste Abtheilung, 12. Bd. Berlin: Reimer, ²1884.

Ökumenische Herausforderungen in heutigen säkularen Gesellschaften

Kurt Kardinal Koch

«Die Einheit aller Christen wiederherstellen zu helfen ist eine der Hauptaufgaben des Heiligen Ökumenischen II. Vatikanischen Konzils.»[1] Mit diesen Worten beginnt das Dekret des Zweiten Vatikanischen Konzils über den Ökumenismus *Unitatis redintegratio*, und es gibt damit als elementarste Herausforderung an die Christenheit heute die Wiederherstellung der in der Geschichte in vielfältigen Spaltungen zerbrochenen Einheit der Christen an. In dieser ökumenischen Zielbestimmung dürfte es begründet sein, dass im öffentlichen Bewusstsein der Ökumenismus weithin sofort mit dem so genannten Dialog der Wahrheit identifiziert wird, nämlich mit der theologischen Aufarbeitung jener Faktoren, die Ursachen für die nach wie vor bestehenden Kirchentrennungen gewesen sind. An dieser Einschätzung ist gewiss richtig, dass theologische Dialoge der Wahrheit notwendig sind, um dem ökumenischen Ziel der Einheit näherzukommen. Denn an der Wahrheit des Glaubens vorbei kann es keine Einheit geben. Die theologische Ökumene ist und bleibt eine wichtige Dimension des ökumenischen Bemühens. Dieses darf aber nicht auf die theologische Dimension des Ökumenismus reduziert werden, sondern muss gerade in säkularen Gesellschaften einen viel grösseren Radius aufweisen, wie er bereits am Beginn der Ökumenischen Bewegung festzustellen ist.

1 Unitatis redintegratio, Nr. 1.

1 Bleibende Aktualität der ökumenischen Anfänge

Die Ökumenische Bewegung hat ihren Ausgang genommen bei der Ersten Weltmissionskonferenz, die im Jahr 1910 im schottischen Edinburgh stattgefunden hat, und die deshalb von Anfang an auch eine Missionsbewegung gewesen ist. Den an dieser Konferenz Teilnehmenden hat das Ärgernis vor Augen gestanden, dass sich die verschiedenen christlichen Kirchen und kirchlichen Gemeinschaften in der Missionsarbeit konkurrenziert und damit der glaubwürdigen Verkündigung des Evangeliums Jesu Christi vor allem in fernen Kontinenten geschadet haben, weil sie zusammen mit dem Evangelium auch die europäischen Kirchenspaltungen in andere Kulturen hineingetragen haben. Die Konferenzteilnehmenden sind sich der schmerzlichen Tatsache bewusst geworden, dass die fehlende Einheit unter den Christen das grösste Hindernis für die Weltmission darstellt; und sie haben die Einsicht ausgesprochen, dass glaubwürdige Mission die Überwindung der Kirchenspaltungen voraussetzt, dass Mission und Ökumene unlösbar miteinander verbunden sein und dass intensive Bemühungen um die Überwindung jener Differenzen in der Glaubenslehre und in der Ordnung der Kirchen unternommen werden müssen, die ihrer Einheit hinderlich im Wege stehen.

Von Edinburgh sind zwei weitere Bewegungen ausgegangen, die ebenfalls die Sendung der Christen in der Welt betreffen und die die Ökumenische Bewegung bis auf den heutigen Tag begleiten.[2] Die erste ist die «Bewegung für praktisches Christentum» mit dem Namen «Life and Work». Sie ist im Jahre 1914 in Konstanz begründet worden und hat sich zum Ziel gesetzt, eine intensive ökumenische Zusammenarbeit bei der Bewältigung der grossen gesellschaftlichen Herausforderungen in Gang zu bringen, wobei damals das Bemühen um Verständigung und Frieden unter den Völkern im Vordergrund gestanden hat. Das Anliegen dieser Bewegung hat vor allem darin bestanden, sowohl bei der Lösung von

2 Vgl. *Döring*, Die Anfänge der modernen ökumenischen Bewegung 15–52.

sozialen Problemen mitzuwirken als auch den politischen Einheitsbestrebungen in der damaligen Welt – wie beispielsweise dem Völkerbund – eine «christliche Seele» zu geben, und zwar in der Überzeugung, dass in einer von Spannungen, Konflikten und Kriegen bedrohten Welt die Christen in ökumenischer Gemeinschaft handeln müssen.

Von Edinburgh im Jahre 1910 leitet sich auch der zweite Zweig der Ökumenischen Bewegung ab, nämlich «Faith and Order», die «Bewegung für Glauben und Kirchenverfassung», die im Jahre 1948 zu einer eigenständigen Kommission im Ökumenischen Weltrat der Kirchen geworden ist. Denn im Lauf der Geschichte ist immer deutlicher geworden, dass die praktischen Zielsetzungen der ökumenischen Zusammenarbeit nur verwirklicht werden können, wenn sich die Kirchen zunächst über die trennenden Probleme in der Glaubenslehre und über die theologisch relevanten Verfassungsfragen der Kirchen verständigen können.

Die drei genannten Bewegungen repräsentieren Antworten auf unterschiedliche Herausforderungen in der Ökumene: «Faith and Order» beschäftigt sich mit den spezifisch theologischen Glaubensfragen, um die Suche nach der sichtbaren Einheit der Kirche im Bekenntnis des einen Glaubens, in der Gemeinschaft im Gottesdienst und in den Sakramenten, in der Kirchenverfassung und im Amt voranzubringen. Die Bewegung «Life and Work» nimmt sich der säkularen Herausforderungen in der Ökumene an, indem sie sich auf das Zusammenwirken der Christen und Kirchen im Dienst an der säkularen Welt konzentriert. Und der Missionsbewegung geht es vor allem um das gemeinsame Zeugnis der Christen in und vor der säkularen Welt.

2 Gestalten des ökumenischen Bemühens heute

Dieses breite Spektrum des ökumenischen Bemühens hat auch heute nichts von seiner Aktualität eingebüsst. In den heutigen säkularen Gesellschaften muss die Ökumene ihre Verantwortung noch vermehrt in verschiedenen Formen und Weisen wahrnehmen, um ihren wichtigen Beitrag zur Versöhnung in Kirche und Gesellschaft leisten zu können. Dies gilt auch deshalb, weil die ökumenische Verpflichtung alle Christen angeht, wie das Zweite Vatikanische Konzil ausdrücklich festhält: «Die Sorge um die Wiederherstellung der Einheit ist Sache der ganzen Kirche, sowohl der Gläubigen wie auch der Hirten, und geht einen jeden an, je nach seiner Fähigkeit, sowohl in seinem täglichen christlichen Leben wie auch bei theologischen und historischen Untersuchungen.»[3] Damit alle Getauften am ökumenischen Bemühen in den heutigen säkularen Gesellschaften beteiligt werden können, muss die ökumenische Suche nach Einheit verschiedene Gestalten und Dimensionen aufweisen.

2.1 Ökumenismus des Lebens: Gemeinsames Wirken und ökumenisches Zeugnis

An erster Stelle ist der Ökumenismus des Lebens zu nennen, der seinen Ausgangs- und Bezugspunkt in der Rückbesinnung auf das neue Leben findet, das dem Christen in der Taufe im Namen des Dreieinen Gottes geschenkt und in dem schon jetzt eine fundamentale, wenn auch noch nicht volle Einheit gegeben ist. Im Blick auf den Ökumenismus des Lebens hebt das *Direktorium zur Ausführung der Prinzipien und Normen über den Ökumenismus* hervor, dass der Beitrag, den die Christen «in allen Bereichen des menschlichen Lebens» leisten, «in denen sich das Verlangen nach Heil kundtut», wirksamer ist, «wenn sie ihn gemeinsam leisten und wenn man sieht, dass ihr Tun ein gemeinsames ist». Die Herausforderung des Ökumenismus des Lebens besteht deshalb darin, dass die Christen «alles gemeinsam» tun, «soweit es ihnen ihr Glaube erlaubt».[4] Der Ökumenismus des Lebens konkretisiert sich dabei in der pastoralen Sorge um die Menschen, im Dienst an der

3 Unitatis redintegratio, Nr. 5.

4 Direktorium zur Ausführung der Prinzipien und Normen über den Ökumenismus, Nr. 162.

Welt bei der sensiblen Wahrnehmung der grossen Probleme und im kulturellen Austausch.

Kultureller Ökumenismus: Überwindung kultureller Differenzen

Beginnen wir mit dem kulturellen Ökumenismus, der sich als sehr wichtig erweist, um auf dem Weg zur Einheit voranzukommen. Denn aus der ökumenischen Forschung wissen wir, dass bei den verschiedenen Spaltungen in der Geschichte der Kirche immer auch kulturelle Faktoren, beginnend bereits mit sprachlichen Differenzen, eine massgebliche Rolle gespielt haben. Diese Tatsache lässt sich exemplarisch an den geschichtlichen Beziehungen zwischen der westlichen und der östlichen Christenheit verdeutlichen. In ihnen ist das Evangelium Jesu Christi eigentlich von Anfang an in einer unterschiedlichen Art und Weise aufgenommen und in verschiedenen Traditionen und kulturellen Ausformungen gelebt und weitergegeben worden. Mit diesen Unterschieden haben die kirchlichen Gemeinschaften in Ost und West im ersten Jahrtausend in der einen Kirche in Gemeinschaft gelebt. Sie haben sich aber immer mehr kulturell voneinander entfremdet und konnten sich immer weniger verstehen.[5]

Es sind vor allem unterschiedliche Verstehensweisen und Spiritualitäten gewesen, die nicht selten zu Unverständnis und Misstrauen geführt haben und teilweise an Fragen festgemacht worden sind, die wir heute entweder als Äusserlichkeiten wie beispielsweise die Barttracht der Kleriker oder andere unterschiedliche disziplinäre Anweisungen einschätzen oder die wir als Ausfaltungen einer legitimen Vielfalt innerhalb einer gegebenen Einheit verstehen wie beispielsweise die Verwendung von gesäuertem oder ungesäuertem Brot in der Feier der Eucharistie oder andere Unterschiede in den Riten oder die verschiedenen liturgischen Kalender und dabei vor allem die unterschiedlichen Termine für das Osterfest. Solche Faktoren haben zu einem grossen Teil die

5 Vgl. *Congar*, Zerstrittene Christenheit.

spätere Spaltung in der Kirche zwischen Ost und West mit verursacht, wie Walter Kardinal Kasper mit Recht feststellt: «Die Christenheit hat sich nicht primär auseinander diskutiert und über unterschiedlichen Lehrformeln zerstritten, sondern auseinandergelebt. Verschiedene Formen, den christlichen Glauben zu leben, sind sich fremd geworden bis zu dem Grad von Entfremdung, der zu wechselseitigem Unverständnis und so zu Spaltungen geführt hat. Kulturelle, soziale und politische Bedingungen und Zeitverhältnisse haben dabei eine Rolle gespielt.»[6]

Nicht nur in den Beziehungen zwischen den Christen in Ost und West, sondern auch beim schwerwiegenden Konflikt, der in der Westkirche im 16. Jahrhundert mit der Reformation aufgebrochen ist, ist es nicht nur um theologische Fragen gegangen, sondern auch um unterschiedliche Spiritualitäten und frömmigkeitsbedingte Befindlichkeiten. Es ist gewiss kein Zufall gewesen, dass sich der Konflikt zuerst an der damals üblichen Ablassfrömmigkeit entzündet hat, mit der Martin Luther seine eigene geistliche Erfahrung nicht vereinbaren konnte, die ihre Mitte im Evangelium von der Rechtfertigung des Sünders allein durch Gnade und seiner Annahme im Glauben hatte.[7]

Angesichts der grossen Bedeutung, die in der Geschichte kulturelle Faktoren bei den Kirchenspaltungen gespielt haben, kann man die elementare ökumenische Herausforderung wahrnehmen, die darin besteht, die Kultur der anderen Christen und Kirchen kennen zu lernen, um besser die Art und Weise zu verstehen, in der sie das Evangelium Jesu Christi auffassen und leben. Durch gegenseitige Kenntnis und kulturellen Austausch kann die Einsicht wachsen, dass Christen, die in verschiedenen kirchlichen Gemeinschaften leben, denselben Glauben teilen, ihn aber in verschiedener Weise und gemäss der jeweiligen kulturellen Begabung der Völker und ihrer Traditionen zum Ausdruck bringen.

---

6 *Kasper*, Ökumene und Spiritualität, zit. 208.

7 Vgl. *Koch*, Die Reformation in der ökumenischen Sicht der katholischen Kirche.

Um die Einheit unter den Christen auf kulturellem Gebiet zu fördern, besteht, um ein bedeutendes Beispiel zu nennen, zwischen dem Russisch-Orthodoxen Patriarchat von Moskau und der ganzen Rus und dem Päpstlichen Rat zur Förderung der Einheit der Christen eine gemeinsame Arbeitsgruppe mit der Aufgabe, kulturelle Projekte wie Kunstausstellungen oder gemeinsame Konzerte zu koordinieren. Das wichtigste von solchen Projekten ist die Organisation und Durchführung von gegenseitigen Studienbesuchen von jungen orthodoxen und katholischen Priestern in Rom und in Moskau, um die jeweils andere Kirche und ihren kulturellen Kontext besser kennen zu lernen. Ähnliche Studienbesuche werden auch zwischen katholischen Priestern und Priestern der Orientalisch-Orthodoxen Kirchen durchgeführt. Solche gegenseitigen Besuche bieten die einzigartige Gelegenheit für die jungen Priester in den verschiedenen Kirchen, um Vorurteile abzubauen und die kirchlichen Gaben der anderen besser schätzen zu lernen, wie Papst Franziskus mit den Worten zum Ausdruck gebracht hat: «Eine authentische Versöhnung unter den Christen wird Wirklichkeit werden, wenn wir in der Lage sein werden, die Gaben der einen wie der anderen anzuerkennen und demütig und bereitwillig fähig sind, voneinander zu lernen – ja, voneinander zu lernen –, ohne zu erwarten, dass zuerst die anderen von uns lernen müssen.»[8] Ein solcher kultureller Austausch zwischen zukünftigen Verantwortungsträgern in verschiedenen Kirchen ist ein wesentlicher Beitrag zur Wiederherstellung der Einheit unter den Christen.

Pastoraler Ökumenismus: Gemeinsame Sorge um den Menschen

Bei der pastoralen Sorge um den Menschen ist es entscheidend, dass die Christen in verschiedenen kirchlichen Gemeinschaften auf dem Weg zur Einheit sind. Dies gilt zumal bei der pastoralen Sorge um die Menschen, die in noch voneinander getrennten Kir-

---

8 *Franziskus:* Predigt zum Fest der Bekehrung des heiligen Paulus am 25.1.2016.

chen, aber in einer gemeinsamen Ehe leben. Denn die nach wie vor bestehenden Trennungen in der Christenheit schaden der Glaubwürdigkeit der Verkündigung des Evangeliums in der heutigen Welt. Sie wäre gewiss viel grösser, wenn die Christen ihre Spaltungen überwinden könnten. Der pastorale Ökumenismus kann dazu einen wesentlichen Beitrag leisten. Denn die pastorale Zusammenarbeit zwischen Christen und Kirchen impliziert vor allem ein gemeinsames Zeugnis für die Wahrheit des Evangeliums und seiner Botschaft von der Gegenwart Gottes in der Welt. Weil der christliche Glaube überzeugt ist, dass der Mensch auf Gott hin erschaffen ist und dass deshalb im Menschen ein unstillbarer Durst nach dem unendlichen Gott lebt, muss im Mittelpunkt des pastoralen Ökumenismus das gemeinsame Zeugnis für Gott stehen, worauf Papst Benedikt XVI. immer wieder hingewiesen hat: «Unser erster ökumenischer Dienst in dieser Zeit muss es sein, gemeinsam die Gegenwart des lebendigen Gottes zu bezeugen und damit der Welt die Antwort zu geben, die sie braucht.»[9] Mit diesem Gotteszeugnis verbindet sich von selbst das pastorale Eintreten für den Menschen als Gottes Geschöpf und Ebenbild. In der christlichen Grundüberzeugung, dass, wie der katholische Theologe Romano Guardini sie treffend ausgedrückt hat, nur derjenige den Menschen kennt, der Gott kennt, muss sich das christliche Gotteszeugnis im ökumenisch gemeinsamen Eintreten für den Menschen und seine unantastbare Würde von der Empfängnis bis zum natürlichen Tod konkretisieren.

Angesichts dieses notwendigen gemeinsamen Zeugnisses für die Gegenwart Gottes und die in ihm eingeborgene Würde des Menschen zeigt sich eine besondere ökumenische Herausforderung in der Tatsache, dass in den vergangenen Jahren und Jahrzehnten in der ökumenischen Landschaft gravierende Spannungen und Divergenzen auf ethischem Gebiet aufgetreten sind. Damit meldet sich eine bedeutsame Veränderung in der ökumenischen Situation an:

---

9 *Benedikt XVI.:* Ansprache im Ökumenischen Gottesdienst in der Kirche des Augustinerklosters Erfurt am 23.9.2011.

In früheren Phasen der Ökumenischen Bewegung hat das Losungswort gegolten, dass der Glaube trenne, wohingegen das Handeln eine; demgegenüber ist dieses in der Zwischenzeit gleichsam in einer paradoxen Weise auf den Kopf gestellt worden. Während es in den bisherigen ökumenischen Dialogen auf der einen Seite zu einem grossen Teil gelungen ist, alte konfessionelle Glaubensgegensätze zu überwinden oder zumindest Annäherungen entgegenzuführen, sind demgegenüber auf der anderen Seite heute nicht unwesentliche Differenzen bei ethischen Fragen an den Tag getreten, und zwar vornehmlich bei bioethischen Fragestellungen am Beginn und am Ende des menschlichen Lebens und bei den ethischen Fragebereichen von Ehe, Familie und Sexualität, besonders im Horizont des heutigen Gender-Mainstream.

In dieser Entwicklung liegt eine besondere Herausforderung an die christliche Ökumene in der heutigen Zeit. Dabei darf dankbar festgestellt werden, dass diese Herausforderung immer deutlicher erkannt und wahrgenommen wird, wie beispielsweise die Studie «Gott und die Würde des Menschen» zeigt, die von der bilateralen Arbeitsgruppe der Deutschen Bischofskonferenz und der Vereinigten Evangelisch-Lutherischen Kirche Deutschland verantwortet ist und in der zu zeigen versucht wird, wie mit Divergenzen in der Ethik und Anthropologie in den ökumenischen Diskussionen umgegangen werden kann.[10] In dieser Richtung muss dringend weitergearbeitet werden. Denn wenn die christlichen Kirchen und kirchlichen Gemeinschaften zu den grossen ethischen Fragen des menschlichen Lebens und des gesellschaftlichen Zusammenlebens nicht mit einer Stimme sprechen können, dann schadet dies nicht nur der Ökumene, sondern wird auch die christliche Stimme in den säkularisierten Gesellschaften immer schwächer. Die christliche Ökumene muss sich deshalb im pastoralen Eintreten für den Menschen auch mit den ethisch strittigen Fragen beschäftigen und

---

10 *Bilaterale Arbeitsgruppe der Deutschen Bischofskonferenz und der Vereinigten Evangelisch-Lutherischen Kirche Deutschlands*: Gott und die Würde des Menschen. Paderborn/Leipzig: Bonifatius/Evangelische Verlagsanstalt, 2017.

nach neuen Konsensen suchen. Und da hinter den ethischen Differenzen zumeist Fragestellungen stehen, die das Menschenbild betreffen, dürfte eine grosse Aufgabe, die auf die Ökumene heute zukommt, in der Erarbeitung einer ökumenisch gemeinsamen christlichen Anthropologie bestehen.[11]

Praktischer Ökumenismus: Gemeinsames Handeln in der Öffentlichkeit

Von daher ist es nur ein kleiner Schritt zu jener Form, die man als Praktischen Ökumenismus bezeichnen kann, der einschliesst, dass man im Blick auf die praktischen Herausforderungen in der heutigen Welt all das gemeinsam tun soll, was man gemeinsam tun kann. Gemeinsames Handeln von christlichen Kirchen und kirchlichen Gemeinschaften drängt sich vor allem im Blick auf die grossen Fragen und Probleme in der heutigen Zeit auf, wie die Parteinahme für die Armen und für die Bewahrung der Schöpfung, die Förderung des Friedens und der sozialen Gerechtigkeit, die Hilfe beim weltweiten Flüchtlingsproblem, die Verteidigung der Religionsfreiheit und des Rechts auf Leben in allen seinen Phasen und Dimensionen und den Schutz der gesellschaftlichen Institutionen von Ehe und Familie. Auch und vor allem die zunehmende Globalisierung muss für die Christen und Kirchen ein weiteres Motiv sein, die ökumenische Zusammenarbeit im Dienst am ganzheitlichen Wohl der Menschheitsfamilie zu konsolidieren und zu intensivieren, wie Papst Franziskus in seiner Botschaft an die zehnte Generalversammlung des Ökumenischen Rates der Kirchen in Busan in Korea im November 2013 hervorgehoben hat: «Die globalisierte Welt, in der wir leben, fordert von uns, dass wir gemeinsam Zeugnis ablegen für die von Gott jedem menschlichen Wesen verliehene Würde und für die effektive Förderung der kulturellen, sozialen und gesetzlichen Bedingungen, die es den Individuen wie auch

---

11 Vgl. *Koch*, Der Mensch als ökumenische Frage.

den Gemeinschaften ermöglichen, in Freiheit zu wachsen».[12] Die Ökumene muss dabei vor allem auf jene Stimmen hören, die sich in der heutigen Welt erheben, nämlich die Stimme der Armen, die an schwerer Unterernährung und Arbeitslosigkeit leiden, die Stimme der vielen Opfer von Konflikten in vielen Teilen der heutigen Welt und die Stimme der Jugend, die oft ohne Hoffnung lebt, entmutigt durch Misstrauen und Resignation.

Im Blick auf diese enormen Herausforderungen wird der Skandal der nach wie vor bestehenden Trennungen in der Christenheit unübersehbar. Denn sie sind, wie Papst Franziskus in einer Ansprache an den Anglikanischen Erzbischof von Canterbury, Justin Welby betont hat, ein «Skandal und ein Hindernis für die Verkündigung des Evangeliums von der Erlösung der Welt».[13] Vor allem in seinem Apostolischen Schreiben «Evangelii gaudium» hebt Papst Franziskus hervor: «Angesichts der Gewichtigkeit, die das Negativ-Zeugnis der Spaltung unter den Christen besonders in Asien und Afrika hat, wird die Suche nach Wegen zur Einheit dringend. Die Missionare in jenen Kontinenten sprechen immer wieder von Kritiken, Klagen und dem Spott, der ihnen aufgrund des Skandals der Spaltungen unter den Christen begegnet.» Von daher ist der «Einsatz für eine Einheit, die die Annahme Jesu Christi erleichtert, nicht länger blosse Diplomatie oder eine erzwungene Pflichterfüllung», sondern «verwandelt sich in einen unumgänglichen Weg der Evangelisierung».[14] Dieser Weg erweist sich als umso glaubwürdiger, als sich die Christen und Kirchen in ökumenischer Gemeinschaft den grossen Herausforderungen in der heutigen Welt stellen.

---

12 Vgl. *Franziskus:* Botschaft an Kurt Koch zur 10. Generalversammlung des Ökumenischen Rates der Kirchen in Busan, Korea am 4.10.2013.

13 *Ders.:* Ansprache für seine Gnaden Justin Welby, Erzbischof von Canterbury am 16.6.2014.

14 *Ders.:* Evangelii gaudium, Nr. 246.

2.2 Spiritueller Ökumenismus: Gebet und Martyrium

Bei aller Betonung des praktischen Engagements für die Einheit der Christen darf die elementarste Form nicht vergessen werden, nämlich der spirituelle Ökumenismus, den das Zweite Vatikanische Konzil die «Seele der ganzen Ökumenischen Bewegung» genannt hat.[15] Wie in seinem Hohepriesterlichen Gebet im 17. Kapitel des Johannesevangeliums Jesus um die Einheit seiner Jünger betet, so ist auch das Gebet um die Einheit der Christen heute die basalste Form der Ökumene. Denn mit dem Gebet um die Einheit bringen wir Christen unsere Glaubensüberzeugung zum Ausdruck, dass wir Menschen die Einheit nicht machen und auch nicht über ihre konkrete Gestalt und ihren Zeitpunkt befinden können. Wir Menschen können Spaltungen machen; dies zeigen die Geschichte und – leider – auch die Gegenwart. Die Einheit hingegen können wir nur empfangen, und zwar vom Heiligen Geist, der die göttliche Quelle und Triebkraft der Einheit ist. Die beste Vorbereitung, um die Einheit als Geschenk des Heiligen Geistes zu empfangen, ist dabei das Gebet um die Einheit.

Die Zentralität des Gebetes um die Einheit im ökumenischen Bemühen hat bereits früh ihren sichtbaren Ausdruck darin gefunden, dass am Beginn der Ökumenischen Bewegung die Einführung der Gebetswoche für die Einheit der Christen gestanden hat und von Anfang an eine ökumenische Initiative gewesen ist. Es ist das Gebet um die Einheit der Christen gewesen, das den Weg der Ökumenischen Bewegung geöffnet hat, die in ihrem innersten Kern eine Gebetsbewegung gewesen ist, wie dies Papst Benedikt XVI. mit dem anschaulichen Bild zum Ausdruck gebracht hat: «Das Schiff des Ökumenismus wäre niemals aus dem Hafen ausgelaufen, wenn es nicht von dieser umfassenden Gebetsströmung in Bewegung gesetzt und vom Wehen des Heiligen Geistes angetrieben worden wäre.»[16] Dabei versteht es sich von selbst, dass es sich

15 Unitatis redintegratio, Nr. 8.

16 *Benedikt XVI.:* Predigt im Vespergottesdienst zum Abschluss der Gebetswoche für die Einheit der Christen am 25.1.2008.

bei dieser Gebetsbewegung nicht um einen Anfang handeln kann, den wir je einmal hinter uns lassen könnten. Es geht vielmehr um einen Anfang, der auch heute gleichsam mitwandern und alle ökumenischen Bemühungen begleiten muss.

Eine besondere Form des spirituellen Ökumenismus ist jene Gestalt, die Papst Johannes Paul II. «Ökumene der Märtyrer» genannt hat und die Papst Franziskus als «Ökumene des Blutes» bezeichnet. Mit dieser Form wird Bezug genommen auf die tragische Realität, dass in der heutigen Welt zahllose Christen und Christinnen massiven Verfolgungen ausgesetzt sind, dass heute sogar mehr Christenverfolgungen stattfinden als in den ersten Jahrhunderten und die christlichen Gemeinschaften Märtyrerkirchen geworden sind. Dabei haben alle Kirchen und kirchlichen Gemeinschaften ihre Märtyrer, so dass das Martyrium heute ökumenisch ist und man von einer eigentlichen Ökumene der Märtyrer sprechen muss[17]. Denn Christen werden heute nicht verfolgt, weil sie orthodox oder katholisch, protestantisch oder anglikanisch sind, sondern weil sie Christen sind.

In der Ökumene der Märtyrer liegt aber – trotz aller Tragik – eine grosse Verheissung beschlossen. Wie die frühe Kirche überzeugt gewesen ist, dass das Blut der Märtyrer Same von neuen Christen ist («*sanguis martyrum – semen christianorum*»), so dürfen wir auch heute hoffen, dass sich das Blut von so vielen Märtyrern unserer Zeit einmal als Same der vollen ökumenischen Einheit des einen von so vielen Spaltungen verwundeten Leibes Christi erweisen wird. Wir dürfen sogar überzeugt sein, dass wir Christen im Blut der Märtyrer, das nicht trennt, sondern eint, bereits eins geworden sind.

In der Ökumene der Märtyrer begegnet uns aber auch eine grosse Herausforderung, die Papst Franziskus mit dem einprägsamen Satz zum Ausdruck gebracht hat: «Wenn uns der Feind im Tod vereint, wie kommen wir dann dazu, uns im Leben zu tren-

---

17 Vgl. *Kasper*, Ökumene der Märtyrer; *Koch*, Christenverfolgung und Ökumene der Märtyrer.

nen?»[18] Ist es in der Tat nicht beschämend, dass die Christenverfolger offensichtlich die bessere ökumenische Vision als wir Christen selbst haben? Denn sie wissen, dass wir im Zeugnis für Christus eins sind. In der Ökumene der Märtyrer muss man deshalb den innersten Kern allen ökumenischen Bemühens um die Einheit der Kirche heute wahrnehmen. Weil das Leiden so vieler Christen und Christinnen in der heutigen Welt eine gemeinsame Erfahrung bildet, die sich als stärker erweist denn die Differenzen, die die christlichen Kirchen noch trennen, ist das gemeinsame Martyrium der Christen zweifellos das überzeugendste Zeichen der Ökumene heute.

2.3 Ökumenismus der Liebe: geschwisterliche Begegnungen in Wort und Zeichen

Der Ökumenismus der Märtyrer ist der existenzielle Ernstfall des Ökumenismus der Liebe, der Geschwisterlichkeit und der Freundschaft. Der Dialog der Liebe hat unter den Christen und christlichen Gemeinschaften die «Brüderlichkeit» wiederentdecken lassen, die Papst Johannes Paul II. zu den wichtigsten Früchten des ökumenischen Bemühens gezählt hat[19]. Denn die zahlreichen Begegnungen, die verschiedenen Gespräche und die wechselseitigen Besuche zwischen den verschiedenen Kirchen haben ein Netz von freundschaftlichen Beziehungen entstehen lassen, die das tragfähige Fundament für alle weiteren ökumenischen Beziehungen darstellen.

Diese Einsicht hat sich vor allem in den ökumenischen Beziehungen zwischen der katholischen Kirche und den orthodoxen Kirchen bewährt, indem das denkwürdige Ereignis der geschichtsträchtigen Begegnung zwischen dem Ökumenischen Patriarchen Athenagoras und Papst Paul VI. am 5. und 6. Januar 1964 in Jerusa-

---

18 *Franziskus:* Ansprache an die Bewegung der Charismatischen Erneuerung am 3.7.2015.

19 *Johannes Paul II.:* Ut unum sint, Nr. 41–42.

lem zunächst am 7. Dezember 1965 zur endgültigen Übereignung der gegenseitigen Bannflüche aus dem Jahre 1054 an die Vergangenheit geführt hat. Mit diesem Akt konnte das Gift der Exkommunikation aus dem Organismus der Kirche gezogen und das «Symbol der Spaltung» durch das «Symbol der Liebe» ersetzt werden.[20] Mit diesen denkwürdigen Ereignissen konnte zwar das Ziel der Wiederherstellung der kirchlichen Einheit und der sakramentalen Kommuniongemeinschaft in der Kirche zwischen Ost und West noch nicht erreicht werden. Sie sind aber zum Ausgangspunkt von neuen geschwisterlichen Beziehungen zwischen beiden Kirchen geworden, die in der schönen Tradition von gegenseitigen Besuchen von Repräsentanten der Kirche von Konstantinopel und der Kirche von Rom zu den jeweiligen Patronatsfesten oder bei besonders wichtigen Anlässen ihren sichtbaren Ausdruck finden. Es ist ein bemerkenswerter Brauch geworden, dass die Päpste kurz nach Beginn ihres Pontifikats jeweils in den Phanar in Konstantinopel reisen, um den Ökumenischen Patriarchen zu besuchen; umgekehrt ist es ein schönes Zeichen gereifter Freundschaft gewesen, als zur Inaugurationsfeier von Papst Franziskus der Ökumenische Patriarch Bartholomaios I. nach Rom gekommen ist, was als erstmaliges Ereignis in den ökumenischen Beziehungen zwischen Rom und Konstantinopel gewürdigt werden darf.

Diese Beispiele dokumentieren, dass der Ökumenismus der Liebe vor allem der Versöhnung zwischen den Kirchen dient, die sich in Bitten um Vergebung für in der Vergangenheit begangene Sünden konkretisiert und oft mit ausdrucksstarken Gesten verbunden ist, die die bessere Sprache als viele Worte sein können. Zu erinnern ist dabei nochmals an Papst Paul VI., bei dem solche Gesten integral zu seinem ökumenischen Vokabular gehört haben, wie besonders ausdrucksstarke Gesten belegen: Im Jahre 1973 hat er sich in der Sixtinischen Kapelle im Vatikan vor dem Metropoliten Meliton als dem Gesandten des damaligen Ökumenischen Patriar-

20 *Ratzinger*, Rom und die Kirchen des Ostens nach der Aufhebung der Exkommunikation von 1054, zit. 229.

chen Demetrios niedergekniet und um Vergebung für vergangene Sünden gegenüber den orthodoxen Christen gebeten. Und in der Begegnung mit dem Primas der Anglikaner, mit Erzbischof Michael Ramsey von Canterbury, im Jahre 1966 in der Basilika St. Paul vor den Mauern hat Papst Paul VI. den Ring und damit das Symbol seiner bischöflichen Vollmacht von seinem Finger genommen und ihn dem Erzbischof an dessen Finger gesteckt.

Nicht zu vergessen sind die inständigen Bitten von Papst Johannes Paul II. um Vergebung vor allem in der Liturgie am Ersten Fastensonntag im Jahre des Grossen Jubiläums 2000. Einen weiteren bedeutsamen Schritt der Versöhnung hat Papst Franziskus im Juni 2015 unternommen, als er nach Turin gereist ist, um dort als erster Papst im Tempel der Waldenser dieser reformatorischen Gemeinschaft zu begegnen. Dabei hat er sich verpflichtet gefühlt, diese Gemeinschaft mit bewegenden Worten um Entschuldigung zu bitten: «Von Seiten der katholischen Kirche bitte ich euch um Vergebung. Ich bitte euch um Vergebung für die unchristlichen, ja sogar unmenschlichen Haltungen und Verhaltensweisen, die wir euch gegenüber in der Geschichte hatten.»[21]

Solche Gesten übersetzen eine der Grundüberzeugungen des Ökumenismusdekrets des Zweiten Vatikanischen Konzils in das konkrete Leben, dass es nämlich «keinen echten Ökumenismus ohne innere Bekehrung» geben kann und dass es dabei in erster Linie nicht um die Bekehrung der anderen geht, sondern um die eigene Bekehrung, die auch die Bereitschaft einschliesst, eigene Schwächen selbstkritisch wahrzunehmen und die Sünden in Demut zu bekennen.[22] Ein solcher Ökumenismus der Umkehr ist eine glaubwürdige Form der Ökumene der Liebe und eine wichtige Herausforderung zur Versöhnung unter den Christen auf ihrem Weg zur Einheit.

---

21 *Franziskus:* Ansprache beim Besuch der Waldenserkirche in Turin am 22.6.2015.

22 Unitatis redintegratio, Nr. 7.

2.4 Ökumenismus der Wahrheit: geduldige Aufarbeitung der theologischen Differenzen

Der Ökumenismus der Liebe bildet die unabdingbare Voraussetzung und den organischen Lebensraum für den Ökumenismus der Wahrheit, nämlich die theologische Auseinandersetzung mit jenen Faktoren, die Ursachen der nach wie vor bestehenden Kirchentrennungen sind. Solcher Dialog der Wahrheit ist notwendig, um dem ökumenischen Ziel der Einheit näher zu kommen, da Einheit nur in der gemeinsamen Erkenntnis und Anerkenntnis der Wahrheit des Glaubens gefunden werden kann. In diesem Sinn haben der Ökumenische Patriarch Bartholomaios I. und Papst Franziskus in ihrer Gemeinsamen Erklärung in Jerusalem im Mai 2014 hervorgehoben, «dass der theologische Dialog nicht den kleinsten gemeinsamen Nenner in der Theologie anstrebt, auf dem ein Kompromiss erreicht werden kann», dass es vielmehr darum geht, «das eigene Verständnis der ganzen Wahrheit, die Christus seiner Kirche geschenkt hat, zu vertiefen – eine Wahrheit, in die wir unaufhörlich weiter eindringen, wenn wir den Eingebungen des Heiligen Geistes folgen»[23].

Theologische Dialoge dieser Art hat die Katholische Kirche in der Zeit seit dem Zweiten Vatikanischen Konzil mit beinahe allen christlichen Kirchen und kirchlichen Gemeinschaften geführt und führt sie weiter: angefangen bei der Assyrischen Kirche des Ostens und den Orientalisch-Orthodoxen Kirchen wie beispielsweise den Kopten, Armeniern und Syrern, über die Orthodoxen Kirchen der byzantinischen und slawischen Tradition, über die aus der Reformation hervorgegangenen Kirchen und Gemeinschaften wie den Lutheranern und Reformierten und der Anglikanischen Weltgemeinschaft, über die Altkatholiken und die verschiedenen Freikirchen bis hin zu den evangelikalen und pentekostalen Gemeinschaften, die vor allem im 20. und beginnenden 21. Jahrhundert

---

23 Gemeinsame Erklärung von Papst Franziskus und dem Ökumenischen Patriarchen Bartholomaios bei der privaten Begegnung in der Apostolischen Delegation in Jerusalem am 25.5.2014.

enorm gewachsen sind. Aus diesen Dialogen konnten viele positive Früchte geerntet werden, wie sie beispielsweise Walter Kardinal Kasper in seinem Buch *Harvesting the Fruits* vorgelegt hat.[24]

Bei allen diesen positiven Ergebnissen kann aber nicht verschwiegen werden, dass das eigentliche Ziel der Ökumenischen Bewegung, nämlich die Wiederherstellung der Einheit der Kirche beziehungsweise der vollen kirchlichen Gemeinschaft noch nicht erreicht werden konnte, sondern viel mehr Zeit in Anspruch nimmt, als am Beginn der Ökumenischen Bewegung erhofft worden ist. Auf dieses Ziel hin muss aber weitergearbeitet werden, und zwar in der vom Ökumenismusdekret vorgegebenen Sinnrichtung. Es hat zwei «besondere Kategorien von Spaltungen» näher ins Auge gefasst, «durch die der nahtlose Leibrock Christi getroffen wurde»[25], nämlich das Schisma in der Kirche zwischen Ost und West im 11. Jahrhundert und die Spaltung in der Westkirche im 16. Jahrhundert. Dabei handelt es sich um unterschiedliche Grundtypen von Spaltungen, deren Aufarbeitung in verschiedenen ökumenischen Dialogen geschieht.

3 Veränderte Geografie der Christenheit und neue ökumenische Partner

Seit dem Zweiten Vatikanischen Konzil hat sich freilich die weltweite Geografie der Christenheit nochmals tiefgreifend verändert vor allem durch das Auftauchen von neuen ökumenischen Partnern. Dieses Phänomen findet eine bedeutsame Bestätigung im rapiden und zahlenmässig starken Anwachsen von evangelikalen und pentekostalen Bewegungen. Der Pentekostalismus bildet heute zahlenmässig die zweitgrösste christliche Gemeinschaft nach der katholischen Kirche.[26] Es handelt sich dabei um ein derart

24 *Kasper*, Harvesting the Fruits.

25 Unitatis redintegratio, Nr. 13.

26 Vgl. *Krämer/Vellguth*, Pentekostalismus, Pfingstkirchen als Herausforderung in der Ökumene; *Müller/Gabriel*, Evangelicals, Pentecostal Churches, Charismatics.

expandierendes Phänomen, dass man von einer derzeitigen Pentekostalisierung des Christentums reden muss oder geneigt sein kann, in ihm eine vierte Gestalt des Christ- und Kircheseins wahrzunehmen, nämlich neben den orthodoxen und orientalisch-orthodoxen Kirchen, der katholischen Kirche und den aus der Reformation hervorgegangenen Kirchen und kirchlichen Gemeinschaften.[27] Dabei versteht es sich leicht, dass der theologische Dialog mit diesen neuen Gruppierungen in einer anderen Weise und mit unterschiedlichen Themenschwerpunkten erfolgen wird als mit den historischen Kirchen der Reformation.

Die Kraft dieser pentekostalen Gemeinschaften besteht ohne Zweifel in ihrem stark entwickelten evangelisatorischen Bewusstsein, von dem die historischen Grosskirchen durchaus lernen könnten. Die Letzteren sind dabei gut beraten, wenn sie sich in selbstkritischer Weise Rechenschaft darüber geben, weshalb nicht wenige Gläubige ihre Kirchen verlassen und zu diesen Bewegungen wechseln. Dabei sollten sie freilich nicht in die Versuchung fallen, sich die teilweise zweifelhaften Evangelisierungsmethoden dieser Bewegungen anzueignen, wobei die elementarste Versuchung darin besteht, das christliche Evangelium zu einer sehr problematischen «Teología de la prosperidad», einer ökonomischen Glücksverheissung zu erniedrigen, mit der die christliche Option für die Armen geradezu in ihr Gegenteil verkehrt wird.

Damit hängt eng zusammen, dass bei nicht wenigen pentekostalen Bewegungen starke proselytische Tendenzen in dem Sinne festgestellt werden müssen, dass sie sich auch an die Mitglieder von anderen Kirchen wenden und sie abzuwerben versuchen. Mit dem Stichwort des Proselytismus ist ein Problem angesprochen, dem sich die Ökumene zumal in den säkularen Gesellschaften heute stellen muss. Denn Proselytismus ist das strikte Gegenteil der Ökumene und ist dem Christlichen völlig zuwider. Christliche Evangelisierung ist ein durch und durch freiheitlicher Vorgang, der sich an die Freiheit anderer Menschen mit der Einladung

27 Vgl. *Eckholt*, Pentekostalismus: Eine neue «Grundform» des Christseins 202.

adressiert, Kommunikation aufzunehmen und in einen belebenden Dialog einzutreten, wie Papst Benedikt XVI. bei der Eröffnung der V. Generalversammlung der Bischöfe von Lateinamerika und der Karibik in Aparecida im Jahre 2007 in eindrücklicher Weise betont hat: «Die Kirche betreibt keinen Proselytismus. Sie entwickelt sich vielmehr durch Anziehung. Wie Christus mit der Kraft seiner Liebe, die im Opfer am Kreuz gipfelt, alle an sich zieht, so erfüllt die Kirche ihre Sendung in dem Mass, in dem sie, mit Christus vereint, jedes Werk in geistlicher und konkreter Übereinstimmung mit der Liebe ihres Herrn erfüllt.»[28]

Anziehende Evangelisierung in ökumenischer Gemeinschaft und ohne jeden Proselytismus ist der Beweis glaubwürdiger Ökumene heute.[29] Denn Ökumene und Mission gehören nur in dieser Weise unlösbar zusammen, dass eine missionarische Kirche auch eine ökumenisch engagierte Kirche sein muss, und dass eine ökumenisch engagierte Kirche die Voraussetzung für eine missionarische Kirche ist. Darin besteht eine der wohl elementarsten Herausforderungen, die sich in den heutigen säkularen Gesellschaften an die Ökumene stellen, denen sie mit ihren verschiedenen Formen zu entsprechen versuchen muss.

4 Neuzeitliche Säkularisierung und Ökumenische Bewegung

Die Ökumenische Bewegung muss sich darüber Rechenschaft geben, wie sie sich in säkularen Gesellschaften vollziehen soll, und zwar auch deshalb, weil sie selbst in einer sehr komplexen Beziehung zur neuzeitlichen Säkularisierung steht. Im Sinne einer eigenen Situationsvergewisserung in den heutigen Gesellschaften müssen die Christen und christlichen Kirchen an erster Stelle erkennen und eingestehen, dass die in den neuzeitlichen Gesell-

---

28 *Benedikt XVI.:* Predigt in der Eucharistiefeier zur Eröffnung der V. Generalversammlung der Bischöfe von Lateinamerika und der Karibik auf dem Vorplatz des Nationalheiligtums in Aparecida am 13.5.2007.

29 Vgl. *Koch,* Das Evangelium der Liebe Gottes in der Welt bezeugen.

schaften Europas dominant gewordene Säkularisierung der Religion, genauer der Prozess der Entkleidung des christlichen Glaubens von seiner Sendung für den gesellschaftlichen Frieden im Sinne der Grundlegung, Erhaltung und Erneuerung der gesellschaftlichen Lebensordnung, als zwar ungewollte und unbeabsichtigte, aber tragische Folgewirkung der abendländischen Kirchenspaltung im 16. Jahrhundert, als «sozusagen ‹hausgemachte› Privatisierung des Christentums» zu verstehen ist.[30] Denn die Emanzipation der neuzeitlichen Kulturwelt zunächst von den Gegensätzen der unter sich zerstrittenen Konfessionskirchen und letztlich vom Christentum überhaupt muss als Ergebnis und Erschöpfungsende der Kirchenspaltung und der anschliessenden blutigen Konfessionskriege des 16. und 17. Jahrhunderts, besonders des Dreissigjährigen Krieges, beurteilt werden. Weil in deren tragischer Folge das Christentum historisch nur noch greifbar gewesen ist in der Gestalt der verschiedenen Konfessionen, die einander bis aufs Blut bekämpft haben, musste diese historische Konstellation zur unvermeidlichen Konsequenz haben, dass der konfessionelle Friede um den für das Christentum teuren Preis erkauft werden musste, dass von den konfessionellen Differenzen und, in Fernwirkung, vom Christentum überhaupt abgesehen wurde, um dem gesellschaftlichen Frieden eine neue Basis geben zu können, wie der evangelische Ökumeniker Wolfhart Pannenberg diagnostiziert hat: «Wo die Säkularisierung der Neuzeit die Form einer Entfremdung vom Christentum angenommen hat, da ist das nicht als ein äußerliches Schicksal über die Kirchen gekommen, sondern als die Folgen ihrer eigenen Sünden gegen die Einheit, als Folge der Kirchenspaltung des 16. Jahrhunderts und der unentschiedenen Religionskriege des 16. und 17. Jahrhunderts, die den Menschen in konfessionell gemischten Territorien keine andere Wahl ließen, als ihr

30 *Metz*, Glaube in Geschichte und Gesellschaft, zit. 31.

Zusammenleben auf einer von den konfessionellen Gegensätzen unberührten gemeinsamen Grundlage neu aufzubauen.»[31]

Diese Diagnose impliziert umgekehrt, dass die Wiedergewinnung der öffentlichen Sendung des Christentums in den säkularisierten Gesellschaften heute die Überwindung der ererbten Spaltungen in einer wiedergefundenen Einheit der Christen voraussetzt. Wenn die neuzeitliche Säkularisierung historisch nicht unwesentlich auch in der europäischen Kirchenspaltung begründet liegt, dann kann das Christentum in Europa nur dann wieder eine gesamtgesellschaftliche Bedeutung erlangen, wenn die Kirchenspaltung überwunden sein wird. Die Ökumenische Bewegung kann deshalb nicht ohne Konsequenzen für das Verhältnis der säkularen Kultur der Moderne zum Thema der Religion überhaupt und des Christentums im Besonderen sein. Wesentliche Gründe, die in historischer Sicht zur Abwendung der säkularen Kultur von der Religion und den christlichen Kirchen geführt haben, könnten jedenfalls gegenüber einer Gestalt des Christentums, das die Spaltungen überwunden haben wird, nicht mehr geltend gemacht werden. Das Christentum in Europa wird deshalb erst durch die Überwindung seiner Spaltungen befähigt sein, «dem Säkularismus gegenüber glaubwürdig die Wahrheit der Religion geltend zu machen»,[32] und zwar in der gesellschaftlichen Öffentlichkeit von heute.

Die Erinnerung an diese komplexen historischen Hintergründe der heutigen gesellschaftlichen Situation des Christentums in Europa ist auch geeignet, auf die grundlegende Bedeutung der Ökumenischen Bewegung für das Christentum im modernen Europa hinzuweisen. Bereits bei ihrer Entstehung im 20. Jahrhundert, das als eines der grausamsten und unmenschlichsten Jahrhunderte in die Geschichte eingegangen ist, ist die Ökumenische Bewegung wie ein Leuchtturm im Roten Meer des von Blut

---

31 *Pannenberg*, Einheit der Kirche als Glaubenswirklichkeit und als ökumenisches Ziel, zit. 201. Zum Ganzen vgl. *ders.*, Christentum in einer säkularisierten Welt.

32 *Ders.*, Die zukünftige Rolle von «Glauben und Kirchenverfassung» in einer säkularisierten Welt, zit. 243.

getränkten Europa aufgeschienen. Die epochale Bedeutung der Ökumenischen Bewegung ist sodann in der Katholischen Kirche vollends mit dem Zweiten Vatikanischen Konzil erkannt worden, mit dem sie in offizieller Weise in die Ökumenische Bewegung eingetreten ist, die das Konzil ausdrücklich auf die «Einwirkung der Gnade des Heiligen Geistes» zurückgeführt hat.[33] Die Einsicht in die dringende Notwendigkeit der Ökumenischen Bewegung für eine glaubwürdige Wahrnehmung der Sendung der Christen in der gesellschaftlichen Öffentlichkeit ist dabei von der Hoffnung getragen, die Papst Johannes Paul II. mit der bewegenden Zuversicht ausgesprochen hat, dass nach dem ersten Jahrtausend der Christentumsgeschichte, das die Zeit der ungeteilten Kirche gewesen ist, und nach dem zweiten Jahrtausend, das im Osten wie im Westen zu tiefen Spaltungen in der Christenheit geführt hat, das dritte Jahrtausend die grosse Aufgabe zu bewältigen haben wird, die verloren gegangene Einheit wiederzugewinnen, und dass alle Christen bereit sein müssen, «den Weg jener Einheit einzuschlagen, für die Christus am Vorabend seines Leidens gebetet hat. Der Wert dieser Einheit ist enorm. Es geht gewissermassen um die Zukunft der Welt, es geht um die Zukunft des Gottesreiches in der Welt.»[34]

In diesem Sinn ist die Christenheit heute herausgefordert, in mutiger Weise nach ihrer ökumenischen Verantwortung in den säkularisierten Gesellschaften Europas und zunächst nach ihrer eigenen Friedensfähigkeit und Versöhnungsbereitschaft zu fragen. Denn nur wenn es gelingt, dass sich die christlichen Kirchen versöhnen und diesen notwendigen Prozess der historischen Reinigung gehen, vermögen sie wirksam und in glaubwürdiger Weise für die Erhaltung, Förderung und Erneuerung des gesellschaftlichen Friedens zu arbeiten. Nur eine in sich selbst geeinte Christenheit kann sich als für das gesellschaftliche Zusammenleben der Menschen in

33 Unitatis redintegratio, Nr. 1; vgl. auch Nr. 4.

34 *Johannes Paul II.:* Die Schwelle der Hoffnung überschreiten. Hamburg: Hoffmann und Campe, 1994, 178.

Frieden und Gerechtigkeit, in Einheit und Toleranz exemplarisch erweisen. Und nur eine ökumenisch versöhnte Christenheit vermag jene Sendung wahrzunehmen, die das Zweite Vatikanische Konzil der Kirche zugewiesen hat, nämlich in einer von Spaltungen, Feindschaften und unversöhnten Interessengegensätzen so sehr zerrissenen Welt als «Sakrament, das heißt Zeichen und Werkzeug für die innigste Vereinigung mit Gott wie für die Einheit der ganzen Menschheit» zu leben und zu wirken.[35] Zeichen und Werkzeug für die Einheit der Menschheit kann die Christenheit in unserer Welt aber nur sein, wenn sie in sich selbst die Einheit wiederfindet. Von daher darf und muss man im Prozess der Ökumenischen Wiedervereinigung den bedeutsamsten und weitreichendsten Beitrag des gegenwärtigen Christentums zur politischen Zukunft der Menschheit und insbesondere der säkularen Gesellschaften in Europa wahrnehmen.

Literatur

Congar, Yves: Zerrissene Christenheit. Wo trennten sich Ost und West? Deutsch von Adolf Heine-Geldern. Wien/München: Herold, 1959.

Döring, Heinrich: Die Anfänge der modernen ökumenischen Bewegung, in: *Urban, Hans Jörg/Wagner, Harald (Hg.):* Handbuch der Ökumenik 2. Paderborn: Bonifatius, 1986, 15–52.

Eckholt, Margit: Pentekostalismus: Eine neue «Grundform» des Christseins. Eine theologische Orientierung zum Verhältnis von Spiritualität und Gesellschaft, in: *Keßler, Tobias/Rethmann, Albert-Peter (Hg.):* Pentekostalismus. Die Pfingstbewegung als Anfrage an Theologie und Kirche = Weltkirche und Mission. Band 1. Regensburg: Pustet, 2012, 202–225.

Kasper, Walter: Harvesting the Fruits. Basic Aspects of Christian Faith in Ecumenical Dialogue. London/New York: Bloomsbury, 2009.

35 Lumen gentium, Nr. 1.

Ders.: Ökumene der Märtyrer. Theologie und Spiritualität des Martyriums. Norderstedt: Books on Demand, 2014.

Ders.: Ökumene und Spiritualität, in: *ders.:* Wege der Einheit. Perspektiven für die Ökumene. Freiburg i. Br.: Herder, 2005, 203–226.

Koch, Kurt: Christenverfolgung und Ökumene der Märtyrer. Eine biblische Besinnung. Norderstedt: Books on Demand, 2016.

Ders.: Das Evangelium der Liebe Gottes in der Welt bezeugen. Besinnung auf den missionarischen Grundauftrag der Kirche, in: *Augustin, George/Eterović, Nikola (Hg.):* Mission in säkularer Gesellschaft. Ein Herzensanliegen. Freiburg i. Br.: Herder, 2020, 30–52.

Ders: Der Mensch als ökumenische Frage. Gibt es (noch) eine gemeinchristliche Anthropologie? in: *Stubenrauch, Bertram/Seewald, Michael (Hg.):* Das Menschenbild der Konfessionen. Achillesferse der Ökumene? Freiburg i. Br.: Herder, 2015, 18–32.

Ders.: Die Reformation in der ökumenischen Sicht der katholischen Kirche, in: *ders.:* Erneuerung und Einheit. Ein Plädoyer für mehr Ökumene. Ostfildern: Patmos, 2018, 27–63.

Krämer, Klaus/Vellguth, Klaus (Hg.): Pentekostalismus, Pfingstkirchen als Herausforderung in der Ökumene (Theologie der Einen Welt 15). Freiburg i. Br.: Herder, 2019.

Metz, Johann Baptist: Glaube in Geschichte und Gesellschaft. Mainz : Matthias Grünewald, 1977, 31.

Müller, Johannes/Gabriel, Karl (Hg.): Evangelicals, Pentecostal Churches, Charismatics. New religious mouvement as a challenge for the Catholic Church. Ouezon: Philippines Claretian Communications Foundation, 2015.

Pannenberg, Wolfhart: Christentum in einer säkularisierten Welt. Freiburg i. Br.: Herder, 1988.

Ders.: Die zukünftige Rolle von «Glauben und Kirchenverfassung» in einer säkularisierten Welt, in: *ders.:* Beiträge zur Systematischen Theologie. Band 3: Kirche und Ökumene. Göttingen: Vandenhoeck & Ruprecht, 2000, 234–244.

Ders.: Einheit der Kirche als Glaubenswirklichkeit und als ökumenisches Ziel, in: *ders.:* Ethik und Ekklesiologie. Gesammelte Aufsätze. Göttingen: Vandenhoeck & Ruprecht, 1977, 201–210.

Ratzinger, Joseph: Rom und die Kirchen des Ostens nach der Aufhebung der Exkommunikation von 1054, in: *ders.:* Theologische Prinzipienlehre. Bausteine zur Fundamentaltheologie. Donauwörth: Wewel, ²2005, 214–230.

Orthodoxe Kirche im interchristlichen Dialog – Bilateral und multilateral

Schwerpunkt Ökumenischer Rat der Kirchen (ÖRK)[1]

Maria Brun

1 Initiativen und Anfänge

Der interchristliche Dialog ist keine Erfindung unserer Zeit. Wo es Dissonanzen gab, bemühte man sich immer wieder zu einem späteren Zeitpunkt um gegenseitige Verständigung mittels Dialogform. Unglückliche Umstände, untalentierte Gesprächspartner oder Sprach- und Verständnisprobleme waren Grund für Trennungen und Schismen. Kontaktaufnahmen geschahen, weil man Verbündete suchte oder weil man Zerwürfnisse unter den Christen als unrechtmässig, anormal und dem christlichen Wesen widersprechend empfand. Es gibt auch nicht wenige, die unter der Spaltung leiden und sie «als offene Wunde am Leib Christi»[2] bezeichnen.

Das vergangene 20. Jahrhundert wird als ökumenisches Jahrhundert bezeichnet. Kaum je zuvor hat es so viele Initiativen zur Annäherung zwischen den Christen gegeben, tatkräftige Aufarbeitung der inhaltlichen Differenzen, wohlwollende Begegnungen – und dies besonders dank einiger charismatischer Persönlichkeiten, die sich dem Evangelium verpflichtet fühlten.

Auch wenn anfänglich die Ökumenische Bewegung als eine innerprotestantische Sammelbewegung (*Weltmissionskonferenz von*

---

1 Vortrag vom 16.10.2019 im Rahmen des Forum Ökumene an der Universität Luzern.

2 *Papandreou*, Eucharistie 96.

Edinburgh 1910) verstanden wurde[3], überraschte doch das Ökumenische Patriarchat mit seinen Enzykliken von 1902[4] und 1920[5], worin ein Aufruf einerseits zur Stärkung der innerorthodoxen Einheit und andererseits zu einer Öffnung auf die übrigen Christen hin zu verzeichnen ist, welche in einem «Bund der Kirchen» zu realisieren wäre. Es entstand in der Tat eine weltweite Bewegung, die die einen sich zu Weltbünden zusammenschliessen, die andern sich überhaupt zum ersten Mal begegnen liess. So verwundert es nicht, dass diese Aufbruchstimmung, die durch den 2. Weltkrieg zwar jäh unterbrochen wurde, aber nicht vernichtet werden konnte, alsbald im Jahr *1948* ihren Höhepunkt in der Gründung des *Weltkirchenrates* – oder korrekter: des *Ökumenischen Rates der Kirchen* – fand. Obwohl die orthodoxe Kirche damals im Westen wenig bekannt war, gehörte sie massgeblich zu den Gründerkirchen in *Amsterdam* – ganz im Gegensatz zur römisch-katholischen Kirche, die – um es mit kritischen Worten zu sagen – in absoluter Selbstgenügsamkeit sich von allem fernhielt.

Der eigentliche, weltweite Aufbruch unter den Christen erfolgte zunächst durch die Pioniere, die schliesslich dem *2. Vatikanischen Konzil* (1962–1965) zum Durchbruch verhalfen, so dass es im Gedächtnis aller Kirchen als ein Meilenstein für die eigentliche Ökumene geblieben ist. Anlass dafür war die Einladung nichtkatholischer Repräsentanten, welchen ein Beobachterstatus bei den Konzilsarbeiten eingeräumt worden war. Von nun an, d. h. nach 1965, begannen hüben und drüben, einfach überall ökumenische Beziehungen aufzubrechen. Wie von Geisterhand erschienen auf einmal alle Schranken als nicht mehr unüberwindlich. Die Aufbruchstimmung war geradezu euphorisch. Alle freuten sich über die Begegnung mit den weniger bekannten Brüdern und Schwestern der verschiedenen christlichen Richtungen. Jetzt war

3 *Vogelsanger*, Über die Anfänge der Ökumenischen Bewegung in der Schweiz 149, 151.
4 Vgl. *Kallis*, Auf dem Weg zum Konzil 50–54.
5 *Basdekis*, Orthodoxe Kirche und ökumenische Bewegung 16–20.

die Zeit reif für einen seriösen theologischen Dialog zwischen und mit allen christlichen Kirchen und Kirchengemeinschaften. Und – um gleichsam das Ende vorwegzunehmen – hat vor einiger Zeit eine andere Geisterhand diese genuin christliche Gesinnung und authentische Wirklichkeit abrupt zum Stillstand gebracht. Doch bleiben wir nicht hier stehen, sondern schauen uns einige Details genauer an:

2 Die bilateralen Dialoge der orthodoxen Kirche

2.1 Vorbereitungen, die den Weg bahnen

Orthodoxerseits sind die Bereitschaft und vom Evangelium her auch die Notwendigkeit zur Kontaktnahme mit den übrigen Christen spätestens auf den *Interorthodoxen Konferenzen von Rhodos* (1961–1965) formuliert worden. Es wäre falsch zu meinen, dass alle orthodoxen Lokalkirchen diese Initiative, die vornehmlich vom Ökumenischen Patriarchat ausging, d. h. im Klartext von Patriarch Athenagoras, guthiessen und von den angestrebten Kontaktnahmen begeistert waren. Wie so oft im Leben konnten sich manche Theologen und Hierarchen eine solche Öffnung nicht vorstellen und versuchten, die neueren Bestrebungen zu blockieren. Es brauchte zunächst das Experiment, d. h. die Umsetzung in die Praxis, von der sich dann möglicherweise eine Theorie ableiten liesse. Wir sehen also, man sollte sich nie allzu schnell verunsichern und bei Gegenwind von seinen Ideen abbringen lassen, solange die praktische Umsetzung einen nicht eines Besseren belehrt hat. Wie gesagt, die Konferenzen von Rhodos waren die Vorläufer der Vorbereitungsarbeiten für *das Heilige und Grosse Konzil* der Orthodoxen Kirche. Man beachte: Von den zehn Traktanden waren zwei den bilateralen und den multilateralen Dialogen gewidmet![6] Die interorthodoxe Kommission hatte im Jahr 1971 eine ekklesiologische Stellungnahme abgegeben, welche die Grundlage für alle wei-

6 Vgl. Beschlüsse der III. VPK.

teren Diskussionen war: «Im Bewusstsein der gegenwärtigen Struktur des Christentums erkennt unsere heilige orthodoxe Kirche, obwohl sie die eine, heilige, katholische und apostolische Kirche ist, nicht nur die ontologische Existenz von anderen Kirchengemeinschaften an, sondern sie glaubt fest daran, dass alle Beziehungen zu ihnen auf einer baldigen Erhellung des ekklesiologischen Problems und der Gesamtheit ihrer Lehre beruhen müsse.»[7]

Nachdem die III. Vorkonziliare Panorthodoxe Konferenz im Jahr 1986 sich grundlegend zu den bilateralen und multilateralen Dialogen, besonders zu demjenigen mit dem ÖRK geäussert hatte, stand der Aufnahme bzw. Weiterführung der Dialoge mit den einzelnen christlichen Kirchen und Kirchengemeinschaften nichts mehr im Weg. Es folgten Jahre mit äusserst engagierten Kontaktnahmen, intensiven Diskussionen der verschiedenen theologischen Standpunkte der einzelnen christlichen Gemeinschaften. Es war eine Zeit der gegenseitigen Bereicherung, der Freude an entstehenden Freundschaften über alle Grenzen hinweg. Es war ein glaubwürdiger Aufbruch der Kirche; die Kirche zeigte ein nicht bekanntes Gesicht, welches von den Menschen als echt und wahrheitsgetreu empfunden wurde. Dieser Höhepunkte erstreckte sich über ca. 25 Jahre, bis Anfang 90er-Jahre. Wer sie erlebt hat – wie z. B. die Schreibende – möchte sie nie wieder vergessen!

In diesem Zusammenhang sei vermerkt, dass im Orthodoxen Zentrum des Ökumenischen Patriarchats in Chambésy bei Genf, welches damals unter der tatkräftigen Ägide von Metropolit Damaskinos Papandreou stand, die Vorbereitungsarbeiten fast aller offiziellen Dialoge stattfanden, in die die orthodoxe Kirche involviert ist: so der Dialog mit den Altkatholiken, den Anglikanern, den Römisch-Katholischen, den Lutheranern, den Orientalisch-Orthodoxen und den Reformierten. Werfen wir nun einen Blick auf die einzelnen Dialoge, in die die orthodoxe Kirche involviert ist:

7 *Brun*, Damaskinos Papandreou 57; vgl. Beschlüsse der III. VPK, Art. 2.

2.2 Der Dialog mit den Altkatholiken

Direkt nach dem *1. Vatikanischen Konzil (1870/71)*, dessen Beschlüsse über die Unfehlbarkeit und die universale Jurisdiktionsgewalt des Papstes von einer Anzahl Konzilsteilnehmern nicht angenommen wurde und die sich in Folge zur altkatholischen[8] Kirche zusammenschlossen[9], suchten diese den Kontakt mit der Orthodoxen Kirche.

«Schon das Programm des *Katholikenkongresses* in München 1871 enthielt den gewichtigen und in damaliger Zeit nicht selbstverständlichen Satz: ‹Wir hoffen auf eine Wiedervereinigung mit der griechisch-orientalischen und russischen Kirche, deren Trennung ohne zwingende Ursachen erfolgte und in keinen unausgleichbaren dogmatischen Unterschieden begründet ist.›»[10] Nach Unterbrüchen erstreckte sich die intensive Phase dieses zielstrebig geführten theologischen Dialogs von 1975 bis 1987, in der alle Kernfragen des christlichen Glaubens und der Ekklesiologie behandelt wurden.[11]

2.3 Der Dialog mit den Altorientalen

Nachdem sich die verschiedenen altorientalischen Kirchen im Jahr 1965 zu einem historischen Treffen in Addis Abeba (Äthiopien) getroffen und zu einer «christlichen Familie» zusammengeschlos-

---

8 In der Schweiz christkatholische Kirche genannt.

9 Vgl. Altkatholische Kirchen, URL: https://www.oikoumene.org/de/kirchenfamilien/old-catholic-churches (4.3.2021).

10 22.–24. September 1871; *Küppers*, Der orthodox-altkatholische Dialog nimmt Gestalt an 182. – Vgl. auch *Oeyen*, Chronologisch-bibliographische Übersicht der Unionsverhandlungen zwischen der Orthodoxen Kirche des Ostens und der Altkatholischen Kirche der Utrechter Union; vgl. *Küppers*, Stand und Perspektiven des altkatholisch-orthodoxen Dialogs.

11 Vgl. die Liste der altkatholisch-orthodoxen Dialogpapiere und Konvergenzerklärungen auf Weltebene, URL: https://de.wikipedia.org/wiki/Liste_der_altkatholisch-orthodoxen_Dialogpapiere_und_Konvergenzerkl%C3%A4rungen_auf_Weltebene (4.3.2021).

sen hatten[12], indem sie feststellten, dass sie alle den einen christlichen Glauben bekennen, war die Basis für den Dialog mit den anderen christlichen Kirchen geschaffen. 1985 nahmen sie offiziell den theologischen Dialog mit den byzantinisch-orthodoxen Kirchen auf und klärten in zwei Sitzungen (1989 und 1990) die christologischen Streitpunkte. Auf Grund dieser beiden Konsensdokumente über die Christologie dürfen sie sich orientalisch-orthodoxe Kirchen nennen.

Fazit zu diesen beiden Dialogen

Die beiden Dialoge, die die orthodoxe Kirche mit den Altkatholiken und den Orientalisch-Orthodoxen führte, sind die ersten und bis heute einzigen theologischen Dialoge, die offiziell ihren Abschluss gefunden haben (1987 und 1990). Beide standen unter dem Kopräsidium des oberhalb erwähnten Metropoliten Damaskinos. Die Abschlussdokumente waren zuhanden des Ökumenischen Patriarchats eingereicht worden mit der Bitte um Prüfung und Unterbreitung beim Zusammentreffen des Heiligen und Grossen Konzils – dies in der Hoffnung, dass auf Grund des theologischen Konsenses die Einheit mit diesen beiden Kirchen wiederhergestellt werden könne. Das orthodoxe Konzil, das in der Zwischenzeit (2016) zusammengekommen war, ging auf dieses Thema nicht ein, weil es nicht traktandiert war. Dieser Sachverhalt war selbstverständlich zur grossen Enttäuschung der altkatholischen Kirche und der orientalisch-orthodoxen Kirchen.[13]

---

12 Dazu werden gezählt: die koptisch-orthodoxe Kirche, die äthiopisch- und eritreisch-orthodoxe Tewahedo Kirche, die syrisch-orthodoxe Kirche von Antiochien und von Malankar, die armenisch-apostolische Kirche (Etschmiadsin und Kilikien), die alle zwischen 1948 und 2003 Mitglied des ÖRK geworden sind.

13 Interessanterweise figurierte im Herbst des gleichen Jahres das Thema der Verbindlichkeit der bilateralen Dialoge zwischen zwei Kirchen in Bezug auf die anderen Kirchen und kirchlichen Gemeinschaften sowie die Ansichten von «Einheit» oder «Kirchengemeinschaft» auf der Traktandenliste der Jahrestagung der «Generalsekretäre christlicher Weltge-

2.4 Der Dialog mit der anglikanischen Kirche

Die Beziehungen zwischen den Orthodoxen und den Anglikanern sind so alt wie die Unabhängigkeitserklärung der Kirche von England, das heisst, das Interesse füreinander begann bald nach 1529. Kein Geringerer als Patriarch Kyrillos Loukaris (1572–1638), der selbst im Westen studiert hatte, unterstützte die Kontaktnahme, die zur Stärkung von gegenseitiger Achtung und Vertrauen führte.[14] Später intensivierten sich die Kontakte von neuem mit der Oxford-Bewegung im 19./Anfang 20. Jahrhundert, bis sie während des 2. Weltkriegs und des Eisernen Vorhangs erneut stagnierten. Auch hier gab die 3. Panorthodoxe Konferenz von Rhodos (1964) einen neuen Impuls und 1973 wurde der Dialog auf der Plenarversammlung der orthodox-anglikanischen Gesprächskommission in Oxford intensiv und erfolgreich vorangetrieben. Dementsprechend positiv fiel denn auch eine Würdigung im Jahr 1991 aus: «Da die gemeinsame Erklärung in Dublin (1984) die von Anfang an geleistete Arbeit der Gemischten Kommission berücksichtigt, bildet sie eine Art bisheriges Abschluss-Dokument des orthodox-anglikanischen Dialogs in seinem gesamten Verlauf. Sie ist deshalb das Dokument des orthodox-anglikanischen Dialogs schlechthin. Sie beinhaltet alle wesentlichen Aussagen der früheren Dokumente.»[15] Mit der Einführung der Frauenordination in der anglikanischen Kirche im Jahr 1994 trat unerwartet eine Stagnierung des Dialogs ein. Doch nach einem längeren Unterbruch wurden die Kontakte wieder aufgenommen. 2017 fand das letzte Treffen auf Malta statt.

---

meinschaften». Besprochen wurde die Methodik, aber auch Ziele, Strategien und Definitionen von «Einheit» und «Kirchengemeinschaft» (11.–13. Oktober 2016 in Rom). Vgl. dazu: *Rein, Harald:* Treffen der Sekretäre der Christlichen Weltgemeinschaften vom 11. bis 13. Oktober in Rom, URL: https://www.utrechter-union.org/?b=495&tpl=print (4.3.2021).

14 *Thon,* Die orthodoxe Kirche 174–177.

15 *Nikolaou,* Geschichtlicher Überblick und Würdigung des orthodox-anglikanischen Dialogs 85.

2.5 Der Dialog mit der römisch-katholischen Kirche

Die orthodoxe Kirche nahm den offiziellen Dialog mit der römisch-katholischen Kirche eher spät auf. Dieser Dialog hat einen besonderen Weg zurückgelegt. Der langjährige «Dialog der Liebe» (1958–1976) – geführt von den beiden charismatischen Persönlichkeiten Patriarch Athenagoras und Papst Paul VI. – schuf nach der jahrhundertelangen Trennung die nötige Grundlage für den späteren «Dialog der Wahrheit», der dann 1980 begann. Die ersten Jahre verzeichneten galoppierende Schritte. Die beiden ersten Dokumenten über «Das Geheimnis der Kirche und der Eucharistie» (1982) und «Glauben, Sakramente und Einheit der Kirche» (1987), die ohne grosse Widerstände zustande kamen, versetzten die Ökumeniker in Staunen; der Dialog kam voran, als ob es kaum je eine grössere Trennung zwischen Ost und West gegeben hätte. Umso grösser war dann die Ernüchterung, als ab Mitte 90er Jahre alles zu harzen und über zwanzig Jahre zu stagnieren begann. Neue Leute brachten neue Hoffnungen. Man trifft sich zwar seit 2016 wieder jährlich,[16] doch die Dauerbrenner Uniatismus[17] und Proselytismus[18] hängen wie ein Damoklesschwert über den Arbeiten. Im Moment ist auch die umstrittene Autokephalie der ukrainisch-orthodoxen Kirche, die letztlich ein innerorthodoxer Streitpunkt ist, ein willkommener Vorwand zur Blockierung jeglicher ökumenischer Bestrebungen[19], vor allem wenn die Initiativen vom Ökumenischen Patriarchat ausgehen.

---

16 Treffen 2016 in Chieti, 2017 auf Leros, 2018 in Bose. Thema: Primat und Synodalität im 2. Jahrtausend.

17 Die mit Rom unierten Ostkirchen bzw. das Bestreben, Ostkirchen mit Rom zu unieren.

18 Das Abwerben von Gläubigen.

19 Vgl. dazu Katholisch-orthodoxe Kommission tagte ohne russische Beteiligung, Vatican News 18.11.2018, 14:04, URL: https://www.vaticannews.va/de/vatikan/news/2018-11/vatikan-katholische-orthodoxe-kirche-moskau-dialog-kommission.html (4.5.2021).

2.6 Der Dialog mit den Lutheranern

Seit der Reformation gab es orthodoxe Kreise, die an den Reformbestrebungen im Westen interessiert waren. So gab es bereits im 16. Jahrhundert erste Kontakte durch Philipp Melanchthon (1497–1560), der die Orthodoxie und das Griechentum hochschätzte. Bekannt ist auch der Briefwechsel (1573–1581) zwischen den Tübinger Theologen und dem Ökumenischen Patriarchen Jeremias II., der allerdings abbrach, als der Patriarch feststellte, dass sich gewisse Reformatoren zu weit von der Tradition der Kirche entfernten[20]. Über diese Kontaktnahme kann man allerdings sagen, dass es «ein friedvoller Dialog in einer polemischen Zeit» war.[21]

Während des 1. und 2. Weltkriegs haben die zwischenmenschlichen Erfahrungen im Osten Europas den westlichen, vor allem deutschen Soldaten eine andere Orthodoxie gezeigt, als ihnen bislang theoretisch vermittelt worden war. So war es naheliegend, dass die Lutheraner[22] offen waren für einen Dialog mit den Orthodoxen. Seit 1978 fanden Vorbereitungsarbeiten für den offiziellen theologischen Dialog statt, welcher dann 1981 startete. Die Dialogkommission trifft sich normalerweise im Abstand von zwei Jahren, der Ausschuss allerdings jährlich. Die für den orthodox-lutherischen Dialog Beauftragten haben festgestellt, dass regelmässige Treffen wichtig sind, um den Austausch zu pflegen und die theologischen und historischen Sichtweisen der beiden Seiten gemeinsam zu betrachten. Bisher wurden zwölf Dokumente verabschiedet, an denen teilweise mehrere Jahre gearbeitet wurde, so

---

20 Indem sie z. B. die sieben Ökumenischen Konzile der Alten Kirche ablehnten. Zuweilen erweckten sie den Eindruck der «Demontage des gesamten kirchlichen Erbes», was verständlicherweise für die Orthodoxen nicht annehmbar war (vgl. *Thon*, Orthodoxe Kirche 153).

21 Ebd.

22 Zusammengeschlossen im 1947 gegründeten Lutherischen Weltbund LWB, mit Sitz beim ÖRK in Genf.

z.B. «Ordiniertes Amt/Priestertum».[23] Das aktuelle Thema lautet «Stellung und Rolle des Heiligen Geistes im Leben der Kirche» und war Gegenstand der 18. Plenartagung 2019 in Tirana (Albanien).[24]

2.7 Der Dialog mit den Reformierten

Der jüngste Dialog ist derjenige zwischen Orthodoxen und Reformierten[25], wobei die Initiative eher von den Reformierten ausging. Nach drei inoffiziellen Konsultationen zwischen 1979 und 1983 und einem vorbereitenden Treffen im Jahr 1986, startete 1988 der offizielle theologische Dialog. Im regelmässigen Abstand von fast immer zwei Jahren trat die Dialogkommission zusammen. Dabei wird ersichtlich, dass nicht nur gemeinsame Erklärungen verabschiedet, sondern mehrfach auch Zwischenberichte erstellt wurden. Die beiden wichtigsten Themenbereiche waren kurz gesagt die Rechtfertigungslehre und die Ekklesiologie.

Fazit zu den beiden Dialogen mit den Lutheranern und Reformierten

Zusammenfassend kann festgestellt werden, dass in den vergangenen Jahrzehnten vielfältige und wertvolle Kontakte zwischen den Kirchen geknüpft werden konnten. Gegenseitige Wertschätzung auf Grund jahrelanger Kontakte und vertiefter Freundschaften sind die Schwerpunkte auf persönlicher Ebene. Vorurteile wurden

---

23 Lutherisch-orthodoxe Dialogkommission legt Erklärung zum ordinierten Amt vor, 30.11.2017, URL: https://de.lutheranworld.org/de/content/lutherisch-orthodoxe-dialogkommission-legt-erklaerung-zum-ordinierten-amt-vor-21 (4.3.2021).

24 Lutherisch-Orthodoxe Dialogkommission trifft sich in Albanien, 11.10.2019, URL: https://www.oikoumene.org/de/press-centre/news/index/lutheran-orthodox-dialogue-commission-meets-in-albania (4.3.2021).

25 2010 hat sich der Reformierte Weltbund RWB, gegründet 1970, mit dem Reformierten Ökumenischen Rat, gegründet 1946, zur Weltgemeinschaft Reformierter Kirchen zusammengeschlossen, wobei Anfang 2014 der Sitz von Genf nach Hannover verlegt wurde.

überwunden und Missverständnisse weitgehend aus dem Weg geräumt. Jedoch müsse «mit Bedauern ... festgestellt werden, dass die Vielzahl der theologischen Gespräche nicht zu einer substantiellen Annäherung zwischen orthodoxen und evangelischen Glaubensüberzeugungen geführt hat».[26]

3 Der multilaterale Dialog mit dem ÖRK

3.1 Ein weltweiter Kirchenbund: Aspekte zum Ökumenischen Rat der Kirchen

Wie eingangs erwähnt, war nicht nur die *Weltmissionskonferenz* von Edinburgh 1910 ausschlaggebend für die Schaffung eines weltweiten Kirchenbundes, sondern damit verbunden auch die erste Konferenz der *Bewegung für Praktisches Christentum* von Stockholm 1921, bekannt unter der Bezeichnung *Life and Work.* Diese interkonfessionellen, mehr auf das praktisch gelebte Christentum ausgerichteten Bestrebungen erhielten alsbald einen Gegenpol in der *Bewegung für Glauben und Kirchenverfassung*, bekannt unter dem Begriff *Faith and Order*, deren erste Konferenz 1927 in Lausanne stattfand. Hierin geht es mehr um theologische Fragen und um die Suche nach der inneren Einheit der einzelnen christlichen Kirchen.

George Lindbeck[27] hat klargestellt, dass es in der Ökumenischen Bewegung von Anfang an zwei Richtungen gab, die sich auch im ÖRK niedergeschlagen haben:

- Die *interkonfessionelle*, auf das *praktisch* gelebte Christentum ausgerichtete Zusammenarbeit, wofür *Life and Work* steht, sowie

26 *Oeldemann*, Das Erbe Martin Luthers und die Tradition der orthodoxen Kirche 859.

27 Ein US-amerikanischer lutherischer Theologe, Professor an der Yale University (1923–2018).

- die Christen *vereinende*, mehr *theoretische*, auf dem Glaubensverständnis basierende Bestrebung, die *Einheit* der christlichen Kirchen und kirchlichen Gemeinschaften wiederherstellende Initiative, wofür *Faith and Order* steht.[28]

Fazit

So kann man feststellen, dass anlässlich der Gründung des Ökumenischen Rates der Kirchen in Amsterdam 1948 diese beiden grossen Aspekte der Ökumenischen Bewegung, die sich Anfang des 20. Jahrhunderts manifestierten, aufgenommen wurden und seither die Tätigkeiten des ÖRK geprägt haben. Dies entspricht ebenfalls den Vorstellungen des Ökumenischen Patriarchats von 1920, wonach sich die orthodoxen Kirchen in einem dem Völkerbund ähnlichen «Bund von Kirchen»[29] für die diakonisch-karitative Zusammenarbeit einerseits und für den theologischen Dialog andererseits einsetzen sollten.[30]

3.2 Auf dem Weg zur Mitgliedschaft der orthodoxen Kirchen beim ÖRK

Die Mitbeteiligung der orthodoxen Kirche am ÖRK geht – wie bereits erwähnt – weitgehend auf die Enzyklika des Ökumenischen Patriarchats von 1920 zurück, die für das ökumenische Engagement der orthodoxen Kirchen bahnbrechend war. Bevor dieses Anliegen in die Tat umgesetzt werden konnte, gab es einige

28 *Lindbeck*, Two Kinds of Ecumenism 647.

29 Vgl. *Thon*, Orthodoxe Kirche 161; vgl. *Kallis*, Auf dem Weg 93.

30 Vgl. Östlich-orthodoxe Kirchen, URL: https://www.oikoumene.org/de/kirchenfamilien/orthodox-churches-eastern (4.5.2021). 1961 wurden auch der 1921 gegründete Internationale Missionsrat (IMR) und 1971 der Weltrat für Christliche Erziehung als weitere Bewegungen in den ÖRK integriert. Desgleichen respektierte der ÖRK von Anfang an die ebenfalls 1948 verabschiedete Allgemeine Erklärung der Menschenrechte der Vereinten Nationen. Vgl. Wikipedia-Eintrag, URL: https://de.wikipedia.org/wiki/%C3%96kumenischer_Rat_der_Kirchen (4.3.2021).

vorbereitende Schritte, die Kirchen und Gläubige auf einen späteren Kirchenbund vorbereiten sollten:

Zunächst tagte 1925 die erste, vom lutherischen Erzbischof von Uppsala, Nathan Söderblom (1866–1931), einberufene *Ökumenische Weltkirchenkonferenz* in Stockholm, an der Lutheraner, Anglikaner und Orthodoxe teilnahmen. Dies war der Beginn einer intensiven Zeit ökumenischer Beziehungen. Es wurden Lehrstühle für orthodoxe Theologie und Geschichte geschaffen, wobei es auch Gastprofessuren gab.[31] Ausserdem hatte 1923 das Orthodoxe Theologische *Institut St. Serge* in Paris seine Lehrtätigkeit aufgenommen[32], an dem bedeutende russische Theologen und Gelehrte unterrichteten und den reichhaltigen theologischen und spirituellen Schatz der ostkirchlichen Tradition in einer westlichen Sprache interessierten Kreisen zugänglich machten. Das brachte die Orthodoxie dem westlichen Menschen näher und weckte das Interesse, indem vor allem Missverständnisse und Vorurteile an Ort und Stelle abgebaut werden konnten. Kurz nach dem 2. Weltkrieg wurde im Jahr 1946 das *Ökumenische Institut von Bossey* (Schweiz) gegründet, welches dem ÖRK angeschlossen ist.[33]

Schliesslich war der Weg geebnet, so dass am 23. August 1948 der Ökumenische Rat der Kirchen (ÖRK), kurz auch Weltkirchenrat genannt, in Amsterdam gegründet werden konnte. Zu den Gründungsmitgliedern gehörten auch mehrere orthodoxe Kirchen, vor allem die so genannten Alten Patriarchate.[34]

---

31 *Thon*, Orthodoxe Kirche 164 f.; *Oeldemann*, Erbe 840 f. – Von evangelischer Seite ist vor allem Friedrich Heiler (1892–1967) zu nennen. Er war bestrebt, die von Rudolf von Harnack geäusserten Vorurteile der orthodoxen Kirche gegenüber zu revidieren, vgl. etwa *Heiler*, Die Ostkirchen.

32 *Kniazeff*, L'ecclésiation de la vie.

33 In Verbindung mit der theologischen Fakultät der Universität Genf bietet es heute auch Master- und Promotionsprogramme in ökumenischen Studien an. Vgl. Geschichte, URL: https://www.oikoumene.org/de/about-us/history (4.5.2021).

34 Das Ökumenische Patriarchat, das Patriarchat von Alexandrien, von Antiochien und von Jerusalem. Ferner die Kirche von Zypern und Griechenland. Von den Orientalisch-Orthodoxen gehörten die koptische, äthiopische und syrische Kirche von Indien zu den Gründerkirchen.

Im Hinblick auf eine Mitgliedschaft waren für die Orthodoxen vor allem die theologischen Aufnahmebedingungen wichtig, die von den einzelnen Kirchen Folgendes verlangt:

- Den Glauben an den trinitarischen Gott
- Die Taufe im Namen dieses dreieinen Gottes
- Die Verkündigung des Evangeliums
- Die Feier der Sakramente

Ausserdem wurde von den einzelnen Kirchen auch die Bereitschaft verlangt, in den übrigen Mitgliedskirchen des ÖRK «Elemente der wahren Kirche» anzuerkennen, selbst wenn sie diese nicht «als Kirchen im wahren und vollen Sinne des Wortes» ansehen. Dieses weitere Detail der Grundsatzerklärung wurde bereits zwei Jahre später in der so genannten *Toronto-Erklärung* 1950 ergänzt.[35]

Bis Mitte 1960er-Jahre waren schliesslich alle orthodoxen Kirchen dem ÖRK beigetreten; einzig die Kirche von Albanien folgte erst Mitte der 1990er-Jahre.[36] Ausserdem haben zwei Kirchen einen ständigen Vertreter beim ÖRK am Sitz in Genf: das Ökumenische Patriarchat seit 1955 und die Kirche von Russland seit 1962.

Wegen Differenzen und unterschiedlicher Ansichten haben 1997 bzw. 1998 die Kirchen von Georgien und Bulgarien den ÖRK wieder verlassen.[37]

---

35 Vgl. die Toronto-Erklärung von 1950. Sie hat für die Orthodoxen eine sehr hohe Bedeutung; sie ermöglicht ihnen, auf Grund der theologisch-ekklesiologischen Minimalia im ÖRK mitzuarbeiten.

36 Von 1967 bis Ende 1990 konnte die Kirche von Albanien keine Aktivitäten ausüben, da Albanien offiziell atheistisch war. Das kirchliche Leben war suspendiert und Religion war verboten.

37 Im Zusammenhang mit der 8. Vollversammlung des ÖRK von Harare 1998, auf der die Frauenordination und die Homosexualität thematisiert worden waren.

4 Die Dialoge auf der Traktandenliste des Panorthodoxen Konzils

Dies signalisiert den neuesten Stand der Orthodoxie zum Thema «Ökumene» und «Ökumenische Dialoge» sowohl auf bilateraler als auch auf multilateraler Ebene.[38]

«Er rief sie alle zur Einheit»[39] war das Leitmotiv, unter dem das Heilige und Grosse Konzil der orthodoxen Kirche im Juni 2016 auf Kreta[40] einberufen worden war. Auf Grund dieses Leitmotivs darf man mit einiger Selbstverständlichkeit annehmen, dass die bilateralen und multilateralen christlichen Dialoge, in die die orthodoxe Kirche involviert ist, auch auf der Traktandenliste des Konzils fungierten. Das Ökumene Dokument (ÖD)[41] wurde in der zweiten Sitzungshälfte und als letztes Thema behandelt. Berichterstattern zufolge wurde es «vor und auf dem Konzil am intensivsten diskutiert»[42].

4.1 Das ÖD präsentiert sich wie folgt:

a) Das ÖD basiert im Wesentlichen auf den Vorlagetexten, die auf der III. Vorkonziliaren Panorthodoxen Konferenz (VPK) im Jahr 1986[43] verabschiedet worden sind, wurde allerdings, in Anbetracht der veränderten Zeitumstände, von der V. VPK im Jahr 2015[44] nochmals überarbeitet.
b) Die grundlegende Änderung des Konzilstextes gegenüber 1986 besteht darin, dass es die zwei Vorlagetexte zu einem Text zusammengefügt hat. Der Titel des ÖD *«Die Beziehungen der orthodoxen Kirche zur gesamten christlichen Welt»* wurde über-

38 Vgl. dazu *Brun*, Das Ökumene-Dokument im Wandel der Zeit.
39 Vgl. Joh 17,20–26.
40 19.–26. Juni 2016 in der Orthodoxen Akademie von Kolymbari auf Kreta, Griechenland.
41 Vgl. Originaltext bei URL: https://www.holycouncil.org (4.3.2021).
42 *Moga*, Die Orthodoxe Kirche nach dem Konzil auf Kreta 8.
43 28.10.–6.11.1986 in Chambésy/Genf.
44 10.–17.10.2015 in Chambésy/Genf.

nommen, ihm jedoch der Text über «*Orthodoxe Kirche und ökumenische Bewegung*» einverleibt.

c) Das ÖD hat folgende Inhalte bzw. Struktur erhalten: Theoretische Einleitung zu den bilateralen theologischen Dialogen und zur Ökumenischen Bewegung (4–7), Angaben zu Schwierigkeiten (8, 10), Methode und Ziel (11–13; 14–15), Mitarbeit im ÖRK (15–19), Angaben zur Gefährdung (22–23) und Aufruf zur Beteiligung am ökumenischen Dialog (9); Anfang (1–3), Mitte (20) und Ende (24) des Dokuments wird das Selbstverständnis der orthodoxen Kirche wiederholt, nämlich die eine, wahre Kirche zu sein.

4.2 Dazu einige grundlegende Feststellungen:

a) Durch die Zusammenführung der beiden Vorlagetexte von 1986 entstand ein *Konglomerat* von zwei Texten, die sich mit verwandten Themen beschäftigen, die ihrer Struktur nach jedoch völlig anders verlaufen. Gemeint sind die Dialoge auf bilateraler und multilateraler Ebene.

b) Die einzelnen *bilateralen* Dialoge, die die orthodoxe Kirche mit den übrigen Christen führt, werden nicht thematisiert. Somit ergeben sich keine Resultate für unser Thema. Wo die III. VPK alle theologischen Dialoge in auffallend positiver Weise bewertet hat, wirkt der kritische Ton des ÖD pauschal allen nichtorthodoxen Christen gegenüber befremdend.[45]

c) Damit erhält die Diskussion der Beteiligung der orthodoxen Kirche auf *multilateraler* Ebene, im Besondern am ÖRK, ein Übergewicht. Ferner ist dazu zu sagen, dass das ÖD den Schwerpunkt vor allem auf die kritischen Punkte setzt, ohne diese konkret zu behandeln.

d) Das ÖD zeichnet sich durch eine *Asymmetrie* aus, und zwar nicht nur auf struktureller, sondern auch auf inhaltlicher Ebene.

45 Was in mehreren Artikeln zum Ausdruck kommt, so z. B. ÖD 4, 6, 8, 20, 21.

e) Trotz der beiden Artikel 14–15, in denen das Prozedere nach Beendigung eines Dialogs festgehalten wird, figurieren – wie bereits erwähnt – die beiden abgeschlossenen Dialoge – nämlich mit den Altkatholiken und den Orientalisch-Orthodoxen – *nicht* auf der Traktandenliste. Diese Tatsache ist eine grosse Enttäuschung für die in der Ökumene engagierten Theologen.
f) Ausserdem erstaunt, dass das ÖD den «andern bzw. übrigen Christen» gegenüber mehrheitlich das Prädikat «Kirche» abspricht und die Bezeichnung «Schwesterkirche» nur innerorthodox angewendet wird.
g) Für Nicht-Orthodoxe wirft das ÖD viele Fragen auf; es verursacht Verunsicherung und hat wenig Überzeugungskraft. Ausserdem ist der Leitgedanke von 1986 völlig abgeschwächt.[46]

4.3 Abschliessende Randbemerkungen

a) Für drei orthodoxe Kirchen[47] war das ÖD mehrheitlich der Grund, weshalb sie dem Konzil verblieben: Sie distanzieren sich von den ökumenischen Bemühungen.
b) Für viele Konzilsväter war das ÖD eine Enttäuschung, weshalb sie den Text nur mit Wehmut unterschrieben.
c) Die Konzilsväter vertreten eine neue Generation. Ihnen sind offensichtlich die Diskussionen der III. VPK nicht präsent, welche im Protokoll von 1986 festgehalten sind: Damals wurden valable Gründe angeführt, weshalb man die bilateralen und multilateralen Dialoge in *zwei separaten* Dokumenten behandelte. Damit konnte man sowohl Charakter und Inhalt als auch Struktur und Methode der beiden Dialogformen gerecht werden.

---

46 Art. 6.; vgl. Text zu Anm. 6.

47 Russland, Bulgarien und Georgien; die Kirche von Antiochia blieb aus kirchenpolitischen Gründen dem Konzil fern.

5 Problem-Faktoren für den ÖRK und die Ökumene

Bekanntlich gab es seit längerer Zeit seitens der orthodoxen Kirchen immer wieder Anfragen an den ÖRK bzw. äusserten die orthodoxen Mitgliedskirchen Kritik am ÖRK und dies auf zwei Ebenen: inhaltlich und organisatorisch. Einige Kritikpunkte sind neueren, andere älteren Datums. Vor allem in den letzten Jahren begann man sich ernsthafte Fragen zu stellen, nachdem zwei orthodoxe Kirchen den ÖRK verlassen hatten[48]. Seither beobachtet man auch zunehmend Spannungen in den einzelnen bilateralen Dialogen. Dazu einige Details:

Zunächst lässt sich feststellen, dass das historische Datum 1989, welches die Öffnung zwischen Ost- und Westeuropa bezeichnet, nachdem die Mauer von Berlin eingerissen worden war, alsbald einen Schatten auf den offenen, man möchte fast sagen, unbekümmerten Dialog warf, welcher in der Zwischenzeit unter den einzelnen christlichen Kirchen – sei es auf bilateraler oder multilateraler Ebene – aufgebaut worden war. Damit lässt sich eine diametral verlaufende Bewegung feststellen: Mit der Öffnung der politischen Grenzen ging – fast unmerklich – eine Verengung der zwischenkirchlichen Beziehungen einher. Dies zum Leidwesen der Pioniere, welche in jahrelanger, mühseliger Arbeit die Dialoge auf eine – bis anhin noch nie dagewesene – Vertrauensbasis gehievt hatten. Und man kann sich fragen, worin denn die Ursachen liegen. Wir möchten hier einige Punkte aufzeigen.

5.1 Veränderte Zeitumstände

Vorab sei erwähnt, dass man – aus kirchenpolitischer Sicht – in den Entspannungsphasen des Kalten Krieges (1947–1989)[49] über die zwischenkirchlichen Dialoge eine Möglichkeit zu einem stärkeren

48 Georgien (1997) und Bulgarien (1998).

49 So vor allem seit 1960, nachdem Nikodim, der spätere Metropolit von Leningrad, zum Leiter des kirchlichen Aussenamtes des Moskauer Patriarchats ernannt worden war. Dies «signalisierte das Ende des Geistes des Kalten

Ost-West-Austausch auf nicht-staatlicher Ebene sah, weshalb die sozialistischen Staaten die Mitgliedschaft der orthodoxen Kirchen z. B. im ÖRK befürworteten. In diesem Rahmen bestand denn auch die Möglichkeit zur Begegnung mit den Kirchen des Westens, im Besondern mit den Kirchen der Reformation.[50] Allerdings war *nach* der Wende alsbald ein Wechsel in der Gesinnung der Vertreter der orthodoxen Kirchen der ehemaligen Ostblockstaaten festzustellen, der sich zunächst in Zurückhaltung und je länger je mehr durch – wir würden sagen – Abschottung zum Ausdruck kam. Der Westen brauchte eine gewisse Zeit, bis er die Situation durchschaute: Erstmals, nach fast einem Jahrhundert, waren die Kirchen des Ostens wieder frei. Logischerweise konzentrierten sie sich auf die innerkirchlichen Belange. Die Ökumene verlor an Wichtigkeit – oder krasser ausgedrückt mit den Worten von Boris Knorre: «Im postsowjetischen kirchlichen Umfeld der russisch-orthodoxen Kirche war die Ökumene niemals populär.»[51]

5.2 Spannungen zwischen Protestantismus und Orthodoxie im ÖRK

Der Ökumenische Rat der Kirchen besteht im Wesentlichen aus Kirchen der evangelischen und der orthodoxen Tradition. Dazu gehören auch anglikanische, altkatholische und orientalisch-orthodoxe Kirchen. Diese unterscheiden sich stark in ihrem ekklesiologischen Selbstverständnis und in ihrer Theologie, was von Anfang an zu Spannungen geführt hat. Es war deshalb für den ÖRK nötig, schon kurz nach seiner Gründung in der 1950 vom Zentralausschuss ange-

---

Krieges, der die Kirchenpolitik Moskaus nach dem 2. Weltkrieg bestimmt hatte». (Metropolit *Arsenios*, Das Große und Heilige Konzil der Orthodoxen Kirche; Er war «ein Vorkämpfer der panorthodoxen Einheit und der ökumenischen Öffnung», URL: https://ostkirchen.info/vor-40-jahren-starb-metropolit-nikodim-in-den-armen-des-papstes/ (4.3.2021).

50 Vgl. Wikipedia-Eintrag, URL: https://de.wikipedia.org/wiki/Orthodoxe_Kirchen (4.3.2021).

51 So der St. Petersburger Dozent Boris Knorre, in: *ders.*, Die anti-ökumenische Rhetorik orthodoxer Fundamentalisten 11.

nommenen *Erklärung von Toronto*[52] die Aufnahme-Kriterien festzulegen, welche interessanterweise anhand *in-klusiver* und *ex-klusiver* Elemente formuliert wurden. Für die orthodoxen und orientalisch-orthodoxen Mitgliedskirchen ist diese *Toronto-Erklärung* von grosser Wichtigkeit; sie ermöglicht es ihnen, überhaupt im ÖRK mitzuarbeiten. Wie zu erwarten, ist sie allerdings in den Augen mehrerer reformierter Kirchen unzureichend.[53]

5.3 Verlagerung der Schwerpunkte im ÖRK

Während der ÖRK sich ursprünglich als eine Bewegung zur Wiederherstellung der Einheit der christlichen Kirchen verstand, hat er sich in den letzten Jahrzehnten mehr darum bemüht, der Pluralität der Bewegungen, Aktionen und Probleme in der Welt gerecht zu werden.[54] Diese Richtungsänderung stiess bei Kirchen, die sich besonders der Einheitsbewegung verpflichtet sehen – insbesondere bei den orthodoxen und orientalisch-orthodoxen Kirchen – zunehmend auf Widerspruch. Die liberale Haltung bei gewissen ethischen Fragen – z. B. Lebensschutz[55], Homosexualität oder Frauenordination – stiess bei vielen orthodoxen Kirchen auf direkte Ablehnung.[56] So

52 Die Toronto-Erklärung steht unter dem Titel «Die Kirche, die Kirchen und der Ökumenische Rat der Kirchen», URL: https://de.wikipedia.org/wiki/Erkl%C3%A4rung_von_Toronto (4.3.2021).

53 Ebd.: Sie beanstanden, dass der ÖRK mehr als ein Gesprächsforum sei. Ausserdem werde die geistliche Dimension des Zusammenkommens – wie z. B. das gemeinsame Gebet – zu wenig hervorgehoben.

54 Als Verdienste des ÖRK müssen allerdings festgehalten werden: Er hat in Brasilien die Verbrechen der Militärdiktatur dokumentiert und in Südafrika wäre, wie Nelson Mandela gesagt hat, «ohne den ÖRK die Apartheid nie zu Fall gebracht worden». Heute sind Delegationen des ÖRK an den Friedensprozessen in Korea, im Süd-Sudan, in Kolumbien, im Kongo und in Syrien beteiligt, ebenso wie bei der Annäherung zwischen Eritrea und Äthiopien, vgl. *Strickler, Doris:* «Evangelikale Hetzjagden» gegen den Weltkirchenrat, 6.11.2018, URL: https://www.efo-magazin.de/magazin/politik-welt/evangelikale-hetzjagden-gegen-den-weltkirchenrat/ (4.5.2021).

55 Etwa im Zusammenhang mit Abtreibung.

56 Vgl. Wikipedia-Eintrag, URL: https://de.wikipedia.org/wiki/%C3%96kumenischer_Rat_der_Kirchen (4.3.2021).

besteht ein Dilemma über die Aufgaben des ÖRK, denn einerseits halten die einen an der Ursprungsidee des Weltkirchenrates fest, wo andererseits die übrigen die Meinung vertreten, ein weltweiter Rat von Kirchen müsse sich auch den aktuellen Fragen – wie Migration oder Klima- und Umweltschutz – stellen und könne sich nicht indifferent politischen Krisen gegenüber verhalten.[57]

5.4 Unzufriedenheit über die Methode

Schon seit längeren Jahren kritisierten und bemängelten die orthodoxen Kirchen die gängige Methode der Beschlussfindung im ÖRK. Diese basierte auf *Mehrheitsbeschlüssen*, womit die grossen orthodoxen Kirchen mitgliedsmässig völlig im Nachteil waren gegenüber der Vielzahl kleiner evangelischer Mitgliedskirchen. Sie erachteten dies als ein Moment der Ungerechtigkeit, da die orthodoxe Meinung so gut wie keine Chance hatte und stets überstimmt wurde. Im Klartext heisst dies: Die bisherige Struktur mit Mehrheitsbeschlüssen bevorzugte eindeutig die Sicht der evangelischen Kirchen, die folglich die Prioritäten und Programme des ÖRK dominierte. Die daraus resultierenden Spannungen führten bis zu Austrittsdrohungen einzelner orthodoxer Kirchen.

Schliesslich wurde eine paritätisch besetzte Sonderkommission eingesetzt mit dem Auftrag, Vorschläge für eine verbesserte Struktur, Stil und Ethos des ÖRK zu erarbeiten. Dabei wurden auch ähnliche Anliegen anderer Kirchenfamilien und Kirchen berücksichtigt.

---

57 So beanstandet etwa der armenisch-orthodoxe Patriarch Aram I. von Antalia, dass sich auf der ökumenischen Agenda alles nur noch um Klimaschutz oder Migration drehe. Die Frage nach der Einheit der Kirche, was der Ausgangspunkt für alle ökumenischen Bemühungen aus orthodoxer Sicht war, sei bedeutungslos geworden. Wichtige Themen wie das Wesen der Kirche oder der apostolische Glaube verstaubten in den Regalen des Weltkirchenrats (so am 3.7.2014 in Rom). *Buck, Katja Dorothea:* Scharfe Kritik am Weltkirchenrat, in: welt-sichten 7/2014, 3.7.2014, URL: https://www.welt-sichten.org/artikel/23374/scharfe-kritik-am-weltkirchenrat (4.5.2021).

Im Februar 2005 hat der ÖRK-Zentralausschuss auf der Grundlage der Empfehlungen des Abschlussberichtes dieser Kommission seine Verfassung geändert und das *Konsensverfahren* als neue Methode der Entscheidungsfindung und Beschlussfassung eingeführt. Dieses kam erstmals auf der Vollversammlung des ÖRK im Februar 2006 in Porto Alegre zum Einsatz.[58]

5.5 Gewandeltes Ökumene-Verständnis

Wir möchten dies anhand von 3 Aspekten aufzeigen:

1. Aspekt: Ursprünglich war die Ökumene eine Bewegung, die aus einem vitalen Bedürfnis hervorging. Die Schrecken der beiden Weltkriege im 20. Jahrhundert schärften das Bewusstsein für die Annäherung zwischen den Christen. Man wurde sich gewahr, dass ein Festhalten an jahrhundertelang aufrechterhaltenen Vorurteilen nicht weiterhin vertretbar war. In der Not haben sich immer wieder Menschen über alle Barrieren und Schranken hinweggeholfen. Ohne Rücksicht auf religiöse Zugehörigkeit hat man Gutes erfahren. Das Gewissen der Menschen wies auf die Unhaltbarkeit der aktuellen Situation hin. Es ging um einen Moment der Gerechtigkeit.

Diese Ökumene, die in der zweiten Hälfte des 20. Jahrhunderts Form anzunehmen begann, wurde zu einer weltweiten Bewegung, die den Weg zur *Einheit der christlichen Kirchen* und die Zusammenarbeit unter den Christen anstrebte. Man kann heute von einem sog. «Ethos der Ökumene» reden, welches durch Verzeihen und Versöhnung den Dialog zwischen den Kirchen ermöglichen wollte; es sollte auf der Basis von gegenseitiger Wertschätzung sowohl den bilateralen als auch den multilateralen Dialog, wie er mit dem ÖRK gegeben ist, ermöglichen.

Fazit: Die *traditionelle Ökumene* zeichnete sich durch «*Inklusion*» aus, die eine Gemeinschaft unter den *christlichen* Konfessionen anstrebte.

58 Vgl. Wikipedia-Eintrag, URL: https://de.wikipedia.org/wiki/%C3%96kumenischer_Rat_der_Kirchen (4.3.2021).

2. Aspekt: Seit den 1980er Jahren ist eine neue zwischenkirchliche Bewegung auszumachen, die ihren Ursprung in den USA hat und auf eine Art «*Kulturkriege*» *(culture wars)* zwischen «progressiven säkularen und religiösen Gesellschaftsgruppen und der konservativen christlichen Rechten» zurückgeht.[59] Da sie sich als konfessionsübergreifend verstehen, d.h. auch Christen jenseits ihrer eigenen Konfessionsgrenzen anerkennen, bezeichnen sie sich als «ökumenisch».

Das Ziel dieser Bewegung ist jedoch *nicht* die Einheit der Christen, sondern es handelt sich vielmehr um einen Zusammenschluss Gleichgesinnter, die gegen die moderne säkulare Gesellschaft mit ihren pluralistischen Werten kämpfen. Wir haben es hierbei eher mit einer «Allianz zur Verteidigung» traditioneller, so genannter christlicher Werte zu tun.[60]

Diese konservative Werte-Ökumene zeichnet sich durch «*Exklusion*» aus und schwappte schliesslich von den USA nach Russland über, das heisst, sie ist transnational.

Fazit: Mit dieser Engführung der Themen und der inhaltlich völlig anderen Ausrichtung ist sie eine *Herausforderung für die klassische Ökumene.*[61]

3. Aspekt: Nach der grossen Wende, symbolisiert durch den Fall der Mauer von Berlin 1989, kam eine dritte Form an den Tag, die hinter dem Eisernen Vorhang wohl schon in den 1940er- und 1950er-Jahren ihren Anfang nahm: *die Anti-Ökumene*! Sie negiert die Existenz von Christen jenseits ihrer eigenen Konfessionsgrenzen. Ihre Anhänger betrachten sich als Hüter und Verteidiger der

---

59 *Stoeckl*, Ökumene 2.0 5.

60 Der Kampf stellt sich gegen Abtreibung, Euthanasie, Pornografie, so genannte Homoehen und die Genderbewegung, jedoch für das traditionelle Familienbild. Vgl. dazu die Pro-Life-Bewegungen oder den World Congress of Families, der eine russisch-amerikanische Initiative ist, Wikipedia-Eintrag URL: https://en.wikipedia.org/wiki/World_Congress_of_Families (4.3.2021).

61 Vgl. *Stoeckl*, Ökumene 2.0.

Reinheit des wahren Glaubens; sie vertreten eine kompromisslose Haltung.

Diese *anti-ökumenische* Haltung ist vor allem in den orthodoxen Kirchen von Russland und Griechenland anzutreffen und hat ihre Quellen im fundamentalistischen Mönchstum, wie man sie u.a. auf dem Berg Athos antreffen kann.

Gleichzeitig ist diese Anti-Ökumene anti-westlich[62] und anti-modern[63].

Fazit: Diese *Anti-Ökumene* zeichnet sich durch Abschottung, auch innerhalb der Gesamtorthodoxie aus; gleichzeitig ist sie auch ein *Frontalangriff auf die Ökumene.*

5.6 Zusammenfassende Überlegungen

Zunächst gilt es festzuhalten, dass der Begriff Ökumene von verschiedenen Gruppierungen und für unterschiedliche Ziele vereinnahmt wurde. Die Differenzierung der aktuellen Tendenzen, die unter dem Deckmantel «Ökumene» fungieren, hat zutage gebracht, dass

a) es um die *traditionelle Ökumene* nicht grundlos stiller geworden ist, wird sie doch *einerseits* in eher einseitiger Weise durch eine *konservative Werteökumene*, die die Schwerpunkte nicht auf theologisch-ekklesiologische Aspekte setzt, sondern auf die moralisch- christlichen Werte, herausgefordert, *andererseits* durch eine *Anti-Ökumene* direkt infrage gestellt.

---

62 Damit ist vor allem die Heterodoxie gemeint, d.h. die verschiedenen, nicht-orthodoxen westlichen Konfessionen, und damit verbunden eine angeblich durch die Ökumene angestrebte «Weltreligion». Dazu gehört aber auch der Säkularismus. Vgl. *Shishkov*, Wege zu einem neuen ökumenischen Paradigma 9.

63 Radikale bekämpfen die «Neue Weltordnung», die verschiedene Formen der Globalisierung beinhaltet wie die Weltordnungspolitik, Wirtschaftsunionen oder ein internationales Informationsnetz, das als Kontrollsystem mit Hilfe elektronischer Technologien verteufelt wird. Sie bekämpfen auch die Personenidentifikationsnummern (PIN). Vgl. dazu *Shishkov*, Wege zu einem neuen ökumenischen Paradigma, und *Stoeckl*, Ökumene 2.0 5.

b) im Rahmen der *traditionellen Ökumene* von Anfang an die Definition der ökumenischen Zusammenarbeit, sowohl im bilateralen wie im multilateralen Dialog, besonders innerhalb des ÖRK, in erster Linie das «Streben nach Gemeinschaft»[64] und der Einheit der Kirchen anvisiert.
c) mit der konservativen *Werteökumene* ein *neuer Pol*[65] im Spannungsfeld zwischen der *klassischen Ökumene* und der *Anti-Ökumene* gegeben ist, besonders im orthodoxen Kontext.
d) die konservative *Werteökumene* im beschriebenen Kontext durchaus eine *Vermittlerrolle* übernehmen könnte, «solange sie theologisch fundiert und respektvoll argumentiert»[66].
e) die Vertreter der *konservativen Werteökumene* jedoch dann *zu Anti-Ökumenikern* werden, «wenn an die Stelle des christlichen Dialogs eine militante, nicht theologisch, sondern vielmehr politisch motivierte Rhetorik gegen die pluralistische Gesellschaft tritt»[67].
f) die Vertreter der *Anti-Ökumene* – vor allem in der russisch-orthodoxen Kirche – in der Zwischenzeit bereits die «Macht» erreicht haben, «die Kirchenleitung unter Druck zu setzen und den Ausstieg aus ökumenischen Programmen zu bewirken».[68]
g) die *Anti-Ökumeniker* 2016 ihren Höhepunkt erreicht haben: Durch das Fernbleiben der russischen, georgischen und bulgarischen Kirche haben sie das panorthodoxe Konzil torpediert, welches seit Ende 1960er Jahre äusserst sorgfältig vorbereitet worden war.
h) die radikale *Anti*-Ökumene selbst innerhalb der Gesamtorthodoxie eine Gefahr darstellen kann, indem sie die Drohung einer Kirchenspaltung beinhaltet.

---

64 So Regina Elsner, in: *Stoeckl*, Ökumene 2.0 6.
65 Vgl. Vorschlag von Shishkov, in: *Stoeckl*, Ökumene 2.0.
66 Shishkov, in: *Stoeckl*, Ökumene 2.0 6.
67 *Stoeckl*, Ökumene 2.0 6, basiert auf der Meinung von Regina Elsner, Will Cohen und Jennifer Wasmuth.
68 A. a. O. 5.

Fazit: Diese neuen Gegebenheiten sind eine ernsthafte Herausforderung für die gesamte Ökumene – im traditionellen Sinne des Wortes verstanden – und für alle bilateralen und multilateralen Dialoge, was sich besonders innerhalb des ÖRK bemerkbar macht. Somit war die letztjährige 70-Jahr-Feier des ÖRK mit dunklen Wolken überschattet.

6 Schlussgedanken

Es sei hier betont, dass zu jeder Zeit Herausforderungen gleichzeitig die Chance für eine Neuausrichtung in sich bergen. Ich möchte dies in drei Punkten aufzeigen:

a) Die existenzielle Notlage der Menschheit Anfang des 20. Jahrhunderts bewirkte ein Umdenken im Verhältnis der christlichen Konfessionen zueinander, welches eine theologische Wende zur Folge hatte: Es entstand die Ökumenische Bewegung.
b) Der Wertezerfall im Anschluss an die 68er Jahre bewirkte in den 1980er Jahren unerwartete Zusammenschlüsse christlicher Konfessionen, die mit neuen Werte-Forderungen der säkularen Moderne entgegentreten wollen: Es entstand die Werte-Ökumene.
c) Die vom Westen herkommende Globalisierung bewirkte vielerorts eine Bedrohung der Eigenständigkeit und Unabhängigkeit, was einen verstärkten Nationalismus – und daran gekoppelt – eine antiwestliche Haltung heraufbeschwor: Es entstand die Anti-Ökumene.

Wenn wir zum Schluss den Verlauf der Dinge und den heutigen Ist-Zustand der Ökumene betrachten, so möchten wir mit folgenden Gedanken enden:

In all unseren Bestrebungen dürfen wir die christlichen Werte der Versöhnung und friedlichen Koexistenz nicht verraten. Dies gelingt allerdings nur, wenn wir unser Selbstbewusstsein bescheiden. Nur mit einer solchen Geisteshaltung wird es uns gelingen, das Ziel einer «versöhnten Verschiedenheit» nicht aus den Augen zu verlieren und unserem christlichen Auftrag, «*dass alle eins seien*»,[69] gerecht zu werden.

In diesem Zusammenhang seien zum Schluss die Worte von Metropolit Laurenţiu Streza aufgegriffen: «Wir sind vom Gegeneinander zum Nebeneinander gekommen. Unsere Hoffnung ist es, dass wir auch noch zum Füreinander kommen.»[70]

Literatur

Altkatholisch-Orthodoxe Konvergenzerklärungen: URL: https://de.wikipedia.org/wiki/Liste_der_altkatholisch-orthodoxen_Dialogpapiere_und_Konvergenzerkl%C3%A4rungen_auf_Weltebene (4.3.2021).

Basdekis, Athanasios (Hg.): Orthodoxe Kirche und ökumenische Bewegung. Dokumente – Erklärungen – Berichte. 1900–2006. Frankfurt a.M./Paderborn: Lembeck/Bonifatius, 2006.

Beschlüsse der III. Vorkonziliaren Panorthodoxen Konferenz (VPK), in: US 42 (1987) 4–28.

Brun, Maria: Damaskinos Papandreou. Erster Metropolit der Schweiz 1969–2003. Athen 2011.

Dies.: Das Ökumene-Dokument im Wandel der Zeit, in: US 73 (2018) 2, 140–151.

Bremer, Thomas u.a. (Hg.): Orthodoxie im Dialog. Bilaterale Dialoge der orthodoxen und der orientalisch-orthodoxen Kirchen 1945–1997. Trier: Paulinus, 1999.

Heiler, Friedrich: Die Ostkirchen. München/Basel: E. Reinhardt, 1971.

Kallis, Anastasios: Auf dem Weg zum Konzil (Orthodoxe Perspektiven 10). Münster: Theophano, 2013.

69 Joh 17,21.

70 «Kritiker haben die Texte nicht gelesen». Gespräch mit Laurenţiu Streza, Erzbischof von Hermannstadt und Metropolit von Siebenbürgen, 12.10.2016: https://adz.ro/artikel/artikel/kritiker-haben-die-texte-nicht-gelesen (4.5.2021).

Kniazeff, Alexis: L'ecclésiation de la vie, in : La pensée orthodoxe no. 4. Paris: L'âge d'homme, 1987, 108–135.

Knorre, Boris: Die anti-ökumenische Rhetorik orthodoxer Fundamentalisten, in: RGOW 46 (2018) 10, 11–13.

Küppers, Werner: Der orthodox-altkatholische Dialog nimmt Gestalt an, in: IKZ 63 (1973) 2–3, 182–192.

Ders.: Stand und Perspektiven des altkatholisch-orthodoxen Dialogs, in: IKZ 62 (1972) 87–117.

Lindbeck, George: Two Kinds of Ecumenism. Unitive and Interdenominational, in: Gregorianum 70 (1989) 4, 647–660.

Arsenios von Austria: Das Große und Heilige Konzil der Orthodoxen Kirche, URL: http://www.orthodoxe-kirche.at/site/inforechts/article/576.html (4.3.2021).

Moga, Ioan: Die Orthodoxe Kirche nach dem Konzil auf Kreta, in: RGOW 44 (2016) 11, 8–10.

Nikolaou, Theodor: Geschichtlicher Überblick und Würdigung des orthodox-anglikanischen Dialogs, in: Orthodoxes Forum 5 (1991) 1, 81–90.

Oeldemann, Johannes: Das Erbe Martin Luthers und die Tradition der orthodoxen Kirche, in: *Melloni, Alberto (Hg.):* Martin Luther. Ein Christ zwischen Reformen und Moderne (1517–2017). Berlin: de Gruyter, 2017, 839–862.

Oeyen, Christian: Chronologisch-bibliographische Übersicht der Unionsverhandlungen zwischen der Orthodoxen Kirche des Ostens und der Altkatholischen Kirche der Utrechter Union, in: IKZ 57 (1967) 29–51.

Papandreou, Damaskinos: Eucharistie. Gemeinschaft der Glaubenden – Offenheit für die Welt, in: *Erni, Raymund/ders.:* Eucharistiegemeinschaft. Der Standpunkt der Orthodoxie. Freiburg i. Üe.: Kanisius, 1974, 68–96.

Shishkov, Andrey: Wege zu einem neuen ökumenischen Paradigma, in: RGOW 6 (2018) 10, 7–10.

Stoeckl, Kristina: Ökumene 2.0 – zwischen Ökumene und Anti-Ökumene, in: RGOW 46 (2018) 10, 5–6.

Thon, Nikolaus (Red.): Die orthodoxe Kirche und ihr Weg in der Geschichte. Teil 1: Begegnung und Auseinandersetzung, in: Lehrerfortbildung NRW, Schriftenreihe zur Lehrerfort- und -Weiterbildung Heft 18, Münster 1997, URL: http://orthodoxe-bibliothek.de/index.php/bibliothek/thon-nikolaj-hypodiakon (4.5.2021).

Toronto-Erklärung von 1950, URL: https://de.wikipedia.org/wiki/Erkl%C3%A4rung_von_Toronto (4.3.2021).

Vogelsanger, Peter: Über die Anfänge der ökumenischen Bewegung in der Schweiz, in: *Leuba, Jean-Louis/Stirnimann, Heinrich (Hg.):* Freiheit in der Begegnung. Zwischenbilanz des ökumenischen Dialogs. FS für Otto Karrer zum 80. Geburtstag. Frankfurt a. M./Stuttgart: Knecht/Evangelisches Verlagswerk, 1969.

Die Sprache der Kirche im Lichte der antiken Parrhesia

Lorenzo Scornaienchi

Einleitung: Die Sprache der Kirche

Der Ausgangspunkt dieses Beitrags ist die Frage, wie die Kirche in der gegenwärtigen Gesellschaft sprechen soll. Dieses Thema entspricht einem besonderen Wunsch der reformierten Kirche Luzern. Damit wollte man zur Feier des 50. Jubiläums der katholischen und reformierten Landeskirchen Luzerns über besondere Inhalte und Aufgabe nachdenken, die dabei helfen sollten, das historische und juristische Faktum eines anerkannten Raumes in der Öffentlichkeit für die Kirchen in der Gegenwart neu zu interpretieren. Wie die Kirche in der Gegenwart sprechen soll, ist ohne Zweifel eine komplexe Frage, die strukturelle, soziale, politische, kommunikative Implikationen hat. Eine Landeskirche könnte sich als staatsnahe Struktur verstehen, die einfach funktionieren muss. Als solche muss sie nicht unbedingt sprechen, sondern eher das Leben der Einzelnen oder von Gruppen begleiten. Der Predigtdienst, der eine zentrale Bedeutung in der Kirche hat, hat in dieser Auffassung eine eher tröstende Funktion. Wenn man also die Frage nach der Sprache der Kirche stellt, heisst das, dass man sich nicht mit einer solchen funktionalen Rolle zufriedengeben will.

Wie soll denn nun die Kirche sprechen? Der Verlust an Konsens suggeriert den Kirchen, eine vorsichtige Haltung einzunehmen und nicht profiliert Stellung zu beziehen, um einzelne Teile der Gesellschaft nicht zu irritieren.

Bei der Frage nach dem Sprechen der Kirche in der Gegenwart sehe ich zwei kritische Punkte: *den Singular des Wortes Kirche* (gerade aus der juristischen und historischen Perspektive heraus sollte man den Plural Kirchen verwenden)[1] und andererseits das Verb *sprechen.* Sprache kann nach dem *linguistic turn* auf einen formalisierten und äusserlichen Akt reduziert werden; im Dickicht der Medienwelt und der Kommunikation ist ein solches formalisiertes Sprechen gefordert; die Kirchen haben hier bisweilen grosse Mühe, sich zeitgemäss auszudrücken.

Gerade solche Spannungen lassen mich auf die Anfänge des Christentums zurückblicken, wo die christliche Kirche (im Gegensatz zur heutigen Pluralität der Kirchen) eine singuläre Entität war, und auf das griechische Wort Parrhesia, παρρησία[2] – Freimütigkeit oder Redefreiheit –, das per definitionem jedes formalisierte Reden überwindet und beseitigt und der das Sprechen der Apostel charakterisierte.

1 Perspektiven der Forschung zu Parrhesia

Die Definition und die Anwendung von Parrhesia im gegenwärtigen Diskurs werden durch die Tatsache erschwert, dass dieser Terminus in den letzten Jahrzehnten von verschiedenen Disziplinen mit unterschiedlichen Akzenten verwendet worden ist: von der klassischen Philologie, der neutestamentlichen Wissenschaft, der systematischen Theologie, der Literaturwissenschaft und von der Philosophie. Eine so aussergewöhnliche und vielversprechende Verbreitung dieses griechischen Begriffs lässt sich mit der Behand-

1 *Huber*, Öffentliche Kirche in pluraler Öffentlichkeit 172f., betont die Bedeutung des Gebrauchs von Kirche im Singular statt im Plural. Es ist immer mehr von der Pluralität der Kirchen die Rede, «zugleich jedoch ist eine christliche Kirche dadurch ausgezeichnet, dass sie auf eine bestimmte Wahrheit verpflichtet ist». Diese Vorstellung ist gerade in der Perspektive der Verkündigung des Evangeliums für diesen Aufsatz grundlegend.

2 Ich benutze die transliterierte Schreibweise Parrhesia und nicht die eingedeutschte Form Parrhesie.

lung des Terminus durch Michel Foucault erklären. Foucaults Thesen dienen als theoretische Grundlage zahlreicher Untersuchungen verschiedener Perspektiven des freien Redens von der Antike bis zur Gegenwart.[3]

1.1 Philologische Untersuchungen zu Parrhesia

Bei der Frage nach der Definition haben philologische und begriffsgeschichtliche Untersuchungen einen gewissen Vorrang. Sie[4] unterscheiden hauptsächlich zwei Bedeutungen des Wortes Parrhesia, nämlich *Redefreiheit* und *Freimut.* Redefreiheit bezog sich auf die äusseren Verhältnisse, die in der athenischen Demokratie für die freien Männer herrschten,[5] und hatte eine rechtlich-objektive Konnotation. Jeder freie Mann durfte in der Volksversammlung frei reden. Doch dies war das Vorrecht der Bürger Athens, es galt nicht für Sklaven, Fremde oder Frauen. Als dieses Freiheitsrecht nach dem Ende der athenischen Demokratie nicht mehr

3 Das kann man besonders in Sammelbänden feststellen, die diese interdisziplinäre Arbeit präsentieren, wie *Smit/Van Urk*, Parrhesia oder *Campe/Wessels*, Bella Parrhesia.

4 Die erste Untersuchung ist von *Peterson*, Zur Bedeutungsgeschichte von παρρησία, erschienen 1929 in der Festschrift für Reinhold Seeberg. In Amerika war allerdings bereits 1927 der Artikel von *Radin*, Freedom of Speech in Ancient Athens, erschienen. In der Linie von Peterson verstehen sich der Artikel von Schlier im Theologischen Wörterbuch zum Neuen Testament und das Buch von *Scarpat*, Parrhesia. Storia del termine e delle sue traduzioni in latino. Ein Wendepunkt in der Forschung zu Parrhesia ist die Untersuchung von Gigante zum Gebrauch des Terminus bei den Epikureern, insbesondere bei Philodemus. Hier zitiere ich die deutsche Fassung seines Artikels von 1969, Philodemos. Diese Untersuchung eröffnet eine neue Richtung in der neutestamentlichen Forschung und beeinflusst sogar Michel Foucault, vgl. *Foucault*, Fearless speech: «and I must confess that without some commentary from the Italian scholar, Marcello Gigante, I would not have understood much of this fragmentary Greek text» (gemeint ist das Manuskript aus Herculaneum De parrhesia von Philodemos).

5 *Platon*, Gorgias 461E.

bestand, wurde Parrhesia als ein ethisches Ideal verstanden,[6] das besonders die Kyniker als höchstes Ziel betrachteten[7] (Zitat aus Diogenes). Das gleiche Wort bezeichnete auch die Haltung eines Menschen, der freimütig die Konventionen der Zeit herausfordert. Die Kyniker wurden daher oft als Provokateure empfunden, und ihr Ideal der Freiheit galt als eine unannehmbare Übertreibung und Auflösung von allen Formen von Verantwortung. Obwohl die Parrhesia immer eine öffentliche Wirkung hatte, wurde in der Kaiserzeit zunehmend auch ihre Anwendung im privaten Rahmen thematisiert. Das kann man bei den römischen Epikureern und bei Plutarch feststellen. Durch den Rückzug aus dem öffentlichen Raum sollte die Kritik, die den Kynikern zuteilgeworden war, vermieden werden. Seit den 1970er-Jahren konzentriert sich die Forschung deshalb vor allem auf die epikureische Auffassung der Parrhesia, insbesondere auf die Schrift von Philodemus *De parrhesia*, die nach einem in Herculaneum gefundenen Papyrus rekonstruiert werden konnte. Marcello Gigante erklärt anhand dieser Schrift den Gebrauch der Parrhesia bei den Epikureern: Sie kam in einem privaten Zusammenhang zur Anwendung, nämlich im Verhältnis Lehrer-Schüler.[8] Dabei werde sie mit einer Arznei verglichen, die der Lehrer einsetzt, um den Schüler zu «kurieren». Dies findet man auch in den Werken des Plutarch. Die Epikureer betonten die Bedeutung des Rückzugs aus dem politischen Leben und aus der Öffentlichkeit.

---

6 Die Forschung redet von einer «Privatisierung» der Parrhesia im Gegensatz zur politisch-rechtlichen Konnotation des Terminus in der athenischen Demokratie. Ich teile allerdings die Meinung von *Fields, Frankness, Greek Culture, and the Roman Empire* 4, dass Parrhesia zwar privatisiert werde, aber weiterhin eine politische Relevanz in der griechischen und in der römischen Gesellschaft behalte, besonders bei den Kynikern. Anders als Fields denke ich, dass die Bedeutung des Terminus bei den Epikureern und bei Plutarch in der Tat entpolitisiert wird.

7 *Diogenes Laertius*, Vitae 6,69: «Gefragt, was unter Menschen das Schönste sei, antwortete er: – Das freie Wort – (παρρησία)». *Scarpat*, Parrhesia greca, parrhesia cristiana, 75–77, betont, dass bei Diogenes von Sinope Parrhesia eigentlich Freiheit bedeute.

8 *Gigante*, Philodemos 376–377.

Die neutestamentliche Forschung bezieht sich auf diese philologischen Studien. Es ist allerdings noch nicht geklärt, welche Auffassung für die neutestamentlichen Schriften grundlegend ist.[9] Die Bedeutung der öffentlichen Verkündigung des Evangeliums lässt aber ausschliessen, dass sich die epikureische Privatisierung der offenen Reden im christlichen Denken etablieren konnte.

1.2 Parrhesia in der Theologie

Die Verwendung des Begriffs Parrhesia in systematisch-theologischen Werken geht sicherlich von einem Einsatz in der Öffentlichkeit aus. Ich nenne zwei Beispiele: die barthianische Theologie und die Befreiungstheologie.

1966 wählten einige Schüler Karl Barths Parrhesia als Titel der Festschrift für den 80. Geburtstag ihres Lehrers.[10] Der Titel wird im Werk nur kurz im Vorwort erklärt, kommt dann aber in keinem Beitrag mehr vor. Eine direkte Verbindung der Theologie Barths

---

9 Eine Übersicht ist bei *Marrow*, Parrhēsia and the New Testament, zu finden. Spezifische Studien untersuchen den Terminus in den einzelnen Schriften des Neuen Testaments, z. B. *Vorster*, The Meaning of ΠΑΡΡΗΣΙΑ in the Epistle to the Hebrews. Eine Richtung in der neutestamentlichen Forschung untersucht den Einfluss der epikureischen Auffassung von Parrhesia auf das Neue Testament, insbesondere auf Paulus, vor allem in den beiden Sammelbänden von *John F. Fitzgerald*, Friendship, Flattery and Frankness of Speech, sowie Philodemus and the New Testament World. Fitzgerald ist auch der Herausgeber des Werkes De Parrhesia von Philodemos für die SBL. An dieser Stelle können solche Studien nicht im Einzelnen berücksichtigt werden. Man kann nur feststellen, dass sie in der Wirkungsgeschichte der Studien zu Philodemos einzuordnen sind. Im Allgemeinen kann man sicher sagen, dass die Briefe des Paulus freundschaftliche und vertrauliche Themen enthalten (siehe meinen Aufsatz zum Vertrauen im 2. Korintherbrief, «Kann man Paulus noch vertrauen? Vertrauen im 2. Korintherbrief»). Es wäre aber m. E. nicht korrekt, die paulinischen Briefe als private Schreiben zu betrachten. Paulus will damit seine theologischen Auffassungen veröffentlichen. Anders als ein epikureischer Denker lebt Paulus in der Stadtkultur und in der Agora, wo er öffentlich den Völkern das Evangelium verkündigt.

10 Vgl. *Steiger*, ΠΑΡΡΗΣΙΑ.

mit diesem Begriff müsste noch genauer untersucht werden. Die Schüler Barths sehen in der Parrhesia ein anderes Wort für Offenbarung und qualifizieren sie damit als die Redefreiheit Gottes.[11] Im Johannesevangelium wird der griechische Terminus für die Verkündigung Jesu verwendet. Vor dem Hohenpriester fasst Jesus seine Tätigkeit wie folgt zusammen: «Ich habe öffentlich vor aller Welt geredet und allezeit in der Synagoge und im Tempel gelehrt, wo alle Juden sich versammeln, und ich habe nichts im Geheimen geredet» (Joh 18,20). Jesus bewegt sich und spricht in der Öffentlichkeit, die Offenbarung ist aber nicht nur ein supranaturalistisches Ereignis wie bei Barth, sondern sie entfaltet sich aus dem Lebensumfeld Jesu, wo viele aus Angst nicht öffentlich oder offen reden können (Joh 7,13).

In Joh 7,4 fordern die Jünger Jesus auf, sich in der Welt zu offenbaren: «Denn niemand wirkt im Verborgenen (ἐν κρυπτῷ) und strebt zugleich nach Öffentlichkeit (ἐν παρρησίᾳ). Wenn du das willst, dann offenbare dich der Welt.» Sie werden aber im Text als Ungläubige bezeichnet. Die Offenbarung geschieht in der menschlichen Welt, und hier begegnet sie den Widersprüchen und den Grenzen der Menschen. Mit Parrhesia wird im Johannesevangelium neben dieser Bedeutung als Offenbarung auch ein Vorbild gegeben, das die Haltung der Apostel und der Kirche insgesamt gegenüber der Welt beschreibt.

Das andere Beispiel kommt aus der Befreiungstheologie, nämlich aus dem Werk von Leonardo Boff über die Kirche *Igreja, charisma e poder*. Die apostolische Parrhesia gilt bei Boff als Vorbild für das Wesen und die Strukturierung der Kirche. Mit der Parrhesia identifiziert er gerade eine äussere kritische Haltung zu der politischen Regierung. Parrhesia verbiete daher keine Identifizierung der Kirche mit der Macht. Wenn der Raum des öffentlichen

---

11 A. a. O., Vorwort, X. «Παρρησία heißt ‹fröhliche Zuversicht›. Kein anderer Begriff vermag Richtung und Raum der theologischen Bemühung Karl Barths unmittelbarer und präziser zu bezeichnen als gerade dieser. In solche, im Namen Jesu Christi erschlossene Parrhesia hineinzurufen, ist der Dienst, den Karl Barth leistet.»

und politischen Redens der Kirche annulliert wird, verliert die Kirche ihre apostolische Identität. Die offizielle Kirche in Lateinamerika hat nach Boff auf diese Weise die politischen Diktaturen unterstützt.[12] Der andere Aspekt der Parrhesia betrifft gemäss Boff die Struktur der Kirche. Die offene Rede impliziere eine horizontale Strukturierung der Kirche. Hingegen diene eine hierarchische Struktur nur dazu, ein Netzwerk von Privilegien und Machtbestrebungen zu bilden, das gegen den prophetischen Geist, gegen die Wahrheit und gegen das Engagement wirke.[13] Boff gilt m. a. W. als einziges Beispiel, bei dem ein Zusammenhang zwischen Parrhesia und Ekklesiologie festzustellen ist.

1.3 Parrhesia bei Michel Foucault

Wie schon erwähnt, ist die philosophische Erörterung der Parrhesia bei Michel Foucault die Grundlage für die breite Rezeption dieses Begriffs in der Gegenwart. Das Interesse des französischen Philosophen für Parrhesia ist zwar als Folge seiner Kritik der Macht zu sehen (der Parrhesiastes ist im Grunde jemand, der den Mut hat, die herrschende Macht herauszufordern), aber die eigentliche Basis ist die Bestimmung des Subjekts und dessen Suche nach der Wahrheit. Dieses Thema des offenen Redens und der Wahrheit beschäftigt ihn in den letzten Jahren seines Lebens. Die Wiederentdeckung des cartesianischen Subjekts (und dessen Gegenüberstellung mit dem Objekt) gibt dem Terminus bei Fou-

12 *Boff*, Igreja, charisma e poder 24: «Nos países latino-americanos onde predomina este modelo de Igreja nota-se, sem surpresas, que os respectivos episcopados se mostram desprovidos de espírito profético e da parrhesia evangélica. A luta pelos direitos humanos não se faz publicamente, mas mediante contatos secretos entre as cúpulas militares e as cúpulas hierárquicas».

13 A. a. O. 263: «A rígida estruturação hierárquica da Igreja dá proveito e vantagens de toda ordem (religiosa, meritocrática, financeira, social, tráfico de influências, privilégios públicos) a seus portadores. Afloram o carreirismo, as subserviências que ele implica, as declarações diplomáticas, o não-comprometimento, a ocultação da verdade, a renúncia e a morte a todo espírito profético com a parrhesia que tanto marcava os Apóstolos.»

cault eine besondere Konnotation, die nicht mehr politisch (jemand redet vor den Herrscher), sondern eher psychagogisch ist (diese Rede dient im Privaten, um die Seele der Schüler zu erziehen).[14] Parrhesia ist bei Foucault vor allen in diesem zweiten Sinne zu verstehen, als eine Praxis des Subjekts, um sich Tugend und Wahrheit anzueignen. Er definiert daher die Philosophie als «[...] jede Form des Denkens, die danach fragt, was dem Subjekt den Zugang zur Wahrheit ermöglicht, jede Form des Denkens also, die Bedingungen und Grenzen des Zugangs des Subjekts zur Wahrheit zu bestimmen versucht.»[15] Für diesen philosophischen Ansatz spielt Descartes eine wichtige Rolle als Wiederentdecker des Subjekts. Dieser aber versteht die Konstituierung des Subjekts ausschliesslich in einem rationalen Vorgang (durch das *cogito*) und schliesst jede Form von «Spiritualität» aus. Foucault nennt deshalb den Übergang in der modernen westlichen Philosophie, in dem die antike Selbsterkenntnis (*gnothi seauton*) wieder betont wurde, aber die «Sorge um sich selbst», die *epimeleia*, zur Seite gelegt wurde, den «cartesianischen Moment».[16] Das Subjekt braucht auch Spiritualität und nicht nur Rationalität, um zur Wahrheit zu gelangen. Die Sorge um sich selbst[17] ist der Bereich, in dem Foucault Parrhesia in einem subjektiven, persönlichen Modus versteht. Ihm scheint die Position des Sokrates im platonischen Dialog *Alkibiades* der gleichen didaktischen Intention bei Plutarch und vor allem bei Philodemus zu entsprechen. Das offene Reden des Lehrers an seinen Schüler und die Verbannung der Schmeichelei und der Kunstgriffe der Rhetorik sind Inhalte dieser Propädeutik. Trotz den vielen Variationen im Gebrauch des Terminus sieht Foucault eine

14 *Foucault*, Le gouvernement de soi, (Leçon 9 fév. 1983), 178, beobachtet diese neue, nicht politische Anwendung bei Plutarch.

15 *Foucault*, Die Hermeneutik des Subjekts 32.

16 A. a. O. 31–32.

17 Foucault unterscheidet drei Entwicklungsstufen bei diesem Begriff: a) die sokratische Epimeleia, die die Erziehung der Jungen betrifft; b) die «Selbstkultur» (*culture de soi*) der Kaiserzeit; c) die christliche Askese im 4./5. Jahrhundert n. Chr.: a. a. O. 52.

Kontinuität dieses Begriffs von Sokrates' Prüfung seiner Schüler und Gesprächspartner[18] durch Diogenes' provozierendes Sprechen (bekannt ist die Begegnung mit Alexander dem Grossen)[19] bis hin zur offenen Rede bei Plutarch, die die Schmeichelei enttarnen soll.[20] Die Verbindung dieses unterschiedlichen Gebrauchs von Parrhesia, der sonst historisch stark auseinandergenommen wird, ist die «Problematisierung» der Wahrheit, die Beschreibung der Prozesse, durch die die Wahrheit zu einem Problem wird.[21]

Ich sehe allerdings zwei kritische Aspekte bei der Behandlung des Begriffs durch Foucault. Erstens: In der Vorstellung der Parrhesia als Teil der Sorge um sich selbst konzentriert er sich vor allem auf die epikureische Auffassung von Parrhesia. Ich finde die Beobachtung Foucaults richtig, dass die Kaiserzeit und besonders die Spätantike eine *culture de soi* entwickeln, konkret eine starke Kontrolle des Sprechens, die auch in den nicht-paulinischen Briefen (besonders im Jakobusbrief) vorhanden ist. Diese Kontrolle verschiebt die Parrhesia aus der Öffentlichkeit in einen kontrollierten Privatbereich. Das Desinteresse der Epikureer für das politische Engagement entspricht dieser Isolierung der Parrhesia im Privaten.

Zweitens: Der Verbindung von Selbstübung und Askese mit der Parrhesia, die nach Foucault zum Mönchtum führt, widerspricht die Tatsache, dass die christlichen Mönche die Parrhesia als das grösste Übel ansahen.[22]

Den Thesen von Foucault gebührt aber der Verdienst, diesen Begriff in der Philosophie wiedereingeführt zu haben.

---

18 *Foucault*, Fearless speech 97–99.

19 A. a. O. 122–133.

20 A. a. O. 134–136.

21 A. a. O. 169–173. Für Foucault ist nicht die Frage nach der Wahrheit als solche wichtig, sondern das Problem des Wahrheit-Sagers (*truth-teller*), und zwar das Wahrheit-Sagen als Rolle oder Aktivität, was er «Problematisierung» der Wahrheit nennt.

22 *Scarpat*, Parrhesia greca e parrhesia cristiana, 128: «Nell'atmosfera di questo capovolgimento la parrhesia, massimo bene nel mondo pagano, diventa il massimo male del monaco.»

2 Parrhesia als Rede der Kirche in der Apostelgeschichte

Die Apostelgeschichte, das erste historiografische Werk der Frühkirche, verwendet das Wort Parrhesia, um das Sprechen der Kirche in der Öffentlichkeit zu beschreiben.[23] In Apg 2,29 ist die Rede des Petrus zu Pfingsten, eigentlich der Beginn der christlichen Verkündigung der apostolischen Kirche, bereits als offene Rede der Parrhesia gekennzeichnet. Petrus sagt zum Schluss seiner Rede, dass er sich erlaubt, offen, d. h. mit Freimut (μετὰ παρρησίας), über den grossen König David zu sprechen.[24] Er legt nämlich einige Verse aus den David zugeschriebenen Psalmen (Ps 16,8–11 und Ps 110,1) als klare christologische Hinweise aus. Diese Interpretation wird im Kontext als gewagt und gefährlich bezeichnet. Parrhesia heisst daher, diese gewagte und gefährliche Auslegung öffentlich zu präsentieren, statt aus Vorsicht eine unumstrittene Auffassung zu verbreiten. Neben dem Terminus Parrhesia ist der Gebrauch des Partizips von ἔξεστιν ἐξόν – «es sei mir erlaubt, euch mit Freimut zu sagen» oder «ich erlaube mir …» bemerkenswert. Dass diese Erlaubnis nicht gegeben wird, bestätigt die Fortsetzung der Erzählung, als die Apostel vor dem Synedrium erscheinen müssen. Noch einmal ist gerade im Verhör des Petrus und des Johannes von Parrhesia die Rede. Die religiösen Autoritäten, Vertreter der Tempelaristokratie, wundern sich, dass zwei ungebildete Menschen (so heisst es in Apg 4,13: ἀγράμματοί εἰσιν καὶ ἰδιῶται) vor der religiösen Behörde mit Freimut sprachen. Parrhesia setzt einen geschick-

---

23 Zu diesem Thema vgl. den Beitrag von *Neumann*, παρρησία in den Erzähltexten 60–79. Neumann fasst die Handlung der Erzählungen in der Apostelgeschichte in einer Interaktion von vier Aktanten zusammen: der Freimütige, die Autorität, Gott und das Volk. Schema auf S. 64 f.: Neumanns Vergleich der Apostelgeschichte mit dem Werk des Lukian Piscator ist aber nicht ganz glücklich, denn Lukians Werk stellt einen Wortstreit dar, während bei der Apostelgeschichte Parrhesia nicht immer in Konfliktsituationen eingebettet ist. Apg 28,31 ist z. B. keine Konfliktszene. Der Stil der Komödie, den Lukian verwendet, hat nichts mit der Apostelgeschichte gemeinsam.

24 Petrus nennt in 2,29 David «Patriarch», damit seine offene Rede nicht respektlos erscheint, vgl. *Haenchen*, Apostelgeschichte 149.

ten Umgang mit der Sprache voraus, zu dem in der Regel nur gebildete Menschen fähig sind. Im Fall der beiden Apostel ist es aber nicht die Bildung, sondern die Wirkung des Heiligen Geistes, die dazu führt. Der Sprechakt vor Gericht wird durch den Beistand des Heiligen Geistes ermöglicht. In extremen Situationen, wo es um Leben und Tod geht, gilt die Verheissung Jesu, dass Gott selbst mit seinem Geist den verfolgten oder angeklagten Christen Freimut verleiht.[25] Diese Aussage Jesu verlieh den Christen tatsächlich den Mut, den Verfolgungen entgegenzutreten. Parrhesia bedeutet sicherlich Mut, und im Text ist auch die Tatsache bemerkenswert, dass gerade Ungebildete ihren Richtern die Stirn bieten. Die Offenheit der Parrhesia bedeutet im Grunde, vor allen Menschen zu reden. So versteht sich die Bemerkung des Paulus in 1 Kor 14,23 f. an die Gemeinde von Korinth, dass in der Gemeinde bei der Versammlung in deutlicher Sprache geredet werden müsse, damit alles für Fremde («Unkundige»/«Ungebildete» und «Ungläubige», ἰδιῶται ἢ ἄπιστοι) verständlich sei.

Kurz darauf, in Apg 4,31, dient der Terminus dazu, die Einstellung der Christen Jerusalems in einem so genannten Summarium zu beschreiben: «und alle wurden mit dem heiligen Geist erfüllt und sie verkündeten freimütig (μετὰ παρρησίας) das Wort Gottes». Diese Stelle ist wichtig, weil hier die Parrhesia nicht in Bezug auf eine einzelne Person benutzt wird, sondern in Bezug auf die gesamte Gemeinde. Diese Beschreibung der ersten christlichen Gemeinde hat sicher eine exemplarische Bedeutung, die die Realisierung einer echten Gütergemeinschaft als Pendant hat. Gerade in der Freimut erkannte die alte Kirche den Sinn ihres Redens in der Öffentlichkeit. Die Christen bildeten unter sich eine solidarische Gemeinschaft und trugen die Botschaft des Evangeliums offen nach aussen, ohne Angst vor Verfolgungen zu haben.

Als letztes Beispiel der Apostelgeschichte ist der Passus am Ende des Buches zu nennen. Die letzten vier Worte des Buches

---

25 Vgl. Mk 13,11, vor Gericht müssen sich die Christen keine Sorgen machen über das, was sie sagen werden.

lauten: «mit jeder Parrhesia unverhindert» (μετὰ πάσης παρρησίας ἀκωλύτως). Mit diesen Worten skizziert der Autor des Buches die Lage des Paulus in seiner römischen Haft. Er ist zwar gefangen und wartet auf einen Prozess, aber er kann lehren und predigen in Freimut. Der Akzent liegt einerseits auf der apostolischen Freimut des Paulus. Am Anfang des Buches wurde die Parrhesia des Petrus vor allem hervorgehoben. Andererseits hebt der Kurzbericht die Toleranz der römischen Behörden hervor, die ihm eine gewisse Redefreiheit gewähren (besonders betont durch das Adverb ἀκωλύτως, unverhindert).[26] Somit ist die andere semantische Eigenschaft des Wortes Parrhesia inbegriffen, nämlich das Recht, frei zu reden, das historisch in der athenischen Demokratie eingebettet war. Der Pragmatismus der Apostelgeschichte zeigt uns bereits die beiden Pole der Freimut, den rechtlichen Rahmen, in dem sich die Kirche bewegt, und die Freiheit der Verkündigung. Dieser Gebrauch von Parrhesia am Anfang und am Ende der Apostelgeschichte bildet eine Art *inclusio*, Petrus und Paulus, die Hauptgestalten des ersten und des zweiten Teils des Buches, reden beide mit Parrhesia. Die Kirche entwickelt sich sehr schnell und erreicht die äussersten Grenzen des Abendlandes, aber die Parrhesia bleibt eine Konstante in den vielen Veränderungen.[27]

Dieser Gebrauch des Terminus in der Apostelgeschichte zeigt einige wichtige Elemente, die helfen, dieses Thema zu verstehen und in die Gegenwart zu übersetzen. Einerseits ist hier, anders als bei Foucault, immer klar, dass die Parrhesia mit der christlichen Verkündigung in der Öffentlichkeit zu tun hat und nicht auf den privaten Bereich beschränkt ist. Andererseits verstehen die Christen Parrhesia als Sprechakt[28] und nicht als ein Mittel zur Problema-

---

26 *Haenchen*, Apostelgeschichte 699: «Dieses ‹ungehindert› zeigt die damalige Toleranz Roms gegenüber der christlichen Botschaft. Dass Rom diese Politik fortsetzt, ist der leidenschaftliche Wunsch des Lukas, dessen Erfüllung er gerade in diesen letzten Kapiteln dienen wollte.»

27 Für das Gesamtbild der Apostelgeschichte ist noch der Gebrauch des Verbs παρρησιάζεσθαι zu berücksichtigen: Apg 9,28; 13,46; 14,3; 18,26; 26,26.

28 *Papademetriou*, The Performative Meaning of the Word παρρησία 16–17.

tisierung der Wahrheit. Die Wahrheit ist das Evangelium Jesu Christi, die sie in der Welt verkündigen.

3 Der protestantische Parrhesiastes

Im Sammelband *Bella Parrhesia*, der hauptsächlich Themen aus der Literaturwissenschaft bietet, ist auch ein Beitrag über die Gestalt von Martin Luther enthalten. Dieser wird im Aufsatz als derjenige dargestellt, der Parrhesia protestantisiert habe. Mein Interesse gilt nicht primär der Person des Reformators als solcher oder den historischen Ereignissen, sondern einigen Aspekten in seinem Leben, die Parrhesia als Rede der Kirche paradigmatisch repräsentieren können.

Das grösste Verdienst Luthers war es, im westlichen Christentum wieder von Freiheit gesprochen zu haben. Freiheit war der Inhalt seiner ersten Schriften, aber Freiheit war auch das Charakteristikum der Art, wie er mit anderen Menschen disputiert hat. Es ist kein Zufall, dass einer der Übersetzungen des Wortes Parrhesia ins Lateinische *libertas* ist.

Unmittelbar nach der Veröffentlichung der 95 Thesen zu den Ablässen änderte Martin Luther seinen ursprünglichen Familiennamen «Luder» zu «Eleutherius» (der Freie) und unterschrieb mit diesem neuen Namen einige Briefe, die er allerdings nur an Freunde und Gleichgesinnte richtete. Rein formal könnte dies der üblichen Vorgehensweise der Humanisten in Mitteleuropa entsprechen, die ihren deutschen Namen mit einer lateinischen oder griechischen Version ersetzten.[29] Die Lutherforscher vermuten diesen Usus traditionell auch bei Luther.[30] Ein mögliches Wort, das dem Namen Luder nahe ist, wäre das lateinische Verb *ludere* (spielen). Die neuere Forschung sieht aber zu Recht einen Zusammenhang des Namens *Eleutherius* mit Luthers theologischer Argumen-

---

29 Das gilt auch für die Reformatoren, z.B. Melanchthon/Schwarzerdt; Chyträus/Kochhäfe; Oekolampad/Heussgen/Hausschein.

30 Vgl. *Jacobi*, Christen heißen Freie 139–159.

tation zur Freiheit des Christen.[31] Statt Eleutherius etablierte sich mit der Zeit die kürzere und für das Volk verständlichere Variante Lutherus bzw. Luther,[32] bei der nur zwei Buchstaben geändert wurden (th statt d), die aber weiterhin einen gewissen Zusammenhang zur Freiheit gewährleistete. Der ursprüngliche Name Luder verschwand definitiv.

Die Namensänderung bezeugt, wie auch immer man die Sache deutet, die Bedeutung der Freiheit für die Theologie des jungen Luther. Freiheit, die in den Briefen des Paulus vorkommt, ist Thema seiner exegetischen Vorlesungen und vor allem in seinen reformatorischen Hauptwerken des Jahres 1520: *Die Freiheit eines Christenmenschen* und *Die babylonische Gefangenschaft der Kirche*. Die Diskussion bleibt nicht auf einer individuellen Ebene stehen: Die Freiheit des einzelnen Christen bezieht sich auf die Freiheit der Kirche, die nach Luther in einem Zustand der babylonischen Gefangenschaft verharrte. Freiheit ist bei Luther nicht nur ein Thema, das theoretisch-akademische Relevanz hat, sondern es gewann eine existenzielle Bedeutung. Luther profilierte sich eindeutig als jemand, der Redefreiheit für sich beanspruchte und der dadurch die Theologen und die Prälaten seiner Zeit herausforderte, mit ihm zu disputieren.[33] Er begnügte sich nicht damit, eine

31 Zur neueren Forschung zählt die erwähnte Dissertation von T. Jacobi. Unklar ist die Formulierung der Unterschrift im Brief an Johann Lang vom 11. November 1517: «F. Martinus Eleutherius, imo dulos et captivus nimis» (Bruder Martinus Eleutherius, allerdings allzu sehr Knecht und Gefangener). *Jacobi*, Christen heißen Freie 141, sieht in dieser Formulierung die Simultanität beim Christen von Freiheit und Knechtschaft nach dem Schema simul iustus ac peccator.

32 *Udolph*, Martinus Luder – Eleutherius – Martin Luther 106, schliesst aus, dass Luther mit th von Eleutherius abgeleitet werden könne. Luther sei einfach die Form des Namens Luder auf Hochdeutsch: «Die unterschiedliche Schreibungen sind wichtige Hinweise auf die zweisprachige Umgebung, in der Luther aufgewachsen ist […] Sie haben in keiner Weise etwas mit Eleutherius zu tun.»

33 So heisst es in den Resolutiones (WA I,528,20–24): «Proinde monui aliquot Magnates Ecclesiarum. […] Tandem, cum nihil possem aliud, visum est saltem liniuscule illis reluctari, id est eorum dogmata in dubium et dispu-

Debatte mit den Ordensbrüdern in den Klöstern und mit der verschlossenen Theologenwelt zu führen, sondern er wandte sich an alle Christen. Er sprach insbesondere die kirchlichen und weltlichen Machthaber an, den Erzbischof von Mainz, die Adligen und Fürsten, den Papst und sogar den deutschen Kaiser. Diese Haltung Luthers kann mit dem antiken Begriff Parrhesia, Redefreiheit, beschrieben werden. Besonders wichtig an Luthers Handeln ist aber die Erschaffung einer Öffentlichkeit in einer Form, die es vorher nicht gegeben hatte. Offene Rede, Freiheit – in einem Wort Parrhesia – sucht die Öffentlichkeit und kreiert sogar eine Öffentlichkeit, die über die Grenze des Ordens und der Theologenwelt hinausgeht. Die Öffentlichkeit, in der Bücher und Flugblätter verteilt werden, Debatten und Treffen stattfinden, ist das neue Produkt der Parrhesia. Die Freiheit ist das grosse Verdienst der Reformation aber auch ihre grösste Beschränkung, denn sogar Luther selbst vertrat im Lauf der Zeit eine eher restriktive oder spiritualisierte Vorstellung von Freiheit. Sie sollte nur die Seele und nicht das Leben der Menschen betreffen, besonders wenn die Bauern mit konkreten Anforderungen die verheissene Freiheit realisieren wollten.

Nagel und Hoffmann betonen, wie die Wirkungskraft Luthers gerade aus dem Vergleich mit dem antiken Ideal der Wortfreiheit verstanden werden könne.[34] Luthers Parrhesia zeige sich nicht nur in der mutigen Debattentätigkeit, sondern auch in seiner Verpflichtung für die Wahrheit («ich kann nicht anders», sagt er am Reichstag in Worms), und inhaltlich in seiner Betonung einer antirhetorischen Einstellung und in der Hervorhebung des *sensus litteralis*, des klaren Wortlauts der Schrift, gegen die Allegorie und die theologischen Dogmatismen.[35] An Luther lassen sich aber auch die

tationem vocare. Itaque schedulam disputariam edidi, invitans tantum doctiores, siqui vellent mecum disceptare».

34 *Nagel/Hoffmann-Schwartz*, Freidigkeit 64: «Luther steht zu dem von ihm Geschriebenen ungeachtet der Konsequenzen, welche diese Standhaftigkeit [gemeint ist die Haltung in Worms] nach sich ziehen wird, womit eine wesentliche Voraussetzung von Parrhesie gegeben ist».

35 *Nagel/Hoffmann-Schwarz*, Freidigkeit *65–70.*

Grenzen der Parrhesia aufzeigen, weil in seinen späteren Schriften das offen Reden allzu oft die Form der Beschimpfung seiner Gegner annahm. Dieser Gefahr war man sich schon in der Antike bewusst, vor allem durch die Übertreibungen der Kyniker.

Ein weiteres Element, das die Parrhesia bei Luther bewirkt, ist die Bedeutung der Verständlichkeit des religiösen Sprechens: das Projekt einer Bibel in der Sprache des Volkes (und nicht nur in der Sprache der Gelehrten) und die Predigt des Evangeliums, *viva vox evangelii*. Das ist eine wichtige Ergänzung zur Ausführung von Nagel und Hoffmann-Schwartz. Als Beispiel dieser Betonung der Bedeutung der Öffentlichkeit für die Predigt des Evangeliums gilt die polemische Schrift gegen die Privatmessen, die er spöttisch Winkelmessen nennt. Aus dieser Schrift aus dem Jahre 1533 kann man die Grundidee folgendermassen herausfiltern:[36] Die Predigt und das Abendmahl seien keine privaten Angelegenheiten, der Priester sei öffentlich ordiniert und habe daher eine öffentliche Funktion, wie sie in weltlichen Dingen etwa der Notar habe. Er müsse die Worte so sprechen, dass sie für alle verständlich seien. Der Glaube könne nur aus einer öffentlichen, verständlichen Rede kommen. «Missa privata» widerspreche, so Luther, der Bedeutung des alten Namens «Communio», der die Gemeinschaft und nicht das Individuum im Blick hat.

4 Öffentliche Kirche

Wolfgang Huber behandelt in einem Artikel das Verhältnis der Kirche zur Öffentlichkeit. Der grundlegende Text geht auf eine Vorlesung zurück, die er 1993, kurz nach der Wiedervereinigung Deutschlands, in Berlin hielt. Huber beobachtet nach dem begeisterten Engagement in politischen Fragen vor dem Fall der Berliner Mauer einen Rückzug der Kirche ins Private. Die Kirche habe eine klare Aufgabe in der Öffentlichkeit, betont Huber. Das sei mehr als

36 Von der Winckelmesse und Pfaffenweihe (1533) in WA 38 171–256. Der wichtige Vergleich zwischen Priester und Notar steht auf S. 211.

der Bezug zum Staat in dem dualen System der deutschen Landeskirchen.[37] Oft hat die evangelische Kirche gedacht, den «Öffentlichkeitsdienst» einfach durch ihre Position als Landeskirche erfüllt zu haben. Die Kirche stand nämlich institutionell zwischen Haus (Privatbereich) und dem Staat (Öffentlichkeit), sie war eher mit dem Haus verbunden und gewann durch den Staat einen Zugang zur Öffentlichkeit. Huber betont aber, die Kirche habe von sich aus einen Öffentlichkeitsauftrag: «Dass die Kirche Jesu Christi eine öffentliche Größe ist, dass sie in der Öffentlichkeit wirkt und einen Auftrag hat, ist offenkundig, seit es sie gibt.»[38] Dieser sei die Verkündigung der in Christus geschehenen Versöhnung (Mt 28,18–20 und 2 Kor 5,19–29). Der Zugang zur Öffentlichkeit, der der Kirche «unter dem Dach des landeskirchlichen Regiments» gewährleistet wird, ist aber nach Huber nicht unbedingt die Erfüllung ihres Auftrags, denn dieser Öffentlichkeitsauftrag besteht nicht gegenüber dem Staat, sondern gegenüber der Gesellschaft. Die grundsätzliche Frage ist daher, wie man die Öffentlichkeit versteht. Dieser Begriff aus dem 18. Jahrhundert beschreibt einen gemeinsamen Raum, in dem Staat, Wirtschaft und Kultur wirken können und in dem sich die Interessen der Einzelnen und des Kollektivs entfalten. Die Funktion der Kirche in der Öffentlichkeit bestehe, so Huber, nicht darin, ihre Privilegien zu verteidigen, sondern zur Pluralität der Gesellschaft beizutragen. Die Bedeutung der Öffentlichkeit ist heute besonders aktuell in der Diskussion der «öffentlichen Theologie»[39]. In all diesen Entwürfen von Öffentlichkeit geht es um das

---

37 *Huber*, Öffentliche Kirche in pluraler Gesellschaft 161 redet von einer Symbiose von Kirche und Staat: «Zum einen hatte die Rolle der Landesherren als oberste Bischöfe der evangelischen Kirchen zur Folge, daß eine eigenständige Funktion der Kirchen gegenüber der Öffentlichkeit sich allenfalls in sehr verhaltenen Formen ausbilden konnte. Zum anderen aber bewirkte diese staatlich-kirchliche Symbiose, daß auch nach ihrem Ende der komplexe Öffentlichkeitsbezug der Kirche zumeist nur in dem vereinfachenden Dual von Kirche und Staat gedacht wurde.»

38 A. a. O. 159 f.

39 Eine ausführliche Zusammenfassung der verschiedenen Ansätze einer öffentlichen Theologie findet sich bei *Arens*, Going Public 37–52.

konkrete Engagement im öffentlichen Bereich. Es wird vorausgesetzt, dass die Öffentlichkeit in der säkularen Welt von anderen Grössen wie der Politik und der Wirtschaft bestimmt wird. Ihnen gegenüber hat die Kirche die Verantwortung, sich deutlich gegen die Reduktion der Menschen auf Objekte und Waren einzusetzen. Der Diskurs von Parrhesia hilft aber, einen weiteren wichtigen Aspekt zu verstehen. In der Parrhesia realisiert sich der Öffentlichkeitsauftrag der Kirche, wie wir in der Apostelgeschichte sehen. Parrhesia sucht nach Öffentlichkeit, mehr noch, sie schafft Öffentlichkeit, selbst wenn keine vorhanden ist. Die Gesellschaft der Stadt Jerusalem und die christliche Welt des 16. Jahrhunderts kennen im Grunde keine Öffentlichkeit. Erst durch die Parrhesia der Verkündigung der Apostel in Jerusalem und durch die Veröffentlichungen und die publizistischen Bemühungen der Reformatoren bildet sich eine Öffentlichkeit.

5 Wie soll die Kirche sprechen: eine Synthese

Wie soll die Kirche sprechen? Zum Schluss dieses Aufsatzes sage ich mit Überzeugung: mit Parrhesia. Anders als bei Foucault bedarf die christliche Parrhesia keiner persönlichen Übung, wodurch das Gesagte zur wahren Aussage wird. Das Evangelium Jesu Christi ist ihre Botschaft, die die Gerechtigkeit Gottes, die Zukunft der Gottesherrschaft für die Welt beinhaltet. Diese Botschaft ist wichtiger als jede Machtposition und jedes Privileg, das die Kirche besitzen kann. Der Inbegriff der Parrhesia war in der griechischen Welt Diogenes, der Philosoph, der in einem Fass lebte. Dieser konnte nur durch seine Weisheit gegenüber dem grössten Herrscher seiner Zeit, Alexander dem Grossen, Parrhesia anwenden und ihn öffentlich und damit exemplarisch herausfordern. Mut, Freiheit und Vertrauen sind wesentlich für die Freimut.

Harvey Cox vergleicht das Reden der Kirche mit einem Clown,[40] der von seinem brennenden Zirkus in der Peripherie aus in die

40 *Cox*, The Secular City 292.

Stadt rennt, um Hilfe zu holen und um die Einwohner vor dem drohenden Feuer zu warnen. Die Einwohner sehen, dass die Botschaft von einem Clown kommt. Sie meinen, es sei ein Witz, und lachen, ohne zu reagieren. Die Stadt rettet sich somit nicht vor der Katastrophe. Es brennt nicht nur der Zirkus nieder, sondern die ganze Stadt. Cox nimmt damit ein Beispiel von Kierkegaard wieder auf. Die These dahinter ist, dass die Kirche in ihrer Position in der säkularen Welt nicht mehr glaubwürdig sei. Der Clown hat aber im Grunde Mut und redet mit Parrhesia, wie der Philosoph, der im Fass wohnt, wie die ungebildeten Apostel oder wie der unbedeutende Augustinermönch. Der Clown hat es also richtig gemacht.

Literatur

Arens, Edmund: Going Public – öffentlich Religion und öffentliche Theologie, in: *Baumann, Martin/Liedhegener, Antonius (Hg.):* Integrationspotenziale von Religion und Zivilgesellschaft. Theoretische und empirische Befunde (Religion – Wirtschaft – Politik 14). Zürich/Baden-Baden: Pano/Nomos, 2016, 37–52.

Boff, Leonardo: Igreja. Carisma e poder: ensaios de eclesiologia militante (Série Religião e cidadania). São Paulo: Editora Atica, 1994.

Campe, Rüdiger/Wessels, Malte (Hg.): Bella Parrhesia. Begriff und Figur der freien Rede in der Frühen Neuzeit. Freiburg/Baden-Baden: Rombach/Nomos, 2018.

Cox, Harvey: The Secular City. Secularization and Urbanization in Theological Perspective. Princeton/Oxford: Princeton University Press, 2013.

Diogenes Laertius, Vitae Philosophorum, Bd. 1, hg. V. Miroslav Marcovich. Leipzig/Stuttgart: Teubner, 1999.

Fields, Dana F.: Frankness, Greek culture, and the Roman Empire (Routledge monographs in classical studies). London: Routledge, 2021.

Fitzgerald, John T. (Hg.): Philodemus and the New Testament world (Supplements to Novum Testamentum 111). Leiden u. a.: Brill, 2004.

Ders. (Hg.): Friendship, Flattery, and Frankness of Speech. Studies in the New Testament World (Supplements to Novum Testamentum 82). Leiden u. a.: Brill, 1996.

Foucault, Michel: Fearless Speech. (hg. v. Joseph Pearson). Los Angeles CA: Semiotext(e), 2001.

Ders.: Le gouvernement de soi et des autres. Cours au Collège de France (1982–1983). Édition établie par Frédéric Gros sous la direction de François Ewald et Alessandro Fontana (Hautes Études). Paris: Seuil/Gallimard, 2008.

Ders.: Die Sorge um sich (Sexualität und Wahrheit: Michel Foucault Bd. 3). Frankfurt a. M.: Suhrkamp, 1989.

Foucault, Michel: Hermeneutik des Subjekts. Vorlesung am Collège de France (1981/82) Frankfurt a. M.: Suhrkamp, 2004.

Gigante, Marcello: Philodemos. Über die Freiheit der Rede, in: Bella Parrhesia. Begriff und Figur der freien Rede in der Frühen Neuzeit (Rombach Wissenschaften. Reihe Litterae 219). Freiburg i. Br.: Rombach, 2018, 365–388.

Haenchen, Ernst: Apostelgeschichte. Kritisch-exegetischer Kommentar über das Neue Testament III/16. Göttingen: Vandenhoeck & Ruprecht, [10]1956.

Huber, Wolfgang: Öffentliche Kirche in pluraler Öffentlichkeit, in: Evangelische Theologie 14/2 (1994) 157–180.

Jacobi, Thorsten: «Christen heißen Freie». Luthers Freiheitsaussagen in den Jahren 1515–1519 (BhTh 101). Tübingen: Mohr, 1997.

Luther, Martin: Resolutiones disputationum de indulgentiarum virtute (1518). WA 1, 522–628.

Ders.: Von der Winckelmesse und Pfaffenweihe (1533). WA 38, 171–256.

Marrow, Stanley B.: «Parrhēsia» and the New Testament, The Catholic Biblical Quarterly 44/3 (1982) 431–446.

Nagel, Barbara N./Hoffman-Schwartz, Daniel: Freidigkeit: Zur Protestantisierung der Parrhesie bei Luther, in: *Campe/Wessels*, Bella Parrhesia 63–83.
Naumann, Nils: Παρρησία in Erzähltexten: Handlungsschemata bei Lukian und in der Apostelgeschichte. In: *Smit, Peter-Ben/ van Urk, Eva (Hg.):* Parrhesia. Ancient and modern perspectives on freedom of speech (Studies in theology and religion 25). Leiden: Brill, 2018, 60–79.
Papademetriou, Kyriakoula: The Performative Meaning of the Word παρρησία in Ancient Greek and in the Greek Bible, in: *Smit/van Urk*, Parrhesia, 2018, 15–38.
Petersen, Erik: Zur Bedeutungsgeschichte von παρρησία, in: *Koepp, Wilhelm (Hg):* Zur Theorie des Christentums Bd. 1, Festschrift Reinhold Seeberg. Leipzig: Deichert 1929, 283–297.
Platon: Gorgias. Übers. u. hg. v. Michael Erler, kommentiert u. mit einem Nachwort versehen v. Theo Kobusch. Stuttgart: Reclam, 2011.
Radin, Max: Freedom of Speech in Ancient Athens, in: The American Journal of Philology 48/3 (1927) 215–230.
Sampley, J. Paul: Paul and Frank Speech, in: *ders. (Hg.):* Paul in the Greco-Roman world. A handbook. Harrisburg PA: Trinity Press International, 2003, 293–318.
Ders.: Paul's Frank Speech with the Galatians and the Corinthians, in: *Fitzgerald, John T. (Hg.):* Philodemus and the New Testament world (Supplements to Novum Testamentum, vol. 111). Leiden u. a.: Brill, 2004, 295–321.
Spicq, Ceslas: παρρησία, in: *ders.:* Notes de lexicographie néo-testamentaire, (supplement). Freiburg i. Üe./Göttingen: éditions universitaires/Vandehoeck & Ruprecht, 1982, 526–534.
Scarpat, Giuseppe: Parrhesia greca, parrhesia cristiana (Studi biblici 130). Brescia: Paideia, 2001.
Ders.: Parrhesia. Storia del termine e delle sue traduzioni in latino. Brescia: Paideia, 1964.
Schlier, Heinrich: Art. Παρρησία, Theologisches Wörterbuch zum Neuen Testament 8 (1954) 856–884.

Scornaienchi, Lorenzo: Kann man Paulus noch vertrauen? Vertrauen im 2. Korintherbrief, in: *Dalferth, Ingolf U./Peng-Keller, Simon (Hg.):* Gottvertrauen. Die ökumenische Diskussion um die fiducia (Quaestiones disputatae 250). Freiburg i. Br.: Herder, 2012, 105–125.

Smit, Peter-Ben/Van Urk, Eva (Hg.): Parrhesia. Ancient and Modern Perspectives on Freedom of Speech (Studies in Theology and Religion 25). Leiden/Boston: Brill, 2018.

Steiger, Lothar (Hg.): Parrhesia. Karl Barth zum achtzigsten Geburtstag am 10. Mai 1966. Zürich: EVZ, 1966.

Udolph, Jürgen: Martinus Luder – Eleutherius – Martin Luther. Warum änderte Martin Luther seinen Namen? Heidelberg: Winter, 2016.

Vorster, W.S.: The Meaning of ΠΑΡΡΗΣΙΑ in the Epistle to the Hebrews, Neotestamentica 5 (1971) 51–59.

III Ökumene in globaler Perspektive

Politische Grenzen von Ökumene und interreligiösem Dialog in der Schweiz

Zur umstrittenen Regulierung des Verhältnisses von Staat und Religionen

Antonius Liedhegener

«Um Gemeinschaft mit allen Menschen.
Der Herr gebe uns die Gnade,
mit unseren Schwestern und Brüdern aus
anderen Religionen geschwisterlich zu leben,
offen und im Gebet füreinander.»
Papst Franziskus
Gebetsanliegen im Januar 2021

1 Politische Gleichheit, Religionsfreiheit und religiöse Vielfalt. Einleitung

Zur Freiheit des Menschen gehört es, sich über den Sinn des Lebens Gedanken zu machen und seine Existenz in der Welt zu deuten. Religion ist eine Möglichkeit der Deutung oder ein Teil einer solchen Deutung. Diese Deutung nehmen Menschen freilich stets in einem vorgefundenen kulturellen, sozialen und politischen Kontext wahr. Sie setzen sich – bewusst oder unbewusst – in ein Verhältnis zu den Deutungsangeboten ihrer Zeit und Kultur. Im europäischen Kontext gehören das Christentum mit seinen Kirchen und Gemeinschaften und das Judentum sowie neuerdings zunehmend auch der Islam in seinen verschiedenen Strömungen zu den wirkmächtigen religiösen Deutungsangeboten. Seit dem 19. Jahrhundert sind aber auch andere weltanschauliche Deutungsangebote wie Atheismus, germanischer Götterglaube, Esoterik und Ähnliches sowie der explizite Verzicht auf jedwede (religiöse)

Lebensdeutung hinzugetreten. Unter den Bedingungen moderner freiheitlicher Gesellschaften bedeutet dies, dass der Einzelne sich grundsätzlich frei zu diesem religiös-kulturellen Kontext verhalten kann; jeder kann (und muss) wählen, welcher Sinn dem Leben gegeben werden soll. Selbstredend geschieht dies praktisch immer unter sozialen Restriktionen. Gleichwohl ist Religion, verstanden als ein kollektiv geteilter und organisierter Glaube an einen Gott oder transzendente Grössen, heute zu einer möglichen, aber eben nicht mehr unbedingt notwendigen (Sinn-) Option geworden.[1] Freiheitliche Demokratien schützen und fördern diese Freiheit im Rahmen ihrer Menschen- und Grundrechte. Das Recht auf Religions-, Glaubens- und Gewissensfreiheit wird im internationalen wie nationalen Recht grundsätzlich so verstanden.[2] Es gründet in der politischen Gleichheit der Bürgerinnen und Bürger und dem darin enthaltenen ethischen Universalismus freiheitlicher Gesellschaften.[3]

Schweizerinnen und Schweizer halten die Religionsfreiheit sehr hoch. So gut wie alle stimmen in Umfragen der Aussage zu, Religionsfreiheit sei eine gute Sache. Im KONID Survey von 2019 taten dies weit über 90 Prozent. Sehr vielen ist auch bewusst, dass die Religions-, Glaubens- und Gewissenfreiheit den Willen zum Dialog und zur Verständigung zwischen verschiedenen Religionen und Weltanschauungen erfordert. Gut die Hälfte der Bevölkerung erklärt, dass der interreligiöse Dialog für sie persönlich wichtig ist.[4] Praktiker/-innen wie Wissenschaftler/-innen unterstreichen den interreligiösen Dialog als eine Notwendigkeit zur Lösung von religiös-weltanschaulichen Konflikten und zur Gestaltung eines gelungenen Miteinanders der Religionen in der Gesellschaft.[5] Dieser Dialog selbst kann (auch) als ein Ausdruck des Ethos einer

1 Vgl. *Joas*, Glaube als Option.
2 Vgl. *Bielefeldt*, Muslime.
3 Vgl. *Rawls*, Gerechtigkeit als Fairneß.
4 Vgl. *Liedhegener u. a.*, Religion 32 f.
5 Vgl. etwa *Interreligiöser Think-Tank*, Leitfaden; *Joas*, Glaube als Option 149–163.

demokratischen Gesellschaft verstanden werden: Die Partner eines Dialogs begegnen sich idealerweise auf Augenhöhe.

Dieses Ideal reibt sich an den Realitäten. Schon länger ist bekannt, dass diese Form des Dialogs, der als ökumenischer unter Christen, als jüdisch-christlicher, unter Einschluss von Muslimen als abrahamitischer Dialog oder noch breiter als Dialog der «Weltreligionen» geführt werden kann, selbst nicht frei ist von sozialen Machtstrukturen und asymmetrischen kulturellen Vorgaben.[6] Mehrheitsreligionsbekenntnisse verbinden sich auch bei gutem Willen schnell mit hegemonialen Haltungen, die erst einmal bewusst gemacht sein wollen. Ebenfalls mehr oder weniger unbewusst sind im interreligiösen Dialog auch die Bedingungen, die durch die rechtlichen und religionsrechtlichen Rahmenbedingungen gesetzt werden. In der jüngeren religionswissenschaftlichen Forschung wird aber gerade auf diese politische Kontextualisierung interreligiöser Dialoge verwiesen.[7]

Der vorliegende Beitrag rückt einen wesentlichen Aspekt der aktuellen Religionspolitik in der Schweiz in den Mittelpunkt: die Anerkennungs- oder Inkorporationsregime im Schweizer Religionsrecht. Wohl wissend, dass damit ein sehr breites Feld angesprochen ist, das von religionsrechtlichen Bestimmungen der Schweizer Bundesverfassung über Fragen der kantonalen Regelungen etwa von Seelsorgenden in öffentlichen Einrichtungen wie Spitälern oder Gefängnissen bis hin zu den lokalen Regelungen der politischen Gemeinden zu Schulen, Friedhöfen und Baurecht reicht,[8] geht es hier um einen wichtigen, wenn nicht den zentralen Punkt: die rechtliche und politische Anerkennung von Religionsgemeinschaften durch die Kantone. Bekanntlich variieren fast alle wichtigen öffentlichen Belange in der Schweiz von Kanton zu Kanton. Aber gemeinsam ist ihnen in diesem Fall doch

6 Vgl. *Interreligiöser Think-Tank*, Leitfaden 11; *Baumann/Tunger-Zanetti*, Constructing and representing.

7 Vgl. *Lehmann*, Interreligious dialog in context.

8 Vgl. *Liedhegener*, Bund – Kanton – Gemeinde.

eins: Anerkennung ist «der Schlüsselbegriff, das Zauberwort des schweizerischen Staatskirchenrechts»[9]. In einem interdisziplinären Zugriff, der sich auf politikwissenschaftliche, religionssoziologische, religionswissenschaftliche und nicht zuletzt juristische Forschungen[10] und eine eigene Datenbank zur Religionspolitik in Deutschland und der Schweiz[11] abstützt, werde ich zeigen, dass die Fokussierung auf die Frage der Anerkennung nicht nur nötig und sinnvoll ist, sondern in letzter Konsequenz auch zum Kern des Problems der politischen und gesellschaftlichen Ausgestaltung des Zusammenlebens unterschiedlicher Religionen führt. Dargelegt werden zuerst sozialwissenschaftliche Systematisierungsversuche des Staat-Kirchen- bzw. Staat-Religionen-Verhältnisses in der Schweiz (2). Vor diesem Hintergrund wird die aktuelle Rechtslage im Schweizer Föderalismus präzisiert und systematisiert (3). Anschliessend wird der Befund durch historische Pfadabhängigkeiten (4) und die mittlerweile auch im internationalen Vergleich sehr grosse religiöse Diversität und den daraus resultierenden Veränderungsdruck eingeordnet und erklärt (5). Zum Schluss werden die aktuellen bestehenden Anpassungs- und Veränderungsmöglichkeiten analysiert (6) und in ihrer Bedeutung für den Religionsdialog und die Religionspolitik diskutiert (7). Die leitende Fragestellung ist die nach der Anpassungsfähigkeit der kantonalen Staat-Kirchen-Arrangements und nach der Höhe der kantonalen Barrieren, vor denen kleinere Religionsgemeinschaften stehen, wenn sie den Wunsch nach einer staatlichen Anerkennung haben und diesen Anspruch erheben.[12]

---

9 *Gardaz*, Anerkennung 1.

10 Die nachfolgenden Belege beanspruchen keine Vollständigkeit. Der Natur der Materie nach wird ein grosses Gewicht auf den Beiträgen der Rechtswissenschaft liegen. Für die Schweiz sind die Studien im Umfeld des «Institut für Religionsrecht» an der Universität Fribourg hervorzuheben. Zuletzt eindrücklich und mit weiterführender Literatur *Pahud de Mortanges*, Staat und Religion.

11 Vgl. *Liedhegener*, Feld; *ders./Lots*, Die «Handschlag-Affäre».

12 Nicht alle Religionsgemeinschaften wünschen ein besonderes rechtliches Verhältnis zum Staat gleichermassen. Vgl. *Tunger-Zanetti*, Anerkennungs-

2 Das Staat-Religionen-Verhältnis als Gegenstand sozialwissenschaftlicher und juristischer Studien

Im Schweizer Bundesrecht ist die Religionsfreiheit grundsätzlich in der Bundesverfassung verankert. Die individuelle Religionsfreiheit und das Recht auf kollektive Religionsausübung für jede Person garantiert Art. 15 der Bundesverfassung (BV). Dieser Artikel schliesst auch den Schutz vor jedem religiösen Zwang sowohl durch Dritte wie auch durch staatliches Handeln mit ein. Dem Regelungsbereich von «Staat und Kirchen» ist ein eigener Artikel gewidmet (Art. 72 BV), der in seinen drei Absätzen bestimmt, dass die Kantone für die «Regelung des Verhältnisses zwischen Kirche und Staat zuständig» sind (Abs. 1), dass Bund und Kantone den religiösen Frieden «zwischen den Angehörigen der verschiedenen Religionsgemeinschaften» im Rahmen ihrer Zuständigkeit durch geeignete Massnahmen wahren können (Abs. 2) und dass der Bau von Minaretten schweizweit verboten ist (Abs. 3). Letztere Bestimmung ist bekanntlich das Resultat der Volksabstimmung vom 29. November 2009.[13] Diese Bestimmung ist insofern speziell, als dass es sich hier – genau wie bei den ehemaligen Kulturkampfgesetzen der revidierten Bundesverfassung von 1874 – um religiöses Ausnahmerecht handelt. Mit einem Verbot wird direkt und ausschliesslich auf eine Religion bzw. deren Ausdrucksformen abgehoben. Ob und inwieweit dies direkt in den Schutzbereich der Religionsfreiheit eingreift, ist politisch allerdings strittig.

Kein direkter Verstoss gegen die Religionsfreiheit, aber eine im internationalen Vergleich hervorstechende Schweizer Besonderheit ist die zitierte strikte Zuweisung der Regelung des Staat-Kir-

---

wünsche religiöser Gemeinschaften. Die Frage nach den konkreten Ansprechpartnern des Staates ist ebenfalls ein wichtiger Punkt für die rechtliche und politische Praxis. Da es hier aber zunächst einmal um die staatlicherseits gebotenen Möglichkeiten und die darin enthaltenen und somit allen konkreten Anerkennungsfragen vorausliegenden Restriktionen gehen soll, werden diese und ähnliche praktische Fragen zunächst einmal ausgeblendet.

13 *Vatter*, Vom Schächt- zum Minarettverbot; *Wäckerlig*, Minarett.

chen-Verhältnisses an die Kantone. Rechtlich entspringt dies der Konzeption des Schweizer Bundesstaates bzw. Föderalismus, die die Kantone als Träger staatlicher Souveränität sieht (Art. 3 BV). Nach verbreiteter Einschätzung der Rechtswissenschaft handelt es sich bei dieser exklusiven religionsrechtlichen Zuständigkeit heute um eines der wenigen verbliebenen Rechts- und Politikgebiete, in denen Kantone politisch nahezu alleinentscheidend sind.[14]

Diese strikte Kantonszuständigkeit hat dazu geführt, dass jeder der 26 Kantone ein eigenes Geflecht von Regelungen geschaffen hat, so dass es sich in der Schweiz um 26 verschiedene Staats-Kirchen-Systeme handelt – zumindest auf den ersten Blick.

Mit der Rückkehr der Religion in die (Welt-) Politik hat das Staat-Religionen-Verhältnis in der sozialwissenschaftlichen Forschung eine bis anhin so nicht gekannte Aufmerksamkeit gefunden. Grosse Anstrengungen wurden und werden unternommen, Unterschiede im Staat-Religionen-Verhältnis zwischen Staaten, aber vor allem bei föderalen Staaten auch auf subnationaler Ebene zu systematisieren und durch geeignete Ja/Nein-Kodierungen auf einen Nenner zu bringen.[15] Dabei ging es im Blick auf liberale Demokratien in Europa zum einen darum darzutun, dass die zur Legitimation bestehender religionspolitischer Regelungen oft angeführten Prinzipien der Trennung von Staat und Kirche und der staatlichen Neutralität in religiösen Angelegenheit einer empirischen Überprüfung nicht oder bestenfalls bedingt standhalten.[16] Zum anderen galt das Interesse der Frage, ob die staatliche Etablierung und Förderung bestimmter (vor allem christlicher) Religionsgemeinschaften Konsequenzen für das Niveau der Religiosität in einem Land hat. Mit Hilfe wirtschaftswissenschaftlicher Theorien wird argumentiert, dass starke religionspolitische Regulierungen einer Monopolbildung und Beschränkung des Marktzugangs für neue Religionsgemeinschaften gleichkämen, so dass

14 Vgl. *Pahud de Mortanges*, Auswirkungen 150.
15 Vgl. *Minkenberg*, Staat und Kirche; *Traunmüller*, Messung.
16 Vgl. *Fox*, Western governments; *Fox*, Religious discrimination.

das verbleibende, eingeschränkte religiöse Angebot die eigentlich vorhandene Nachfrage nach Religion nicht mehr decke. In ähnlicher Weise wurde auch geprüft, ob religionspolitische Strukturen zugunsten der Mehrheitskirchen negative Haltungen gegenüber Muslimen fördern, wofür es in der Tat Anzeichen gibt.[17] Hier erlangt die Messung des Staat-Religionen-Verhältnisses einen vor allem instrumentellen Status, der zur empirischen Überprüfung von wissenschaftlichen Theorien zu Religion und Säkularisierung dienen soll.

Wichtig in unserem Zusammenhang ist, dass dieses an sich sehr wünschenswerte Vorgehen mit erheblichen Risiken verbunden ist. Am Beispiel der Schweiz wird gut sichtbar, dass es gar nicht so trivial ist, Indexzahlen zu ermitteln, die dem komplexen Regelungsbestand tatsächlich gerecht werden. Der direkte Vergleich dreier solcher Index-Bildungen für die Schweizer Kantone zeigt diese Schwierigkeit (Abb. 1). Der erste Index von 2005, genannt «Regulationsindex», greift Schweizer Vorarbeiten aus der Rechtswissenschaft auf und misst anhand dreier Variablen, die sich primär an der rechtlichen Anerkennung orientieren, auf einer Skala von 0 bis 7 die Regulierungsstärke, wobei 0 für eine sehr geringe Regulierung, 7 hingegen für ein sehr starke steht.[18] Der zweite Index von 2016 ist unabhängig von den ersten beiden entstanden und greift auf englischsprachige Vorarbeiten zurück. Der «Religious Support Index» misst feingliedriger und erfasst auf einem Kontinuum von 0 bis 17 eine ganze Reihe von verschiedenen Facetten der Staat-Kirche-Beziehungen in den Schweizer Kantonen. Der dritte Index, der Establishment- oder Government favoritism-Index von 2019, ist ebenfalls ohne Bezug auf die beiden vorherigen konstruiert und misst mit sieben Variablen auf einer Skala von 0 bis 10.[19] Obschon die Indices nach ihrem jeweiligen Messkonzept unterschiedlich sind – teils ausschliesslich rechtliche

17 Vgl. *Helbling/Traunmüller*, State support.
18 Vgl. *Stolz*, Pluralität 210–211, bes. Anm. 25.
19 Vgl. *Stolz/Monnot*, Establishment, 38 f. und 55 f.

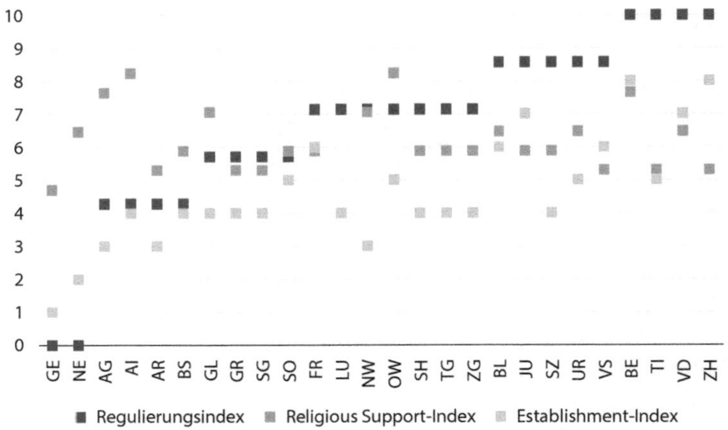

Abb. 1: Vergleich der Schweizer Kantone bzgl. «Regulierungsindex», «Religious Support-Index» und «Establishment-Index»

Bemerkung: Für den Vergleich der Werte wurden alle Indices auf die Spanne von 0–10 normiert. Lesebeispiel: Der Kanton Aargau weist für den normierten Regulierungsindex den Wert 4,3 auf, was für eine mittlere Regulierung steht. Derselbe Kanton weist für den Religious Support-Index den Wert 7,6 auf, was für eine hohe Regulierung steht, für den Establishment-Index hingegen den Wert 3,0, also einen eher niedrigen Regulierungsgrad. Der Kanton wird also von den Indizes recht unterschiedlich eingestuft. *Quelle*: eigene Berechnungen und Darstellung nach Regulierungsindex: *Stolz*, Pluralität; Religious Support Index (der Indexwert für LU fehlt in der Quelle): *Helbling/Traunmüller*, State Support; *Stolz/Monnot*, Establishment.

Regulierung, teils rechtliche Regulierungen plus unterschiedliche Formen der staatlichen Förderung einzelner Religionsgemeinschaften – zielen sie doch im Kern auf die gleiche rechtliche und politische Realität in den Schweizer Kantonen. Da sich nachweislich zwischen 2005 und 2019 in ihnen keine grundlegenden Veränderungen ergeben haben, sollten die Indices, wenn auch nicht gleiche, so doch mindestens ähnliche Ergebnisse liefern. Das ist aber bestenfalls bedingt der Fall.

Technisch gesprochen besteht zwischen den Indizes meist kein statistischer Zusammenhang, im Falle von Regulierungsindex und

Establishment-Index nur ein mittelmässiger (r^2=0,67). Inhaltlich bedeutet das im vorliegenden Fall, dass der ernüchternde Vergleich der Indizes auf eine grundlegende Problematik zurückverweist: Es nicht leicht ist, der Vielfalt der kantonalen religionspolitischen Arrangements mit einer einzigen Masszahl gerecht zu werden. Die Aufgabe, die Schwierigkeit einer validen Messung des kantonalen Staat-Religionen-Verhältnisses in der empirischen Religionsforschung zu lösen, geht freilich über den vorliegenden Aufsatz hinaus.[20] Im Folgenden werden aber aus diesem unbefriedigenden Forschungsstand Konsequenzen gezogen. Der Beitrag wendet sich bewusst den einzelnen Kantonen und einer detaillierten, vergleichenden empirischen Analyse des engeren Bereichs der Anerkennung im Rahmen der Inkorporationsregime der Kantone zu.

3 Das Staat-Religionen-Verhältnis in den Kantonen: Bestandsaufnahme

Es gehört in der Schweiz zum verbreiteten politischen Wissen, dass die Schweizer Kantone hinsichtlich ihrer Beziehungen zu den Religionsgemeinschaften in zwei Trennungskantone der Westschweiz – Genf und Neuenburg – und die übrigen, auf die Anerkennung von «Landeskirchen» ausgerichteten Kantone unterschieden werden können. In der Tat hält die Verfassung des Kantons Genf eingangs fest: «Der Staat ist laizistisch. Er wahrt die religiöse Neutralität.» (Art. 3, Abs. 1) Hingegen drückt sich die Anerkennung von Religionsgemeinschaften in den übrigen Kantonen in der Regel in der Verleihung der Eigenschaft einer Körperschaft des öffentlichen Rechts aus. Mit dieser öffentlich-rechtlichen Anerkennung gehen für die Religionsgemeinschaften besondere Rechte,

20 Darüber hinaus wäre zu prüfen, ob die in der Literatur berichteten statistischen Zusammenhänge des Grades der Regulierung mit anderen abhängigen Variablen wie Religiosität oder Islamfeindlichkeit vielleicht auch durch die Art der jeweiligen Kodierung hervorgerufen worden sind. Es besteht also ein weiterer Forschungsbedarf zur Validierung der bisher festgestellten Kausalzusammenhänge.

aber auch Pflichten einher. Unter den Rechten ragt das Recht auf die Erhebung einer Kirchensteuer heraus, deren Einziehung vielfach die Kantone übernehmen und deren Begleichung in der überwiegenden Zahl der Kantone staatlich erzwungen werden kann. Von grossem Wert ist auch das Recht, auf die staatlichen Einwohnerregister zur Verwaltung der Kirchengemeinden zurückgreifen zu können. Unter den Pflichten sticht die Pflicht zur internen demokratischen Verfassung der Körperschaft hervor.

Vor allem aber gilt: Nach überwiegender Ansicht der Öffentlichkeit sowie nach Meinung führender Juristen beinhaltet die formal-rechtliche Anerkennung eine ethische oder moralische Qualifikation. Die rechtliche Anerkennung beruht auf einem vorausliegenden normativen Urteil über die prinzipielle «moralische Anerkennung».[21] Neben den praktisch positiven Wirkungen, die mit der rechtlichen Anerkennung einhergehen, liegt in der rechtlichen Anerkennung auch eine symbolische Dimension. Es geht immer zugleich um gesellschaftliche Anerkennung. In diesem Sinne heisst rechtlich Anerkannt-sein zugleich, einen anerkannten Platz in der Gesellschaft zu haben. Anerkennung drückt soziale Gleichheit und Teilhabe aus. Anerkannte Religionsgemeinschaften «gehören gesellschaftlich dazu». Die Anerkennung durch den Staat ist für Religionsgemeinschaften von hohem symbolischem Wert. Auch das macht die Frage so brisant, wer anerkannt wird oder werden kann.

Der empirische Befund spricht eine deutliche Sprache (Tab. 1). Die evangelisch-reformierten (Landes-) Kirchen und die römisch-katholische Kirche sind – abgesehen von Genf und Neuenburg – in der ganzen Schweiz öffentlich-rechtlich anerkannt. Die kleine, aus einer Spaltung im Gefolge der Unfehlbarkeitserklärung des Ersten Vatikanischen Konzils von 1870 hervorgegangene Altkatholische bzw. Christkatholische Kirche besitzt aus den Tagen des Schweizer Kulturkampfs immerhin in neun Kantonen die öffentlich-rechtliche Anerkennung. Die jüdischen Gemeinden sind

21 *Gardaz*, Anerkennung 4.

Kanton	Bestehende staatliche Anerkennungen		
	Öffentlich-rechtl. Anerkennung	Privat-rechtliche Anerkennung	Kirchensteuer natürliche Personen**
AG	CKK; ERK; RKK	keine	ja
AI	ERK; RKK	keine	ja
AR	ERK; RKK	keine	ja
BE	CKK; ERK; IG; RKK	keine	ja
BL	CKK; ERK; RKK	keine	ja
BS	CKK; ERK; IG; RKK	Aleviten; Christengemeinschaft; Neuapostolische Kirche	ja (nur öff.-rechtliche)
FR	ERK; IG; RKK	keine	ja
GE	keine	keine (CKK; ERK; RKK)*	(ja – freiwillig)
GL	ERK; RKK	keine	ja
GR	ERK; RKK	keine	ja
JU	ERK; RKK	keine	ja
LU	CKK; ERK; RKK	keine	ja
NE	keine	(CKK; ERK; RKK)*	(ja – freiwillig)
NW	ERK; RKK	keine	ja
OW	ERK; RKK	keine	ja
SG	CKK; ERK; IG; RKK	keine	ja
SH	CKK; ERK; RKK	keine	ja
SO	CKK; ERK; RKK	keine	ja
SZ	ERK; RKK	keine	ja
TG	ERK; RKK	keine	ja
TI	ERK; RKK	keine	(ja – freiwillig)
UR	ERK; RKK	keine	ja
VD	ERK; RKK	IG	nein (Direktzahlung)
VS	ERK; RKK	keine	(ja – Kultussteuer)
ZG	ERK; IG; RKK	keine	ja
ZH	CKK; ERK; RKK	IKG; Jüd. Liberale Gemeinde	ja

Tab. 1: Explizit und implizit anerkannte Religionsgemeinschaften in den Schweizer Kantonen 2020

Bemerkung: *Genf = nur implizite Anerkennung durch Kirchensteuereinzug; Neuenburg = besondere Nennung bzw. Anerkennung als «Institutionen von öffentlichem Interesse; **in der Waadt und im Wallis existiert keine Kirchensteuer, hier werden die beiden Kirchen auf unterschiedlichen Wegen direkt aus den Steuereinnahmen unterstützt. Abkürzungen: CKK = Christkatholische Kirche (Altkatholiken); ERK = Evangelisch-reformierte Kirche; IG = Israelitische Gemeinde (jüdische Gemeinden); RKK = Römisch-katholische Kirche. *Quelle*: eigene Zusammenstellung nach *Gardaz*, Anerkennung; *Kölbener*, Das kantonale Anerkennungsrecht; *Winzeler*, Die öffentlich-rechtliche Anerkennung.

in Basel-Stadt, Bern, Freiburg und St. Gallen anerkannte Religionsgemeinschaft. Eine öffentlich-rechtliche Anerkennung für eine andere christliche Gemeinschaft oder eine andere Religionsgemeinschaft existiert nicht. Die öffentlich-rechtliche Anerkennung ist geprägt von Religionsgemeinschaften, die sich in der «helvetischen Tradition befinden»[22].

Von den Kantonen mit öffentlich-rechtlich anerkannten Kirchen kennen drei – Basel-Stadt, Waadt und Zürich – parallel eine kleinere Form der Anerkennung, öffentliche Anerkennung genannt. Religionsgemeinschaften, die diesen Status erlangen, bleiben wie alle anderen nicht öffentlich-rechtlich anerkannten Gemeinschaften privatrechtlich verfasst, das heisst, sie müssen sich für ihre rechtlichen Aussenbeziehungen als Verein oder Stiftung nach Schweizer Recht konstituieren, erhalten aber zusätzlich einen festen rechtlichen Status im Verhältnis zum Kanton. Dies kann Unterschiedliches bedeuten. In Basel überwiegen der symbolische Gewinn und einige Erleichterungen für die Seelsorge im Alltag, etwa in Anstalten. In Zürich sind die jüdischen Gemeinden, die sich dort nach theologischer Richtung auf zwei verschiedene Zusammenschlüsse verteilen, nahezu mit den Kirchen gleichgestellt und erhalten Zugang zu Steuer und staatlicher Finanzierung. Basel, das die Möglichkeit der kleinen Anerkennung erst im Zuge einer Verfassungsrevision 2005/06 geschaffen hat, hat die Christengemeinschaft[23], die Neuapostolischen Kirche und – einmalig in der Schweiz – eine Glaubensgemeinschaft ausserhalb der jüdischen bzw. christlichen Traditionslinie, die Aleviten, öffentlich anerkannt. Deren Entstehung geht auf den schiitischen Islam des 13. Jahrhunderts in der Osttürkei zurück. Die Schweizer Aleviten verstehen sich aber in Teilen nicht (mehr) als eine Richtung oder Schule des Islams, sondern als eine eigenständige Religion.[24]

---

22 *Gardaz*, Anerkennung 9.

23 Eine 1922 in Basel gegründete, überkonfessionelle Christengemeinde mit anthroposophischen Wurzeln.

24 Vgl. die Darstellung bei URL: http://www.nzz.ch/aktuell/schweiz/erste-nichtchristliche-gemeinschaft-anerkannt-1.17692417 (12.4.2013).

Überraschend ist, dass es auch in Genf und Neuenburg eine Art öffentliche Anerkennung gibt. In Neuenburg spricht der Kanton von den drei christlichen Kirchen als «Institutionen von öffentlichem Interesse» und unterhält regelmässige Beziehungen zu diesen. Der Kanton zieht für diese drei Kirchen auch die Kirchensteuer ein, die diese von ihren Mitgliedern auf freiwilliger Basis, d. h. ohne Erzwingungsmöglichkeit erheben dürfen. Selbst der Kanton Genf anerkennt implizit ebendiese drei Kirchen, denn auch er räumt ihnen ein, die freiwillige Kirchensteuer durch den Staat einziehen zu lassen. Bei diesem zentralen Punkt entsprechen also auch die beiden «Trennungskantone» der Westschweiz dem Modell der besonderen Kooperation mit den Kirchen. Nahezu ungebrochen scheint das Zusammenwirken von Staat und Kirche in der Waadt und im Wallis zu sein: Die Waadt finanziert die öffentlich-rechtlich anerkannten Kirchen direkt aus der Staatskasse, das heisst, alle Bürger/-innen zahlen mit ihrem allgemeinen Steueraufkommen für die Kirchen. Die Kultussteuer des Wallis ist ähnlich; sie wird von allen Kantonsbewohnern unbesehen der jeweiligen Religionszugehörigkeit erhoben. In anderen Kantonen stellt sich das Problem ähnlich für die «Kirchensteuer für juristische Personen», bei der – auch eine Schweizer Besonderheit – z. B. Wirtschaftsunternehmen Kirchensteuern entrichten. Dieses auch politisch durchaus umstrittene Thema[25] kann hier aber beiseite bleiben, da die grundsätzliche Art der Anerkennung und nicht deren technische Umsetzung und verzweigte Folgen[26] im Mittelpunkt der Analyse steht.

25 Vgl. *Liedhegener*, Bund – Kanton – Gemeinde.

26 Mit Recht ist darauf hingewiesen worden, dass auf der Ebene der konkreten rechtlichen Bestimmungen in der Schweiz nicht von einem oder mehreren Typen die Rede sein kann. In dieser Hinsicht ist jeder Kanton nicht zuletzt wegen jeder fehlenden bundestaatlichen Normierung ein Unikat. Vgl. *Winzeler*, Öffentlichrechtliche Anerkennung 294. Eine Zusammenstellung der einschlägigen Regelungen bietet *Kölbener*, Das kantonale Anerkennungsrecht.

4 Anerkennungsregime als Ergebnis von Pfadabhängigkeiten: zur Geschichte des Staat-Kirchen-Verhältnisses

Das geltende Schweizer Religionsverfassungsrecht orientiert sich auf nationaler und kantonaler Ebene bis heute, wie gesehen, sehr stark am Christentum. Die tatsächlichen Verhältnisse sind nach ideellem Anspruch und Verfassungsrecht freilich eingebettet in das übergreifende Grundrecht der Religions-, Glaubens- und Gewissensfreiheit, und man dürfte erwarten, dass Veränderungen in der Religionsstruktur der Gesellschaft[27] wie etwa die deutliche Zunahme von Einwohnern/-innen muslimischen Glaubens auch Veränderungen im Verhältnis von Staat und Religion hervorbringen. Die Beschreibung des Ist-Zustands steht aber für eine hohe Stabilität der Verhältnisse.[28] Der Kreis der öffentlich-rechtlich anerkannten Religionsgemeinschaften ist unverändert geblieben. Die öffentliche bzw. kleine Anerkennung in Basel-Stadt für drei kleinere Religionsgemeinschaften ist bislang die Ausnahme geblieben. «Die Situation ist also festgefahren. Weshalb?»[29]

Die folgenden Kapitel sind der Versuch, drei sozial- und politikwissenschaftliche Erklärungsstränge in Anschlag zu bringen, um den Ausgangsbefund zu erklären, aber auch um bestehende Handlungsoptionen besser zu verstehen.

Die erste Antwort lautet: «history matters».[30] Die Politik- und Religionsgeschichte der Schweiz spielen eine zentrale Rolle. Das Konzept der historischen Pfadabhängigkeit von Politik und Gesellschaft beschreibt die Erfahrung, dass es historische Weichenstellungen gibt, die spätere Verläufe vorbestimmen und dadurch langanhaltende Wirkungen und Folgen hervorbringen. Das gilt insbesondere in der Religionspolitik.[31] Für das Staat-Religionen-Verhältnis der Schweiz heute sehe ich im Wesentlichen drei grosse

27 Vgl. dazu das nächste Kapitel.

28 Vgl. zur beinahe identischen Ausgangslage um 2000: *Cattacin u. a.*, Staat und Religion; *Manatschal*, Cantonal variations.

29 *Gardaz*, Anerkennung 8 f.

30 *Beyer*, Pfadabhängigkeit 167.

31 Vgl. *Koenig*, Pfadabhängigkeit und institutioneller Wandel.

Weichenstellungen: die Reformation, die Gründung der modernen, liberal-demokratischen Eidgenossenschaft im 19. Jahrhundert und die Entkonfessionalisierung der Schweizer Gesellschaft ab den 1960er-Jahren im Zuge der zunehmenden Individualisierung.[32]

Die Reformation und ihre Folgen waren auch für die Schweiz von weitgreifender Bedeutung. Der alte Glaube des lateinischen Christentums zerfiel in mehrere Bekenntnisse, die sich alsbald sowohl untereinander bekämpften als auch zum Vehikel für politische Kämpfe zwischen den entstehenden frühneuzeitlichen Zentralstaaten wurden. Bekanntlich resultierte daraus das religionsrechtliche Prinzip des *cuius regio, eius religio*; die Herrschaft über ein Territorium bestimmte die Religionszugehörigkeit der Bevölkerung. Religion wurde staatlich erzwungen und entlang territorialer Grenzen normiert. Von wenigen Gebieten abgesehen, galt dies auch für die alte Eidgenossenschaft. Dementsprechend war das Kirchenwesen konfessionell organisiert. Die reformierten Kantone kannten ein landeskirchliches Regiment, d. h. weltliche Herrschaft und kirchliche Verfassung fielen weitestgehend in eins. In den katholischen Regionen behielten die Bistümer und Klöster ihre starke, auch im Kirchenrecht abgesicherte Stellung. Es entstand eine Dualität von staatlicher und kirchlicher Herrschaft.

Die früheste verfügbare Religionsstatistik der Schweiz stammt von 1860 und wird bestimmt von Kantonen, deren Bevölkerungen zu weit über 90 Prozent entweder dem reformierten Bekenntnis oder dem römisch-katholischen Glauben folgen.[33] Wo diese konfessionelle Geschlossenheit wie etwa in den Kantonen Aargau, Basel, Genf, St. Gallen und Thurgau nicht gegeben war, entbrannten ab der Mitte des 19. Jahrhunderts «Kulturkämpfe» um den Status der römisch-katholischen Kirche. Diese Staat-Kirchen-Konflikte wurden zu einem prägenden Bestandteil der heutigen Eidgenossen-

32 Ich folge mit dieser Einordnung zentralen Einsichten in *Vischer/Schenker/Dellsperger*, Ökumenische Kirchengeschichte; *Lipset/Rokkan*, Cleavage structures; *Stolz u. a.*, Religion und Spiritualität.

33 Vgl. *Dubach*, Konfessionen 11 f.

schaft, die 1848 aus der bürgerlichen Demokratisierung und Nationalstaatsgründung hervorging. Der Sonderbundskrieg von 1847, der an der Wiege des modernen Schweizer Bundesstaates stand, hatte stark konfessionelle Züge. Er drängte die unterlegenen katholischen Kantone zeitweise in eine untergeordnete Rolle und führte zur Bildung einer katholischen Sondergesellschaft. In der Schweizer Bevölkerung standen sich die Konfessionen für geraume Zeit im Verhältnis von etwa 60:40 gegenüber.

Die Entstehung des demokratischen Verfassungsstaats wurde zur zweiten grossen Weichenstellung der Schweizer Religionspolitik. Die Religionsfreiheit wurde erstmals grundsätzlich gewährleistet, zugleich aber mit der neuen Bundesverfassung wieder eingeschränkt. Politische Klugheit gebot den Verfassungsgebern nämlich, das Verhältnis von «Staat und Kirche»[34] aus dem Bundesrecht auszugliedern und den Kantonen allein zu überlassen.[35] Dabei ist es bis heute geblieben. Im Ergebnis bestanden in den Kantonen die alten konfessionell geprägten Zuordnungen von Staat und Religion zumeist fort.[36] Religiöse Minderheiten wie Freikirchen, allen voran aber die jüdischen Gemeinden, hatten zwischen der reformiert-landeskirchlichen Mehrheitskultur und der katholischen Sondergesellschaft einen schweren Stand. Sie waren immer wieder sozialen und auch rechtlichen Diskriminierungen ausgesetzt.[37] So erlangten Juden erst 1866 die Niederlassungsfreiheit und damit die volle Freizügigkeit in der Schweiz, im Aargau erst 1879. Die Ausnahme von der Regel stellten die Alt- oder Christkatholiken dar. Sie galten den dominierenden Liberalen als wichtige Bundespartner im Kampf gegen den so genannten römischen

34 Vgl. Kapitel 2.

35 Vgl. *Schinzel*, Artikel 72 BV.

36 Die wichtigsten Ausnahmen sind Genf und Neuenburg, die ihre internen konfessionellen Konflikte befrieden mussten und dazu den Weg der Abschaffung von Landeskirchen im traditionellen Sinn wählten. Die Einzelheiten dazu in: *Gardaz*, Anerkennung.

37 Vgl. *Vatter*, Vom Schächt- zum Minarettverbot.

Ultramontanismus. Politischer Wille brachte ihnen die öffentlich-rechtliche Anerkennung.

Die dritte grosse Weichenstellung erklärt, warum heutzutage die beiden grossen christlichen Kirchen in allen Kantonen und die jüdischen Gemeinden in manchen Kantonen rechtlich anerkannt sind. Ab Mitte des 20. Jahrhunderts endete die Zeit der konfessionellen Konfrontation und speziell auch des katholischen Milieus. Der rasante wirtschaftliche Aufstieg der Schweiz und die einsetzende Individualisierung relativierte die Einbindung in konfessionelle Grossgruppen. Religiosität und Kirchlichkeit verloren an Bedeutung.[38] In der Gesellschaft schälte sich ein Konsens heraus, dass beiden grossen Kirchen gleichberechtigt, wenn nicht gar gleich seien und ihnen in der Schweiz und in allen Kantonen die gleichen Rechte zukommen sollten.[39] Im Kanton Zürich etwa erlangte die katholische Kirche 1963 die öffentlich-rechtliche Anerkennung.[40] Um diese zu erhalten, organisieren sich die Katholikinnen und Katholiken eines Kantons in einer rechtlich eigenständigen, demokratisch verfassten und zugleich mit der hierarchischen Struktur der katholischen Bistümer und Weltkirche verbundenen Körperschaft, welche die Aussenbeziehungen und materiellen Belange der Kirchengemeinden gegenüber den politischen Instanzen wahrnimmt.[41]

Vor dem Hintergrund dieser drei historischen Weichenstellungen lässt sich die gegenwärtige Situation entlang von vier Zuord-

38 Vgl. *Stolz u. a.*, Religion und Spiritualität.

39 1973 wurden in einer Volksabstimmung die meisten Ausnahmeartikel der Kulturkampfzeit aus der Bundesverfassung gestrichen. Vgl. *Vischer/Schenker/Dellsperger*, Ökumenische Kirchengeschichte 289. Als letztes Relikt des konfessionellen Konflikts verschwand 2001 ebenfalls per Volksabstimmung das Verbot, katholische Bistümer zu gründen (Art. 72, Abs. 3 BV alt), aus der Verfassung.

40 Mir ist keine Studie bekannt, die diese Serie von Anerkennungen im 20. Jahrhundert mit den Mitteln der Geschichts- und Sozialwissenschaft untersucht hat. Ob es in der juristischen Speziallitertur Auskünfte gibt, vermag ich nicht abschliessend zu sagen.

41 Vgl. zusammenfassend *Winzeler*, Öffentlichrechtliche Anerkennung.

nungsmodellen systematisieren:[42] Kantone mit reformierter Tradition, in der traditionell eine Dominanz der staatlichen Seite und eine grosse Nähe zur Landeskirche bzw. heute den Landeskirchen besteht (AR, BL, BS, BE, SH, VD, ZH). Ehedem gemischtkonfessionelle Kantone, in denen die Gleichstellung bzw. Parität der beiden grossen Kirchen früh bestimmend wurde (AG, GL, GR, SG, TG). Katholische Kantone mit einer starken Stellung der heute oftmals in einer dualen staatskirchenrechtlichen Struktur verfassten katholischen Kirche (AI, FR, JU, LU, NW, OW, SZ, SO, TI, UR, VS, ZG). Und schliesslich Genf und Neuenburg, die keine öffentlichrechtliche Anerkennung mehr kennen.

5 Veränderungsdruck als Ergebnis von Säkularisierung und Migration: zur religiösen Diversität in der Gegenwart

Seit Beginn des 21. Jahrhunderts steht die Frage im Raum, ob diese gewachsenen Strukturen den religiösen und politischen Erfordernissen noch gerecht werden. Säkularisierung und Migration haben auch in der Schweiz zu einer deutlich grösseren religiösen Diversität geführt. Das Ausmass und die Qualität dieser neuen Diversität genau zu bestimmen, ist wissenschaftlich betrachtet eine Aufgabe, deren Komplexität oft unterschätzt wird. So lassen sich auf der begrifflichen Ebene religiöse Vielfalt bzw. Pluralität, religiöse Pluralisierung und religiöser Pluralismus unterscheiden.[43] Vielfalt meint die gleichzeitige Existenz einer grösseren Anzahl von religiösen Gruppen in einem gegebenen Gebiet, Pluralisierung deren zahlenmässige Zunahme und Pluralismus die Tatsache, dass diese Gruppen untereinander und die Gesellschaft insgesamt diese Diversität bejahen und sich Anerkennung und Wertschätzung entgegenbringen.

42 Vgl. die entsprechende, in der Literatur wiederholt herangezogene Einteilung in: *Famos*, Religiöse Vielfalt 306f.; vgl. etwa *Pfaff-Czarnecka*, Accomodating religious diversity 230f.

43 Vgl. *Stolz*, Pluralität; *Liedhegener*, Pluralisierung.

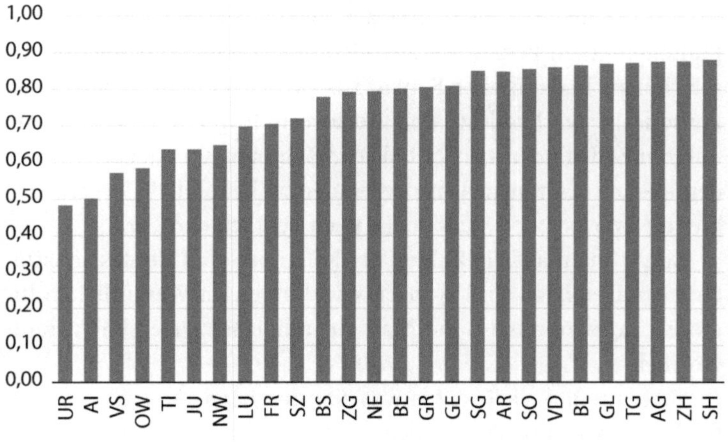

Abb. 2: Religiöse Diversität in den Schweizer Kantonen 2019

Bemerkung: Der Index der qualitativen Variation kann Werte zwischen 0 und 1 annehmen. 1 bedeutet maximale Diversität (im statistischen Sinne). *Quelle*: eigene Berechnungen nach Daten des BfS

Die Messung religiöser Diversität setzt in aller Regel bei einer Statistik der Einwohnerschaft nach religiöser Zugehörigkeit an. Auf einer solchen Basis gehört die Schweiz auf nationaler Ebene zu den Ländern Europas mit einer sehr hohen religiösen Diversität.[44] Auf der Basis der Daten des Bundesamts für Statistik (BfS) lässt sich für diese Diversität ein Kennwert für die Kantone berechnen, der Diversitätsindex (Abb. 2).[45]

44 Vgl. *Liedhegener/Odermatt*, Religious Affiliation.

45 Dieser beruht auf dem Herfindahl-Index (HI) für sieben verschiedene Religionskategorie. In der folgenden Darstellung wurde der Diversitätsindex als 1–HI berechnet und dann auf die Spanne von 0–1 normiert (Index der qualitativen Variation). Vgl. zu den technischen Details: *Wolf*, Konzepte zur Messung – Die Religionsstatistik der kleinen Kantone Appenzell-Innerrhoden und Uri ist aufgrund der Erhebungsmethode des BfS mit einem gewissen Vorbehalt zu versehen (grosse potenzielle Messfehler angesichts kleiner Fallzahlen). Dies beeinträchtigt aber nicht die im Fol-

Die Indexwerte zeigen, dass die religiöse Diversität in fast allen Kantonen einen hohen Wert erreicht, in den meisten sogar einen sehr hohen. In der breiten Spitzengruppe liegt er bei 0,85 und höher. Kantone in der Nordost- und Nordwestschweiz überwiegen. Am unteren Ende finden sich katholische Kantone. Aber abgesehen von den kleinen Kantonen Appenzell-Innerrhoden und Uri liegen auch hier die Werte über 0,5 und meist noch deutlich darüber.

Schaut man auf die Zahlen der Religions- und Konfessionsstatistik im Detail, so sind zwei Entwicklungen im Wesentlichen für dieses ungewöhnlich hohe Mass an religiöser Diversität verantwortlich.

Erstens, und vielleicht etwas überraschend, erweist sich der Rückgang der Mitglieder in den Landeskirchen als eine Ursache für die Veränderungen im Diversitätsindex. Im Index ist die Gruppe derjenigen, die sich keiner Religionsgemeinschaft zugehörig fühlen, als eigene Kategorie erfasst. Durch das «säkulare Driften»[46], das in der Schweizer Bevölkerung seit geraumer Zeit zu beobachten ist und das vor allem die Kirchen betrifft, wächst letztere Gruppe stark an. In Basel und Neuenburg, den beiden Kantonen mit dem höchsten Anteil von Menschen ohne Religionszugehörigkeit, liegt ihr Anteil aktuell bei rund 50 Prozent, was zur Folge hat, dass die Diversität in diesen Kantonen in den letzten Jahren wieder gesunken ist. Heute finden sich diese beiden Kantone daher im Mittelfeld der Diversität (Abb. 2). Aber auch die Kantone Aargau, Genf, Solothurn, Zürich und Waadt weisen für die genannte Gruppe Anteile von zum Teil weit über 30 Prozent aus. Die Tendenz ist überall steigend. Zahlen in dieser Grössenordnung können natürlich auch religionspolitische Diskussionslagen verändern.

Und zweitens, und wohl weniger überraschend, spielen die kleineren und nach ihrer Anwesenheit in der Schweiz meist jüngeren Religionsgemeinschaften eine wichtige Rolle (Abb. 3).

---

genden getroffenen Grundaussagen. Der Vollständigkeit halber werden hier beide Kantone aufgeführt.

46 *Stolz u. a.*, Religion und Spiritualität.

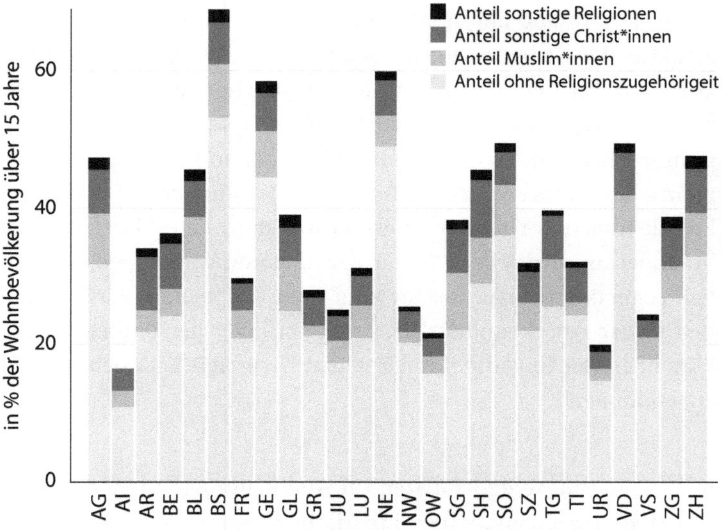

Abb. 3: Anteil der Wohnbevölkerung über 15 Jahren, der einer muslimischen, sonstig christlichen, einer anderen («Welt-») Religion oder keiner Religion angehört (2019)

Bemerkung: Aus der Grafik lässt sich der Anteil der Mitglieder der öffentlich-rechtlich anerkannten Religionsgemeinschaften als Differenz der berichteten Werte zu 100 erschliessen. *Quelle*: eigene Berechnungen nach Daten des BfS

Nennenswerte Teile der Schweizer Bevölkerung sind Muslime/-innen. Das gilt von wenigen Ausnahmen in der Zentralschweiz, in Graubünden sowie im Tessin abgesehen für alle Kantone. Im Aargau, in Basel-Stadt, Glarus, Solothurn, St. Gallen und im Thurgau liegt er über 7 Prozent. Am höchsten ist der Anteil in St. Gallen mit 8,3 Prozent. Neben diesem Anteil der Muslime/-innen ist der Anteil der «sonstigen» Christen/-innen» beachtlich gross. In vielen Kantonen liegt er gleichauf oder sogar etwas darüber. Zur Gruppe der sonstigen Christen/-innen zählen vor allem Mitglieder der Freikirchen und Mitglieder orthodoxer Kirchen. Vergleichsweise klein ist schliesslich der Anteil jener, die sich einer anderen Religion zugehörig zählen.

In der Summe unterstreichen diese Zahlen, wie weit sich die Struktur der Religionszugehörigkeit in der Bevölkerung von den landeskirchlichen Zuständen des 20. Jahrhunderts entfernt haben. Debatten um die «Aktualisierung des kantonalen Anerkennungsrechts»[47] oder die weitere Anerkennung von Religionsgemeinschaften als ein «Zukunfts- oder Auslaufmodell»[48] Schweizer Politik finden vor diesem Hintergrund statt. Er erklärt, dass der Veränderungsdruck vor allem in der jüngeren Vergangenheit deutlich zugenommen hat. Bislang sind zwar erst wenige Veränderungen in der Anerkennungsfrage sichtbar, aber der politische Diskurs über den Umgang mit der neuen Diversität hat doch spürbar zugenommen.

6 Veränderungsmöglichkeiten zur Anerkennung weiterer Religionsgemeinschaften: juristische Grenzen und politische Barrieren in der Diskussion

Die Schweiz ist ein Land mit einer langen Tradition, unterschiedlichste kulturelle Vorstellungen und politische Interessen in einen friedlichen Ausgleich zu bringen. Die Institutionen des politischen Systems sind vielfach darauf ausgerichtet, durch Verfahren, Debatte und Kompromiss eine Konkordanz unterschiedlichster, gerade auch kulturell-religiöser Belange zu erzielen.[49] Ende der 1990er-Jahre galt vielen Beobachtern die religiöse Konfliktlinie als im Wesentlichen befriedet und überwunden.[50] Die Verhältnisse schienen geordnet. Die veränderte und sich verstärkende religiöse Diversität hat gesellschaftliche Fragen und politische Forderungen aufgeworfen, die die bestehenden Möglichkeiten der staatlichen Anerkennung von Religionsgemeinschaften zum Gegenstand haben. Konzentriert man sich auf die Frage, ob und wie

47 *Pahud de Mortanges*, Staat und Religion 165.
48 *Pahud de Mortanges*, Staatliche Anerkennung.
49 Vgl. statt vieler: *Linder*, Schweizerische Demokratie 22–58.
50 Vgl. a. a. O. 12 und 40.

neue Religionsgemeinschaften in den bestehenden kantonalen Staat-Kirche-Regelungen anerkannt werden können, fällt die Bilanz gemischt bis ernüchternd aus (Tab. 2).

Gemischt ist die Zusammenstellung insofern, als dass in der Mehrzahl der Kantonsverfassungen die Möglichkeit angelegt ist, weitere Religionsgemeinschaften eine öffentlich-rechtliche Anerkennung zuteilwerden zu lassen. Allerdings kennen 8 Kantone diese Möglichkeit nicht. Darunter befinden sich so wichtige Kantone wie Zürich und St. Gallen. Fragt man, ob in den übrigen Kantonen die Chance auf eine öffentlich-rechtliche Anerkennung *rechtlich* auch *de facto* besteht, d. h. ob die näheren Bestimmungen für das Verfahren einer Anerkennung so ausgearbeitet sind, dass einer interessierten Religionsgemeinschaft eine Rechtsgrundlage für einen Antrag geboten wird, schränkt sich der Kreis nochmals ein. In den Kantonen Bern und Luzern fehlen entsprechende Ausführungsgesetze, und im Kanton Basel-Landschaft ist in das Ausführungsgesetz die diskriminierende Bestimmung einfügt worden, nur Religionsgemeinschaften aus der christlichen bzw. jüdischen Tradition seien anerkennungsfähig.

Von der Möglichkeit einer öffentlichen bzw. kleinen Anerkennung machen in der geltenden Rechtspraxis grundsätzlich nur drei Kantone explizit und ein Kanton implizit Gebrauch. Über den Stand der öffentlichen Anerkennung im Kanton Basel-Stadt wurde bereits berichtet. Praktisch ist ansonsten der Kanton Waadt am weitesten vorangeschritten. Hier bestehen seit längerer Zeit intensive Gespräche, und Anträge auf öffentliche Anerkennung sind seitens der Anglikanischen Kirche, der Christkatholischen Kirche und des kantonalen Dachverbands der Muslime gestellt.[51] Der Kanton Freiburg sieht neben der öffentlich-rechtlichen auch die kleine Anerkennung zumindest prinzipiell vor. Der Kanton Zürich hat hingegen implizit und selektiv von dieser Rechtsform Gebrauch gemacht. Zürich hat per Gesetz zwei Zusammenschlüssen jüdi-

---

51 Vgl. URL: https://www.swissinfo.ch/ger/muslime-in-der-schweiz_-lieber-gesellschaftliche-als-rechtliche-anerkennung-/45545088 (21.2.2021).

Kanton	Zugangsmöglichkeit zur staatlichen Anerkennung für weitere Religionsgemeinschaften							
	zur öffentlich-rechtlichen Anerkennung					zur öffentlichen/kleinen Anerkennung		
	besteht grundsätzlich	besteht auch de facto	per Verf.-änderung	per Gesetz	per Parlament	besteht grundsätzlich	besteht auch de facto	erfolgt durch
AG	ja	ja			ja			
AI	nein							
AR	ja	ja			ja			
BE	ja	nein						
BL	ja	(ja)*			(ja)			
BS	ja	ja	ja			ja	ja	Grosser Rat
FR	ja	ja		ja		ja	ja	Staatsrat
GE								
GL	ja	ja			ja			
GR	ja	ja		ja				
JU	ja	ja			ja			
LU	ja	nein			ja			
NE						ja	nein	
NW	ja	ja		ja				
OW	ja	ja		ja				
SG	nein							
SH	ja	ja			ja			
SO	ja	ja			ja			
SZ	nein							
TG	nein							
TI	ja	ja		ja				
UR	nein							
VD	nein					ja	ja	Grand Conseil
VS	ja	ja						
ZG	nein							
ZH	nein					(ja – per Praxis)	(ja)	(Gesetz)

Tab. 2: Anerkennungsmöglichkeiten weiterer Religionsgemeinschaften in den Kantonen

Bemerkung: *Der Kanton Basel-Land schliesst in seinem einschlägigen Ausführungsgesetz die Anerkennung nicht-christlicher bzw. nicht-jüdischer Religionsgemeinschaften explizit aus. *Quelle*: eigene Zusammenstellung nach: *Gardaz*, Anerkennung; *Kölbener*, Das kantonale Anerkennungsrecht; *Winzeler*, Die öffentlich-rechtliche Anerkennung.

scher Gemeinden die öffentliche bzw. kleine Anerkennung verliehen und sie darüber hinaus den öffentlich-rechtlichen Religionsgemeinschaften weitgehend gleichgestellt. Für weitergehende Schritte und eine Einbindung muslimischer Verbände in diese Rechtsform scheint es aber zurzeit im Kanton Zürich politisch keine Aussicht zu geben.[52] Für Neuenburg hatte der Grand Conseil im Herbst 2020 zwar ein Ausführungsgesetz verabschiedet. Gegen dieses Gesetzt ergriffen die FDP und die SVP erfolgreich das Referendum. Das Gesetz scheiterte an der Volksabstimmung vom 26. September 2021. Ähnlich wie im Fall der öffentlich-rechtlichen Anerkennung im Kanton Luzern besteht in Neuenburg also laut Verfassung eine Möglichkeit der öffentlichen Anerkennung, aber de facto besteht der Zugang zu einer solchen öffentlichen Anerkennung mangels gesetzlicher Grundlagen nicht.

In den meisten Kantonen sind weitere Religionsgemeinschaften im Blick auf eine mögliche Anerkennung also auf die klassische Rechtsform der Körperschaft des öffentlichen Rechts verwiesen, sofern sie eine Anerkennung seitens des Staates (und der Politik) suchen. Wie schwer oder leicht ein solcher Prozess ist bzw. seien würde, ist Sache des Einzelfalls. Es sind gegebenenfalls viele Fragen vom Prozessverlauf über die konkreten kantonalen Anforderungen an neue öffentlich-rechtliche Anerkennungen bis hin zu Fragen nach den rechtsverbindlichen Ansprechpartnern und Finanzierungsmodalitäten.[53] Insbesondere an kleinere Religionsgemeinschaften, deren Ressourcen generell knapp sind,[54] stellt dies hohe organisatorische Anforderungen. Rechtlich gesehen handelt sich im Schweizer Fall um ein «zweiseitiges Rechtsgeschäft»,[55] d. h. beide Vertragsseiten müssen den nötigen Willen zur Kooperation

52 Vgl. *Baumann u. a.*, Regelung des Verhältnisses; siehe zum politischen Hintergrund auch weiter unten.

53 Vgl. *Pahud de Mortanges*, Staatliche Anerkennung; *Winzeler*, Öffentlichrechtliche Anerkennung.

54 Vgl. *Stolz u. a.*, Die religiösen Gemeinschaften; detaillierte Einzelfallanalysen in: *Baumann u. a.*, Regelung des Verhältnisses.

55 *Winzeler*, Öffentlichrechtliche Anerkennung 283.

aufbringen. Das bedeutet aber auch, dass es (bislang) kein Recht auf eine öffentlich-rechtliche Anerkennung gibt.[56]

Diese Rechtslage trifft politisch auf eine Öffentlichkeit, die auf nahezu jedes muslimische Leben mit Skepsis oder gar Ablehnung reagiert. Die äusserst emotional geführte Anti-Minarett-Initiative von 2009 hat einen Ton gesetzt, der sich – befeuert von Teilen der SVP und dem für Islamfragen sicheren Medienecho[57] – in zahlreichen religionspolitischen Streitfragen rund um den Islam stets zu wiederholen scheint. Herausragende Beispiele sind die so genannte Handschlag-Affäre von Therwil (BL) und jüngst die Verhüllungsverbotsinitiative. Dabei fällt vor allem auf, dass die verschiedenen Akteure bemüht sind, das jeweilige Thema «von Religion zu trennen. Damit können sie eine Diskussion über die in der Verfassung verankerte Religionsfreiheit vermeiden.»[58] Zudem wirken die direktdemokratischen Elemente in den Kantonen der Besserstellung von religiösen Minderheiten und speziell muslimischer Gemeinschaften teils direkt, teils aber auch schon indirekt entgegen.[59] Parteien und Parlamente antizipieren mögliche Referenden und sind interessiert, referendumsfeste politische Entscheidungen zu treffen, was in strittigen Materien wie der Anerkennung von kleinen bzw. muslimischen Religionsgemeinschaften zu Zurückhaltung und Nichtentscheiden führt. So wurde bei der jüngsten, grundlegenden Überarbeitung des etwas aus der Zeit gefallenen Berner Staatskirchenrechts, die zum 1.1.2020 in Kraft getreten ist, das Thema der weiteren Anerkennung dezidiert ausgeklammert.

Der zur religiösen Vielfalt eigens eingerichtete Nationale Forschungsschwerpunkt 58 des Schweizer Nationalfonds hat viele Aspekte dieses grösseren Themas analysiert.[60] Im Ergebnis dieses

---

56 Vgl. *Pahud de Mortanges*, Auswirkungen 151.

57 Vgl. *Christmann*, Damoklesschwert Referendum 31.

58 *Tunger-Zanetti*, Verhüllung 108; zum Konfliktfall um den Handschlag für Lehrerinnen in einer Schule in Therwil vgl. *Liedhegener/Lots*, (Il-)liberal public policies.

59 Vgl. *Christmann*, Damoklesschwert Referendum.

60 Vgl. *Bochinger*, Religionen, Staat und Gesellschaft.

Grossvorhabens der empirischen Religionsforschung wird unterstrichen, dass historisch eine «im europäischen Kontext höchst interessante und einmalige Struktur einer pluralen Religionspolitik» entstanden ist, «die in jedem der 26 Kantone [...] anders aussieht. Wie zahlreiche Projekte des NFP 58 zeigen, folgt die gegenwärtige religiöse Pluralisierung jedoch anderen Regeln als die historischen Entwicklungen in der schweizerischen religiösen Landschaft»[61] früherer Zeiten. Der externe Einfluss der Globalisierung ist im Wandel von Religion nicht zu übersehen. Insofern orientiert die Gegenwart «sich nicht an den gewachsenen kantonalen Strukturen»[62]. Manches spricht also dafür, dass es heute gilt, eine neue, vierte Weichenstellung vorzunehmen.

In der Rechtswissenschaft wie den Sozialwissenschaften wird die Legitimation der bestehenden Verhältnisse diskutiert. Einige fragen, ob die Kompetenzverteilung von Bund und Kantonen in religionsrechtlichen Belangen noch stimmig ist, und überlegen, ob es nicht eine Art Rahmengesetzgebung braucht, um die kantonalen Anerkennungsregime mit den Erfordernissen von Religionsfreiheit und religiösem Pluralismus in Einklang zu bringen.[63] Andere sehen eine Religionspolitik am Werk, die mit zweierlei Mass misst.[64] Um kleinere Religionsgemeinschaften nicht zu benachteiligen und die Legitimation zu steigern, wird empfohlen, die Zuwendung staatlicher Mittel gleichmässiger auszugestalten und mit der sozialen Nützlichkeit der Aktivitäten der beteiligten Religionsgemeinschaften zu koppeln. Die gleiche Strategie, staatliche Kooperation und finanzielle Leistungen mit der gesellschaftlichen Nützlichkeit von Religionsgemeinschaften zu begründen, wird auch in den Wirtschaftswissenschaften vertreten.[65] In der Revision des Verhältnisses des Kantons Zürich zu den öffentlich-rechtlich und rechtlich

61 A. a. O. 236.

62 Ebd.

63 Vgl. *Bochinger/Frank*, Religion, Spiritualität und Säkularität; *Neuhaus*, Die Burka-Initiative; *Schinzel*, Artikel 72 BV.

64 Vgl. *Reber*, Staatliche Unterstützung.

65 Vgl. *Marti/Kraft/Walter*, Dienstleistungen, Nutzen und Finanzierung.

anerkannten Religionsgemeinschaften sind in dieser Richtung bereits praktische Konsequenzen gezogen worden. Die ehemaligen direkten Zuschüsse des Kantons zu den Kirchen und ihren Aktivitäten sind in eine Art Kontraktmanagement umgewandelt worden, bei dem sich die Kirchen um die finanziellen Mittel des Kantons jeweils mit Projekten bewerben müssen. Es gibt Bestrebungen des Kantons Zürich, dieses Modell in Richtung der muslimischen Gemeinschaften und der orthodoxen Kirchen zu erweitern.[66] Eine wesentliche Idee ist, kleinere Religionsgemeinschaften zu unterstützen, damit diese ihre Infrastruktur ausbauen können, um sich so besser in Zivilgesellschaft und Politik einbringen zu können. Der Preis, der für einen solchen Weg zu zahlen wäre, besteht für die muslimischen Verbände und allen voran die VIOZ darin, die älteren Forderungen und Vorschläge nach einer moralischen und rechtlichen Anerkennung[67] in und gegenüber der Schweizer Öffentlichkeit fallen zu lassen oder doch weit nach hinten zu stellen. Die Entwicklung scheint offen: «Während es im Einzelnen noch zahlreiche weitere, sachlich begrenzte Wünsche gibt, zieht sich ein Wunsch durch zahlreiche Äusserungen von Vertreterinnen und Vertretern der befragten Gemeinschaften: der Wunsch nach Anerkennung in einem breiten, gerade auch gesellschaftlichen Sinn.»[68] Ob die gesellschaftliche Anerkennung für Religionsgemeinschaften ohne eine rechtliche Gleichheit auf der Basis einer im Grundsatz gleichen Religionsfreiheit für alle zu haben ist, steht nach den hier vorgelegten Befunden und Überlegungen zumindest in Frage. Gerade im Blick auf muslimische Wünsche reagiert die Öffentlichkeit umgehend mit weitreichenden allgemeinen Integrationsforderungen oder mit sicherheitspolitischen Bedenken und Vorurteilen. Und in den klassischen Rechtsbereichen der staatlichen bzw. kantonalen Anerkennung von Religionsgemeinschaften

66 Vgl. dazu die wissenschaftliche Vorstudie: *Baumann u. a.*, Regelung des Verhältnisses.

67 Vgl. das Rechtsgutachten dazu in *Loretan/Weber/Morawa*, Freiheit und Religion.

68 *Baumann u. a.*, Regelung des Verhältnisses 2.

als religiöse, und nicht nur zivilgesellschaftliche Akteure sind hohe, zum Teil unüberwindbare Barrieren errichtet, die vielleicht zu einseitig sind, um auf Dauer Legitimation und Bestand haben zu können. Die religionsrechtliche und gesellschaftliche Anerkennung von Religionsgemeinschaften liegen zum guten Teil ineinander und dürften sich nicht so ohne Weiteres entkoppeln lassen.

7 Fazit

Die vorgelegte, neue Analyse der kantonalen Anerkennungsregime als Herzstück des Schweizerischen Staat-Religionen-Verhältnisses macht sichtbar, dass die aktuelle Lage noch in einem sehr hohen Masse von historischen Pfadabhängigkeiten bestimmt ist. Ausgehend von der im Zuge der Reformation entstandenen Konfessionalität des Christentums sind die wichtigsten Weichen für die Gegenwart im 19. Jahrhundert im Zuge der Entstehung des modernen Bundesstaates im Konflikt zwischen Liberalen und Konservativen bzw. katholischen Kantonen gestellt worden. Insbesondere die weitestgehend fehlende Zuständigkeit des Bundes für das Verhältnis moderner Staatlichkeit zu den Kirchen und Religion ist ein bis heute bestimmendes Resultat. Aber auch die starke Orientierung an staatskirchlichen oder quasi-staatskirchlichen Ordnungskonzepten und die damit einhergehende verfassungsrechtliche Hervorhebung bzw. Alleinstellung der christlichen «Landeskirchen» geht auf diese formative Phase der modernen Schweiz zurück. War dieses Ergebnis für die meisten Kantone erwartbar, so mag es doch ein wenig überraschen, dass bei genauerer Analyse auch die beiden Ausnahmen – die oft als «Trennungskantone» bezeichneten Kantone Genf und Neuenburg – in der Praxis diesem Grundmuster des Schweizer Staatskirchenrechts sehr nahe stehen. Obschon bei beiden die öffentlich-rechtliche Anerkennung nicht existiert, gibt es auch hier klare, an den beiden grossen Kirchen orientierte Kooperationen. Zu verweisen ist insbesondere auf die staatliche Mitwirkung am Einzug der freiwilligen Kirchenbeiträge von den Kirchenmitgliedern. Einen wichtigen Schritt stellt auch die Zeit ab der

Mitte des 20. Jahrhunderts bis zur Revision der Bundesverfassung 2000 und der Abschaffung des Bistumsartikels 2001 dar. In vielen Kantonen fällt die öffentlich-rechtliche Anerkennung der jeweiligen konfessionellen Minderheit in diese Phase. Erst seitdem herrscht schweizweit Parität.

Vor diesem Hintergrund steht die aktuelle Lage der kantonalen Staat-Religionen-Regelungen. Auf den ersten Blick ist sie in den letzten 20 Jahren kaum über die Ausgangslage zu Beginn des 21. Jahrhunderts hinausgelangt. Die wichtigste Innovation war bislang die Einführung der kleinen oder öffentlichen Anerkennung im Kanton Basel-Stadt. Dieser Kanton ist einerseits besonders stark von der anhaltenden Entkirchlichung geprägt, und weist andererseits eine hohe religiöse Diversität auf. Die kleine Anerkennung ist ein rechtliches Gefäss, das auch kleineren Religionsgemeinschaften und erstmals mit den Aleviten auch einer nicht-christlichen Minderheit eine besondere Rechtsqualität im Verhältnis zum Staat zuweist. Allerdings wird man im Blick haben müssen, dass im selben Kanton aktuell eine öffentlich-rechtliche Anerkennung egal welcher religiösen Herkunft nicht möglich ist.

Auf den zweiten Blick fällt auf, dass eine prinzipielle Schliessung der Möglichkeit der öffentlich-rechtlichen Anerkennung nicht (mehr) die Regel ist. *De jure* bestehen in vielen Kantonen Handlungsmöglichkeiten für weitere Anerkennungen. Sie sind aber entweder in einigen Fällen rechtlich blockiert oder werden politisch-praktisch als zu schwierig bewertet. In nicht wenigen Kantonen besteht zudem noch insofern grundlegender Reformbedarf, als dass deren Verfassungen bis heute eine Option für weitere Anerkennungen nicht eröffnen.

Auf den dritten Blick wird man feststellen müssen, dass den Schweizerischen Rechtsverhältnissen gleichwohl eine Flexibilität innewohnt, die sich bei gegebenem politischem Willen für Fortentwicklungen und das heisst auch für die rechtliche Integration muslimischer Religionsgemeinschaften nutzen liesse. Dass es auf diesen politischen Willen ankommt, zeigt sich einerseits darin, dass in der halb-direktdemokratischen Schweiz auch religionspolitische Materien schnell der Volksabstimmung unterworfen sind, und andererseits am Kanton Basel-Landschaft, der im Ausführungsgesetz zur öffentlich-rechtlichen Anerkennung die Anerkennung nicht-christlicher bzw. nicht-jüdischer Gemeinschaften eigens untersagt.

Schlussendlich geht es also um die Frage, ob die Gesellschaft der Schweiz einen Weg findet, die neue religiöse Diversität, wie sie in der Migration seit dem ausgehenden 20. Jahrhundert entstanden ist, im Lichte eines politischen Gleichheitsgrundsatzes zu bewerten, der allen Religionsgemeinschaften faire Chancen der Teilhabe im Staat-Religionen-Regime einräumt. Nur so wird Religionsfreiheit als auch korporatives Gut für alle zum Grundrecht. Die starke Orientierung des öffentlichen wie rechtlichen Diskurses an finanziellen Opportunitäten, religiös schwerlich verhandelbaren Integrationsfragen und -forderungen sowie Sicherheitsbedenken, die vor allem gegenüber allem Islamischen mitschwingen, steht dem entgegen. Es braucht einen Wandel in der (Zivil-) Gesellschaft. Der interreligiöse Dialog ist aktuell selbst wohl kein Feld, in dem sich Massen mobilisieren lassen. Der interreligiöse Dialog ist aber sehr wohl ein Feld von Vordenkern/-innen und Experimentierern/-innen gelingenden Zusammenlebens in religiöser Vielfalt. Er gehört somit zu jenen gesellschaftlichen Orten, an denen die bestehenden Anerkennungsverhältnisse zum Gegenstand von Information, Austausch und Veränderungsvorstellungen gemacht werden können bzw. könnten, die einen Weg in die Zukunft weisen.

Literatur

Baumann, Martin/Schmid, Hansjörg/Tunger-Zanetti, Andreas u. a.: Regelung des Verhältnisses zu nicht-anerkannten Religionsgemeinschaften. Untersuchung im Auftrag der Direktion der Justiz und des Innern des Kanton Zürich. Zürich/Luzern, 5.9.2019, URL: https://www.unifr.ch/szig/de/assets/public/uploads/Rapports/2019/Schlussbericht%20nicht-anerkannte%20Religionsgemeinschaften%20Z%c3%bcrich_compressed.pdf (4.5.2021).

Baumann, Martin/Tunger-Zanetti, Andreas: Constructing and representing the new religious diversity with old classifications: «World religions» as an excluding category in interreligious dialogue in Switzerland, in: *Kühle, Lene (Hg.):* The critical analysis of religious diversity (International studies in religion and society, 32). Boston: Brill, 2018.

Beyer, Jürgen: Pfadabhängigkeit, in: Wenzelburger, Georg/Zohlnhöfer, Reimut (Hg.): Handbuch Policy-Forschung. Wiesbaden: Springer VS, 2015, 149–171.

Bielefeldt, Heiner: Muslime im säkularen Rechtsstaat. Integrationschancen durch Religionsfreiheit. Bielefeld: transcript, 2003.

Bochinger, Christoph (Hg.): Religionen, Staat und Gesellschaft. Die Schweiz zwischen Säkularisierung und religiöser Vielfalt. Zürich: NZZ, 2012.

Ders./Frank, Katharina: Religion, Spiritualität und Säkularität in der Schweiz, in: *Riedi, Anna Maria (Hg.):* Handbuch Sozialwesen Schweiz, Bern, 2013, 201–213.

Cattacin, Sandro/Famos, Cla Reto/Duttwiler, Michael u. a.: Staat und Religion in der Schweiz: Anerkennungskämpfe, Anerkennungsformen. Eine Studie des Schweizerischen Forums für Migrations- und Bevölkerungsstudien SFM im Auftrag der Eidgenössischen Kommission gegen Rassismus (EKR), Bern: Eidgenössische Kommission gegen Rassismus, 2003.

Christmann, Anna: Damoklesschwert Referendum? Die indirekte Wirkung ausgebauter Volksrechte auf die Rechte religiöser Minderheiten, in: Swiss Polit Sci Rev 16 (2010) 1–41.

Dubach, Alfred: Die Konfessionen in der Schweiz. Zahlen und Daten der eidgenössischen Volkszählungen zur Situation und Entwicklung der Konfessionen in der Schweiz (Kirchenstatistische Hefte). St. Gallen, 1981.

Famos, Cla Reto: Religiöse Vielfalt und Recht: Von göttlichen und menschlichen Regeln, in: *Baumann, Martin/Stolz, Jörg (Hg.):* Eine Schweiz – viele Religionen. Risiken und Chancen des Zusammenlebens. Bielefeld: transcript, 2007, 301–312.

Fox, Jonathan: How secular are western governments' religion policies?, in: Secular Studies 1 (2019) 3–33.

Ders.: Religious discrimination in Christian-majority democracies from 1990 to 2014, in: Politics and Religion 13 (2019) 285–308.

Gardaz, Philippe: Die Anerkennung von Religionsgemeinschaften: Kompetenzen, Typologie, aktuelle Situation, übers. aus dem Französischen von Burim Ramaj und René Pahud de Mortanges, in: *Pahud de Mortanges, René (Hg.):* Staatliche Anerkennung von Religionsgemeinschaften: Zukunfts- oder Auslaufmodell? (Freiburger Veröffentlichungen zum Religionsrecht 31). Zürich: Schulthess, 2015, 1–10.

Helbling, Marc/Traunmüller, Richard: How state support of religion shapes attitudes toward Muslim immigrants. New evidence from a sub-national comparison, in: Comparative Political Studies 49 (2016) 391–424.

Interreligiöser Think-Tank: Leitfaden für den interreligiösen Dialog, Basel: Interreligiöser Think-Tank, [5]2015.

Joas, Hans: Glaube als Option. Zukunftsmöglichkeiten des Christentums. Freiburg i. Br.: Herder, 2012.

Koenig, Matthias: Pfadabhängigkeit und institutioneller Wandel von Religionspolitik. Ein deutsch-französischer Vergleich, in: *Gabriel, Karl/Höhn, Hans-Joachim (Hg.):* Religion heute, öffentlich und politisch. Provokationen, Kontroversen, Perspektiven. Paderborn: Schöningh, 2008, 149–160.

Kölbener, Stefan: Das kantonale Anerkennungsrecht in der Schweiz, in: *Pahud de Mortanges, René (Hg.):* Staatliche Anerkennung von Religionsgemeinschaften: Zukunfts- oder Auslaufmodell? (Freiburger Veröffentlichungen zum Religionsrecht 31). Zürich: Schulthess, 2015, 287–369.

Lehmann, Karsten: Interreligious dialog in context: towards a systematic comparison of IRD-activities in Europ, in: *ders. (Hg.):* Interreligious dialogue in context: a European comparison (Interdisciplinary Journal for Religion and Transformation in Contemporary Society. Special Issue, 6, H. 2) 2020, 237–254.

Liedhegener, Antonius: Das Feld der «Religionspolitik» – ein explorativer Vergleich der Bundesrepublik Deutschland und der Schweiz seit 1990, in: *ders./Pickel, Gert (Hg.):* Religionspolitik und Politik der Religionen in Deutschland. Fallstudien und Vergleiche (Politik und Religion). Wiesbaden: Springer VS, 2016, 277–307.

Ders.: Pluralisierung, in: *Pollack, Detlef/Krech, Volkhard/Müller, Olaf u. a. (Hg.):* Handbuch Religionssoziologie (Veröffentlichungen der Sektion Religiosoziologie der Deutsche Gesellschaft für Soziologie). Wiesbaden: Springer VS, 2018, 347–382.

Ders.: Bund – Kanton – Gemeinde: Religionspolitik in der Schweiz seit 1990, in: *Hänni, Julia/Heselhaus, Sebastian/Loretan, Adrian (Hg.):* Religionsfreiheit im säkularen Staat. Aktuelle Auslegungsfragen in der Schweiz, in Deutschland und weltweit. Zürich/St. Gallen/Baden-Baden: Dike/Nomos, 2019, 151–166.

Ders./Lots, Laura: Die «Handschlag-Affäre» von Therwil als Gegenstand einer Process Tracing-Analyse zur Schweizer Religionspolitik. Dokumentation der Storyline (September 2015 bis August 2018) (Working Paper 07/2019). Luzern, 2019.

Ders./Lots, Laura: (Il-)liberal public policies on Islam in Switzerland: The handshake affair in public discourse and state religious policy, in: *Hennig, Anja/Weiberg-Salzmann, Mirjam (Hg.):* Illiberal politics and religion in Europe and beyond. Concepts, actors, and identity narratives (Religion und Moderne, 19). Frankfurt a. M./New York: Campus, 2021, 241–267.

Ders./Odermatt, Anastas: Religious Affiliation as a Baseline for Religious Diversity in Contemporary Europe. Making Sense of Numbers, Wordings, and Cultural Meanings (SMRE Working Paper). Luzern, 2018.

Ders./Pickel, Gert/Odermatt, Anastas u. a.: Wie Religion «uns» trennt – und verbindet. Befunde einer Repräsentativbefragung zur gesellschaftlichen Rolle von religiösen und sozialen Identitäten in Deutschland und der Schweiz 2019, 2019, URL: http://doi.org/10.5281/zenodo.3560792 (24.2.2021).

Linder, Wolf: Schweizerische Demokratie. Institutionen, Prozesse, Perspektiven, Bern/Stuttgart/Wien: Haupt, ²2005.

Lipset, Seymour Martin/Rokkan, Stein: Cleavage structures, party systems, and voter alignments. An introduction, in: *Lipset, Seymour Martin/Rokkan, Stein (Hg.):* Party systems and voter alignments: cross-national perspectives. New York: Free Press, 1967, 1–64.

Loretan, Adrian/Weber, Quirin/Morawa, Alexander H.E.: Freiheit und Religion. Die Anerkennung weiterer Religionsgemeinschaften in der Schweiz (ReligionsRecht im Dialog 17). Zürich: Lit, 2014.

Manatschal, Anita: Taking cantonal variations of integration policy seriously – or how to validate international concepts at the subnational comparative level, in: Swiss Political Science Review 17 (2011) 336–357.

Marti, Michael/Kraft, Eliane/Walter, Felix: Dienstleistungen, Nutzen und Finanzierung von Religionsgemeinschaften in der Schweiz. Synthese des Projekts FAKIR (Finanzanalyse Kirchen) im Rahmen des NFP 58 «Religionsgemeinschaften, Staat und Gesellschaft» (Religionsgemeinschaften, Staat und Gesellschaft). Bern: Rüegger, 2010.

Minkenberg, Michael: Staat und Kirche in westlichen Demokratien, in: *Minkenberg, Michael/Willems, Ulrich (Hg.):* Politik und Religion (Politische Vierteljahresschrift Sonderheft 33). Wiesbaden: Westdeutscher Verlag, 2003, 115–138.

Neuhaus, Christina: Die Burka-Initiative wird zum Testfall werden. Für die Regelung des Verhältnisses zwischen Kirche und Staat sind in der Schweiz die Kantone zuständig. Das sei nicht mehr zeitgemäss, findet der Politologe Antonius Liedhegener. Er plädiert für eine Verfassungsrevision, in: Neue Zürcher Zeitung, 29.12.2017, 14.

Pahud de Mortanges, René: Die Auswirkungen der religiösen Pluralisierung auf die staatliche Rechtsordnung, in: *Bochinger, Christoph (Hg.):* Religionen, Staat und Gesellschaft. Die Schweiz zwi-

schen Säkularisierung und religiöser Vielfalt. Zürich: NZZ, 2012, 145–173.
Ders. (Hg.): Staatliche Anerkennung von Religionsgemeinschaften: Zukunfts- oder Auslaufmodell? (Freiburger Veröffentlichungen zum Religionsrecht 31). Zürich: Schulthess, 2015.
Ders. (Hg.): Staat und Religion in der Schweiz des 21. Jahrhunderts. Beiträge zum Jubiläum des Instituts für Religionsrecht (Freiburger Veröffentlichungen zum Religionsrecht 40). Zürich: Schulthess, 2020.
Pfaff-Czarnecka, Joanna: Accomodating religious diversity in Switzerland, in: *Bramadat, Paul/Koenig, Matthias (Hg.):* International Migration and the Governance of Religious Diversity. Montreal: Kingston, 2009, 225–257.
Rawls, John: Gerechtigkeit als Fairneß: politisch und nicht metaphysich, in: *ders.:* Die Idee des politischen Liberalismus. Aufsätze 1978–1989, hg. v. Wilfried Hinsch. Frankfurt a. M.: Suhrkamp, 1992, 255–292.
Reber, Christian: Staatliche Unterstützung für Leistungen der anerkannten Kirchen – Religionspolitik nach zweierlei Mass? (Freiburger Veröffentlichungen zum Religionsrecht 39). Zürich: Schulthess, 2020.
Schinzel, Marc: Artikel 72 BV im 21. Jahrhundert. Aufgaben und Verantwortung des Bundes im Bereich Staat und Religion, in: *Pahud de Mortanges, René (Hg.):* Staat und Religion in der Schweiz des 21. Jahrhunderts. Beiträge zum Jubiläum des Instituts für Religionsrecht (Freiburger Veröffentlichungen zum Religionsrecht 40). Zürich: Schulthess, 2020, 619–636.
Stolz, Jörg: Wie wirkt Pluralität auf individuelle Religiosität? Eine Konfrontation von Wissenssoziologie und Rational Choice, in: *Baumann, Martin/Behloul, Samuel-Martin (Hg.):* Religiöser Pluralismus. Empirische Studien und analytische Perspektiven. Bielefeld: transcript, 2005, 197–222.
Ders./Chaves, Mark/Monnot, Christophe u. a.: Die religiösen Gemeinschaften in der Schweiz: Eigenschaften, Aktivitäten, Entwicklung. Schlussbericht des National Congregations Study

Switzerland (NCSS) im Rahmen des Nationalen Forschungsprogramms 58. Lausanne, 2011.
Ders./Könemann, Judith/Schneuwly Purie, Mallory u. a.: Religion und Spiritualität in der Ich-Gesellschaft. Vier Gestalten des (Un-)Glaubens (Beiträge zur Pastoralsoziologie 16). Zürich: Edition NZN, 2014.
Ders./Monnot, Christophe: Does establishment suppress the political activities of religious congregations? Evidence from Switzerland, in: Politics and Religion 13 (2020) 28–56.
Traunmüller, Richard: Zur Messung von Staat-Kirche-Beziehungen: Eine vergleichende Analyse neuerer Indizes, in: Zeitschrift für Vergleichende Politikwissenschaft 6 (2012) 207–231.
Tunger-Zanetti, Andreas: Anerkennungswünsche religiöser Gemeinschaften im «gesellschaftlichen Dreieck», in: *Pahud de Mortanges, René (Hg.):* Staatliche Anerkennung von Religionsgemeinschaften: Zukunfts- oder Auslaufmodell? (Freiburger Veröffentlichungen zum Religionsrecht 31). Zürich: Schulthess, 2015, 219–250.
Ders.: Verhüllung. Die Burka-Debatte in der Schweiz, unter Mitarbeit von Cornelia Niggli, Asia Petrino, Noémie Marchon, Julia Meier und Lea Wurmet. Baden: Hier und Jetzt, 2021.
Vatter, Adrian (Hg.): Vom Schächt- zum Minarettverbot. Religiöse Minderheiten in der direkten Demokratie. Zürich: NZZ, 2011.
Vischer, Lukas/Schenker, Lukas/Dellsperger, Rudolf (Hg.): Ökumenische Kirchengeschichte der Schweiz. Freiburg i. *Üe.*/Basel: Paulus/Friedrich Reinhardt, 1994.
Wäckerlig, Oliver: Das Minarett und seine Bedeutung im Konfliktfall Wangen, in: *Ideli, Mustafa/Suter Reich, Virginia/Kieser, Hans-Lukas (Hg.):* Neue Menschenlandschaften. Migration Türkei – Schweiz 1961–2011 (Schriftenreihe der Stiftung Forschungsstelle Schweiz-Türkei 3). Zürich: Chronos, 2011, 159–182.
Winzeler, Christoph: Die öffentlichrechtliche Anerkennung als zweiseitiges Rechtsgeschäft, in: *Pahud de Mortanges, René (Hg.):* Staat und Religion in der Schweiz des 21. Jahrhunderts. Beiträge zum Jubiläum des Instituts für Religionsrecht (Freiburger

Veröffentlichungen zum Religionsrecht 40). Zürich: Schulthess, 2020, 283–304.

Wolf, Christof: Konzepte zur Messung religiöser Pluralität, in: *Pollack, Detlef/Tucci, Ingrid/Ziebertz, Hans-Georg (Hg.)*: Religiöser Pluralismus im Fokus quantitativer Religionsforschung (Veröffentlichungen der Sektion Religionssoziologie der Deutschen Gesellschaft für für Soziologie). Wiesbaden: VS, 2012, 17–37.

Jüdisch-christlicher Dialog und christliche Ökumene

Christian M. Rutishauser SJ

Das Wort Ökumene bezeichnet im heutigen Sprachgebrauch vornehmlich die innerchristlichen Einheitsbemühungen. Ihr weiteres Ziel muss aber die Einheit unter allen Menschen sein. Nicht nur weil mit der *oikumene* in der Theologie der Spätantike das ganze Haus der Menschheit gemeint war, sondern weil der neutestamentliche und gesamtbiblische Auftrag von Anfang an universal ausgerichtet ist. Abraham wurde gerufen, um ein Segen für alle Völker zu werden (Gen 12,3). Die Erwählung Israels zum Volk Gottes bestimmt es dazu, «Licht für die Völker» zu sein (Jes 49,6; 60,1–3). Und die ersten Christen sahen in Jesus den Messias, der die Juden mit allen Heidenvölkern versöhnt (Röm 9–11; Eph 2). In den letzten Jahrzehnten wurde denn auch von «abrahamitischer Ökumene» gesprochen, die den Dialog zwischen Juden, Christen und Muslimen umfasst.[1] Der Begriff *vertikale Ökumene* wurde von Othmar Keel vorgeschlagen, um das Verbundensein der abrahamitischen Traditionen nicht nur mit den vorausgehenden kanaanäischen, ägyptischen und mesopotamischen Kulturen bewusst zu machen, sondern auch mit der säkularen Aufklärung Westeuropas, die ihren Humanismus und ihre Werte aus der Verbindung der monotheistischen Religionen mit der hellenistisch-römischen Kultur entwickelt hat.[2] Vertikal bedeutet hier also Einheitsbemühung nicht nur global, sondern auch in der Zeitachse der Geschichte. Im

1 *Kuschel/Micksch*, Abrahamitische Ökumene.
2 *Staubli*, Vertikale Ökumene.

üblichen Sprachgebrauch steht die innerchristliche Ökumene jedoch neben dem interreligiösen Dialog. Dieser bringt die religiösen Traditionen weltweit miteinander ins Gespräch, gerade auch um einen Beitrag zum Weltfrieden zu leisten, wie es Hans Küng (1928–2021) in seinem Projekt Weltethos auf den Punkt gebracht hat.[3] Angesichts einer durch technische Mittel immer mehr globalisierten Welt sollen Ökumene wie interreligiöser Dialog zu einer Globalisierung der Werte beitragen und das Ringen um letzte Wahrheiten wachhalten.

Eine im Grunde einzigartige Position in der Menschheitsgeschichte hat die jüdische Tradition inne. Im 20. Jahrhundert widerspiegelt sich diese in der Shoah wie auch in der Errichtung des Staates Israel. Aus römisch-katholischer Sicht wird der Staat Israel als Teil der säkularen Geschichte wahrgenommen; zum Judentum als Glaubensgemeinschaft aber unterhält die Kirche eine Beziehung *sui generis*, die zwischen christlicher Ökumene und interreligiösem Dialog angesiedelt ist. Anders als der säkulare oder religionswissenschaftliche Blick kann die Kirche das Judentum nicht distanziert objektiv zu den Weltreligionen zählen. Aus theologischer Perspektive ist das Judentum nämlich Volk Gottes wie die Kirche selbst. Mit ihm sind die Christen über Jesus und über die teilweise gemeinsame Heilige Schrift verknüpft, wodurch das Judentum in die Nähe der christlichen Ökumene gerückt wird, ohne wirklich dazuzugehören. Diese besondere Beziehung der Kirche zum Judentum zeigt sich einerseits darin, dass das Zweite Vatikanische Konzil das Judentum in *Nostra aetate* (NA) in die anderen Religionen einreiht, obwohl zu Konzilsbeginn ein Dokument nur zum Judentum geplant war und während des Konzils diskutiert wurde, ob die Ausführungen zum Judentum ins Ökumenismusdekret integriert werden sollten. Anderseits wurde jedoch die «Vatikanische Kommission für die religiösen Beziehungen zum Judentum», 1974 unter Paul VI. gegründet, dem Sekretariat für die Einheit der Christen zugeordnet. Dass die Beziehung zum Judentum sich nicht

3 *Küng*, Projekt Weltethos.

einfach zum interreligiösen Dialog zählen lässt, zeigt sich auch bei einer genaueren Analyse von NA: Während alle religiösen Traditionen inklusive Christentum und Judentum je Antworten auf die grossen Menschheitsfragen darstellen (1), stösst die Kirche zusätzlich auf das Judentum, wenn sie über ihr eigenes Wesen nachdenkt (4).

Dieser Aufsatz möchte diese einmalige Beziehung der Kirche zum Judentum nachvollziehbar machen, Konsequenzen für die Ökumene aufzeigen und dazu beitragen, dass sich Christen im interreligiösen Dialog und in der säkularen Gesellschaft reflektiert, differenziert und selbstbewusst verorten können. Bei der Ökumene beschränke ich mich auf die Beziehung der römisch-katholischen Kirche mit den Kirchen der Reformation, wohlwissend, dass die Einheit mit den Kirchen der Orthodoxie kein geringeres Anliegen darstellt. Doch diese Konstellation ist nicht nur innerchristlich, sondern auch in Bezug auf das Judentum eine andere und würde den Rahmen der Ausführungen in diesem Aufsatz sprengen. Zuerst skizziere ich die historischen Spaltungen von Judentum und Christentum wie auch jene innerhalb der westlichen Kirche (1). Danach soll das jüdisch-christliche Verhältnis in Beziehung zur Ökumene gesetzt werden (2), was zu fundamentaltheologischen Gedanken zur Ekklesiologie führt (3). An der Frage nach der christlichen Mission gegenüber den Juden zeigt sich die Verkettung von Christentum und Judentum exemplarisch (4). Der Aufsatz endet mit einem Blick auf die konkrete Ökumene und den jüdisch-christlichen Dialog, die oft noch zu wenig vernetzt sind (5).

1 Trennung und Spaltungen

1.1 Das Auseinandergehen der Wege

Das Christentum ist nicht ein Neuansatz des jüdischen Monotheismus wie der Islam, der sich im Umfeld von Christentum und Judentum herausbildete, obwohl Mohammed weder der einen noch der anderen Tradition entstammte. Mohammed versuchte, seine eigene Botschaft den beiden Schrifttraditionen wohl anzuschliessen, begründete dann jedoch eine eigene Gebets- und Glaubensgemeinschaft. Die Erzähltraditionen der jüdischen wie der christlichen Bibel wurden dabei selektiv aufgenommen und neu interpretiert. So entstand von Anfang an mit dem Koran eine eigenständige Offenbarungsschrift.[4] Anders gründet sich das Christentum auf den Juden Jesus, der zu seinen Lebzeiten von einigen Mitjuden als messianischer Heilsbringer anerkannt wurde. Grundlegend für das Entstehen einer Glaubensgemeinschaft sind Jesu Kreuzigung und Auferweckung von den Toten durch den Gott Israels. Im Licht der Tora sahen einige Juden rückblickend im ganzen Leben Jesu Gott am Handeln. Sie verstanden sich als jüdisch-messianische Bewegung, als neuen Weg des Judentums, als jüdische Sekte. (vgl. Apg 9,2; 24,14) Diese Bewegung fand rasch Anklang unter gottesfürchtigen Heiden, die sich am Judentum orientierten. Die jüdisch-endzeitliche Vision, dass die Tora bis an die Enden der Erde von allen Völkern anerkannt werden soll (vgl. Jes 2,1–5; 42,7; 49,6), kam ihnen entgegen. Auch wenn das Neue Testament als Heilige Schrift eine Schöpfung des vom Judentum getrennten Christentums ist, so sind dennoch die einzelnen neutestamentlichen Schriften jüdisch-messianische Glaubenszeugnisse, was Leo Baeck schon 1938 formuliert hat[5] und heute von vielen, auch jüdischen Forschern anerkannt wird.[6] Das Matthäusevangelium zum Beispiel, erst im letzten Viertel des ersten Jahrhunderts entstanden, versteht sich ganz jüdisch-messianisch. Der Hebräerbrief wiederum deutet Jesu Kreuzestod im Rahmen der Jom-Kippur-Liturgie. Und Paulus argumentiert, dass auch Nicht-Juden in Christus am jüdischen Erwähltsein als Volk Gottes teilhaben, ohne selbst jüdisch werden zu müssen. Paulus sah die jüdisch-messianische Bewegung dazu bestimmt, in der Endzeit die

4 *Neuwirth*, Der Koran als Text der Spätantike.

5 *Baeck*, Das Evangelium als Urkunde der jüdischen Glaubensgeschichte.

6 Vgl. die Forschungen zum NT von jüdischen Forschern wie David Flusser, Paula Fredriksen, Amy-Jill Levine, Mark D. Nanos etc.

jüdische Urbestimmung zu verwirklichen, auf alle Völker auszugreifen. Noch im 4. Jahrhundert wurde von einer *ecclesia ex circumcisione* und einer *ecclesia ex gentibus* gesprochen. Die Trennung in ein Judentum und Christentum aber wurde wirkmächtig aufgrund der Kanonbildungen, die sich im 2. und 3. Jahrhundert vollziehen: Einerseits wurde die zweiteilige christliche Bibel, bestehend aus Altem und Neuem Testament, geschaffen. Anderseits kam es zur endgültigen Schliessung des Tanach, der rabbinischen Bibel. Ihr zugeordnet wurde die mündliche Tradition in der Mischna, die mit Ergänzungen durch weitere Texte zum Talmud anwachsen sollte.[7] Geschichtlich betrachtet sind die ersten Christen also Judenchristen. Ihnen zugeordnet, bildeten sich heidenchristliche Gemeinschaften. Der historische Prozess der Trennung wird heute in der Forschung als «das Auseinandergehen der Wege» bezeichnet.[8] Judentum und Christentum werden dabei zu zwei Interpretationen der hebräischen Bibel. David Flusser geht im 20. Jahrhundert so weit, das Christentum als «eine jüdische Religion» zu bezeichnen.[9]

1.2 Jüdisch-christliche Trennung und kirchliche Spaltung

Auch die Spaltung innerhalb der Kirche des Westens im 16. Jahrhundert, die zu verschiedenen Konfessionskirchen führen sollte, war ein geschichtlicher Prozess.[10] Die Zeitspanne der Trennung war kürzer und dauerte doch auch fast ein Jahrhundert. Die Kirchen der Reformation wuchsen aus der bestehenden Kirche heraus, wobei die Reformatoren selbst grösstenteils katholische Kleriker und Ordensleute waren. Martin Luther, Ulrich Zwingli, Jean

7 *Becker/Scholz*, Kanon in Konstruktion und Dekonstruktion; *Stemberger*, Einleitung in Talmud und Midrasch; *Krieg*, Javne und der Kanon.

8 *Segal*, Rebecca's Children; *Boyarin*, Dying for God, Martyrdom and the Making of Christianity and Judaism; *ders.*, Border Lines, The Partition of Judaeo-Christianity; *Jaffé*, Juifs et chrétiens aux premiers siècles.

9 *Flusser*, Das Christentum – eine jüdische Religion.

10 *Dingel*, Reformation; *Kaufmann*, Die Geschichte der Reformation.

Calvin und viele andere wollten die Kirche reformieren und evangeliumsgemäss erneuern. Sie intendierten zunächst keine Neugründung von Kirchen. Während die ersten Christen ihre Geschichte als Erfüllung des Jüdischen verstanden, sahen die reformatorischen Kirchen das Christliche in Reinform wiederhergestellt. Wird im ersten Fall mehr mit einer Weiterführung der Heilsgeschichte argumentiert, so im zweiten mehr mit einem Fortschritt, der die Verdunkelung überwindet, die das Mittelalter mit sich gebracht habe. Die Auseinandersetzung führte beide Male dazu, dass die eine Gruppe um der Treue zur Tradition willen gegenüber der Erneuerung ein Nein sprechen musste, während die andere um der neu erkannten Wahrheit willen sich zu einem Bruch und Neuanfang gezwungen sah. So wie das frühe Christentum aber das Judentum nicht unberührt in seiner Wahrheit zurückliess, sondern dieses sich neu formieren musste, so musste sich auch die römische Kirche angesichts der Reformationskirchen neu ordnen und zu einer katholischen Reform finden. Die formalen Parallelen sind unübersehbar.

In der Reformation wiederholen sich teilweise auch inhaltliche Argumente aus der jüdisch-christlichen Trennung. Die Kritik Luthers an der Werkfrömmigkeit der römischen Kirche und seine unversöhnliche Gegenüberstellung von Gnade und Gesetz widerspiegeln die paulinische Relativierung der Tora wie auch die Kritik des Apostels an den jüdischen Mitgläubigen, sich durch gerechtes Handeln das Heil sichern zu wollen. Luther polemisierte in analoger Weise und im gleichen Atemzug gegenüber der römischen Kirche wie gegenüber dem Judentum.[11] Zudem ist es kein Zufall, dass gerade Lutheraner wie Adolf von Harnack (1851–1930)[12] oder unlängst Notger Slenczka (*1960)[13] für eine Zurücksetzung des AT in der christlichen Bibel plädieren, ähnlich wie dies im 2. Jahrhundert Markion tat, der ein Christentum ohne AT und jüdische Tra-

11 *Kaufmann*, Luthers Juden.

12 *Kinzing*, Harnack, Marcion und das Judentum.

13 *Slenczka*, Vom Alten Testament und vom Neuen; *Pieper*, Heilige Schrift ohne das Alte Testament?

ditionselemente anstrebte. Demgegenüber griffen Reformatoren wie Zwingli oder Calvin bei ihrer Kirchenreform vermehrt auf das AT zurück, freilich vorzugsweise auf die prophetische Tradition, die sie der kultischen entgegenstellten, auf die sich die römische Kirche berief. Das Zerbrechen der christlichen Einheit im 16. Jahrhundert tangiert auf jeden Fall das Verhältnis der Kirche zum AT und zum Judentum. So mussten denn die Juden den Kollateralschaden der Kirchenspaltung tragen, nicht nur in der völlig überrissenen antijüdischen Polemik eines Luther, sondern auch in ihrer Ghettoisierung durch die Päpste.[14]

2 Annäherungen

2.1 Die Verknüpfung von jüdischer und ökumenischer Frage

Angesichts der historischen Entwicklungen erstaunt es nicht, dass sich heute in der Ökumene wie im jüdisch-christlichen Dialog ähnliche Fragen stellen. Wie kann je die Treue zur Tradition mit der neu erkannten Wahrheit in befruchtende Beziehung gesetzt werden? Wo bleiben Differenzen je unvermittelbar? Wo sind Feindschaften in Partnerschaften zu verwandeln? Konkreter: Wie ist die Überzeugung vom «nie gekündigten Bund» Gottes mit dem jüdischen Volk mit dem Neuen Bund in Christus zu verbinden? Oder: Wie ist die Rechtfertigung aus dem Glauben mit dem Wert von gesetzesgetreuem Handeln zu verknüpfen? In der Ökumene wie im jüdisch-christlichen Gespräch stellt jeder Partner seine Interpretation der biblischen Tradition in den Kontext des je anderen: ein rabbinisch synagogales, von Gelehrten getragenes Judentum, das nach dem jüdischen Religionsgesetz lebt und sich bis heute an einer Liturgie orientiert, die einst im Jerusalemer Tempel von Priestern vollzogen wurde; eine römisch-katholische Tradition, die die Kirche als Volk Gottes in der Nachfolge Jesu versteht und von

14 *Rutishauser*, 500 Jahre Reformation; *Brechenmacher*, Der Vatikan und die Juden.

einer priesterlichen Hierarchie geleitet wird, in deren liturgischer Mitte Mahl und Opfer stehen; reformatorische Traditionen, die die Heilige Schrift und ihre Auslegung ins Zentrum ihres Gottesdienstes stellen und ihre Existenz im Akt des Glaubens als Antwort auf Gottes Gnadenruf verstehen. Die Überkreuzungen sind komplex, bedenkt man zum Beispiel nur, dass sich das römisch-katholische Gottesdienstverständnis zum Teil mehr an der alttestamentlichen Tempelpraxis orientiert, während rabbinische Gesetzesfrömmigkeit einer Auslegung nahekommt, die wir in den Evangelien vorfinden.[15] Ein linear historisches Fortschritts- oder Zerfallsdenken über die Glaubensgemeinschaften zu werfen, greift zu kurz. In Einzelfragen müssen im Gespräch vielmehr aus Antithesen je unterschiedliche Synthesen folgen, die dem Neuerkannten gerecht werden, ohne die alte Wahrheit zu opfern.

Die Verzahnung von jüdisch-christlicher und ökumenischer Frage wurde schon früh postuliert, ohne dass zunächst differenzierte Ausführungen gefolgt wären. Paul Déman, Mitglied der Kongregation *Pères de Sion*, meinte während der «Woche für die Einheit der Christen» 1952:

> «Diese Oktave ist nicht dem Gebet für die Missionen gewidmet, sondern dem Gebet für die Einheit der Kirche. Man könnte sich daher fragen, mit welchem Recht wir hier über die Juden sprechen. Geht die Einheit der Kirche nicht ausschließlich die Christen etwas an? Besteht sie nicht grundsätzlich aus der Vereinigung der Christen? Die Juden sind natürlich keine Christen. Und dennoch sind sie auch nicht ein Volk, das missioniert werden müsste, ein Volk, das dem Volk Gottes noch fern ist. Wenn sie nicht getrennte Christen sind, so sind sie doch getrennte Glieder des Volks Gottes; aber getrennte Glieder von ihm durch einen Bruch, der sich nicht in derselben Weise ergab wie die anderen Brüche in der bereits geformten

15 *Wolffsohn*, Juden und Christen – ungleiche Geschwister.

Kirche, sondern im Augenblick ihrer Geburt selbst im Schoß des alten Volks Gottes.»[16]

Als jüdischer Konvertit zum Katholizismus wusste Déman, dass seine Konversion weder eine Abwendung von Götzen hin zum Gott Jesu bedeutete, noch dass er vor seiner Konversion nicht zum Volk Gottes gehört hätte. Mitten in den Verhandlungen des Konzils ordnete Erich Przywara die innerchristlichen Trennungen denn auch einem Ur-Schisma im Volk Gottes zu. Der Riss zwischen Ost- und Westkirche wie auch jener innerhalb der Westkirche im 16. Jahrhundert gehörten in den «Ur-Riss» zwischen Judentum und Christentum.[17] Karl Barth schrieb zwei Jahre vor seinem Tod: «Wir sollten nicht vergessen, dass es schließlich nur eine tatsächlich große ökumenische Frage gibt: unsere Beziehung zum Judentum.»[18]

2.2 Kirche und Judentum in offiziellen kirchlichen Texten

Gemäss NA 4 stösst die Kirche bei ihrer Selbstbesinnung auf das Judentum, und die Kirchenkonstitution *Lumen gentium*, Nr. 16 schreibt: «Diejenigen endlich, die das Evangelium noch nicht empfangen haben, sind auf das Gottesvolk auf verschiedene Weise hingeordnet. In erster Linie jenes Volk, dem der Bund und die Verheissungen gegeben worden sind und aus dem Christus dem Fleische nach geboren ist (vgl. Röm 9,4–5), dieses seiner Erwählung nach um der Väter willen so teure Volk: die Gaben und Berufung Gottes nämlich sind ohne Reue (vgl. Röm 11,28–29).» Die Verortung der jüdisch-christlichen Beziehung in der Ekklesiologie wird hier grundgelegt. Doch Schlussfolgerungen aus der unwiderruflichen Treue Gottes, die Gott gemäss Paulus Israel gab, wurden nicht gezogen. Kapitel II von *Lumen gentium*, das die Kirche als «neues

16 *Démann*, A la rencontre d'Israël.
17 *Przywara*, Römische Katholizität.
18 Zitiert nach *Metz*, Jenseits bürgerlicher Religion. Reden über die Zukunft des Christentums.

Gottesvolk» und als «messianisches Volk Gottes» beschreibt, sieht keine Notwendigkeit, sich zum Judentum zu äussern. Der Text besagt nur, dass die Kirche durch das «alte Volk Gottes» vorbereitet wurde.

Auch im Ökumenismusdekret *Unitatis redintegratio* gibt gegenüber dem Judentum keine Schnittfläche an. Nach dem Konzil wird jedoch NA 4, das Kapitel zum Judentum, in auffallender Weise oft wie ein Eigentext behandelt. So erscheinen 1974 *Vatikanische Richtlinien und Hinweise für die Durchführung der Konzilserklärung Nostra aetate 4.* In der Schlusspassage heisst es:

> «Das Problem der Beziehungen zwischen Juden und Christen ist ein Anliegen der Kirche als solcher, denn sie begegnet dem Mysterium Israels bei ihrer ‹Besinnung auf ihr eigenes Geheimnis›. Es ist also von bleibender Bedeutung auch in den Gegenden, in welchen es keine jüdischen Gemeinden gibt. Ebenso hat dieses Problem auch einen ökumenischen Aspekt: Die Rückkehr der Christen zu den Quellen und den Ursprüngen ihres Glaubens, der im Alten Bund gründet, ist ein Bestandteil der Suche nach der Einheit in Christus, dem Eckstein.»

Da das christliche Verhältnis zum Judentum immer auch eine Angelegenheit von Ekklesiologie und Ökumene ist, konnte Johannes Paul II. 1986 beim Besuch der Synagoge in Rom sagen:

> «Die jüdische Religion ist für uns nicht etwas Äußerliches, sondern gehört in gewisser Weise zum Inneren unserer Religion. Zu ihr haben wir somit Beziehungen wie zu keiner anderen Religion. Ihr seid unsere bevorzugten Brüder, und so könnte man gewissermaßen sagen, unsere älteren Brüder.»[19]

Die päpstliche Kommission für die religiösen Beziehungen zum Judentum veröffentlichte 2015 *«Denn unwiderruflich sind Gnade*

19 *Rendtorff/Henrix*, Die Kirchen und das Judentum.

und Berufung, die Gott gewährt» (Röm 11,29). Darin wird die einmalige Beziehung zum Judentum in einem eigenen Kapitel bedacht (14–20). Es wird nicht mit dem Bild der Wurzel des Christentums beschrieben, auch nicht als dessen Mutterreligion. Vielmehr sind beide Traditionen als Geschwister aus der einen biblischen Geschichte herausgewachsen. Juden und Christen sind «aneinandergekettet» (Clemens Thoma), sind «Geschwister wider Willen» (Hans-Hermann Henrix), eine «Zwillingsgeburt» (Daniel Boyarin), je unterwegs als pilgerndes Volk Gottes, wie die Kundschafter, die gemäss Num 13,23 ins gelobte Land vorausgeschickt werden: «Dort schnitten sie eine Weinranke mit einer Traube ab und trugen sie zu zweit auf einer Stange.» Evagrius Ponticus († 399) kommentierte, die Juden würden die Stange vorne tragen und die Traube im Rücken haben. Sie sähen sie nicht. Die Christen als hintere Träger aber blickten auf sie und erkennten darin Christus.[20] Der unterschiedliche jüdische und christliche Blick auf die biblische Tradition soll heute von Katholiken aufgenommen werden. Dazu wurde 2001 von der päpstlichen Bibelkommission das Dokument «Das jüdische Volk und seine Heilige Schrift in der christlichen Bibel» vorgelegt, denn Dialog mit dem Judentum heisst vor allem die jüdische Auslegungstradition wertschätzend aufzunehmen und sie mit der christlichen ins Gespräch zu bringen. Papst Franziskus schreibt in *Evangelii gaudium*:

> «Gott wirkt weiterhin im Volk des alten Bundes [...] Darum ist es auch für die Kirche eine Bereicherung, wenn sie die Werte des Judentums aufnimmt [...] [Es] besteht eine reiche Komplementarität, die uns erlaubt, die Texte der hebräischen Bibel gemeinsam zu lesen und uns gegenseitig zu helfen, die Reichtümer des Wortes Gottes zu ergründen sowie viele ethische Überzeugungen und die gemeinsame Sorge um die Gerechtigkeit und die Entwicklung der Völker miteinander zu teilen.» (249)

---

20 *Forte*, Israel and the Church – The Two Explorers of the Promised Land.

Besteht in Bezug auf die exegetische Zusammenarbeit zwischen Juden und Christen katholischerseits breiter Konsens, so ist die systematische Verhältnisbestimmung von altem und neuem Volk Gottes umstrittener. Das eben genannte vatikanische Dokument von 2015 lehnt die Substitutionslehre explizit ab, die besagt, dass das Christentum in der Heilsgeschichte an die Stelle des Judentums getreten sei. (17–18) Die Kirche ist weder das «wahre Israel», noch verdrängt das neue Volk Gottes das alte. Das heutige Judentum hat bis heute eine positive Stellung in der Heilsgeschichte. Doch wie steht es in Beziehung mit der Kirche?

3 Fundamentaltheologische Gedanken zur Kirche

Der Bundesschluss am Sinai begründet die Existenz des Judentums als Volk Gottes (Ex 24,1–11). Er ist unwiderruflich, wie Paulus in Röm 11,28 f. formuliert. Johannes Paul II. sprach zum ersten Mal im Kontext des jüdisch-christlichen Dialogs diesbezüglich vom «nie gekündigten Bund».[21] Es stellt sich bei der Verhältnisbestimmung von diesem für die Christen «altem Bund» die Frage, wie er zum «neuen Bund» in Christus steht, der die Existenz der Kirche begründet. Geht es um einen Bund oder um zwei unterschiedliche Bünde?[22] Dass es letztlich um einen, wenn auch erneuerten und vielschichtigen Bund geht, hat *«Denn unwiderruflich sind ...»* unterstrichen (32). Es gibt nicht zwei parallele Heilswege (35). «Gott ist kein Bigamist»,[23] kommentierte Robert Spaemann pointiert und polemisch.

Der Debatte um alten und neuen Bund entspricht jene um den Begriff Volk Gottes. Das Konzil führte ihn in die Ekklesiologie ein. Die Kirche sollte nicht mehr als *societas perfecta* von ihren Organen her beschrieben werden. Der Volk-Gottes-Begriff brachte eine

---

21 A. a. O. 75.

22 *Lohfink*, Der niemals gekündigte Bund; *Frankemöller*, Der ungekündigte Bund?; *Pawlikowski/Perelmuter*, Reinterpreting Revelation and Tradition.

23 In: Frankfurter Allgemeine Zeitung, 20.4.2009.

biblisch begründete Dynamisierung. Die Kirche wird als pilgerndes Volk Gottes in der Heilsgeschichte verstanden. Sie ist unterwegs auf ein eschatologisches Ziel hin. 1 Petr 2,9–10 beschreibt die Kirche als königliche Priesterschaft und besonderes Eigentum Gottes mit denselben Worten, mit denen das Volk Israel bei seiner Wanderung durch die Wüste und bei seiner Konstituierung am Sinai bezeichnet wurde (vgl. Ex 19,5–6). Dass der Begriff für Judentum und Christentum unterschiedlich gefüllt ist, darf aber nicht übersehen werden. Im Judentum gehört dazu ein ethnisches Element, woraus auch ein Anspruch auf Land folgt, was nichts mit einer nur ethnischen Bestimmung oder mit einer Blut-und-Boden-Theologie gemein hat. Der Begriff ist relational zu Gott hin, vermittelt durch den Bund, dessen Inhalt die Tora ist. Das Volksein der Kirche wird durch den geistigen Bund in Christus begründet, in den jeder Mensch durch Glauben und Taufe aufgenommen wird. Doch auch die Kirche ruft nach einer konkreten, geschichtlichen Institution, die in der römisch-katholischen Version bis heute im Heiligen Stuhl sogar als politische Grösse und als Völkerrechtssubjekt auftritt.[24] Analog dem Begriff Bund wird theologisch gesehen von *einem* Volk Gottes gesprochen, freilich in einer Doppelgestalt.[25] Die Bezeichnung Volk Gottes für die Kirche schlägt also die Brücke zum Judentum, während ihr Verständnis als Leib Christi das Trennende bezeichnet.

Das Konzil griff beim Volk-Gottes-Begriff auf Vorarbeiten von Yves Congar zurück. Bereits er schrieb, dass man sich aus dieser Perspektive an die «schwierige, aber wichtige Frage ‹Israel› heranwagen» muss und «zwar hinsichtlich der Verwurzelung der Kirche in Israel wie auch hinsichtlich des Endschicksals des jüdischen Volkes».[26] Gregor Maria Hoff knüpft an Congar an und formuliert, Israel gehöre in die geschichtliche und theologische Bestimmung der Kirche, denn sie lebe «eine doppelte Identität […], auf Israel als

---

24 *Rutishauser*, Land and State of Israel.

25 *Kardinal*, Juden und Christen – das eine Volk Gottes.

26 *Congar*, Die Kirche als Volk Gottes 8.

heilsgeschichtliche Größe und auf das Judentum als je gegenwärtiges Glaubensgeschwister verwiesen»[27]. Es handle sich um eine «unselbstverständliche konstitutive Beziehung».[28] Die Tatsache, dass die Kirche diese Verwiesenheit in der Geschichte nämlich nicht nur faktisch vergessen, sondern mit der Substitutionslehre auch aktiv verdrängt hat, zeigt, wie unselbstverständlich diese doppelte Identität ist. Es geht um ein «Geheimnis», ein «Heilsgeheimnis Gottes», wie schon NA 4 sagt, demgemäss die Anfänge von Glaube und Erwählung bleibend in Israel liegen. Das vatikanische Dokument *«Denn unwiderruflich sind ...»* wird ebenso den Begriff des Geheimnisses verwenden, um darzulegen, wie das Nein Israels zu Jesus nicht zur Verwerfung des Judentums führe, sondern dazu, dass der Glaube zu den Heiden komme; ganz Israel werde jedoch am Ende der Zeit gerettet werden (36). Das Dokument folgt dabei Röm 11, einem Kapitel, das mit einem Hymnus auf Gottes unergründliche und geheimnisvolle Führung der Geschichte schliesst.

4 Das Heil der Juden

Gerade die Frage nach dem Heil der Juden zeigt, wie eng das jüdisch-christliche Verhältnis mit der Ekklesiologie zusammenhängt. Oft wird die Geburtsstunde der Kirche an der Geistausgiessung zu Pfingsten (Apg 2) oder an der Einsetzung der Eucharistie bei Jesu Abschiedsmahl (Mk 14,17–25) festgemacht. Angesichts des universalen Heilswillens Christi, der in der Formel *extra ecclesia nulla salus* eine Zuspitzung fand, hat sich die Theologie jedoch seit alters gefragt, ob Menschen auch ausserhalb der Kirche zum Heil finden können. Seit Augustinus gibt es die Reflexion über die Gerechten des AT und das Konzept der *ecclesia ab Abel*. Von ihm an sind alle Gerechten in die Kirche bzw. ins Heil eingeschlossen. Für die globalisierte Moderne hat Karl Rahner vom anonymen

27 *Hoff*, Gegen den Uhrzeigersinn, Ekklesiologie kirchlicher Gegenwarten.
28 A. a. O. 71.

Christen gesprochen, der gerettet werden kann, wenn er ethisch lebt, auch wenn er nicht explizit zur Kirche gehört.[29] Beide Denkfiguren werden einzelnen Menschen gerecht, nicht aber dem Judentum als Volk Gottes.

Dass Jesus zu seinen jüdischen Zeitgenossen gesprochen und sie umworben hat, steht ausser Zweifel. Doch dabei ging es nicht um Missionierung. Er wollte vielmehr als Jude seine Mitjuden für eine messianische Auslegung der Tora gewinnen. In derselben Logik handelt Paulus. Jesus ist der König der Juden, wie über seinem Kreuz geschrieben steht (Joh 19,19). Die frühchristliche Missionsbewegung zielt allein auf die Heiden ab. Die Heidenchristen haben nicht versucht, Juden zu missionieren.[30] Der Missionsbefehl des Matthäusevangeliums ist aus der Perspektive von Judenchristen geschrieben: Die Jünger sollen zu allen anderen Völkern gehen und die Menschen taufen (Mt 28,16–20). Die Juden dürften dabei gerade nicht gemeint sein. So formuliert die jüdisch/römisch-katholische Gesprächskommission 2002 in den USA:

> «The term mission, in its proper sense, refers to conversion from false gods and idols to the true and one God, who revealed himself in the salvation history with His elected people. Thus mission, in this strict sense, cannot be used regarding Jews, who believe in the true and one God.»[31]

Diese Aussage löste eine heftige Debatte über Judenmission aus. 2009 folgte eine ähnliche Auseinandersetzung in Deutschland. Ausgelöst wurde diese durch Papst Benedikts Karfreitagsfürbitte für den ausserordentlichen tridentinischen Ritus.[32] Diese wurde als ein Gebet für die Bekehrung der Juden wahrgenommen. Vom

29 *Rahner*, Sämtliche Werke, Bd. 22/2, 283–353.

30 *Söding*, Ein Gott für alle.

31 URL: http://www.usccb.org/beliefs-and-teachings/ecumenical-and-interreligious/jewish/upload/Reflections-on-Covenant-and-Mission.pdf (3.2.2021).

32 *Homolka/Zenger*, «... damit sie Jesus Christus erkennen».

«Gesprächskreis Juden und Christen» beim «Zentralkomitee der deutschen Katholiken» wurde das Dokument *Nein zur Judenmission – Ja zum Dialog von Juden und Christen* herausgegeben.[33] Kardinal Lehmann folgte mit differenzierten, auch historischen Ausführungen.[34] Kardinal Kaspar schrieb: «Weil Juden nicht Heiden sind, glauben sie an den einen Gott und müssen sich deshalb nicht von falschen und toten Götzen abwenden (1 Thess 1,9). Das bedeutet, dass der Missionsbefehl ebenso gültig ist für Juden wie für Heiden, aber er muss für Juden gegenüber Heiden anders verwirklicht werden.»[35] Dass es dabei nicht nur um Stil geht, ist offensichtlich. Es geht um Inhalt. Kasper schrieb weiter, dass die röm.-kath. Kirche keine «institutionalisierte Judenmission» kenne. *«Denn unwiderruflich sind …»* nimmt diese Formulierung auf. «Dies bedeutet konkret, dass die Katholische Kirche keine spezifische institutionelle Missionsarbeit, die auf Juden gerichtet ist, kennt und unterstützt. Obwohl es eine prinzipielle Ablehnung einer institutionellen Judenmission gibt, sind Christen dennoch aufgerufen, auch Juden gegenüber Zeugnis von ihrem Glauben an Jesus Christus abzulegen.» (40) Wichtiger aber sind die Ausführungen davor, die hier ausführlich zitiert sein sollen:

> «Aus dem christlichen Bekenntnis, dass es nur einen Heilsweg geben kann, folgt aber in keiner Weise, dass die Juden von Gottes Heil ausgeschlossen wären […] Eine solche Behauptung hätte keinen Anhalt an der heilsgeschichtlichen Schau des Paulus, der im Römerbrief nicht nur seine Überzeugung zum Ausdruck bringt, dass es in der Heilsgeschichte keinen Bruch geben kann, sondern dass das Heil von den Juden kommt (vgl. auch Joh 4,22). Israel bekam von Gott eine einzigartige Sendung anvertraut. Er bringt seinen geheimnisvollen Heilsplan, alle Menschen zu retten (vgl. 1 Tim 2,4), nicht zur Erfüllung,

---

33 URL: http://zdk.de/erklaerungen/erklaerung.php?id=181 (3.2.2021).

34 *Lehmann*, «Judenmission».

35 *Kasper*, Juden und Christen – das eine Volk Gottes.

> ohne in ihn seinen ‹erstgeborenen Sohn› (Ex 4,22) einzubeziehen. Von daher versteht es sich von selbst, dass Paulus im Römerbrief die sich selbst gestellte Frage, ob Gott denn sein eigenes Volk verstoßen habe, entschieden verneint. Ebenso dezidiert hält er fest: ‹Denn unwiderruflich sind Gnade und Berufung, die Gott gewährt› (Röm 11,29). Dass die Juden Anteil an Gottes Heil haben, steht theologisch außer Frage, doch wie dies ohne explizites Christusbekenntnis möglich sein kann, ist und bleibt ein abgrundtiefes Geheimnis Gottes.» (36)

Als Papst em. Benedikt/Joseph Ratzinger drei Jahre später einen kritischen Aufsatz zum jüdisch-christlichen Verhältnis schrieb, nimmt er zum Missionsauftrag gegenüber Juden nicht explizit Stellung.[36] Die Diskussion über sein Votum veranlasst ihn jedoch, nochmals das Wort zu ergreifen, wobei er mit folgenden Zeilen schliesst:

> «Ein kleiner Ausblick sei mir gestattet. Das heilige Evangelium nach Matthäus endet mit dem Auftrag an die Jünger, in alle Welt hinauszugehen und alle Völker zu Jüngern Jesu zu machen. (Mt 28,19) Mission in allen Völkern und Kulturen ist der Auftrag, den Christus den seinigen hinterlassen hat. Es geht darum, den Menschen den unbekannten Gott (Apg 17,23) bekannt zu machen. Der Mensch hat ein Recht, Gott kennenzulernen, weil nur, wer Gott kennt, das Menschsein recht leben kann. Deswegen ist der Missionsauftrag universal – mit einer Ausnahme: Eine Mission unter Juden war einfach deshalb nicht vorgesehen und nicht nötig, weil sie allein unter allen Völkern den ‹unbekannten Gott› kannten. Für Israel galt und gilt daher nicht Mission, sondern der Dialog darüber, ob Jesus der Sohn Gottes, also der Logos ist, auf den gemäß den an sein Volk gegangenen Verheißungen Israel, und ohne es zu wissen, die Menschheit wartet.»[37]

---

36 *Papst em. Benedikt XVI./Ratzinger:* Gnade und Berufung ohne Reue.

37 *Ders.,* Nicht Mission, sondern Dialog.

Mit einer solchen Aussage ist einerseits klassische christliche Missionsarbeit gegenüber Juden vom Tisch. Über Jesus aus Nazaret aber ist der Dialog eröffnet, ohne dass dieser auf dies eine Thema beschränkt werden dürfte. Wie sich Juden in der Geschichte positionieren, sollte die Kirche ganz Juden und Jüdinnen überlassen, so wie sie in der Karfreitagsliturgie bittet: «Lasst uns auch beten für die Juden, zu denen Gott, unser Herr, zuerst gesprochen hat: Er bewahre sie in der Treue zu seinem Bund und in der Liebe zu seinem Namen, damit sie das Ziel erreichen, zu dem sein Ratschluss sie führen will [...] Gib, dass es zur Fülle der Erlösung gelangt.» Dort wo sich aber Juden Jesus als dem Messias zuwenden, stellt sich die Frage, ob es sinnvoll ist, sie durch die Taufe wie Heiden in die Kirche einzugliedern. Müssten sie nicht vielmehr neben der *ecclesia ex gentibus*, die das heutige Christentum darstellt, eine *ecclesia ex circumcisione* bilden, so wie es in der Antike der Fall war? Eine Verbindung von Torafrömmigkeit und christlichem Glauben muss auf jeden Fall gesucht werden.[38] In verschiedenen Formen von Judenchristentum wird dies heute versucht.[39]

5 Ökumene und Judentum

5.1 Ergriffene und verpasste Chancen

Nicht nur die Ekklesiologie, sondern auch die Theologie der Ökumene hat sich der jüdischen Frage zu stellen. Gerade in den Jahren nach dem Konzil wurde diese Verknüpfung gefordert,[40] wie wir auch oben bereits gesehen haben. Hat sie in den letzten Jahrzehnten stattgefunden? Eine Bestandsaufnahme zeigt ein gemischtes Bild. Theologen wie Hans-Hermann Henrix, Wilhelm Breuning, Karl-Heinz Menke, Gregor Maria Hoff und Josef Wohlmuth haben

38 Ausführlich dazu: *Rutishauser*, Christian Mission to the Jews Revisited.

39 *Rucks*, Messianische Juden, Geschichte und Theologie der Bewegung in Israel.

40 *Henrix/Stöhr*, Exodus und Kreuz im ökumenischen Dialog zwischen Juden und Christen.

sich der Fragestellung zugewandt. Nach Henrix haben sich die ökumenischen Zeitschriften wie *Ökumenische Rundschau*, *Una Sancta* oder *Catholica* dem Judentum geöffnet.[41] Dabei fungiert die Theologie der «Kirche als Volk Gottes» oft als Scharnier.[42] Sie verbindet nämlich nicht nur Christentum und Judentum, sondern auch römisch-katholische mit evangelischer Ekklesiologie. Kirche als Volk Gottes unterstreicht den Erwählungs- und Berufungsgedanken wie auch die Tatsache, dass die Initiative von Gott ausgeht, beides zentrale Aspekte in reformatorischem Denken. Ferner kommen das Geschichtliche und Wandelbare, das Fehl- und Reformierbare an der Kirche zur Sprache, was protestantische Akzentsetzungen in der Ekklesiologie sind.[43] Dorothea Sattler betont in diesem Kontext, die Kirchen würden das «Erkennungszeichen Israels» an sich tragen, wenn sie sich als liturgische Gedächtnis- und karitative Solidaritätsgemeinschaften verstehen, die sich der Armen und Entrechteten annehmen. [44]

Interessant sind die konkreten Auswirkungen des jüdisch-christlichen Gesprächs auf die Ökumene. Kardinal Koch schreibt, dass im Angesicht des Judentums das AT im ökumenischen Gespräch aufgewertet werde.[45] Das Verhältnis von Gesetz und Gnade, menschlicher und göttlicher Gerechtigkeit, von Unerlöstheit bzw. Erlöstheit der Welt etc. werde besonders im Dialog mit den Lutheranern verschoben. Weder die paulinische Theologie noch die Christologie stehe dann so exklusiv im Zentrum. Jesus könne nicht mehr vor der dunkeln Folie des Judentums gezeichnet werden. Die Trinitätslehre müsse, so Koch, als Auslegung des biblischen Monotheismus bzw. als «kritische Modifizierung des jüdischen Monotheismus»[46] unter Christen diskutiert werden. Zudem verändert sich auch die Ausein-

---

41 *Henrix*, Israel trägt die Kirche.

42 *Forestier*, Peuple de Dieu, une ressource en ecclésiologie?.

43 Vgl. *Congar*, Die Kirche als Volk Gottes 11.

44 *Sattler*, Kirche(n).

45 *Koch*, Was bedeutet die Hinwendung der Kirchen zu ihren jüdischen Quellen für die christliche Ökumene heute?

46 A. a. O. 171.

andersetzung um kirchliche Ämter: Während sich die reformatorischen Kirchen auf die prophetische biblische Tradition und die Synagoge berufen, sieht sich die römisch-katholische Kirche mehr in Kontinuität mit dem Sakramental-Priesterlichen des alten Israels. Beide Traditionen werden im orthodoxen Judentum aber bis heute geschätzt und nicht gegeneinander ausgespielt.

Bis heute gibt es indessen nur wenige ökumenische Äusserungen zum Judentum. In der Ökumene selbst geht das Judentum oft vergessen. Weder die Enzyklika *Ut unum sint* von Papst Johannes Paul II. (1995) verweist auf es, noch der *Bericht über Kirche und Kirchengemeinschaften* der vatikanischen Ökumenekommission und der Gemeinschaft Evangelischer Kirchen in Europa.[47] Allem voran wurde der römisch-katholischen/lutherischen Rechtfertigungserklärung von 1999 vorgeworfen, sie stelle einen christlichen Konsens auf Kosten des Judentums dar.[48] Karl-Heinz Menke kritisiert, dass die Rechtfertigung allein auf Christus fokussiert sei und den Menschen als rein passives Gefäss der Gnade sehe. Das Verständnis der «Tora als geschenkte Gerechtigkeit» an das jüdische Volk und als «authentische Auslegung desselben Logos [...], von dem die Christen sagen, dass er sich personal mitgeteilt habe in Christus», sei nicht eingeflossen.[49] Er bemängelt zudem, dass die Theologie nach Auschwitz, die über Opferstatus und Täterverantwortung differenziert am Gerechtigkeits- und Schuldverständnis gearbeitet hat, in der Rechtfertigungsdiskussion keinen Widerhall findet.

5.2 Communio-Ökumene

So sehr das Konzil die Kirche als Volk Gottes neu beschrieb, so wenig spielt dieser Begriff in der Ökumene heute eine zentrale Rolle. Das vorherrschende Modell für die Einheit der Kirchen

47 *Schad/Wiesemann*, Bericht über Kirche und Kirchengemeinschaft.

48 *Fornet-Ponse*, Einigung auf Kosten des Judentums?

49 *Menke, Karl-Heinz*, Rechtfertigung: Gottes Handeln an uns ohne uns?

heisst vielmehr *Communio.* Communio bedeutet Gemeinschaft und gilt als Zielbeschreibung kirchlicher Einheit. Innerhalb der römisch-katholischen Kirche bedeutet sie, dass der Bischof von Rom immerwährendes Prinzip und Fundament für die Einheit und Vielfalt der Bischöfe und ihrer Teilkirchen ist, die zusammen die eine und einzige katholische Kirche bilden.[50] Während es Ziel der römisch-katholischen Kirche ist, dieses Communio-Modell auf alle getrennten Kirchen auszuweiten, wird auf lutherischer Seite mehr von einer «korporativen» und auf anglikanischer Seite mehr von einer «organischen Union» gesprochen.[51] Das evangelische Modell will die verschiedenen Kirchenformen grundsätzlich anerkennen, während die römisch-katholische Seite bestimmtere Kriterien für Kirchlichkeit aufstellt. Dazu gehören nicht nur Sakramente oder die Verkündigung des Evangeliums, sondern auch die episkopale Gestalt der Kirche.

Hier ist nicht der Ort, auf diese ökumenische Debatte einzugehen. Dass eine solche Communio keine Zielgrösse des jüdisch-christlichen Gesprächs sein kann, versteht sich von selbst. Doch anzuerkennen, dass das eine Volk Gottes aus Juden und Christen besteht, kann zu einem anderen Verständnis von Gemeinschaft führen. Geschwisterlichkeit und Partnerschaft sind dabei entscheidende Begriffe. So unterschiedlich die Beziehungen der Kirchen untereinander und der Christen mit den Juden sind, gegenüber der Welt haben sie eine gemeinsame Sendung. Die Ziele des jüdisch-christlichen Dialogs bestehen darin, in der Menschheit gemeinsam für mehr Gerechtigkeit und Frieden, für die Würde des Menschen und freie Religionsausübung einzustehen sowie auch in je unterschiedlicher Form den Gott der Bibel mit seinem ethischen Anspruch zu verkünden.[52] Diese Zusammenarbeit muss umso

50 *Thönissen,* Einheitsverständnis und Einheitsmodell nach katholischer Lehre.

51 *Marx,* Sichtbare Einheit in versöhnter Verschiedenheit 16–24.

52 «Denn unwiderruflich sind ...» 44–49, Erklärung orthodoxer Rabbiner: Den Willen unseres Vaters im Himmel tun: Hin zu einer Partnerschaft zwischen Juden und Christen (3.12.2015), sowie *Konferenz Europäischer Rabbiner/Oberrabbinat des Staates Israel/Amerikanischer Rabbinerverband:*

mehr für die verschiedenen Kirchen und die Ökumene gelten, stehen doch alle im Dienste einer versöhnten Einheit der globalen Menschheit. Juden aller Ausrichtungen und Christen aller Denominationen sollten in diesem Anliegen vor den einen Gott treten und «Schulter an Schulter» wirken (NA 4). Die «Dringlichkeitskonferenz zur Bekämpfung des Antisemitismus», die 1947 in Seelisberg stattfand und zum Ausgangspunkt und Auftakt des jüdisch-christlichen Dialogs nach der Shoah geworden ist, war ein historischer Moment, in dem dies möglich war.[53] Ihre symbolische Ausdruckskraft kann auch in Zukunft inspirieren.

Literatur

Ahrens, Jehoshua: Gemeinsam gegen Antisemitismus. Die Konferenz von Seelisberg (1947) revisited. Die Entstehung des institutionellen jüdisch-christlichen Dialogs in der Schweiz und in Kontinentaleuropa. Münster: LIT, 2020.

Andrévon, Thérèse M./Arteaga, Pablo u. a. (Hg.): Permancence d'Israël, Une question pour les Eglises. Paris: Parole et Silence, 2020.

Baeck, Leo: Das Evangelium als Urkunde der jüdischen Glaubensgeschichte. Berlin: Schocken, 1938.

Becker, Eve-Marie/Scholz, Stefan (Hg.): Kanon in Konstruktion und Dekonstruktion, Kanonisierungsprozesse religiöser Texte von der Antike bis zur Gegenwart. Berlin: de Gruyter, 2012.

Benedikt XVI. (Ratzinger, Joseph): Gnade und Berufung ohne Reue. Anmerkungen zum Traktat «De Iudaeis», in: IKaZ 47 (2018) 316–335.

Benedikt XVI. (Ratzinger, Joseph): Nicht Mission, sondern Dialog. in: Herder Korrespondenz 12 (2018) 14.

Zwischen Jerusalem und Rom. Gedanken zu 50 Jahre *Nostra aetate* (31.8.2017), je in: *Sekretariat der Deutschen Bischofskonferenz,* «Gott wirkt weiterhin im Volk des Alten Bundes».

53 *Ahrens,* Gemeinsam gegen Antisemitismus.

Boyarin, Daniel: Border Lines, The Partition of Judaeo-Christianity. Philadelphia: University of Pennsylvenia Press, 2004.

Boyarin, Daniel: Dying for God, Martyrdom and the Making of Christianity and Judaism. Stanford: University Press, 1999.

Brechenmacher, Thomas: Der Vatikan und die Juden, Geschichte einer unheiligen Beziehung. München: Beck, 2005.

Congar, Yves: Die Kirche als Volk Gottes, in: Concilium 1 (1965).

Cunningham, Philip A./Hofmann, Norbert J/Sievers, Joseph (Hg.): The Catholic Church and the Jewish People, Recent Reflections from Rome. New York: Fordham, 2007.

D'Costa, Gavin/Shapiro, Faydra (Hg.): Roman Catholic Theologies of the Land called Israel. Washington: Catholic University Press of America, 2021. (Veröffentlichung angekündigt).

Démann, Paul: A la rencontre d'Israël, in: Cahiers sioniens 1 (1952) 58.

Dingel, Irene: Reformation, Zentren – Akteure – Ereignisse. Göttingen: Vandenhoeck & Ruprecht, 2016.

Flusser, David: Das Christentum – eine jüdische Religion. München: Kösel, 1990.

Forestier, Luc: Peuple de Dieu, une ressource en ecclésiologie? Permanence d'Israël et oecumenisme, in: *Andrévon, Thérèse M./Arteaga, Pablo u.a. (Hg.):* Permancence d'Israël. Une question pour les Eglises. Paris: Parole et Silence, 2020, 25–48.

Fornet-Ponse, Thomas: Einigung auf Kosten des Judentums? Zur kritischen Funktion des Judentums für die innerchristliche Ökumene am Beispiel der GER, in: Catholica 64 (2010) 309–325.

Forte, Bruno: Israel and the Church – The Two Explorers of the Promised Land. Toward a Christian Theology of Judaism, in: *Cunningham, Philip A./Hofmann, Norbert J./Sievers, Joseph (Hg.):* The Catholic Church and the Jewish People, Recent Reflections from Rome. New York: Fordham, 2007, 73–74.

Frankemölle, Hubert: Der ungekündigte Bund? Antworten des Neuen Testaments, QD 172. Freiburg/Basel/Wien: Herder, 1998.

Frankenmölle, Hubert/Wohlmuth, Josef (Hg.): Das Heil der Andern, Problemfeld «Judenmission», QD 238. Freiburg/Basel/Wien: Herder, 2010.

Henrix Hans-Hermann: Israel trägt die Kirche. Zur Theologie der Beziehung von Kirche und Judentum. Münster: LIT, 2019.

Henrix, Hans Hermann/Stöhr, Martin (Hg.): Exodus und Kreuz im ökumenischen Dialog zwischen Juden und Christen. Aachen: Einhard, 1978.

Hintzen Georg/Thönissen, Wolfgang: Kirchengemeinschaft möglich? Einheitsverständnis und Einheitskonzepte in der Diskussion. Paderborn: Bonifatius, 2001.

Hoff, Gregor Maria: Gegen den Uhrzeigersinn, Ekklesiologie kirchlicher Gegenwarten. Paderborn: Ferdinand Schöningh, 2018.

Homolka, Walter/Zenger, Erich (Hg.): «... damit sie Jesus Christus erkennen». Die neue Karfreitagsfürbitte für die Juden. Freiburg/Basel/Wien: Herder, 2008.

Jaffé, Dan (Hg.): Juifs et chrétiens aux premiers siècles, identités – dialogues – dissidences. Paris: Edition du Cerf, 2019.

Kasper, Walter: Juden und Christen – das eine Volk Gottes, in: IKaZ 39 (2010) 418–427.

Kaufmann, Thomas: Die Geschichte der Reformation. Berlin: Verlag der Weltreligionen, 2009.

Kaufmann, Thomas: Luthers Juden. Stuttgart: Reclam, 2014.

Kinzing, Wolfram: Harnack, Marcion und das Judentum. Arbeiten zur Kirchen- und Theologiegeschichte 13. Leipzig: Evangelische Verlagsanstalt, 2004.

Koch, Kurt: Was bedeutet die Hinwendung der Kirchen zu ihren jüdischen Quellen für die christliche Ökumene heute?, in: IKaZ 29 (2000) 165–172.

Kommission für die religiösen Beziehungen zum Judentum: «Denn unwiderruflich sind Gnade und Berufung, die Gott gewährt» (Röm11,29). Reflexionen zu theologischen Fragestellungen in den katholisch-jüdischen Beziehungen aus Anlass des 50-jährigen Jubiläums von «Nostra aetate» (Nr. 4), 10.12.2015, in Auszügen in: *Sekretariat der Deutschen Bischofskonferenz,* «Gott wirkt weiterhin im Volk des Alten Bundes» 133–157, zugl. URL: https://www.dbk.de/fileadmin/redaktion/diverse_downloads/presse_2015/Vatikandokument-50-Jahre-Nostra-aetate.pdf (12.10.2021).

Krieg, Carola: Javne und der Kanon, in: *Steins, Georg/Taschner, Johannes (Hg.):* Kanonisierung, Die Hebräische Bibel im Werden. Neukirchen-Vluyn: Neukirchner, 2010, 133–152.

Küng, Hans: Projekt Weltethos. München: Piper, [15]2018.

Kuschel, Karl-Josef/Micksch Jürgen: Abrahamitische Ökumene, Dialog und Kooperation. Frankfurt a. M: Lembeck, 2011.

Lehmann, Karl: «Judenmission» – Hermeneutische und theologische Überlegungen zu einer Problemanzeige im jüdisch-christlichen Gespräch, in: *Frankenmölle, Hubert/Wohlmuth, Josef (Hg.):* Das Heil der Andern, Problemfeld «Judenmission», QD 238. Freiburg i. Br./Basel/Wien: Herder, 2010, 142–167.

Lohfink, Norbert: Der niemals gekündigte Bund. Exegetische Gedanken zum christlich-jüdischen Gespräch. Freiburg i. Br. u. a.: Herder, 1989.

Marx, Reinhold: Sichtbare Einheit in versöhnter Verschiedenheit. Zum Ziel der Ökumene aus katholischer Sicht. Herausgegeben vom Sekretariat der deutschen Bischofskonferenz. Reihe: Der Vorsitzende der Deutschen Bischofskonferenz Nr. 33, 1. März 2020.

Menke, Karl-Heinz: Rechtfertigung: Gottes Handeln an uns ohne uns? Jüdisch perspektivierte Anfragen an einen binnenchristlichen Konsens, in: Catholica 63 (2009) 58–72.

Metz, Johann-Baptist u. a. (Hg.): Gott in Welt. Festgabe für K. Rahner. Freiburg i. Br.: Herder, 1964.

Metz, Johann-Baptist: Jenseits bürgerlicher Religion. Reden über die Zukunft des Christentums. München/Mainz: Kaiser, 1980.

Neuwirth, Angelika: Der Koran als Text der Spätantike. Ein europäischer Zugang. Berlin: Verlag der Weltreligionen, 2010.

Pawlikowski, John T./Perelmuter, Hayim Goren (Hg.): Reinterpreting Revelation and Tradition. Jews and Christians in Conversation. Franklin Wis.: Shees & Ward, 2000.

Pieper, Friedhelm: Heilige Schrift ohne das Alte Testament? Eine Stellungnahme, in: Freiburger Rundbrief 22 (2015) 195–206.
Przywara, Erich: Römische Katholizität – All-christliche Ökumenizität, in: *Metz, Johann-Baptist u. a. (Hg.):* Gott in Welt, Festgabe für K. Rahner. Freiburg i. Br.: Herder, 1964, 126.
Rahner, Karl: Sämtliche Werke, Bd 22/2. Freiburg/Basel/Wien: Herder, 2008.
Rendtorff, Rolf/Henrix Hans Hermann (Hg.): Die Kirchen und das Judentum. Bd. 1: Dokumente 1945–1985. Paderborn: Bonifatius, 1988.
Rucks, Hanna: Messianische Juden, Geschichte und Theologie der Bewegung in Israel. Neukirchen-Vluyn: Neukirchner, 2014.
Rutishauser, Christian M.: 500 Jahre Reformation, 50 Jahre Reformkonzil – und das Judentum. in: StdZ 142 (2017) 4–9
Rutishauser, Christian M.: Christian Mission to the Jews Revisited. Exploring the logic of the Vatican Document «The Gifts and Calling of God are Irrevocable», in: SCJR 14 (2019) 1–16.
Rutishauser, Christian M.: Land and State of Israel. Theological Reflections from a Roman Catholic Perspective, in: *D'Costa, Gavin/ Shapiro, Faydra (Hg.):* Roman Catholic Theologies of the Land called Israel. Bristol, 2021 (Veröffentlichung angekündigt).
Sattler, Dorothea: Kirche(n). Paderborn: Ferdinand Schöningh, 2013.
Schad, Christian/Wiesemann, Karl-Heinz (Hg.): Bericht über Kirche und Kirchengemeinschaft. Ergebnis einer Konsultationsreihe im Auftrag der Gemeinschaft Evangelischer Kirchen in Europa und des Päpstlichen Rats zur Förderung der Einheit der Christen. Leipzig/Paderborn: Evangelische Verlagsanstalt/Bonifatius, 2019.
Segal, Alan F.: Rebecca's Children. Judaism and Christianity in the Roman World. Cambridge: Harvard University Press, 1986.
Sekretariat der Deutschen Bischofskonferenz (Hg.): «Gott wirkt weiterhin im Volk des Alten Bundes» (Papst Franziskus). Texte zu den katholisch-jüdischen Beziehungen seit *Nostra aetate* (Arbeitshilfen 307). Bonn, 18.10.2019.

Slenczka, Notger: Vom Alten Testament und vom Neuen. Beiträge zur Neuvermessung ihres Verhältnisses. Leipzig: Evangelische Verlagsanstalt, 2017.

Söding, Thomas: Ein Gott für alle. Der Aufbruch zur Weltmission in der Apostelgeschichte. Freiburg/Basel/Wien: Herder, 2020.

Staubli, Thomas (Hg): Vertikale Ökumene. Erinnerungsarbeit im Dienst des interreligiösen Dialogs. Fribourg: Academic Press, 2005.

Steins, Georg/Taschner, Johannes *(Hg.):* Kanonisierung. Die Hebräische Bibel im Werden. Neukirchen-Vluyn: Neukirchner, 2010.

Stemberger, Günter: Einleitung in Talmud und Midrasch. München: Beck, 8/1992.

Thönissen, Wolfgang: Einheitsverständnis und Einheitsmodell nach katholischer Lehre, in: *Hintzen Georg/Thönissen, Wolfgang:* Kirchengemeinschaft möglich? Einheitsverständnis und Einheitskonzepte in der Diskussion. Paderborn: Bonifatius, 2001, 112.

Wolffsohn, Michael: Juden und Christen – ungleiche Geschwister. Die Geschichte zweier Rivalen. Düsseldorf: Patmos, 2008.

Das Christentum und die Weltreligionen in der Theologie Hans Urs von Balthasars[1]

Eine überhörte Stimme im interreligiösen Dialog

Karl Kardinal Lehmann (1936–2018)

Ich danke Herrn Prof. Dr. Wolfgang Müller von der Universität Luzern und allen aus der Stiftung für die freundliche Einladung zu diesem Jahresgedächtnis für Hans Urs von Balthasar. Er ist vor 28 Jahren, nämlich am 26.6.1988, hier in Basel plötzlich verstorben, kurz vor seiner Abreise nach Rom, wo er zwei Tage später von Papst Johannes Paul II. die Kardinalswürde erhalten sollte. Wir Bischöfe waren an diesem Sonntag beim Besuch des Papstes in Österreich zum grossen Gottesdienst im Salzburger Dom. Als wir den Gottesdienst beginnen wollten, kam rasch noch Franz Kardinal König, der ehemalige Erzbischof von Wien, zu mir und sagte: Weisst Du schon, dass heute in der Früh Hans Urs von Balthasar gestorben ist? Ich wusste nichts. Papst Johannes Paul II. war sehr erschüttert. Einige Tage später fuhr ich zum Requiem und zur Beerdigung Hans Urs von Balthasars nach Luzern. Drei Stunden vor meiner Abfahrt verstarb mein verehrter Vorgänger, Hermann Kardinal Volk, der mit Hans Urs von Balthasar befreundet war. Am Donnerstagabend derselben Woche wollte der neue Kardinal, wie so oft in den vergangenen Jahrzehnten, direkt aus Rom nach Mainz zu einem Domvortrag kommen.

Meine sehr verehrten Damen und Herren, da mir die Ereignisse jener Tage bis heute sehr lebendig vor Augen sind, wollte ich den Vortrag nicht beginnen, ohne den Blick darauf zurückzulenken.

1 Vortrag zum Hans-Urs-von-Balthasar-Jahresgedächtnis am 25.6.2016 in Basel, St. Marien.

Ich tue es in Dankbarkeit für vieles, was ich einige Jahrzehnte lang von Hans Urs von Balthasar durch seine Veröffentlichungen und später in meiner Freiburger Zeit (1971–1983) in vielen freundschaftlichen Begegnungen und in intensiver Zusammenarbeit, vor allem in der Internationalen Theologischen Kommission beim Heiligen Stuhl, aber auch für unsere Zeitschrift *Communio* gelernt habe. Mit meinem Lehrer Karl Rahner gehört er zu den wichtigsten theologischen «Lehrern», die mich am meisten geprägt haben. Deswegen bin ich auch dankbar, dass Sie mich eingeladen haben, hier in Basel und auch in zeitlicher Nähe zur Gedächtnisfeier seines Todes mit Ihnen dieses grossen Mannes zu gedenken.[2]

I

Als ich Professor Dr. Wolfgang Müller bei der Festlegung meines Themas gefragt habe, ob es einen bestimmten inhaltlichen Wunsch für den Vortrag gäbe, hat er mir bei aller Freiheit, die ich hatte, «Hans Urs von Balthasar und die nichtchristlichen Religionen» genannt. Ich zögerte ein wenig. Da ich aber schon zu einem verwandten Thema, nämlich *Hans Urs von Balthasar und die Ökumene*[3], gearbeitet hatte, war ich selbst neugierig und habe zuge-

---

2 Für meine Beziehung zu ihm vgl. *Kasper, Walter (Hg.):* Logik der Liebe und Herrlichkeit Gottes. Hans Urs von Balthasar im Gespräch. Festgabe für Kardinal Lehmann zum 70. Geburtstag. Ostfildern: Matthias Grünewald, 2006, 434–510, bes. 450–452, 454–456. – In den folgenden Anmerkungen verwende ich in der Regel weitgehend Werke von Hans Urs von Balthasar, ohne aber den Namen des Autors immer zu wiederholen. Andere Autoren werden in der üblichen Weise zitiert. Zur Einführung vgl. *Guerriero, Elio:* Hans Urs von Balthasar. Einsiedeln: Johannes, 1993; *Lehmann, Kurt/Kasper, Walter (Hg):* Hans Urs von Balthasar. Gestalt und Werk. Köln: Communio, 1989; *Krenski, Thomas:* Hans Urs von Balthasar. Mainz: Matthias Grünewald, 1995; *Kehl, Medard/Löser, Werner (Hg.):* In der Fülle des Glaubens. Hans Urs von Balthasar – Lesebuch. Freiburg i. Br.: Herder, ²1981, Einführung von Medard Kehl: 13–60.

3 Erschienen in: *Kasper, Walter (Hg.):* Logik der Liebe und Herrlichkeit Gottes. Hans Urs von Balthasar im Gespräch. Festgabe für Kardinal Lehmann zum 70. Geburtstag. Ostfildern: Matthias Grünewald, 2006, 434–449.

sagt. Ich habe auch die Meinung vertreten, dass es darüber meines Wissens keine grössere Darstellung gibt, also eine Lücke besteht, wenngleich ich natürlich die Sekundärliteratur nur unvollständig kennen kann.

Warum habe ich gezögert? Ich muss es ein wenig erklären, weil es zum Thema gehört. Zwar erinnerte ich mich an einige Ausführungen Balthasars über das Verhältnis zu den nichtchristlichen Religionen, aber ich konnte zuerst keinen eigenen Beitrag dazu finden. Schliesslich war mir deutlich geworden, dass es in dieser engeren Zuspitzung kein erstrangiges Thema für ihn war. Natürlich war es auch kein Rand-Thema. Aber beantworten konnte man dies nur im Sinne Balthasars, wenn man von der radikalen Mitte des christlichen Glaubens selbst, vor allem der Trinität Gottes und der Menschwerdung Jesu Christi her, das Thema anging und von dort aus die Folgerungen zog. Dies aber hat zur Konsequenz, dass man zentrale Bestandteile des Gesamtwerkes, besonders der *Trilogie*, durchforsten muss, um fündig zu werden. Dies ist angesichts des grossen Umfangs der Veröffentlichungen eine erschreckende Aufgabe, vor der man tatsächlich zögern kann. Freilich fielen mir aus der Trilogie wichtige Ausführungen ein, etwa aus der *Schau der Gestalt*[4] und aus verschiedenen Teilen der *Theodramatik*.

Es gab aber auch Themenbereiche, bei denen mir die Bedeutung für unser Thema erst jetzt klarer wurde, nämlich die gerade im Spätwerk immer wieder auftretenden Überlegungen zur christlichen und östlichen Meditation.[5] Ähnliche Aufschlüsse konnte man auch von den freilich komplexen Ausführungen zum Verständnis der Mystik erwarten.[6] Ein verwandtes Gebiet, das manchen Aufschluss gibt, handelt über «Das unterscheidend Christli-

---

4 In: Herrlichkeit, Kapitel I.

5 Dazu: Christlich meditieren (Beten heute 15). Freiburg i. Br.: Johannes, 1995; Neue Klarstellungen (Kriterien 49). Einsiedeln: Johannes, 1979. 82–98.

6 Vgl. *Beierwaltes, Werner/von Balthasar, Hans Urs/Haas, Alois Maria:* Grundfragen der Mystik (Kriterien 33). Einsiedeln, 1974, bes. 37–71.

che der Gotteserfahrung».[7] Diese Beiträge haben in der Regel einen doppelten Aspekt, der zusammengehört, aber auch verschieden ist. Einerseits geht es hier um grundlegende, fundamentaltheologische Voraussetzungen zum Verständnis des christlichen Glaubens, anderseits aber auch um Hilfen für den heute oft bedrängten Glauben des katholischen Christen. Es geht um die Fragen Wahrheitsanspruch, Religionsfreiheit und Toleranz. Insofern findet man in den verschiedenen Veröffentlichungen Balthasars viele Darstellungen zum Verständnis des Katholischen, in denen er sich gegen eine Verflachung und Anpassung einsetzt und die Merkmale des christlichen Glaubens hervorhebt. Es sind dies vor allem kleine, gut verständliche Publikationen: *Wer ist ein Christ?* (1965), *Wer ist die Kirche?* (1965), *Cordula oder der Ernstfall* (1966 u.ö., bes. 3.Auflage mit Nachwort 1968), *Klarstellungen* (1971), *Katholisch* (1965), *Neue Klarstellungen* (1979), *Kleine Fibel für verunsicherte Laien* (1980), *Christen sind einfältig* (1983), *Was dürfen wir hoffen?* (1986). Selbstverständlich finden sich auch viele einzelne thematisch verwandte Beiträge in den fünf Bänden *Skizzen zur Theologie* (I–V, 1960–1986).

Als ich diese Schriften nach Äusserungen zu unserem Thema durchsuchte, fiel mir ein kleines Heftchen ein, das 1979 in der Reihe *Antwort des Glaubens* mit dem Titel *Das Christentum und die Weltreligionen. Ein Durchblick* erschienen ist, herausgegeben vom Informationszentrum Berufe der Kirche, Freiburg i.Br. Ich hatte in dieser umfangreicheren Reihe die Aufgabe der «Theologischen Beratung», wie aus dem Impressum hervorgeht. Die Schriftleitung (Mons. Emil Spath, 1931–2008) und ich baten Balthasar um eine Klarstellung grundlegender Art, wie es Absicht dieser Reihe war: «In knapper Weise versuchen ausgewiesene Autoren fragenden Menschen Glaubenserkenntnis und Erfahrung der katholischen

7 In: Pneuma und Institution (Skizzen zur Theologie 4). Einsiedeln: Johannes, 1974, 26–37. Hier wären viele analoge Beiträge zu nennen, aber auch das Verhältnis Balthasars zu Guardini, dazu: Guardini, Romano. Reform aus dem Ursprung, Neuausgabe. Einsiedeln: Johannes, 1995 (Erstausgabe in Münchener Akademieschriften 53. München: Kösel 1970).

Kirche zu vermitteln». Nach meiner Kenntnis ist dieses 16 Seiten umfassende Heft die einzige ausdrückliche Veröffentlichung thematischer Art zu unserem Thema. Im Jahr 2005, also nach seinem Tod, sind im Übrigen alle Texte Balthasars aus dieser Reihe in einem eigenen Buch mit dem Titel *Die Antwort des Glaubens* wieder neu zugänglich gemacht worden (Johannes-Verlag).[8] Es scheint mir freilich, dass diese Sammlung nicht mehr so bekannt geworden ist.

Ich bin überzeugt, dass es nützlich ist, die recht verschiedenen Fundorte von Balthasars Äusserungen zum Thema nicht nur zu kennen, sondern auch in ihrer jeweiligen Zielsetzung und ihrem Kontext zu beachten. Die Zusammengehörigkeit aller Äusserungen ist wichtig, ebenso auch die recht unterschiedlichen Genera der einzelnen Beiträge. Wir wollen mit den folgenden Ausführungen im Mass des Möglichen darauf Rücksicht nehmen. Ich zitiere bewusst viele Texte im Wortlaut.

II

Zunächst ist man gespannt, wie Hans Urs von Balthasar seine Ausführungen zum Thema beginnt. Er fängt in der Regel damit an, dass er einen relativ schlichten Hinweis auf «Religion» überhaupt gibt. Es wird keine lange philosophische oder religionsgeschichtliche Erläuterung gegeben.

> «Religion herrscht dort, wo der Mensch weiß, dass er sich im letzten für sein Dasein zu verdanken hat. Wo ihm das (aus Vergesslichkeit) nicht einfällt oder wo er es (ob der Schrecklichkeit der Welt) nicht tun zu können meint, verfällt er der Rebellion

8 Es sind acht Beiträge zu den Themen: Das Christentum und die Weltreligion, «Was geht mein Glaube die Kirche an?», Die Heilige Schrift, Gott und das Leid, Beten, Eucharistie – Gabe der Liebe, Jesus nachfolgen – arm, ehelos, gehorsam, Berufung, (insgesamt 203 Seiten). Leider fehlt in diesem Buch eine Einführung in die Zielsetzung der Reihe «Antwort des Glaubens» und Balthasars Anteil an ihrem Entstehen und Werden.

wider Gott (was im letzten widersinnig ist, wenn Gott, das absolut Gute, existiert) oder dem Atheismus, der keine Sinndeutung des persönlichen Daseins erlaubt und aus dem Bereich der Religionen ausschert.»[9]

Oder auch:

> «Der Mensch ist von Natur aus religiös, ein Sucher nach dem Absoluten. Der Weg ist ihm zunächst überlassen. Das heißt nicht, dass Gott ihn bei der Schöpfung ausgesetzt oder nach seiner Abkehr verlassen hat, wohl aber, dass er verhüllt bleibt und dem Menschen seinen Freiheitsraum lässt.»[10]

Dabei ist sich Balthasar durchaus des Wandels des Religionsverständnisses bewusst, wenn er z. B. darauf hinweist, dass in der Aufklärung ein «Wechsel von einem theozentrischen zu einem anthropozentrischen Standpunkt» erfolgt.

> «Das zentrale Anliegen der Aufklärung war es also, das Moment der universalen Geltung der religiösen Wahrheit von der einzigartigen, weil göttlichen Autorität Jesu Christi zu übertragen auf den ‹humanen› Menschen, so dass von jetzt an alle Formen positiv historischer Religion reduzierbar sind und immer mehr werden müssen auf eine Menschheitsreligion ... In der Religion der Aufklärung ist der wahrhaft aufgeklärte Mensch selber die Wahrheit (Unwahrheit ist deren vorläufige Verschleierung), in der Religion Jesu Christi ist dieser allein die Wahrheit, der die Lüge und Sünde des Menschen aufdeckt und am Kreuz sühnt.»[11]

---

9 Die Antwort des Glaubens. Freiburg i. Br.: Johannes, 2005, 9.

10 Christen sind einfältig (Kriterien 66). Einsiedeln: Johannes, 1983, 13

11 Neue Klarstellungen (Kriterien 49). Einsiedeln: Johannes, 1979, 45 f. Vgl. dort die weitere Entfaltung.

Es mag überraschen, dass Balthasar trotz dieser Differenzierungen einen relativ einfachen, gewiss nicht unkritischen Begriff von Religion verwendet. Schliesslich kennt er von seiner intensiven Beschäftigung mit Karl Barth (1886–1968) her die frühen Aussagen, vor allem in den beiden Römerbriefauslegungen (1919 und 1922), und darin die frühe radikale Kritik jeder Religion und auch der «natürlichen Theologie». Karl Barth sieht in jeder Religion eine Massnahme gegen und ohne Gott. Sie ist darum ein Widerspruch in sich selbst, «Ausbruch des Unsinns», ein falscher Anspruch, der gefangen nimmt. Darum hat alle Religionskritik ihr relatives Recht, da Religion eben nur eine rein menschliche Möglichkeit ist, Sünde und Symptom.[12] Sie ist am Ende nichts anderes als Selbstbetrug. Es versteht sich vor dem Hintergrund der sehr intensiven Auseinandersetzung Balthasars mit Barth beinahe von selbst, dass Balthasar zwar durchaus weiss, wie sehr auch der religiöse Mensch in Sünde und Missbrauch der Religion verstrickt sein kann, aber sich nicht zu grundlegenden Verdikten im Namen des christlichen Glaubens und der christlichen Theologie verführen lässt,[13] die ja auch später und im Verlauf der theologischen Entwicklung notwendigerweise korrigiert werden mussten.[14] Balthasars Festhalten an einem allgemeinen, einfachen und verständlichen Begriff von Religion erhält in diesem Kontext nochmals eine zusätzliche, gerade eben auch theologische Bedeutung, die nicht unterschätzt werden darf und in ihrer Bedeutung über den theologischen Gebrauch hinausreicht.

So wollen wir das Gemeinsame der Religionen mit treffenden Worten Balthasars nochmals zusammenfassen. Es geht darum, bei

---

12 Man findet leicht Nachweise bei *Barth, Karl:* Der Römerbrief, (Zweite Fassung), 1922 = Gesamtausgabe I. Zürich, 2010, 338, 378, 389, dort auch die These: «Sein ist Unsinn».

13 Dazu *Dahlke, Benjamin:* Die katholische Rezeption Karl Barths (Beiträge zur historischen Theologie 152). Tübingen: Mohr Siebeck, 2010, 137–228.

14 Vgl. dazu *Lehmann, Karl (Hg.):* Weltreligionen. Verstehen – Verständigung – Verantwortung Frankfurt a. M./Leipzig: Verag der Weltreligionen, 2009, 19–38, 252–277.

allen später darzulegenden Unterschieden, dieses Gemeinsame nicht aus den Augen zu verlieren. Der Mensch kann sich nicht begründen aus den Dingen dieser Welt.

> «Dieses Gemeinsame ist grundlegend wichtig. Der Mensch in seiner isolierten Individualität fühlt sich elementar zurückbezogen (re-ligio) auf einen Urgrund seiner Herkunft, und das Realisieren dieser Beziehung (in innerer Betrachtung wie in äußerer Tat) versetzt ihn allererst in seine ‹Wahrheit›. ‹Bild›- oder ‹Erscheinung›-sein sind demnach nur Ausgangspunkt einer Bewegung, einer Transzendenz.»[15]

Der Mensch muss sich «transzendieren», um zu seiner Eigentlichkeit zu gelangen. Er muss sich «überwinden», um zur grösseren Reinheit des «Bildes» zu gelangen, das der Mensch ist, das aber bearbeitet und erneuert werden muss. Er darf nicht «egoistisch an seiner Erscheinungsform» hängenbleiben. Dieses gemeinsame Grundphänomen ist das Wissen um den notwendigen Rückbezug (religio) auf den Urgrund.

Um zu diesem Urgrund zu kommen, gibt es verschiedene Wege, gerade mit Hilfe von Techniken, durch die diese Verähnlichung mit dem Urgrund erreicht werden soll. Diese Techniken z.B. in Yoga und Zen sind nicht nur Gebets- und Versenkungsformen, sondern erstrecken sich auch auf den ganzen Lebensstil. Balthasar macht immer wieder darauf aufmerksam, dass diese Frage der Techniken in den östlichen Religionen eine viel grössere Rolle spiele als in den westlichen.[16]

---

15 Die Antwort des Glaubens. Freiburg i.Br.: Johannes, 2005, 10f.

16 Vgl. besonders: Christlich meditieren (Beten heute 15). Freiburg i.Br.: Johannes, 1995 ([1]1984); (zusammen mit Beierwaltes, Werner/Haas, Alois Maria): Grundfragen der Mystik (Kriterien 33). Einsiedeln: Johannes 1974, 39–71. Christliche und nicht-christliche Meditation, in: Neue Klarstellungen (Kriterien 49). Einsiedeln: Johannes, 1979, [2]1995, 82–98; Die heutige Diskussion mit den verschiedenen Positionen über den «Interreligiösen Dialog», vor allem dessen Zielsetzung und Methode, kann hier nicht

III

Es erhebt sich jetzt natürlich die Frage, welche nichtchristlichen Religionen Balthasar vor sich hat. Zunächst sieht er weitgehend von den so genannten primitiven Religionen und den Religionslosen ab. Auch die erloschenen antiken Religionen werden in diesem Zusammenhang nicht sehr beachtet. Balthasar interessieren vor allem zwei grosse Bereiche, denen er mehr nachgeht. Die westliche Welt wird durch die so genannten Offenbarungsreligionen geprägt: Judentum, Christentum und – dem aus beiden abkünftigen – Islam. Hier herrscht die Idee von einem freien, personalen Gott vor, der unsere reale Welt ohne jeden Zwang von innen oder aussen erfunden und ins Dasein gesetzt hat als das Andere seiner selbst, das freilich den Stempel seiner Herkunft trägt, nämlich beim Menschen die Gottebenbildlichkeit. Die östliche Welt wird letztlich von der Vorstellung eines nicht-persönlichen Göttlichen beherrscht, «dem Urgrund, der als solcher notwendig in der irgendwie irrealen Vielheit der Welt ‹erscheint›, aber hinter der verhüllenden Erscheinung gesucht werden muss».[17] Die Unterschiede formuliert Balthasar noch stärker:

> «Das Unterscheidende ist, dass im Westen dem religiösen Menschen eine in die Geschichte eingegangene Offenbarung von Gott *her* begegnet ist, während im Osten dies nicht der Fall ist. Hier geht die Bewegung wesenhaft vom religiösen Menschen zum Göttlich-Absoluten *hin* (auch wenn ein besonders Erleuchteter, wie Buddha oder Laotse den ‹Weg› findet und weist)».[18]

---

näher behandelt werden. Über das im Text Gesagte hinaus scheinen diese Momente auch bei Hans Urs von Balthasar keine grössere Rolle zu spielen. Zur Situation vgl. *Arnold, Johannes (Hg.):* Sind Religionen austauschbar? Philosophisch-theologische Positionen aus christlicher Sicht (Frankfurter Theologische Studien 67). Münster: Aschendorff, 2012.

17 Die Antwort des Glaubens. Freiburg i. Br.: Johannes, 2005, 10.

18 A. a. O.

Es gibt im Osten keine Selbstbezeugung Gottes in geschichtlicher Gestalt, freilich gibt es für solche religiösen Menschen ein «authentisches Getriebensein vom göttlichen Licht».

Balthasar weiss, dass damit vorsichtig umgegangen werden muss.

> «Aber damit ist nicht alles gesagt: nach westlichem, zumal christlichem Verständnis, hat Gott sich in freiem Erbarmen allen Menschen zugewendet, auch denen, die ihn nicht aufgrund der historischen, biblischen Offenbarung kennen. So können wir nicht wissen, ob Menschen, die das Unpersönlich-Absolute ‹aus ganzer Seele› suchen, dabei nicht im Geheimen der Liebe des freien Gottes begegnen. Es gibt auch Ausformungen östlicher Religion, die nahe an das Gnadenverständnis des Westens heranreichen: etwa der Amida-Buddhismus vor allem in Japan und die Schule Rāmānujas (11. Jahrhundert), der am Ende seines Lebens nicht mehr durch bloße Erkenntnis zur Erlösung gelangen zu können meinte, sondern im Absoluten selbst Züge der Liebe entdeckte.»[19]

---

19 A. a. O. 13. Über den Amida-Buddhismus, vgl. besonders die Untersuchungen von Henri de Lubac (Aspects du bouddhisme, II: Amida. Paris: Editions du Seuil 1955), dazu die Bemerkungen von *Balthasar, Hans Urs von:* Henri de Lubac. Sein organisches Lebenswerk (Kriterien 38). Einsiedeln: Johannes, 1976, 45–49; *Maier, Eugen:* Einigung der Welt in Gott. Das Katholische bei Henri de Lubac. Einsiedeln, 1983, 244 ff.; *Lenk, Martin:* Von der Gotteserkenntnis. Natürliche Theologie im Werk Henri de Lubacs (Frankfurter Theologische Studien 45). Frankfurt a. M.: Knecht, 1993; Vgl. auch in den Lubac-Kolloquien: L'intelligence de la rencontre du bouddhisme. Paris, 2001, 41 ff., 89 ff., 111 ff., 143 ff., 173 ff.; *Cuttat, Jacques-Albert:* Begegnung der Religionen (Christ heute IV/5). Einsiedeln: Johannes, 1956; *ders.:* Asiatische Gottheit – Christlicher Gott. Die Spiritualität der beiden Hemisphären (Sammlung Horizonte N. F. 4). Einsiedeln: Johannes, 1971 (Cuttat war Diplomat in Indien und Griechenland, wie übrigens Paul Claudel Botschafter in China war). Zu den weiteren theologischen Voraussetzungen vgl. *Lochbrunner, Manfred:* Analogia Caritatis. Darstellung und Deutung der Theologie Hans Urs von Balthasars (Freiburger Theologische

Dabei war die östliche Welt Hans Urs von Balthasar nicht nur oberflächlich vertraut, er hatte dazu eine tiefere Beziehung. Während seines Germanistikstudiums hat er nämlich in Wien und in Berlin sich neben den Plotin-Studien mit Sanskrit und indogermanischen Untersuchungen befasst.[20] Diese Studien ergänzten seine Kenntnisse des Judentums und auch des Islams.

Trotz der aufgezeigten Differenzierungen und Mahnungen zur Behutsamkeit legt Balthasar ein grosses Gewicht auf die Unterschiede zwischen den östlichen und westlichen Religionen. Aber nie vergisst er auch gemeinsame Wege:

> «So gibt es, trotz erheblicher Fremdheiten, beschreitbare Wege zwischen West und Ost. Der Osten kann dem übergeschäftigen Westen die Notwendigkeit innerer Ruhe und Einkehr zeigen, die dieser im Grunde selbst kennen müsste, ist sie doch die Voraussetzung dafür, das sprachlose Wort, das Gott uns zuspricht, im Herzen zu hören. Der Westen aber kann dem Osten zeigen, was – über alles ‹Mitleid› hinaus – die personale Gottes- und Nächstenliebe ist und was sie vermag. Was kein Inder getan hat: die elend auf den Straßen Kalkuttas Sterbenden zusammenlesen und ihnen zuletzt das Lächeln der Liebe Gottes zeigen, das tat Mutter Teresa. Ihr Tun und Sein ist genau das, was dem Osten vorgelebt werden musste, wenn er die endgültige Inkarnation Gottes in einem historischen Menschen (und dessen Nachfolge) für möglich halten soll. Dass Gott sich bis ins Einmalig-Geschichtliche hinab dem ihn suchenden Menschen, der ihn aus eigener Kraft und auch mit höchsten Techniken nicht finden kann, zuwendet, ist das Plus des Westens.»[21]

Studien 120). Freiburg i. Br.: Herder, 1981; *Figura, Michael:* Der Anruf der Gnade. Über die Beziehung des Menschen zu Gott nach Henri de Lubac (Sammlung Horizonte N. F. 13). Einsiedeln: Johannes, 1979.

20 So *Henrici, Peter:* Hans Urs von Balthasar. Aspekte seiner Sendung. Freiburg i. Br.: Johannes, 2008, 11.

21 Die Antwort des Glaubens. Freiburg i. Br.: Johannes, 2005, 13 f.

Auch wenn Balthasar die Gemeinsamkeit der drei monotheistischen, von der geschichtlichen Offenbarung sich herleitenden Religionen (Judentum, Christentum und Islam) betont, so legt er doch grossen Wert auf ihre Verschiedenheit:

> «Aber keinesfalls stellen sie drei gleichwertig nebeneinanderstehende Ausprägungen einer gemeinsamen Gattung dar. Die Wurzel bildet das Judentum, das sich von der ersten Offenbarung an Abraham, später an Mose herleitet, und sofern Christentum und Islam diesen Ursprung anerkennen, lassen sich alle drei als ‹Abrahamsreligionen› kennzeichnen.»[22]

Er verweist hier auf den Religionsphilosophen Louis Massignon (1883–1962) und besonders auch auf Papst Paul VI. (amt. 1963–1978), die die Verständigung der drei monotheistischen Religionen wegen dieses Ursprungs förderten:

> «Eine solche ist aber nicht leicht, obschon für alle drei der personale Monotheismus die unter allen Umständen festzuhaltende Grundlage ist.»[23]

Das Judentum bleibt durch alle Zeiten von besonderer Bedeutung. Dabei muss man seine eigene Struktur beachten. Balthasar sieht im «Heidentum», wie schon dargelegt, den Aufbruch der Menschheit vom Vielen zum einen, von der Welt zu Gott, von unten nach oben. Religion ist Sehnsucht nach einer Erfüllung, wie die Welt sie nicht geben kann.[24] Anders formuliert: «Heidentum, das heißt die Menschheit in der breiten Horizontale des Erdkreises, ist durch Religion – ebenfalls in der ganzen Breite ihrer Spielformen –

22 A. a. O. 15.

23 A. a. O. Zum Problem der «Abrahamitischen Religionen» vgl. *Lehmann, Karl:* Auslotungen. Freiburg i. Br.: Herder, 2016, 205–222, bes. 208 ff.

24 Dazu: Anspruch auf Katholizität, in: Pneuma und Institution. Skizzen zur Theologie IV. Einsiedeln: Johannes, 1974, 61–116. Vgl. ausführlicher Theodramatik II/2. Einsiedeln: Johannes, 1978, 331–410.

gekennzeichnet.»[25] Balthasar ist der Meinung, dass im Judentum die Bewegungsrichtung umgekehrt verläuft: Gott geht dem Menschen entgegen, er tritt mit ihm in einen Bund. Die Suchbewegung der Religion wird abgelöst durch den Gehorsam gegenüber Gott und seinem Wort. In diesem Zusammenhang sieht Balthasar den Islam eher auf der stark politisch interpretierten Seite des Judentums. Er betont ohnehin, dass der Islam keine grössere Eigenständigkeit hat, in letzter Instanz also keine weitere religiöse Alternative ist, da «seine Abkünftigkeit vom biblischen Denken, vorab von einem zum Alttestamentlichen zurückstrebenden Judenchristentum deutlich ist».[26] Früher erblickte Balthasar in seiner Zeit für die gesellschaftliche Diskussion und den politischen Wettbewerb die östlichen Religionen und den Kommunismus als Hauptgegner, während wir im 21. Jahrhundert die neue Herausforderung für die Christen wohl eher im Wettbewerb mit dem Islam sehen.[27]

IV

Das Gemeinsame der Religionen in Balthasars Gesamtentwurf darf man deshalb auch nicht gering ansetzen, wenn man Balthasars weitere Konzeption gerade im Blick auf die Unvergleichlichkeit der christlichen Religion in Angriff nimmt. Erinnern wir uns an eine Formulierung, die öfter bei ihm vorkommt:

> «Wer den Menschen kennt, sieht auch, dass *Religion* zu seinem Wesen gehört und begreift, wie die verschiedenen Ausprägungen der einen Weltreligion aus seiner Sehnsucht nach dem Absoluten geboren werden konnten. Der Mensch wird erzeugt, er bringt sich nicht selber hervor; sein Sippengefühl mag noch so stark sein, er weiß doch, dass er sich nicht allein seinen

25 A. a. O. 83.
26 A. a. O. 64.
27 Dazu *Lochbrunner, Manfred:* Balthasariana. Studien und Untersuchungen. Münster: Aschendorff, 2016, 95–110, v. a. 106 ff.

Eltern, sondern mit diesen und allen Ahnen zusammen einem erzeugenden Urgrund zu verdanken hat. Ist er ihm durch seine Vergänglichkeit und die Schuldverfallenheit des Weltzusammenhangs auch sehr fern, eine bestimmte Verwandtschaft muss er doch an sich tragen. So kann er sich das Absolute als ein persönliches Wesen, als eine Mehrzahl solcher, oder wegen seiner Erhabenheit als über- und unpersönlich vorstellen. Aus den ihm vertrauten Bildern und Symbolen kann, ja muss er sich Mythen von Weltanfang, Welterhaltung, Weltuntergang formen und sich selbst, den Sterblichen, in die Begegnung mit dem Unvergänglichen, in ein Totengericht mit Belohnung und Bestrafung hineindenken.»[28]

Balthasar ist überzeugt, dass sich mit dem Judentum «etwas grundlegend Neues, Querliegendes» in dieser Religionswelt zeigt, auch wenn sich die Hebräer viele Elemente aus dieser allgemeinen Welt angeeignet – gewiss oft verwandelt – haben. Wie schon dargestellt worden ist, geht es hauptsächlich darum, dass Gott von sich her in diese Welt durchbricht und in diesem Sinne durch die Zuwendung zur Geschichte überhaupt erst ein Begriff wie Offenbarung entsteht. Nun aber heisst es daraufhin:

«Auf der Grundlage des Judentums erhebt sich, nochmals als etwas ganz Neues, ja als das endgültig Neue, aber gleichzeitig das Gültige in Heidentum und Judentum einbergend, das *‹dritte Geschlecht› der Christen.* Das Neue beruht auf dem unvergleichlichen Anspruch des Mannes Jesus von Nazaret, mit der Autorität des Gottes Israels und Schöpfers der Welt reden und handeln zu können, schließlich als Mensch – nicht als Heros oder als Halbgott, wie die heidnischen Religionen sie ersannen – das endgültige Wort Gottes an Israel und die Welt im Ganzen zu sein. Dieser unüberbietbare Anspruch, der auch

28 Kleine Fibel für verunsicherte Laien. Einsiedeln: Johannes, 1980 (^{3}1989), 17 f.

> in eine bedingungslose ‹Nachfolge› einfordert, wird mit unvergleichlicher Demut, Natürlichkeit, Nähe zu den Armen und Verachteten vorgetragen, immer auch als Erfüllung und doch unerwartete Überbietung alttestamentlicher Prophetie».[29]

Dies ist durch die Auferweckung Jesu Christi «als die letzte Selbstkundgabe und Selbstverschenkung Gottes an die Welt bestätigt».[30]

> «Das Endgültige ist nicht nur geschehen und allen Geschlechtern als Ideal vorgesteckt, sondern geschenkt und gänzlich überantwortet, um im Heiligen Geist dieses Ewig-sich-Schenkenden weiter verkündet und verteilt zu werden».[31]

Diese Worte, ganz bewusst und zugespitzt in der *Kleinen Fibel für verunsicherte Laien* formuliert, sind ein Vorgriff für das, was noch zu begründen ist. Aber die Folgerungen sind für Balthasar von Anfang an sehr deutlich:

> «Vom zeitlosem Mythos der Weltreligionen bleibt nichts übrig als die menschlichen Symbole, aus denen er aufgebaut worden war. Der Kern des Christentums ist schlicht Geschichte, in die hinein Gott nicht nur gesprochen, sondern sich in einem menschlichen Schicksal verkörpert hat. Der Ausblick auf das Ende der Geschichte aber ist aufgehoben in eine ganz neue Hoffnung: auf die Rettung der Menschheit und des Kosmos im Ganzen aufgrund dieses freien Eintauchens Gottes in alle Dunkelheiten des Weltgeschicks. Das ist als Angebot und als Chance unvergleichlich. Wer daraus herausfällt, sinkt in jüdische Messianismen und heidnische Wege der Weltflucht zurück.»[32]

---

29 A. a. O. 19.
30 A. a. O. 20.
31 Ebd.
32 Ebd.

Dies sind starke Sätze. Ich habe mit ihrer besonders prägnanten Formulierung aber auch vorgegriffen. Nun müssen wir das hiermit Gesagte noch genauer begründen und auffüllen. Balthasar ist jedenfalls überzeugt, «dass es [das Christentum] als einziges in der Weltgeschichte die überlegene Einheit von Heidentum und Judentum darstellt, damals wie heute».[33] Dies ist aber nicht nur eine theologische Herausforderung, sondern schafft für das Christentum selbst und seine Bedeutung für die Welt von heute eine ganz neue Aktualität. Die Synthese von früher ist auch heute dringlicher als je:

> «Zusammenzubringen ist heute die berechtigte Sorge um die Zukunft der Menschheit, die mehr als je in das Können und die Verantwortung des Menschen gelegt ist, und die unabdingbare Forderung für jeden Einzelnen jetzt und hier an sein Verhältnis zu Gott, an sein ewiges Heil zu denken. *Ins horizontale Nach-Vorn* und *ins vertikale Nach-Oben*: in beiden Richtungen muss sich der Mensch ganz hingeben. Und dies müsste so gelingen, dass jede Richtung die andere nicht hemmt, sondern im Gegenteil fördert».[34]

Dies muss noch genauer erklärt und belegt werden. Aber zugleich erhebt sich hier natürlich die Frage, ob diese Konzeption des Christentums den anderen Religionen überhaupt zumutbar ist. Wie kann auf diesem Boden überhaupt noch so etwas wie «interreligiöser Dialog» möglich sein? Diese Frage lässt sich nicht umgehen.[35]

---

33 A. a. O. 21.

34 Ebd.

35 Dazu vor allem: *Uhde, Bernhard:* «Si enim comprehendis, non est Deus» – «Begreifst du, so ist es nicht Gott» oder Die Bedeutung der Theologie des Hans Urs von Balthasar für das interreligiöse Gespräch, in: *Kasper, Walter (Hg.):* Logik der Liebe und Herrlichkeit Gottes, FS Karl Kardinal Lehmann. Ostfildern: Matthias Grünewald, 2006, 423–432.

V

Hans Urs von Balthasar weiss um die Wahrheit der «negativen Theologie», die nicht nur grosse Teile des abendländischen Denkens, sondern auch die Religionen überhaupt, vor allem des östlichen Typs bestimmt. Oft zitiert er den hl. Augustinus: «Si enim comprehendis, non est Deus»: Begreifst du, so ist es nicht Gott.[36] Er weiss um das bleibende Geheimnis, aber ringt schon sehr früh mit ihm, wie seine Schriften zeigen: *Von den Aufgaben der katholischen Philosophie in der Zeit*[37] und *Die Gottesfrage des heutigen Menschen*[38]. Am Mut zum Denken mangelt es gewiss nicht. Aber schon die alte christliche Theologie hat gewusst, dass die «theologia negativa» Gott und den Gottesbegriff «immer zuletzt aus den Fängen der begreifenden Vernunft wieder befreit hat».[39] Erich Przywara (1889–1972) und Gustav Siewerth (1903–1963) sind für Balthasar unbestechliche Zeugen der beständigen Aufgabe, auf jeden dreisten Zugriff nach Gottes verhülltem und freiem Sein zu verzichten und doch keinen Zugang zu verweigern, den uns Gott zu seinem Geheimnis der ewigen Liebe öffnet.[40] Wir haben schon dargelegt, wie Balthasar den bei allem Gemeinsamen radikalen Unterschied zwischen Christentum und den übrigen Weltreligionen fasst: In der Bibel gibt es eine in die Geschichte eingegangene Offenbarung *von Gott her*. Es gibt im Leben Jesu einen *Durchbruch*, und zwar im Sinne einer doppelten Richtung, nämlich zu Gott hin und zu Tod und Hölle hin, nach oben und nach unten.

---

36 Sermo CXVII, 3.

37 Erstmals in: Annalen der Philosophischen Gesellschaft der Innerschweiz 3, Nr. 2/3, Dezember/Januar 1946/47, 1–38. Studienausgabe, Bd. 4. Einsiedeln: Johannes, 1998.

38 Wien: Herold, 1956; erweiterte Neuausgabe aus dem Nachlass: Studienausgabe, Bd. 7. Freiburg i. Br.: Johannes, 2009.

39 A. a. O. (2009) 80 (vgl. auch dazu *Haas, Alois Maria:* Einleitung, in: a. a. O. XX).

40 Vgl. Klarstellungen. Zur Prüfung der Geister. Freiburg i. Br.: Herder, ³1972, 25–32, bes. 26 f.

Nach oben hin wird das Gottesbild radikaler enthüllt. Gott ist nicht nur frei erwählende Liebe auf Israel und die Welt hin, er ist vielmehr Liebe in sich selbst, absolute, das heisst dreieinige Liebe. Sie bedarf nicht des Menschen, um einen «Gegenstand» der Liebe zu haben – Gott würde ja davon abhängig werden, und der Mensch bekäme Macht über diesen seiner bedürftigen Gott. Dies ist das Mysterium seiner Trinität.[41] Der eine Gott selbst ist «in seinem Wesen Liebe und Hingabe».[42] Dieses innere Beziehungsgefüge bedeutet Selbsthingabe zwischen Vater, Sohn und Geist. Es ist der «unendlich sich verschenkende Ursprung der Liebe im ‹Vater›, die unendlich sich empfangende und zurückschenkende Selbstaussage der Liebe im ‹Sohn› und das unendlich Verbindende, das Geben und Empfangen zum Einklang und zum Überfließen in die Schöpfung hinein bringender Liebe im ‹Geist›».[43] Von diesem trinitarischen Verständnis her ist Balthasars Gottesbild durch und durch geprägt.[44] Wir sprachen von dem Durchbruch «nach oben» und «nach unten». Vielleicht kann man zwei zusammengehörige, aber doch unterschiedliche Dimensionen in dieser Bewegung «nach unten» erkennen. Einmal die Menschwerdung Jesu Christi überhaupt und darin die «Dahingabe» des Sohnes, um die Verlorenen in Tod und Hölle einzuholen. Damit ist besonders der Descensus (Höllenabstieg Jesu Christi) gemeint im Zusammenhang der Auferstehung. Noch im Totenreich wird das Heil der trinitarischen Liebe verkündigt und heilsam.[45] Noch im Gegenteil ihrer selbst – in der Hölle verlorener menschlicher Freiheit – zeigt sich, dass diese Liebe Gottes grenzenlos barmherzig ist und

41 Vgl. in knapper Form: Credo. Meditationen zum Apostolischen Glaubensbekenntnis. Freiburg i. Br., 1989 (^{4}2009), 25 ff.; zur Interpretation vgl. a. a. O. 8 ff.

42 A. a. O. 26.

43 *Kehl, Medard:* Einführung, in: a. a. O. 9.

44 Vgl. a. a. O. 9 ff., 27–30 (Balthasar).

45 Vgl. Kleine Fibel für verunsicherte Laien. Einsiedeln: Johannes, 1980 (^{3}1989), 21 (dort auch Fortsetzung).

Sich-Beschenken-Lassen bedeutet über alle unsere menschlichen Grenzen hinaus.[46]

Im Grunde beschreibt Balthasar damit auch von der Mitte des Glaubens her die Grundaufgabe des Christen: «*Ins horizontale Nach-Vorn und ins Vertikale Nach-Oben:* in beiden Richtungen muss sich der Mensch ganz hingeben und dies müsste so gelingen, dass jede Richtung die andere nicht hemmt, sondern im Gegenteil fördert [...]»[47] Darauf kommen wir gegen Ende wieder zurück. Wenden wir uns nochmals diesem ganz grundlegenden theologischen Kern der Konzeption von Balthasars zu, und zwar mit seinen eigenen Worten:

> «Es gibt also im Neuen Testament eine einzige Gesamtwahrheit, ein einziges Dogma, das in seiner Mitte christologisch ist, aber in seinen unmittelbaren Implikationen sowohl trinitarisch wie soteriologisch ist, und zwar soteriologisch (Descensus und Auferstehung) *als* trinitarisch. Darin erfüllt das Christusereignis nicht nur alle Figuren des Alten Bundes, sondern ist – als die Apokalypse des letzten Mysteriums Gottes – jeder möglichen Weltrevolution und allen darin noch auftauchenkönnenden ‹Figurationen› *immer schon voraus,* weshalb das Christentum von keinem Evolutionismus das geringste zu befürchten hat».[48]

---

46 Diese Themen, die Balthasar bis in seine letzte Zeit beschäftigt haben, hat er im Eingehen auf Einwände und Vorwürfe sehr überzeugend abgehandelt. Ich kann nur hinweisen auf: Kleiner Diskurs über die Hölle. Apokatastasis (Neue Kriterien 1). Freiburg i. Br.: Johannes, [6]2020 (Erstausgabe: Ostfildern: Schwabenverlag, 1987); Was dürfen wir hoffen? (Kriterien 75). Einsiedeln: Johannes, 1986, [2]1989; in italienischer Übersetzung sind diese Texte mit einer guten Einführung zusammengefasst von Elio Guerriero in: Sperare per tutti. Mailand: Jaca Book, 1989, Neuausgabe 2017.

47 Kleine Fibel für verunsicherte Laien. Einsiedeln: Johannes, 1980 ([3]1989), 21 (dort auch Fortsetzung).

48 Einfaltungen. Auf Wegen christlicher Einigung. München: Kösel, 1969, 87 f. und (Kriterien 73) Einsiedeln/Trier: Johannes [3]1987.

Dies beruht jedoch alles ganz auf der einzigartigen, analogielosen Gestalt Jesu Christi, der nach Balthasar alle Ansprüche der christlichen Religionen, des Judentums und des Islams erfüllt, indem er für sich selbst den Anspruch göttlicher Autorität erhebt.[49]

VI

Balthasar weiss um den steilen Anspruch seiner Ausführungen und weiss auch um die Anfälligkeit eines solchen Entwurfs. Deshalb schreibt er bereits auf der ersten Seite seines abschliessendes «Epilogs» zur Trilogie:

> «Die Möglichkeit, Christ zu sein, liegt inmitten der Fülle zur Auswahl stehender Weltanschauungen als ein Angebot unter vielen. Gewaltsam kann sie sich nicht an die erste Stelle drängen. Dies widerspräche dem Geist ihres Gründers und dem ihrer besten Vertreter. Sie muss ihre Glaubwürdigkeit und – nach ihrem eigenen Verständnis – ihre Einzigkeit durch rein geistige Argumentation zu erweisen suchen, die paradox genug, nicht einmal ‹zwingend› sein dürfen, da sie den Akt freien Glaubens und freier Hingabe nicht vereiteln sollen. Sie muss sich zunächst in die Reihe der übrigen Bewerber stellen, deren jeder seinen Anspruch auf umfassende Wahrheit oder wenigstens Richtigkeit erhebt und von ihrem Platz aus die Berechtigung all dieser Ansprüche der Reihe nach prüfen und deren Anteil an Wahrheit als einen relativen anerkennen; dergestalt wird von ihrem Standpunkt aus so etwas wie eine Stufenleiter von anerkennbaren Wahrheiten entstehen, die sich

49 Dies ist schon grundgelegt im ersten Band der Trilogie: Herrlichkeit. Eine theologische Ästhetik. Band 1: Schau der Gestalt. Einsiedeln: Johannes, 1961, 415–505. Besonders wichtig ist der Beitrag «Anspruch auf Katholizität», in: Pneuma und Institution. Skizzen zur Theologie IV. Einsiedeln: Johannes, 1974, 61–116. Er wird hier zum ersten und einzigen Mal veröffentlicht und ist bisher wohl zu wenig beachtet worden.

nach dem Grundsatz ordnen ließen: ‹Wer mehr Wahrheit sieht, hat tiefer recht›.»[50]

Um Balthasars Entwurf noch besser zu verstehen, seine Konsequenzen anzudeuten und ihn auch gegen unzureichende Einwände zu schützen, möchte ich am Ende folgende 10 Perspektiven hervorheben:

- Der interreligiöse Dialog darf nicht zu einer Nivellierung der absoluten Einmaligkeit des Christentums führen. Jedenfalls darf mit dem Ziel einer grösseren Nähe zwischen den Religionen zueinander die exklusive Mitte, die im Gottesverständnis der Trinität und der Menschwerdung Jesu Christi begründet wird, nicht ausgeblendet, übergangen oder relativiert werden. Balthasar hat die Sorge, dass dies heute im Namen einer falschen Toleranzauffassung und einer leichteren praktischen Übereinkunft oft geschieht.
- Daraus folgt: «Der Traum einer Menschheitsreligion dürfte innerhalb der Weltgeschichte unrealisierbar bleiben».[51]
- Diese Gesichtspunkte hindern nicht den wahren interreligiösen Dialog. Die Weltreligionen haben, wie im ersten Teil immer wieder dargelegt, viel Gemeinsames. Sie müssen zunächst in Wort und Tat bezeugen, dass Religion zur Natur des Menschen gehört. «Der religiöse Sinn in der Natur des Menschen kann eingeschläfert, aber niemals ausgerottet werden. Weil die grossen Religionen ihn alle besitzen und lebendig erhalten, alle nach dem göttlichen Sinngrund des Daseins Ausschau halten, besitzen sie eine tiefe Gemeinsamkeit, weshalb unter ihnen grundsätzlich Toleranz zu walten hat.»[52] Das Gemeinsame wird durch verschiedene Denkformen erschlossen: Analogie, Integration, Symphonie, «Universalismus».

50 Epilog. Einsiedeln: Johannes, 1987, 11. Balthasar hat diese Sätze zum Gesamtabschluss der Trilogie im Jahr vor seinem Tod formuliert.

51 Die Antwort des Glaubens. Einsiedeln, Johannes 2005, 26.

52 A.a.O. 26f., dazu *Lehmann, Karl:* Toleranz und Religionsfreiheit. Geschichte und Gegenwart in Europa. Freiburg i.Br.: Herder, 2015.

- Mit allen Religionen, die um einen Gott oder ein Göttliches oder Absolutes wissen, soll der Christ sprechen, auch mit dem Islam, den indischen und fernöstlichen, vorwiegend negativen Theologien, «zu der jeder außerchristliche Religionsentwurf sinnvollerweise gelangt, und denen wir mit der gleichen Ehrfurcht und dem gleichen Verständnis begegnen müssen wie einst die Kirchenväter».[53]
- Balthasar bezieht die Notwendigkeit des Gesprächs und die Sorge auch auf solche, die sich als Nichtglaubende, «Atheisten», verstehen; es geht dabei nicht nur um Dialog, sondern um Communio, weil sie nach Balthasar in Jesus Christus immer steht und in der umgreifenden Liebe ein sauberes, unterscheidendes, weiterhelfendes Gespräch versucht werden soll.[54] So weit ist bisher kaum einer gegangen. Vor diesem Hintergrund darf man auch die theologische Kontroverse Balthasar – Karl Rahner über das «anonyme Christentum» für erledigt halten.[55] Wichtig ist in dieser Hinsicht das von Balthasar oft formulierte Motto: «Wer aufgibt, ist deshalb noch nicht aufgegeben».[56]
- Die vielen Hinweise auf die absolute Einmaligkeit und Unvergleichlichkeit des Christentums müssen noch genauer interpretiert werden. Die Christen haben in einer langen Geschichte diese Botschaft nicht immer vorgelebt. Insofern muss man mit diesem Anspruch immer auch das eigene Versagen bekennen. Die ganze Kirche muss sich zu ihren eigenen Sünden stellen. Nur dann können wir angesichts des kirchlichen Anspruchs glaubwürdig sein. Die Kirchenväterzitate Balthasars in seinem

53 Communio. Ein Programm, in: Communio 1 (1972) 4–17, 14f.

54 Vgl. a.a.O. 15.

55 Dafür ist massgebend das klärende Nachwort Balthasars in der 3. Auflage von: Cordula oder der Ernstfall. Einsiedeln: Johannes, [3]1968, 121–132; dazu *Schwerdtfeger, Nikolaus:* Gnade und Welt. Grundgefüge von Karl Rahners Theorie der «anonymen Christen» (Freiburger theologische Studien 123). Freiburg i. Br.: Herder, 1982; *Lubac, Henri de:* Geheimnis, aus dem wir leben (Kriterien 6). Einsiedeln: Johannes, [2]1990, 149–154.

56 Communio. Ein Programm, in: Communio 1 (1972) 4–17, 14.

Aufsatz *Casta meretrix* («Keusche Hure») haben uns hoffentlich für immer wachgerüttelt.[57]

- Deswegen ist auch immer elementar darauf aufmerksam zu machen, dass der Anspruch des Christlichen immer neu als Sendung und Auftrag, zwei Grundwörter der Theologie Balthasars, verstanden und umgesetzt werden muss. Deshalb ist auch der Umgang mit dem zentralen Stichwort «Liebe» nur mit grosser spiritueller Sensibilität erlaubt. Sie fordert höchste «Selbstlosigkeit», für Balthasar ein wichtiges, freilich der Unterscheidung der Geister bedürftiges Wort. Deshalb ist das Kreuz Jesu Christi, das jeder täglich auf sich nehmen soll, die Mitte der Liebe.[58] Dies müsste gewiss ausführlicher dargestellt werden.
- Diese Haltung ist auch grundlegend wichtig für die praktische Kooperation der Religionen, vor allem für deren Einsatz zugunsten der Armen und für den Frieden in der Welt. Dieser Auftrag kann nur ausreichend erfüllt werden aus der radikalen Mitte des Glaubens. Wir haben schon Beispiele aufgeführt und könnten sie leicht vermehren: Menschenrechte, soziale Gerechtigkeit, Beendigung von Kriegen, Schonung der Schöpfung. Viele Veröffentlichungen Balthasars wollen dafür eine Hilfe sein.[59]
- Hier könnte man noch viel entfalten.[60] Ich will jedoch zum Ende kommen. Vorher möchte ich aber die Frage stellen, was im Blick auf unsere Sendung in dieser Weltstunde aus der Per-

---

57 Vgl. Sponsa Verbi. Skizzen zur Theologie II. Einsiedeln: Johannes, 1961, 203–306 (Vorträge von 1948!).

58 Zu diesen Stichworten vgl. besonders: Christliche und nichtchristliche Meditation, in: Neue Klarstellungen (Kriterien 49). Einsiedeln: Johannes, 1979, ^{2}1995, 82–98, bes. 90 ff; vgl. ausführlich *Krenski, Thomas Rudolf:* Passio caritatis. Trinitarische Passiologie im Werk Hans Urs von Balthasars (Sammlung Horizonte N.F. 28). Freiburg i.Br.: Johannes, 1990.

59 Dazu vor allem: Glaubhaft ist nur Liebe (Christ heute V/1). Einsiedeln: Johannes, 1963; in Gottes Einsatz leben (Kriterien 24). Einsiedeln: Johannes, 1971, ^{2}1972; Die Wahrheit ist symphonisch. Aspekte des christlichen Pluralismus (Kriterien 29). Einsiedeln: Johannes, 1972.

60 Zur weiteren Diskussion des interreligiösen Dialogs vgl. *Lehmann, Karl (Hg.):* Weltreligionen. Verstehen – Verständigung – Verantwortung. Frankfurt a.M./Leipzig: Verlag der Weltreligionen, 2009 (Stiftungsprofessur 2009),

spektive Balthasars besonders vordringlich ist. Antworten möchte ich mit dem Hinweis auf den Vortrag von Herrn Weihbischof Professor P. Dr. Peter Henrici SJ beim Symposion «Eine Theologie für das 21. Jahrhundert» im September 2013 in Einsiedeln. Dort sieht P. Henrici in der «Neuen Evangelisierung» die grundlegende kirchliche Aufgabe. Mit Balthasar sieht er dies in einem zeugnishaften christlichen Leben. Es sind vor allem drei Perspektiven, die schon früh in Balthasars Werk aufscheinen und wie ein roter Faden das gesamte Werk bis in die Spätzeit durchziehen: Annahme einer Offenheit und «Unverschanztheit» zur Welt hin, schon früh in der *Schleifung der Bastionen*[61] vorweggenommen. Dieses Postulat hat Balthasar nie aufgegeben.

- Die Präsenz christlichen Lebens in der Welt kann nicht mehr nur oder vorwiegend binnenkirchlich erfolgen, sondern muss das Werk von Laien wie von Geistlichen (und pastoralen Berufen) sein.[62] Man denke hier auch an das unaufhörliche Gespräch Balthasars mit Schriftstellern.[63] Wenn Balthasar für die alte Kirche im griechischen Denken und in den Mythen zwei «Uferpfeiler» für die Brücke zur Gegenwart des Christlichen in der Welt gesehen hat, sind es heute wohl das philosophische Denken und die Kunst einschliesslich der Literatur. Hier könnte man aus diesen Bereichen viele gelungene Exempel anführen.
- Predigt und Katechese bleiben wichtig, aber der Dialog mit den weltlichen, geistigen und gesellschaftlichen Positionen bekommt

---

13–18, 19–38, 252–277; *ders.*, Auslotungen. Lebensgestaltung aus dem Glauben heute. Freiburg i. Br: Herder, 2016, 185–204, 223–244.

61 Einsiedeln: Johannes 1952.

62 Vgl. den zweiten Band der Herrlichkeit. Eine Theologische Ästhetik II: Fächer der Stile, besonders Teil 2: «Laikale Stile». Einsiedeln: Johannes, 1962, ³1984.

63 Vgl. dazu ausführlich *Krenski, Thomas:* Hans Urs von Balthasars Literaturtheologie (Schriftenreihe Theos 76). Hamburg: Kovač, 2007. Vgl. auch *Völkl, Stefanie:* Gotteswahrnehmung in Schönheit und Leid. Theologische Ästhetik als Lesart der Logik der Liebe bei Simone Weil und Hans Urs von Balthasar (Freiburger Theologischen Studien 181). Freiburg i. Br.: Herder, 2016.

in unserer geschichtlichen Situation ein grösseres Gewicht. Diese Einschätzung findet sich auch in anderen Bereichen des Spätwerkes, besonders im Band *Metaphysik*[64] der *Theologischen Ästhetik* sowie im zweiten und dritten Band der *Theologik*.[65]

- Man kann dies alles verstehen als Entfaltung des Wahlspruchs des hl. Ignatius von Loyola «Gott in allem finden».[66] Dazu brauchen wir den Gottesgeist, der uns führt. Niemand weiss besser als Balthasar, wie notwendig gerade in einem heutigen Wagnis von Begegnung und Dialog in diesem Bereich das Beten ist. Er findet dafür einen besonders angemessenen Text aus der Liturgie der Kirche in der Zeit nach Pfingsten:
  «Gott, Du hast denen, die dich lieben, unsichtbare Güter vorwegbereitet. Gieße in unsere Herzen die Gesinnung Deiner Liebe ein, damit wir Dich in allen Dingen und über alle hinaus lieben und Deine Verheißungen, die alle Sehnsucht übertreffen, erlangen.»[67]

Dies war ein Versuch, in einem heute noch wichtigen, ja vielleicht noch gewichtigeren Feld bei Hans Urs von Balthasar Rat zu suchen und zu holen. Mein erster Eindruck hat sich in meiner Wahrnehmung bestätigt, dass er in der Konzeption, Methode, Durchführung und vor allem in den Gehalten eine bisher weitgehend überhörte Stimme darstellt.

---

64 III,1: Im Raum der Metaphysik, Teil II: Neuzeit. Einsiedeln: Johannes, 1965.

65 Einsiedeln: Johannes, 1985 und 1987.

66 Dazu: Homo creatus est. Skizzen zur Theologie V. Einsiedeln: Johannes, 1986, 368–375 (vorher unveröffentlicht).

67 Vgl. dazu die theologische Meditation, in: Spiritus Creator. Skizzen zur Theologie III. Einsiedeln: Johannes, 1967, 472–479. Zu den Konsequenzen, auch in ökumenischer Hinsicht, vgl. *Oettler, Dietrich:* Sauerteig der Einheit. Der Beitrag der Theodramatik Hans Urs von Balthasars für die evangelisch-katholische Ökumene nach der Gemeinsamen Erklärung zur Rechtfertigungslehre (Erfurter theologische Studien 102). Würzburg: Echter, 2011.

Dialogue of Religions in Secular India

Suhas Pereira OFM Cap.

Abstract

Indien ist ein säkulares Land in dem Sinne, dass keine Religion ausgeschlossen wird. Das indische Verständnis unterscheidet sich allerdings vom westlichen, da unter Säkularität nicht Atheismus oder die Absenz von Religiosität verstanden wird, sondern die Gleichbehandlung aller Religionen. Religiöse Toleranz und religiöser Pluralismus haben in Indien eine lange Tradition. Allerdings hat sich die religiöse Situation in letzter Zeit drastisch verändert: Religionen stehen in Konflikt zueinander und Gewalt und Feindschaft im Namen der Religion nehmen zu. Sowohl hinduistischer Fundamentalismus als auch christlicher haben Zulauf und bedrohen den religiösen Frieden. Der hinduistische Fundamentalismus ist vorwiegend von einem wachsenden Nationalismus beeinflusst und wird von politischen Parteien befördert. Christlicher Fundamentalismus geht auf die Botschaft der Missionare zurück, welche die Überlegenheit der Christlichen Religion predigten. Jeglicher Fundamentalismus behindert mit Vorurteilen und Überlegenheitsansprüchen den Dialog zwischen den Religionen. Ein funktionierender Dialog ist aber notwendig, damit diese Frieden finden können. Der Beitrag präsentiert Vorschläge, um den Dialog zwischen den Religionen wieder in Gang zu bringen.

Introduction

The word *secularism* brings to mind the Western context, in which the word secularism means three things: the separation of religion and state, freedom of religion and equal citizenship to all irrespective of their religion. Religion thus, does not interfere in the social, political, economic and cultural spheres of life. The Indian Constitution, since its 42nd amendment enacted in 1976, asserts in the preamble that India is a secular nation. However, the Indian understanding of secularism is not synonymous with the Western understanding of the word, which calls for the strong separation of religion and the state. To the Indian people, secularism does not mean atheism or absence of religiousness or irreligiousness. The Indian constitution calls India a secular nation in the sense that there is a rich «profusion of religions, none of which is privileged by the state and all of which are open to participation by everybody».[1] In its articles 15, 25, and 26 the Indian Constitution speaks of the striking features of secularism which are also recognized among the other fundamental rights of every Indian citizen: All discrimination on the basis of religion, race, caste, sex or place of birth is prohibited; freedom of conscience and free profession, practice and propagation of religion and the freedom to manage religious affairs are recognized and asserted. This shows that Indian secularism does not exclude religions from the public sphere. Rather, all religions are recognized equally by the state. All religions continue to be an essential component in the organization and composition of society in India. Seen in this way, secularism in India is «innately inclusive and receptive in the sense it is an organic idea and its meaning is to be furthered and broadened, as the story of the country unveils through its ongoing political and social events, policies, and priorities»[2]. A few years back The Supreme Court of India defined secularism by saying that «secularism does not mean aloofness to religion but giving equal treat-

1 *Vohra*, Religious Pluralism and Hinduism.
2 *Kalliath/Irudaya*, Indian Secularism ix.

ment to all religions»[3]. In the Indian understanding of secularism, religions are not looked at negatively, as deterrents to the development of public spheres, rather they are seen positively, as essential for the harmonious development of society. Indian secularism is thus «creative and proactive towards the role of religions in bringing about the unity and amity of the various sections and segments of the society».[4] In India secularism is not absence of religion.

1 Indian religious context

1.1 Secularism and tolerance

Although the idea of secularism was included in the Indian Constitution in 1976, it was not simply a political invention that took place with the 42nd amendment of the constitution; secularism had already been a way of life for people for years. If we look into the ancient history of India, we see how different rulers tried to promote the co-existence of different religions in the respective provinces they ruled. Emperor *Ashoka* who accepted Buddhism, King *Harshwardhan*, King *Shivaji Maharaj*, Muslim emperor *Akbar*, all of them promoted religious tolerance and respected the multiplicity of religions in their own provinces.[5] These rulers and many others like them knew that fostering respect and tolerance toward all religions and promoting freedom of religions for all was necessary for the growth of their kingdoms and for peace and harmony. Since times immemorial India has followed the path of *Sarva dharma samabhava*, telling the world that all religions are in harmony with each other and are equal pathways to God and thus one can choose the path he or she wants to follow. In other words, what these rulers and the Indian people from ancient times prac-

3 *Nanda*, Supreme Court has done well in defining Secularism, not Hinduism.

4 *Kalliath/Irudaya*, Indian Secularism.

5 Vgl. *Vempeny*, Western Secularism and Religion-Centred Indian Secularism 150.

ticed in their dealings with other religions and cultures, was mutual tolerance. Therefore, in the opinion of Ashish Nandy, a noted Indian political psychologist, social theorist and critic, a better term for Indian secularism would be «tolerance».[6] The attitude of tolerance made the Indian history with multiplicity of religions a rich history. This attitude of tolerance also paved way for and further promoted and fostered the pluralism of religions in India.

1.2 Religious pluralism

The land of India has, since time immemorial, witnessed the presence of not just the religion of Hinduism, which is also known as an eternal religion or *sanatana dharma*, but also many other religions such as Islam and Christianity, which are foreign religions, and other Indian religions like Buddhism, Jainism, Sikhism etc. India or Hindustan as the land is known, is a land with diversity not only in terms of its peoples and races, languages and cultures, but also in terms of its religions. Therefore, India is also known as the cradle of religions. But a distinctive feature of India consists in it being united in spite of the multiplicity of life, faiths and cultures that exist. Religious pluralism in India has been a lived reality and an essential part of life of the Indians. This is why almost all the world's major religions have lived in peace with each other in this ancient land. Hinduism is the major religion of India, with almost 80,5 % of its total population under the influence of *Hindutva*. The next largest religion is Islam with 14,2 % of the population, followed by other religions. Christianity is the religion of just 2,3 % of the population in India. However, plurality of religions was never seen as mutual threat by the religions, especially by Hinduism, which considers itself as an eternal religion or *sanatana dharma*. Rather, throughout history there have been always efforts by the religious and social thinkers in India to respect this religious pluralism and see it as part of God's design of the world. Unlike the

6 Vgl. *Nandy*, A Billion Gandhis.

Semitic religions which consider the followers of the other religions as «pagans» or «infidels», the Hindu religion has respected and viewed other religions as *nana panthas/margas* or «innumerable paths» toward God. Religious pluralism, therefore, is not a hindrance to India's spiritual and material growth, rather, it is an important factor, adding to India's growth and capacity for a life of mutual respect and tolerance.

Many Indian social and religious thinkers held religious pluralism in India as a value in itself. They esteemed it as a prized jewel in India's crown. They dealt with the issue of religious pluralism as a positive reality and saw it as a part of God's plan for the world. For example, Mahatma Gandhi (1869–1948) whose positive attitude towards other religions was shaped by day-to-day experience of living in a religiously plural society, said that just as the many branches of the tree spring from one and the same trunk, the different religions are the branches of the *one* and *same* reality. He not only promoted tolerance towards all the religions, he also believed in the equality of all religions.

Swami Vivekananda (1863–1902) also contributed positively and significantly to the teaching on religious pluralism. Emphasizing the equality and the multiplicity of religions he said that truth is to be found in all religions and not in one particular religion. He spoke of freedom of religion for all people. He in fact proposed and propagated religious pluralism because it was his view that if there are more religions, they will help mankind more.

Like Gandhi and Swami Vivekananda there were many other Indians like S. Radhakrishnan, Rammohun Roy, Keshubchandar Sen etc. who always saw religious Pluralism in India as a positive factor in establishing harmony and peace and building a just society. They not only studied the scriptures of other religions; they also accepted and practiced the values and teachings of other religions in their own life and teaching. Keshubchandar Sen and Rammohun Roy are the best examples of it. Thus, we see that Hinduism always accepted religious pluralism as part of the design of the eternal God or Brahman. This led them to respect and accept other religions in India, be it the foreign religions or their own offshoots. All in all, religious pluralism was not a problem to Indian society.

1.3 Vatican II and other religions

Vatican II which took place from 1962 to 1965 was a new Pentecost in the life of the Church. It brought an enormous change in the way the Catholic Church understood itself in relation to other religions. The negative attitude towards other religions was turned into a positive one and other religions were seen as having rays of truth in them. The Council says that the Church does not reject anything that is true and holy in other religions (Nostra aetate No. 2). The council also stresses the freedom of individuals to practice their religion and faith. The Church sees religious freedom as grounded in human dignity. With the Vatican II, the Catholic Church began to relate to other religions in order to know them and to know itself better in the light of those religions. Thanks to the theological insights by some of the greatest theologians like Karl Rahner, the Church began to recognize and affirm the presence and activity of the Holy Spirit in other religions. The Church began to realize that other religions can become the ways of salvation for their own adherents although they may not be perfect ways. For example, Karl Rahner, through his theory of anonymous Christians, tried to prove how even the non-Christian brethren attain salvation in their own religions through the grace of God working in them. Such new insights about other religions brought about respect and admiration for other religions. Hence, the council proposed inter-religious dialogue in order to foster harmony and peace among the religions. In this way, the Church that was once stagnant and stubborn regarding the claims about salvation and truth thereby became a dynamic and dialoguing Church. Dialogue is today the new way of being Church.

2 The challenges to inter-religious dialogue in India

The Second Vatican Council has shown that dialogue is the new way of mission. Dialogue is the way of mission in India. Unfortunately, in the years since Vatican II not much has been done to initiate and establish healthy dialogue with other religions in India, especially with Hinduism. There are occasional dialogues organized mostly at the level of theology and spirituality. As a result, the attitudes of hatred, mistrust, disrespect and the prejudiced mindset towards each other have not disappeared. There are different challenges the journey of faced by inter-religious dialogue in India. These challenges are posed both from within Christianity and Hinduism.

2.1 Religious fundamentalism

Religious fundamentalism, which exists in different religions, hampers the process of dialogue between the religions. The same is true of both Christian fundamentalism and Hindu fundamentalism. Hindutva or Hindu fundamentalism can be seen as a reaction to Christian fundamentalism which prevailed in India during the colonial times. Hindu fundamentalism in India is influenced more by nationalism than by religion. The entire Hindutva movement is grounded on the principle that India is a Hindu nation and that only Hindus can enjoy rights of citizenship in India. The propagators of Hindutva propose one sole religion for the whole of India, and that is Hinduism. In this view, Muslims and Christians in particular, but also Jews, Parsis, Buddhists and Jains are viewed as non-Indians. According to the Hindutva ideology, certain groups (Muslims and Christians) do not belong to the nation; they are «outsiders», dangerous intruders. Those following Hindutva ideology assert their Indian identity. The proponents of Hindutva ideology promote «Hindu values», the Hindu way of life, a common history and common Indian culture as well as a common Civil Code. They are of the opinion that India is a Hindu nation and there must be one culture prevailing over the entire nation, namely Hindu culture. Thus, other religions are seen as unwanted and as serious threats to Hindutva ideology. This results in hatred and violent attitudes towards other religions, something which is being witnessed presently. «Hindu fundamentalists exploit the power of religion to form identities through a ‹divide and rule› policy and equate India with a Hindu Rashtra.»[7] Hindu fundamentalism also finds expression in the political party *Bharatiya Janata Party*, which tries to make Hindutva its agenda every time it comes to power.

The Christian claim in the West of the uniqueness of Christ was brought to India by missionaries and it is adhered to in some form by the Indian Church and can be seen as a form of Christian fundamentalism in an Indian context. The Catholic Church always proclaims the uniqueness of Christ and the necessity of the Church for the salvation of humanity. The document *Dominus Iesus* of the Congregation of Faith (2000), for example claims that salvation is possible only through Christ's mediation through the Catholic Church, which means that the non-Christian religions are inadequate and they need Christ or they need to come to Christ if they want to attain salvation.[8] With such an attitude the dialogue in India becomes not just difficult, but in fact impossible. The Christians in India find themselves in a challenging situation, as Indian Christians on Indian soil. On the one hand, as Christians, they accept Christ as the unique saviour and on the other hand they cannot deny the salvific approaches of other religions.

Fundamentalism, whether Hindu or Christian, creates hindrances to dialogue between Hinduism and Christianity because of the prejudices and the attitude of superiority with which the partners venture into dialogue.

7 *D'sa*, The Church in India in the Emerging Third Millenium 738.
8 Vgl. *Lopes*, Indian Christology of the Way 337.

2.2 Motive of dialogue

Inter-religious dialogue in India has suffered failure in the past because the motive with which the Church initiated dialogue with Hinduism was not correct or pure. Dialogue is not to be used as an instrument of preparation for and a first step toward a proclamation.[9] When dialogue is entered into with such a motive, dialogue becomes meaningless as it fails to achieve its true goal. The other partners see in it a hidden agenda and avoid dialogue. The aim of inter-religious dialogue should be to understand, to share and to be enriched by being open to the truth. In sharing with the other the best of what one possesses, one certainly does share one's faith, but doesn't impose one's faith on others.[10] Such a dialogue between Christianity and Hinduism will aim not only at dispelling prejudices, promoting mutual understanding, sharing spiritual experiences etc., but the focus will always be the common search for truth, for experience of God and for theological understanding. The lack of such an understanding of dialogue makes the journey of dialogue a difficult and strenuous way.

2.3 Superiority of Church vs. spiritual agent

As was mentioned earlier, the Church has always tried to undertake and initiate dialogue with Hinduism, but always with an attitude of superiority. This attitude of superiority blocks real dialogue. Placing itself on a pedestal of superiority and greatness the Church will hardly be able to invite partners to dialogue.[11] The focus of the Church at times seems to be only on other-worldly salvation and not this-worldly liberation. Proposing and giving to the world some general spiritual and moral principles through encyclicals and writings without getting involved in the actual life

9 Vgl. *Amaladoss*, Interreligious Encounters XXXV.
10 Vgl. *Amaladoss*, Walking Together 156.
11 Vgl. *Amaladoss*, Interreligious Encounters XXXIV.

situation of the society in which it exists, there will be no positive end result.[12]

2.4 Lack of initiative and interest

There is a general lack of interest among the clergy and religious regarding a dialogue of religions. While at the national level or at the diocesan levels the bishops may be organizing formal dialogues, at the parish levels there is a general disinterest shown towards dialogue initiatives. For example, in 2019 on the occasion of the 800th anniversary of St. Francis of Assisi meeting the Sultan, not much was done to celebrate this historical event by way of organizing dialogues between religions. So, the lack of initiative and disinterest still pose a challenge to the development of inter-religious relations in India.

3 The way ahead in the inter-religious journey

In this section I would like to present my suggestions to spur the dialogue of religions in India.

3.1 Religious pluralism – a reality to be respected and lived

In his recent encyclical published on 4th October, 2020 and titled *Fratelli tutti*, Pope Francis emphasizes that the acceptance of religious diversity and respect for all religions are essential for building a just and fraternal society (No. 271). This is even truer in the multi-religious context of India. Plurality is inescapable and an important part of this world and its history. It is important for the Church in India to accept the plurality of religions as part of God's design of the world and plan for humankind. And this acceptance of the religious other must be full of hope and courage and not full of hesitation, doubt and fear. Religious diversity is not something

12 Ebd.

to be denied or negated but something which is to be respected and positively acknowledged as the very centre point from which all religions can grow and develop.[13] Pluralism is willed by God. God is the source of pluralism. The creation is the best example of this pluralism. This pluralism in the world and creation is culminated in the pluralism of religions.

Indian (Hindu) scriptures speak of the many and varied ways of knowing the truth, of knowing the ultimate reality. There is *one* truth but people call it by different names. God is one but people call him by different names in their own different religions. Ancient Hindu sages and thinkers have always seen pluralism of religions as the work of God, as an effect of the divine law in nature. Even the Holy Bible speaks of the pluralism/variety in creation. God's will is clearly manifested in his creation. The variedness in the creation bears testimony to the fact that God loves diversity because there is not only unity but also beauty in diversity. St. Paul, in the New Testament, speaks of the variety or pluralism of charisms. But all these charisms are given through one and the same Spirit and have one and the same aim: the service of the Lord. Pluralism here is not something negative. Rather, it is seen as willed by God.

The Vatican II, in its document *Gaudium et spes,* speaks of the presence and action of the Holy Spirit in other religions (GS 22). While emphasizing salvation through the paschal event accomplished by Christ, the council says that there is a possibility of participation in this salvific mystery of Christ in a way inspired by the Holy Spirit and known only to God. Thus, other religions too facilitate divine-human encounters in different and varied ways, through the inspiration of the Spirit. In this sense, the many and different religions in India are the results of the work of the Spirit of God which is operative among them. Hence, religious «must not be viewed as a mere fact of life to be reckoned with, but as a divine

---

13 *Hedges,* Controversies in Interreligious Dialogue and the Theology of Religions 264.

grace to be thankful for».[14] The task of the Indian Church today is «not to spell out and affirm what differentiates it from other religions, but to cull out and emphasize that which unites all the religions».[15] The task before the Indian Church is not to impose on other religions its own view of truth of God but to focus on their view of truth of God in them.

3.2 Shift from being spirituality- and doctrine-centred to being life-centred dialogue

The dialogue of the Church with other religions, especially with Hinduism, has often been initiated by the higher clergy like bishops. And most often the dialogue has been at the doctrinal and conceptual levels and at the level of scriptures. As a result, the dialogue has remained stagnant and without much positive outcome. Such formal inter-religious gatherings mostly end without any desirable output, without any solutions proposed for inter-religious harmony. What is achieved at the most is the commitment to organize more and more such formal gatherings and to do so more frequently. The dialogue between Christianity and Hinduism needs to move from the doctrinal or ideological to the practical level, to the level of life. There needs to be a life-centred dialogue between these two religions. The dialogue of religions must go beyond the dialogue of scriptures and cultures and arrive at the dialogue of life and action, promoting life in all its aspects for all people. This means the common people or the ordinary believers need to be increasingly involved in this dialogue. In the next point I will explain how this can be achieved.

14 *Dupuis*, Christianity and Religions: Complementarity and Convergence 62.

15 *Pereira*, The Challenges of Vatican II for an Authentic Indian Catholic Church 281.

3.3 Encouragement for informal dialogue

As I said earlier, the Church has always placed importance on formal dialogue, which always took place between the theologians and Hindu thinkers, between Hindu scholars and *pandits* (priests) and the bishops and the priests etc. However, the ordinary people who practice religion and express to their beliefs in their day-to-day life were excluded from such dialogue. Importance was attached to the theoretical and not the practical aspect of the dialogue. Formal dialogue is accepted but it cannot achieve the good that an informal dialogue can achieve. The informal dialogue takes place through the life lived by the Christian community with their neighbours of other religions. «There are many situations in India where informal dialogue has long been an established reality made possible and often inevitable by the proximity of neighbours of different faiths».[16] Sadly, this way of conducting dialogue seems to have been neglected by the Indian Church. «While this type of informal dialogue perhaps has more potential in making a difference with regard to Christian life and witness in India, sadly very little focus has been placed on informing, equipping, and mobilizing Christians in India to undertake such informal dialogue with people of other faiths».[17] An informal dialogue can be more efficacious in comparison to the formal dialogue, which at times can create prejudices and conflicts. An informal dialogue becomes a dialogue at the level of day-to-day living, wherein people share with each other their life, their joys, their sorrows, their world-views, their religious views and cultivate mutual respect, recognition and tolerance.

With a growing sense of nationalism leading to religious fundamentalism, the face of the mission of the Church in India will not be the same as it was in the past. Hence, the Church needs to find effective means and ways of dialogue with this new and changing India. Informal dialogue can be an effective tool in

16 *Robinson*, Christian meeting Hindus 41.
17 *Aghamkar*, Hindu-Christian Dialogue in India.

reshaping the dialogue in India. For this to be achieved it is not enough to involve more and more lay Christians in the venture of dialogue, rather, it is important to train them for this venture so that they can become effective channels for a successful dialogue in India.

3.4 Recognition of the other

Another necessary element for the betterment of the dialogue is to recognize the identity of other faiths. Dialogue is a journey of mutual enrichment. Hence, having an attitude of superiority while undertaking dialogue with other religions can be a stumbling block. If Christians perceive their faith as superior to other ways of salvation, it will endanger the spirit of interreligious fellowship. «Accepting in others only that which is Christian and rejecting the rest, is equal to denying their alterity».[18] The Church believes and is convinced that in Jesus Christ the fullness of truth and salvation came into the world. However, Christ is universal, and not a sole possession or the monopoly of the Christians or the Church. The Church too does not understand Christ fully.[19] Hence, it is also imperfect like other religions and in the process of achieving the fullness of truth and salvation. It is a pilgrim Church on earth searching for its Lord and Master. So, together with other religions, the Church too is like the disciples on the way to Emmaus until the Lord joins them and opens their eyes to understand fully the truth. Hence, the motto must be moving ahead hand in hand with each other, in respect and recognition of each other. «Commitment to one's own faith is not an obstacle to dialogue, if the person is ready to award the same right to others. What endangers dialogue is the triumphant attitude saying, ours is the only true religion and others are false.»[20]

18 *Udaykumar*, Interfaith and Community Service: Reflections from India.
19 Vgl. *Amaladoss*, Interreligious Encounters XXXIV.
20 Ebd.

3.5 Dialogue at the service of the Kingdom of God

The Mission in India needs to undergo a drastic change in its understanding of its mission from being Church-centred to Kingdom-of-God-centred. When the service of this Kingdom of God becomes the goal or prime motive of the Church's missionary zeal and efforts, the other religions become necessary partners. And in the Kingdom-centred understanding of the Church and its mission, the other religions will be not only «ways of salvation», rather, they will be also seen as «the active and God-willed ways of the Kingdom» to the Kingdom of God.[21] With such an understanding of other religions, dialogue also becomes Kingdom-of-God-centred and not Church-centred. Building and spreading the Kingdom of God is to be the spiritual project of the Church and all other religions. This project of the Kingdom of God means establishing a society in which the well-being of human beings is the topmost priority along with the preservation of the planet Earth. In this project there can also be many meaningful contributions from other people even if they are not Christians. The other religions will not be seen by the Church as the helping hands in this project, rather, they will be viewed as co-workers in this project, working hand in hand with the Christians in order to realize and establish the Kingdom of God on Earth.[22]

John Fullenbach while describing the Kingdom-of-God-centred mission of the Church in the pluralistic world says, «If the Kingdom is the ultimate goal of God's intentionality with all of humanity, then the question no longer is how these other religious traditions are linked to the Church but rather how the Kingdom of God was and is concretely present in these religions».[23] If the Kingdom of God becomes the ultimate goal and end-purpose of all religions, then other religions become co-workers with Christianity and the issue of traditional conversions loses its importance and validity.

21 Vgl. *Knitter u. a.*, Christian Mission and global responsibility 118.

22 A. a. O. 120.

23 *Fullenbach*, Kingdom of God as Principle of Action in the Church.

Conversion in today's India would mean bringing people closer to the Kingdom of God – a common project of all religions. Salvation takes a new meaning in this sense as the transformation of the world and humanity. Salvation becomes this worldly and tangible. Conversion today does not mean making more and more people members of the Church but to make them members of God's Kingdom by inspiring them to lead a better life. Discipleship is more important than mere membership. Conversion doesn't mean having churches or temples or mosques full of believers; rather, it means having space in one's heart and life for each religion and each faith and respecting them. Thus, in the words of Mother Teresa (1910–1997), real conversion would mean to help a Hindu to become a better Hindu, to help a Christian to become a better Christian, to help a Muslim to become a better Muslim and to help them meet God.

3.6 Dialogue for peace

Religions have great potential within themselves to inspire peace and goodness. Dialogue can become a means to foster «understanding, harmony, concord and peace».[24] In a multi-religious context like India, peace is not a luxury but a struggle. It is a continuous struggle against injustice, oppression, inequality and discord. A successful outcome is possible if all the religions get rid of all their prejudices, join hands with each other and unite instead of having conflicts with each other. Peace-making or establishment of peace in society is a journey. However, «our journey to peace is not exclusively the Christian journey. We cannot travel it alone. It is not enough to make our own Christian and biblical reflections without considering all the available resources of the experiences and contributions of other faiths. This [Journey towards peace] is the journey of all the faithful who are committed to peace.»[25] The

24 *Francis,* The Church of Mercy 140 f.

25 *Bwa,* Together in our Journey, Toward a Community of Peace for all 251.

Indian Church needs to realize this fact and seek the partnership of other religions through mutual dialogue in order to make the establishment of a peaceful society a joint venture of all. In this venture the Indian Church can lead by example if it does not limit its efforts for peace merely to the pulpit and to its own members, but goes out into society in order to promote life, sustain hope, to be the sign of unity, to build bridges, to break down walls, to sow seeds of peace and reconciliation (*Fratelli Tutti* 276–278). The Church in India needs to rediscover its prophetic dimension in order to give the message of peace and justice to the Indian society.

4 Conclusion

India is a secular country in the sense that Indian secularism does not exclude religions or see them as a hindrance to social order and welfare, nor does it put only one religion (Hinduism) on a pedestal. Rather, it considers all religions that exist in India as playing a vital role in the make-up of the nation. It is this principle of secularism which has held together the different religious identities and led to peaceful co-existence and tolerance in India. How wonderful it would be if India were to hold on to this secular principle that has been promoted since ancient times and handed down from generation to generation in India. However, the picture in modern India is different. The religious situation has changed drastically. Religions are in conflict with each other. Violence and atrocities in the name of religion are increasing. Religions are presenting a negative image of themselves. Secularism is in danger from emerging Hindu nationalism, which is gradually trying to damage the secular fabric of Indian democracy. Politics are being conducted in the name of religion in order to get votes and cheaply gain popularity. Hindu nationalism has crept into politics and pledges to be secular and impartial are only words. There is a «concerted effort to erode secularism and replace it with a sectarian way of being» that offers no place and recognition to religious minorities in Indian society.[26] Religious diversity in India is in jeopardy. «Hindu nationalism is depriving India of one of its main assets, at a time when countries around the world are struggling to cope with religious diversity.»[27] In the name of religions the seeds of hatred, mistrust, disrespect and intolerance are being sown in Indian society. The short-term gains aimed at by the political parties, achieved by means of dividing the country on the basis of religion are undesirable and incredibly dangerous and can mean a colossal loss for the country in terms of its overall developmental agenda and its cohesiveness and peace. Religions are supposed to be promoters of peace and harmony. But how can the religions fulfil their function in society as peace-makers if they do not have peace among themselves. Hence, the religions must come together in order to find out how they can achieve peace among themselves.

In such a situation there is a need for people of good-will who do not want the country to perish due to inter-religious hatred and conflicts spurred on by religious nationalism and communalism. There is a need for like-minded people who can come together and work together in spite of belonging to different faiths. The Indian Church can lead by example in this venture. Religion is a driving force in India. Religions can also inspire peace-building in society. Dialogue can be a very effective tool in this process of curbing religious violence and establishing peace. Through dialogue and cooperation religions in India can become an antidote to the various problems of Hindu nationalism, religious fundamentalism, religious violence and injustice, and inequality in India. Therefore, in *Fratelli tutti*, Pope Francis urges all religions and religious leaders to adopt a culture of dialogue and mutual cooperation and become authentic mediators of peace and justice in the world (No. 284). The Indian Church must make dialogue its prime mission and spearhead this mission. However, an attitude of humility

26 *Thardoor*, Secularism as Principle and Practice in India is in danger.
27 *Jaffrelot*, The Fate of Secularism in India.

is called for on the part of the Church, not only to seek and initiate dialogue with Hinduism but also to continue to ensure the dialogue achieves its desired results in the form of religious harmony. The ways and means to avoid religious conflicts need to be discussed in a dialogue sought with humility.

The future of harmony, peace, justice, and equity in India depends to a large extent on how effectively the religions can come together in cooperation and work towards establishing these values. Religions in India need to become agents and harbingers of peace for society. And the Church can play an important role if it is able to work in cooperation and dialogue with other religions, without any hidden agenda or motives. Only then will the mission undertaken by the Church become the mission of God. The mission of God is the salvation of all humanity (1 Tim 2,4) and not of a small group. Hence, God wants to reach out to all of humanity in ways known to him alone. The Indian Church is called upon to be at the service of the mission of God which is greater than the mission of the Church.[28] In short, the mission of the Indian Church today should be: through dialogue between the different religions helping each other to discover God more and more as he has revealed himself in different religions, to help each other discover God's grace and salvation more and more intimately for themselves and to work as God's instruments of salvation for those who are in misery, suffering and bondage and to make salvation present to them.

Literature

Aghamkar, Atul: Hindu-Christian Dialogue in India, Fuller Studio, URL: https://fullerstudio.fuller.edu/featured-article-hindu-christian-dialogue-in-india/ (30.1.2021).

Amaladoss, Michael: Interreligious Encounters: Opportunities and Challenges. Jonathan Y. Tan Ed. New York: Orbis Books, 2017.

28 Vgl. *Amaladoss*, Interreligious Encounters XXX.

Amaladoss, Michael: Walking Together. Gujarat: Gujarat Sahitya Prakash, 1992.

Bwa, Saw Hlaing: Together in our Journey, Toward a Community of Peace for all, in: *König, Andrea (Hg.):* Glaube und Denken. Mission, Dialog und friedliche Koexistenz: Zusammenleben in einer multireligiösen und säkularen Gesellschaft – Situation, Initiativen und Perspektiven für die Zukunft. Frankfurt a. M.: Lang, 2010, 247–260.

D'sa, Thomas: The Church in India in the Emerging Third Millennium, in: Vidyajyoti, 68, 10, (October 2004) 736–752.

Dupuis, Jacques: Christianity and Religions: Complementarity and Convergence, in: *Cornille, Catherine (ed.):* Many Mansions? Multiple Religious Belonging and Christian Identity. New York: Orbis Books, 2002, 61–75.

Fullenbach. John: Kingdom of God as Principle of Action in the Church, 20 November 1999, URL: https://sedosmission.org/old/eng/fuellenbach.htm (25.12.2020).

Hedges, Paul: Controversies in Interreligious Dialogue and the Theology of Religions. Controversies in Contextual Theology Series. London: SCM Press, 2010.

Jaffrelot, Christophe: The Fate of Secularism in India. Carnegie Endowment for International Peace, April 4th 2019, URL: https://carnegieendowment.org/2019/04/04/fate-of-secularism-in-india-pub-78689 (29.1.2021).

Kalliath. Anthony/Irudaya. Raj (eds.): Indian Secularism: A Theological Response. Bangalore: Indian Theological Association, 2011.

Knitter, Paul, Jesus a. o.: Christian Mission and global responsibility. New York: Orbis, 1996.

Lopes, Richard: Indian Christology of the Way. Innsbruck: Tyrolia, 2011.

Nanda, Prakash: Supreme Court has done well in defining Secularism, not Hinduism. Firstpost, October 28th 2016, URL: https://www.firstpost.com/politics/supreme-court-has-done-well-in-defining-secularism-not-hinduism-3077828.html (26.1.2021).

Nandy, Ashish: A Billion Gandhis. Debating India, 21st June 2004, URL: http://india.eu.org/1733.html (26.1.2021).

Pereira, Suhas: The Challenges of Vatican II for an Authentic Indian Catholic Church. Wien: LIT Verlag, 2020.

Pope Francis: The Church of Mercy: A Conversation with Andrea Tornielli, transl. Oonagh Stransky. London: Bluebird Books for Life, 2016.

Robinson, Bob: Christians meeting Hindus: An Analysis of the Theological Critique of the Hindu-Christian Encounter in India. Oxford, UK: Regnum Books international, 2004.

Thardoor, Shashi: Secularism as Principle and Practice in India is in danger. The New Indian Express, 1st November 2020, URL: https://www.newindianexpress.com/states/kerala/2020/nov/01/secularism-as-principle-and-practice-in-india-is-in-danger-tharoor-2217918.html (5.2.2021).

Udaykumar, David: Interfaith and Community Service: Reflections from India. Berkley Centre for Religion, Peace and Wordly Affairs, November 16th 2016, URL: https://berkleycenter.georgetown.edu/responses/interfaith-and-community-service-reflections-from-india (31.1.2021).

Vempeny, Bandhu Ishanand: Western Secularism and Religion-Centred Indian Secularism. An Indian alternative to Western Secularism, in: Kalliath/Irudaya (eds.), Indian Secularism: A Theological Response. Bangalore: Indian Theological Association, 2011, 132–163.

Vohra, Ashok: Religious Pluralism and Hinduism. The Times of India, May 16th, 2011, URL: https://timesofindia.indiatimes.com/religious-pluralism-and-hinduism/articleshow/8363604.cms (26.1.2021).

IV Otto-Karrer-Vorlesung

Lectio in Luzern[1]

Marco Politi

Buona sera, wie Papst Franziskus sagen würde. Es ist mir eine grosse Freude, hier zu sein und zusammen mit Ihnen einen Blick auf den komplexen Aufbruch zu werfen, den Papsttum und katholische Kirche erleben.

Die zweite Halbzeit des Pontifikats hat schon angefangen. Manchmal hat man ein Gefühl, das an den Film von Wim Wenders erinnert: «Die Angst des Tormanns beim Elfmeter.» Franziskus hat keine Angst, aber vielen seinen Anhängern ist es bange um seine Reformpolitik.

Der geopolitische Horizont ist plötzlich trüb geworden. Europa scheint sich schlafwandlerisch aufzulösen. Es geht nicht nur um den Brexit. In Ungarn und Polen sind illiberale, autoritäre, populistische Demokratien an der Macht. Im Osten wie im Westen treten nationalistische Bewegungen ans Licht, von einer aggressiven Identitätsbesessenheit geprägt, oft mit klerikalen Zügen. Innerhalb des Katholizismus bewegen sich Kräfte, die die «Benedikt Option» verfechten und den ehemaligen gegen den amtierenden Papst ausspielen.

Donald Trump im Weissen Haus ist auch für Papst Franziskus ein Problem geworden. Der amerikanische Präsident hat den «Migration Compact» der Vereinten Nationen nicht unterzeich-

1 Als Otto-Karrer-Vorlesung im Jahr 2016 in der Jesuitenkirche in Luzern gehalten. Der mündliche Stil des Vortrags wurde beibehalten. Zur Veranstaltung vgl. auch URL: https://www.unilu.ch/fakultaeten/tf/professuren/dog matik/profil/otto-karrer-vorlesungen/#c50038&section=c76265 (16.2.2021).

nen wollen, dessen Ziel die Wahrung der Grundrechte der Migranten – Flüchtlinge – ist. Trump ist vom Klimaabkommen zurückgetreten. Auch das Atomabkommen mit dem Iran hat er gekündigt. Quasi über Nacht hat sich das ganze internationale Bild für Franziskus und die Diplomatie des Heiligen Stuhles geändert. Jahrzehntelang waren die USA für den Vatikan ein fester Bezugspunkt auf der Weltbühne. Sei es zur Zeit der Konvergenz zwischen Johannes Paul II. und Ronald Reagan, um Solidarność in Polen in Schutz zu nehmen, sei es zur Zeit der starken Opposition Johannes Pauls II. gegen den Irakkrieg von George W. Bush – trotz verschiedenen politischen Einschätzungen waren doch immer die Vereinigten Staaten ein Dialogpartner für die Päpste in Rom. Jetzt, unter der Präsidentschaft von Donald Trump, ertönt bedrängend das Schlagwort «America first». Im Versinken der multilateralen Vision – der Methode, die Probleme der Welt gemeinsam anzupacken – gibt es fast keine Kommunikation zwischen dem Weissen Haus und dem apostolischen Palast. Der nationalistische Darwinismus – zuerst Amerika ... zuerst Ungarn ... zuerst Polen ... zuerst die Deutschen ... zuerst die Italiener, wie man es in den populistischen Kreisen hört – bereitet dem Papst grosse Sorgen. Aber auch innerhalb der Kirche ballen sich Kräfte zusammen, die dem argentinischen Papst Sorgen bereiten. Lassen wir Franziskus selbst sprechen:

> «Die einzige Sache, um die ich den Herren bitte, ist, dass dieser Wandel, den ich mit großem Opfer für die Kirche fortführe, Bestand habe. Dass er nicht wie ein Licht sei, das von einem Moment zum anderen erlischt».

Schon früh in seinem Pontifikat sahen aufmerksame Beobachter das Heraufziehen von Gewitterwolken. Joaquin Navarro-Valls, der langjährige Pressereferent von Papst Wojtyla, warnte: «Franziskus will eine Wende durch sein persönliches Beispiel herbeiführen, doch wenn er einmal an den harten Kern der Kurie stösst ...» Kardinal Roger Etchegaray, mit seiner grossen Erfahrung in der römischen Kurie und vorher als Vorsitzender des französischen Episkopats, fügte hinzu: «Die erste Zeit wird der Honigmond scheinen, aber eines Tages wird Franziskus mit dem Rücken an der Wand stehen.» Heutzutage sind wir Zeugen eines eskalierenden Delegitimationsprozesses. Führende Persönlichkeiten der Kirche wenden sich gegen den Papst, in den Websites tobt man gegen ihn in schrillen Tönen, sogar der Ruf «Franziskus danke ab!» ist ertönt. Manchmal hat man das Gefühl, das Mittelalter sei wiedergekehrt mit den verbitterten Kämpfen der Kirchenparteien. Und trotzdem erweckt Franziskus andauernd die Flamme eines starken Interesses nicht nur unter Katholiken oder Christen anderer Konfessionen, sondern auch unter Andersgläubigen und Nichtgläubigen. Er weckt Hoffnung. Denn die Kirche hat ein doppelseitiges Gesicht. Sie kann die Verantwortung tragen für die Verbrechen der Missbrauchs-Affären, sie kann aber auch ein Anhaltspunkt in einer verwüsteten Welt sein. Franziskus dachte am Anfang an ein kurzes Pontifikat. Zwei, drei Jahre, höchstens fünf, wie er der mexikanischen Journalistin Valentina Alazraki am zweiten Jahrestag seiner Wahl anno 2015 sagte. Das Jahr 2018 ist dann zum Wendepunkt des Pontifikats geworden, zu einer Gabelung, an der sich die Wege trennen. Entweder geht es nach vorne, oder der Reformprozess bleibt stecken.

Im Jahre 2018 hat Franziskus erlebt, dass ihn die chilenische Kirchenhierarchie belogen hat. Dass sogar ein Kardinal seines Kronrats, Francisco Javier Errazuriz, ihm nicht die volle Wahrheit enthüllt hat über eine abstossende Missbrauchsaffäre. Es handelt sich um den Karadima-Skandal um einen Priester, der eng mit den besten Milieus in Santiago de Chile und dem Pinochet-Regime verflochten war. Fernando Karadima, ein charismatischer Charakter, schändete Jugendliche und hatte einen kleinen Kreis um sich, zu dem auch der spätere Bischof Juan Barros gehörte (und noch drei andere spätere Bischöfe). Ein enger Kreis von Vertrauten, in dem alle wussten, was los war.

Und als Franziskus Barros zum Bischof von Osorio ernannte und sofort Tausende von Leuten anfingen, heftig zu protestieren, da hat der schlecht informierte Papst zurückgeschlagen: Alles wäre nur Verleumdung. Nach seiner Chile-Reise hat der Papst die

Wahrheit erforschen lassen, hat Selbstkritik geübt in einem Brief an die Katholiken Chiles und hat verschiedene Bischöfe in den Ruhestand versetzt. Aber der Schlag gegen sein Prestige war nun einmal nicht auszulöschen.

Im Jahre 2018 ist auch der Report der Grand Jury des Staates Pennsylvania in den USA veröffentlicht worden. Mehr als 1000 missbrauchte Kinder und Jugendliche, nicht weniger als 300 verantwortliche Priester. Hinzu kam im selben Jahr das Ergebnis einer Untersuchung in Deutschland: Mehr als 1600 Priester, Diakone und Ordensmänner, die sich zwischen 1946 und 2014 an 3677 Minderjährigen vergangen haben. Hier sei aber angemerkt, dass die deutsche Bischofskonferenz selbst die Recherche eingeleitet hat. Drei unabhängige Teams von Universitäten wurden damit beauftragt: Ein mutiger Schritt.

Doch sei es in den Vereinigten Staaten, in Chile, Deutschland, Irland oder anderswo, überall haben die kirchlichen Behörden jahrzehntelang Vertuschungsmanöver in Gang gesetzt. All dies hat das Pontifikat im Jahr 2018 zutiefst erschüttert. Und als ob dem nicht genug wäre, stand der Kardinal von Lyon, Barbarin, in Frankreich vor Gericht wegen unterlassener Anzeige eines Priesters, der sich unter Barbarins Vorgänger an 67 Jugendlichen vergriffen hatte. Und gerade in diesem Annus horribilis schleudert Carlo Maria Viganò, der ehemalige Nuntius in Washington, Franziskus die Anklage ins Gesicht, er hätte trotz Warnung den unmoralischen Kardinal Theodore Edgar McCarrick «beschützt». Viganò ist ein geschätzter Diplomat, in Rom war er zwei Jahre lang Generalsekretär des Governatorats des Vatikanstaates. Im Jahre 2011 hatte man ihn nach Washington versetzt, weil er aktiv gegen Korruptionsgeschäfte in vatikanischen Kreisen auftrat. Und jetzt, im August 2018, während die Medien voll sind von klerikalen Missbrauchsgeschichten, sendet Viganò einen offenen Brief an den Papst und lässt (ohne es offen auszudrücken) durchblicken, dass Franziskus womöglich vor den Straftaten McCarricks die Augen verschlossen hatte. In Wahrheit war der Papst bis im Frühling 2018 nur von Vergehen an Volljährigen informiert worden. Als er im Sommer 2018 auch von

Beziehungen McCarricks zu Minderjährigen Nachricht erhielt, veranlasste er umgehend einen kanonischen Prozess gegen den Kardinal. McCarrick wurde daraufhin in den Laienstand versetzt und gleichzeitig aus dem Kardinalskolleg entfernt.

Warum all diese Details? Weil sich alles inmitten eines heimlichen Bürgerkrieges in der katholischen Kirche abspielt. Franziskus hat einmal seinen jesuitischen Mitbrüdern anvertraut, man müsse mit der Tatsache rechnen, dass zu Zeiten, in denen das Boot Petri in stürmische Gewässer gerät, es auch nötig ist, gegen den Wind zu rudern! Wie ist es dazu gekommen? Blenden wir kurz auf das Konklave von 2013 zurück. Die Forderungen vieler Kardinäle, die zur Papstwahl berechtigt waren, konzentrierten sich auf drei zentrale Punkte: Säuberung in der Vatikanbank (IOR = Istituto per le Opere di Religione), Reform der Kurie, dazu engere und bessere Beziehungen zwischen Papst und Bischofskonferenzen. Franziskus hat vieles in die Tat umgesetzt. Es lohnt sich, da etwas näher hinzuschauen, denn es zirkuliert ja manchmal das Wort, dies sei ein Pontifikat der Ankündigungen. Franziskus hat im Falle der Bank sehr konkret gehandelt. Ca. 4000 Konten wurden geschlossen, es ist nicht mehr möglich, dass Politiker, Financiers oder windige Geschäftsleute ein Konto im IOR eröffnen dürfen. Also ist es zu Ende mit Mafia-Geldwäscherei (die es im IOR gegeben hat) und mit der Möglichkeit, Korruptionsgelder an italienische Parteien durch die Vatikanbank zu schleusen, wie es in den 1990er-Jahren passiert ist. Heute ist im Vatikan eine Behörde für die Bekämpfung der Geldwäscherei am Werk und, last but not least, bestehen Abkommen für die Zusammenarbeit mit den Justizbehörden anderer Staaten, um Finanzdelikte auf die Spur zu kommen. Dank Franziskus stehen heute ehemalige Angehörige des Vorstandes der Bank vor dem vatikanischen Gericht wegen Missmanagement. Der Dreck wird nicht unter den Teppich gekehrt.

Franziskus hat die Reform der Kurie begonnen. Sechs päpstliche Räte sind in zwei Dikasterien zusammengefasst worden. Das Dikasterium für Laien und das Dikasterium für die «ganzheitliche Entwicklung des Menschen». Eine Vereinfachung der Struktur und eine Verminderung der Purpurträger. Zum ersten Mal ist ein Laie an die Spitze des Dikasteriums für Kommunikation berufen worden: Der Journalist Paolo Ruffini. Im Jahr 2020 sollte dann das Dokument für die gesamte Kurienreform veröffentlicht werden.[2] Mit einem starken Akzent auf Evangelisierung, mehr als «Kontrolle» in Sachen Lehre. Franziskus hat eine fast lautlose Dezentralisierung begonnen. Alle Beichtväter, sogar die schismatischen Pius-Brüder dürfen für Abtreibung die Absolution geben. Alle Beichtväter dürfen einschätzen, ob ein wiederverheiratetes geschiedenes Paar die Kommunion bekommen kann. Jeder Bischof in aller Welt hat die Fähigkeit, unter gewissen Umständen, eine kirchliche Trauung für Null und Nichtig zu erklären. Die Bischofskonferenzen dürfen heute liturgische Texte in die Landessprache übersetzen ohne langwierige Verhandlungen mit Rom: Es braucht nur eine Bestätigung (Confirmatio). Aber Franziskus ist weit über das «Mandat» der Wähler im Konklave hinausgegangen. Es ist 2013 wie 1958 passiert, als die Kardinäle im Konklave Johannes XXIII. gewählt haben, ohne zu wissen, dass er wenig später ein Konzil einberufen würde. Franziskus hat einen Umbruch herbeigeführt. Noch besser er hat die kirchlichen Strukturen zu einem Aufbruch in die heutige Welt getrieben. Die Kirche ist durch ihn von der jahrhundertalten Besessenheit mit Sex-Problemen befreit worden. Schluss ist mit den Auseinandersetzungen und der Dämonisierung der Homosexualität, Schluss ist mit den Diskussionen über vorehelichen Beziehungen, über Paare, die nicht kirchlich getraut sind oder über die Pille. In den Philippinen hat Franziskus im Krankenhaus eine Mutter nach wiederholten Kaiserschnitten sanft gemahnt, sie solle nicht nur auf Gott vertrauen, sondern auch sich selbst zusammen mit dem Vater verantwortlich verhalten. Die Katholiken seien «keine Kaninchen», hat er anschliessend den Journalisten auf dem Heimatflug gesagt. Franziskus hat sich in diesen Jahren für eine

2 Die Apostolische Konstitution *Praedicate evangelium* trägt den Charakter einer Verfassung und wird die Apostolische Konstitution *Pastor Bonus* über die Römische Kurie von 1988 ablösen. [Anm. des Lektors]

Umbildung der Kirche engagiert: anstelle der Monarchie die Gemeinschaft; anstelle eines kaiserähnlichen Papsttums der Bischof von Rom. Der Papst ist kein Idol, er ist fehlbar, er bittet um Verzeihung, er kann ganz normal in den Ruhestand gehen. Er ist kein Alleinherrscher, er fördert Synodalität, er beruft zur Unterstützung beim Regieren einen Kardinalsrat ein, er fördert die Rolle der Bischofssynode und weitet ihre Befugnisse aus.

Die römische Kurie soll sich nicht als Nabel der Welt empfinden, nicht als Oberkommando der Kirche. Die Kurie soll nicht nur dem Papst, sondern auch den Episkopaten zu Diensten sein. Die Bischöfe sollen sich nicht als Renaissance-Prinzen aufführen, und die Priester sollen nicht dem Narzissmus verfallen. Vor allem soll die Kirche eine Gemeinschaft «für» die Menschen sein, nicht ein Zollamt, wo man befiehlt: «Du kannst rein, du musst raus.» Ein Feldspital, wo man den Verwunderten nicht eine Blutprobe abnimmt, um zu sehen, ob sie «zu uns gehören». Der Umbruch fordert auch harte Worte. Zum Beispiel wenn er der Kurie die Leviten liest und über Hartherzigkeit, Karrierismus und geistigen Alzheimer spricht. Franziskus strebt eine Entklerikalisierung der Kirche an. Den Bischöfen in Chile hat er eingeprägt, dass elitäre Einstellung, Messianismus und Klerikalismus Totsünden sind: «Symptome einer Perversion in der kirchlichen Substanz!» In seinem Brief an das Volk Gottes in Chile, im August 2018, hat er unterstrichen, was Klerikalismus bedeutet: Missbrauch des Gewissens, Missbrauch der Macht, sexueller Missbrauch. Die Bischöfe in den USA hat er aufgefordert, keine komplexen Lehren, sondern freudig die Botschaft Christi zu verkünden. Nicht nach unten schauen in Selbstbezogenheit. Keine Kulturkämpfe führen. Das Kreuz nicht als Banner für weltliche Konflikte benützen. Es sei nötig, hat er gemahnt, «sich zu entäussern», denn die Erlösung komme nicht aus der Macht, sondern aus der Ohnmacht. Das alles bedeutet, dass es in seiner Anschauung für die Ideologie des Kulturkampfs keinen Raum gibt. Franziskus hat einmal erklärt, er hätte nie den Begriff Verhandelbare Werte (oder Nicht Verhandelbare Werte) verstanden. Man kann nicht andauernd über Abtreibung, Pille, Homosexualität reden. Der Horizont von Franziskus ist weit. Man muss nicht Gott in die zeitgenössische säkularisierte Welt «bringen». Denn Gott «ist» in dieser Welt schon da, man muss nur seine Spuren finden. Gott lebt und wirkt in der säkularisierten und pluralistischen heutigen Welt. Er lebt in dem Gewissen der Menschen. Mit der Zeit hat Franziskus eine Art – wenn ich es so nennen darf – Theologie der Kinder Gottes entwickelt. Die herkömmliche Lehre sagt, dass alle «Gottes Geschöpfe» sind, aber nur die getauften Christen sind «Kinder Gottes». Für Franziskus sind alle auf der Welt Gottes Kinder. Beim Besuch einer Pfarrei in der Peripherie Roms trifft Franziskus einen neunjährigen Jungen, Emanuele: Sein Vater ist gestorben, er war Atheist – wird er in den Himmel kommen? Franziskus befragt die Kinder in der Pfarrei: Lässt Gott einen guten Familienvater, der seine Kinder taufen liess, im Stich? «Nein», schreien alle Kinder. Und als Carlotta ihn befragt ob der Himmel auch für ihren muslimischen Schulfreund offen sei, bejaht es der Papst. Wir haben es in den Konfliktregionen des Mittleren Ostens gesehen: Franziskus pocht immer darauf, dass alle – Muslime und Juden, Yaziden und Christen – Gott als Vater haben, Alle sind Kinder Gottes. Wer getauft ist, hat dann eine besondere Verantwortung: Zeugnis ablegen von der Frohen Botschaft. Denn letzten Endes, wie Franziskus einmal dem Gründer der Tageszeitung La Repubblica, Eugenio Scalfari, gesagt hat, ist doch entscheidend, wie sich jeder Mensch dem Guten oder Bösen stellt.

Nicht zufällig hat der ehemalige Papst Benedikt den argentinischen Papst so beschrieben: «Es ist ein dummes Vorurteil zu sagen, dass Papst Franziskus nur ein praktischer Mensch sei, ohne besondere theologische und geistige Ausbildung [...] Im Gegenteil, Franziskus ist ein Mensch mit einer tiefen philosophischen und theologischen Bildung.» Das Benedikt-Zitat hilft uns, den Weg genauer zu betrachten, den der Papst eingeschlagen hat. Franziskus wirkt im Sinne einer Wiederentdeckung des Antlitzes Gottes. Ein Gott des Erbarmens, ein Gott der Barmherzigkeit. Und falls das Wort zu süsslich klingen sollte, denken wir daran, dass im hebräischen «Erbarmen» mit «Gebärmutter» verbunden ist, also eine gänzlich innige Verknüpfung ausdrückt! Denken wir noch an das hebräische Wort Hinnemi: «Ich bin da». Abraham, Moses, Samuel haben ihr «Ich bin da» ausgesprochen. Und der Gott, den Franziskus verkündet, ist immer «da». Er steht dem Menschen bei. Dieser Gott hat nicht das Antlitz eines Richters. Es ist ein Gott, der allen Zeitgenossen, Männern und Frauen des 21. Jahrhunderts, nahesteht, Christgläubigen und Andersgläubigen.

Franziskus tritt nicht als Pontifex Maximus auf, sondern als Jünger Christi auf den staubigen Wegen Galiläas, wo man Juden, Samaritanern, Römern, Griechen und Anhängern orientalischer Religionen begegnete: Einer Vielfalt der Gläubigen. Und Nicht-Gläubigen. Denn schon als Kardinal meinte Bergoglio: «Ich habe nie gedacht, dass einem Nicht-Gläubigen etwas ‹fehle›! Wenn dies das Antlitz Gottes ist, dann ist man Christ nicht aus Gründen der kulturellen Identität oder weil man heimat- und traditionsbezogen ist. Wenn es nur um die Sonntagsmesse gehen sollte, dann ist es besser, sich als Atheisten zu bezeichnen. Christ sein bedeutet Zeugnis ablegen.» Bergoglio und Ratzinger sind gewiss verschiedene Persönlichkeiten mit unterschiedlichen Anschauungen, aber es ist interessant, auch die innigen Verbindigen zwischen den beiden aufzuspüren. In seiner Enzyklika «Gott ist Liebe» (Deus caritas est) unterstreicht Benedikt XVI., dass die vertikale Dimension der Liebe zwischen dem Gläubigen und Gott nicht bestehen kann ohne die horizontale Dimension der Nächstenliebe. Genau das denkt Franziskus auch. Zeugnis ablegen ist fundamental. Franziskus wiederholt oft das Benedikt-Zitat: Das Christentum verbreitet sich nicht durch Proselytismus, sondern durch «Anziehungskraft». Ratzinger ist der Überzeugung, dass die Christen heute eine aktive Minderheit sein müssen. Franziskus kümmert sich nicht um Statistik, doch er spornt die Gläubigen an, Zeugnis abzulegen an den Brennpunkten der zeitgenössischen Gesellschaft. Wie der Samaritaner ist jeder aufgerufen mitzuleiden, mitzufühlen, zusammen die Wunden zu heilen und die Bürde der Rettung der anderen zu teilen. «Schaue dem Armen in die Augen», sagte er schon als Bischof in Buenos Aires. Man soll vor dem Elend in der Welt nicht die

Augen schliessen, sondern tatkräftig einspringen. Das vertritt er auch mit ökumenischem Elan. In dem wichtigen Dokument, das er in Abu Dhabi am 4. Februar 2019 mit dem grossen Imam von der Kairoer Al-Azhar-Universität, Ahmad al-Tayyeb, unterzeichnet hat, steht geschrieben: «Der Glaube lässt den Gläubigen im anderen einen Bruder sehen, den man unterstützt und liebt.» Bezeichnenderweise trägt dieses christlich-islamische Dokument, das erste nach mehr als tausendjährigen Konflikten, die Überschrift: «Die Brüderlichkeit aller Menschen». Franziskus ist überzeugt, dass man all dies in Taten übersetzten muss, indem sich jeder konkret einsetzt. Vier Bereiche hat der Papst vor Augen:

Ungleichheit

Die ungerechte Verteilung der Güter, wenn es um das Gemeinwohl geht, ist nicht akzeptierbar. «Gut ist am Ende das, was Gemeinwohl ist, sonst ist es eigentlich nicht gut», hat er einmal gesagt. Sein Vorbild ist die Bergpredigt, wo von denjenigen die Rede ist, die Hunger haben und denen es nach Gerechtigkeit dürstet. Von den lateinamerikanischen Volksbewegungen hat er ein Schlagwort angenommen: «Tierra, Techo, Trabajo». Ein Dach, einen Acker zum Bebauen, eine Arbeit, um menschenwürdig leben zu können. In seinem Schreiben *Gaudete et Exsultate* wendet er sich scharf gegen jene Katholiken, die das soziale Engagement als «Immanentismus» oder «Kommunismus» verwerfen. Nein, sagt Franziskus, sich um diese Probleme zu kümmern, ist keine «Erfindung eines Papstes» oder ein vorübergehender «Wahnsinn». In dem Apostolischem Schreiben *Evangelii Gaudium* warnt er von der Gefahr einer sozialen Explosion, wenn die ärmsten Bevölkerungsschichten weiterhin der sozialen Ungleichheit und der systematischen Ausgrenzung ausgeliefert werden. Sehen wir nicht so etwas schon in den zornigen Demos der *Gilets Jaunes* in Frankreich? Die Globalisierung hat gewiss Hunderten von Millionen Menschen den Zugang zur Marktwirtschaft geöffnet, aber gleichzeitig erweitert sich dramatisch die Kluft zwischen denen, die an der Spitze der Pyramide stehen, und einer breiten, grösser werdenden Masse jener, die aus dem Spiel ausgeschlossen sind.

Jedes Jahr treffen sich im schweizerischen Davos die Wirtschaftseliten und Politiker/-innen im Beisein der Medien. Und die internationale NGO Oxfam veröffentlicht jeweils einen Bericht über die Ungleichheit auf internationaler Ebene. Hier die Ziffern. Im Jahre 2014 besassen 85 Individuen das, was die arme Hälfte der Weltbevölkerung besitzt – 3,5 Milliarden Menschen. Vier Jahre später war die alleroberste Kaste auf 26 Individuen geschrumpft. Global besitzt 1 Prozent der Weltbevölkerung so viel wie die restlichen 99 Prozent. Man kann hinzufügen, dass 82 Prozent aller Gewinne im Jahre 2017 an dieses 1 Prozent der Weltbevölkerung gegangen ist. Diese Situation hat Franziskus im Auge, wenn er unterstreicht, dass die immer grösser werdende soziale Kluft eben nicht das Wahnprodukt des Papstes ist.

Franziskus richtet die Aufmerksamkeit auf die Armen, die Beiseitegelassenen, die Weggeworfenen, die Ausgegrenzten. Sie leben nicht nur fern in der Dritten Welt, sie leben unter uns. Zu Weihnachten 2016 hat in Rom eine rumänische Obdachlose am Rande des Peterplatzes ein Kind zur Welt gebracht. Eine fast biblische Geschichte.

Migranten

Von Anfang an hat sich Franziskus dieses enorme Problem zu Herzen genommen. Seine erste Reise galt der Insel Lampedusa, ein Landepunkt der Flüchtlinge und Migranten aus Afrika. Mehrmals hat er die weltweite Gleichgültigkeit beklagt. Der Papst ist kein abstrakter Willkommensprediger. Er erklärt, dass jedes Land so viele aufnehmen solle, wie es könne. Mit Klarsicht. Es sei die Aufgabe der Staaten und der Politiker, praktische Lösungen auszudenken, doch niemand dürfe vergessen, dass inzwischen das Mittelmeer zu einem grossen Friedhof geworden ist. Und auch in anderen Kontinenten sterben die Menschen während ihres Marsches nach Norden. Das Problem, mahnt er, könne man nicht einfach mit Mauern und Stacheldraht lösen, man könne nicht nur in Zahlen denken.

Franziskus ist besorgt, dass sich eine engstirnige, eigennützige und egoistische Mentalität ausgebreitet habe. Man kümmere sich nicht um die Bürger, meint er, sondern um die Wähler. Man schaue nicht auf die Migranten, sondern auf die Quoten. Man sei nicht um die Arbeitnehmer besorgt, sondern um ökonomische Massstäbe. Für ihn (und so sollte es für einen jeden Christen sein) sind die Migranten keine anonyme Menge. Sie haben Gesichter, Namen, Familien. Fast immer suchen sie nicht ein «besseres Leben», sondern kämpfen um das nackte Überleben. Das Phänomen der Migration – so Franziskus – müsse man als die «grösste Menschheitskatastrophe nach dem 2. Weltkrieg» betrachten. Deswegen müsse man dem Leiden der Menschen in die Augen schauen!

Neue Formen der Versklavung

Sklaverei sei nicht Echo alter Zeiten, Geschehnisse, die sich etwa im Alten Ägypten oder Rom abspielten. Oder in den Baumwollfeldern der Südstaaten Amerikas im 19. Jahrhundert. Sklaverei sei, nach Franziskus, etwas ganz Aktuelles: gelebte Sklaverei von Kindheit an in verschieden Ländern, vor allem Asiens; sexuelle Sklaverei, die wie eine Industrie organisiert ist und ca. 30 Millionen Menschen, mehrheitlich Frauen und Kinder, von einem Land zum anderen schleust (die Daten stammen von der UNO). Aber es gebe auch eine ungesehene, der Form nach freiwillige Versklavung: Männer und Frauen, die für einen unglaublich kleinen Lohn (als Schwarzgeld natürlich) unter unmenschlichen Verhältnissen arbeiten. In Italien seien es die eingewanderten Tomatenpflücker, die für 3 Euro am Tag schuften. Oder die unsichtbaren Arbeiter in einigen chinesischen Fabriken in Prato (Toskana), von denen man nur Kenntnis nehme, wenn sich eine Brandkatastrophe ereigne. Man brauche nur zu suchen in der Ersten Welt, und man werde Ungeheures finden. Franziskus strebte danach, mit dem US-Präsidenten Barack Obama die neuen Formen der Sklaverei von den Vereinten Nationen als Verbrechen gegen die Menschlichkeit definieren zu lassen. In der neuen weltpolitischen Konstellation wurde die Chance verpasst.

Schutz der Natur

Franziskus hat das Thema in seiner Enzyklika Laudato si' angepackt. Es ist keine «grüne Enzyklika» der Mode wegen. Sie fusst auf der Erkenntnis, dass es einen starken Zusammenhang gibt zwischen den Umweltschäden und den sozialen Schäden, die von Verschmutzung, Verwüstung, Vergiftung der Luft und des Wassers, Treibhauseffekt, rücksichtsloser Ausbeutung der natürlichen Ressourcen inklusive *land grabbing* verursacht werden. Kann man sich wundern, wenn Millionen Menschen aus einer zur Wüstenei gewordenen Region fliehen oder in einer untragbaren Lage das Weite suchen, da nichts mehr einen normalen, wenn auch dürftigen Lebensunterhalt gewährleisten kann? Franziskus spornt zu einem verantwortlichen Handeln an. Die Umwelt zu schützen heisse, die Menschheit zu schützen. Wie oft fasst er alles in einem bildreichen Wort zusammen: Man höre auf den Schrei der Natur und der Armen, die an dem bedenkenlosen, egoistischen Verschleiss der Naturgaben leiden.

All dies zeigt: die Neuorientierung der Kirche, die Neuorientierung der Beziehung zwischen Lehre und Leben, der Anfang einer kirchlichen Dezentralisierung und das starke soziale Engagement verunsichern das konservative Denken und die traditionsbeflissene Trägheit derer, die sich nicht den Herausforderungen der neuen Epoche stellen wollen. Es gibt Bischöfe und Priester, die einfach Angst haben vor Reformen – auch guten Gewissens! So findet man in diesem riesig grossen Leib der Weltkirche (1300 Milliarden Getaufte) nicht nur den lautstarken Widerstand, sondern auch die lautlose Opposition, die in der Passivität, in der intellektuellen Trägheit, in der Furcht vor «Protestantisierung» wurzelt. Und dann gibt es die praktische Sabotage. Franziskus hat von Anfang dazu aufgefordert, Frauen auf Positionen zuzulassen, an denen man «entscheidet und Autorität ausübt». In der Weltkirche und in den Bischofkonferenzen ist mit einigen Ausnahmen nichts geschehen. Und diese lautlose Sabotage hat wiederum den Papst paralysiert mit negativen Folgen. Es ist nicht zum Frauendiakonat gekommen, die Idee eines Laienrates wurde vom Kardinalkollegium nicht aufgegriffen, der Vorschlag der Vorsitzenden der Focolarini-Bewegung, Maria Voce, ausgewählten Laien – Männern und Frauen – eine Beteiligung an den Kardinalsversammlungen vor dem Konklave zu ermöglichen, ist nicht konkretisiert worden.

Aber die grösste Sabotage hat bisher im Feld der Missbrauchsbekämpfung stattgefunden. Franziskus hatte von Beginn seines Pontifikats an eine Nulltoleranz vorgegeben. Er hat den Nuntius in Santo Domingo, Monsignore Wesolowski, vor das kanonische Gericht gestellt, er hat ihn vom geistlichen Stand suspendiert, er hat zwei Kardinäle (O'Brien aus Schottland und McCarrick aus den USA) aus dem Kardinalskollegium entfernt, er hat etliche Bischöfe in Chile, in den USA und in anderen Teilen der Welt abtreten lassen, aber in der Weltkirche hat sich fast nichts bewegt. Nur in wenigen Ländern wie Deutschland, der Schweiz, Österreich, England, Irland und den USA hat man klare und effektive Richtlinien erlassen und Strukturen errichtet, um die Opfer anzuhören, Untersuchungen anzuleiten und Massnahmen zu treffen, um die Täter sofort zu entfernen und vor ein kirchliches oder weltliches Gericht zu führen und endlich, um den Betroffenen eine Entschädigung zu bewilligen.

Die grosse Mehrheit der Bischofskonferenzen hat die ganze Problematik beiseitegelassen, obwohl Benedikt XVI. schon 2010 verordnet hatte, dass jedes Episkopat sich tatkräftig organisieren sollte, um Verbrechen auf der Spur zu kommen. In Italien, wo die Päpste «Primas» der katholischen Kirche sind, hat man bis zum Jahre 2018 warten müssen, damit die italienische Bischofkonferenz zum Entschluss kam, einen nationalen Fürsorgedienst in Sachen Missbrauch aufzustellen. Was im Vatikan geschehen ist, zeigt, wie schwierig die Kräfteverhältnisse innerhalb der katholischen Kirche sind. Papst Franziskus hatte eine Kommission zum

Schutz der Minderjährigen einberufen, an der auch zwei Missbrauchsbetroffene teilnahmen. 2015 wendet sich die Kommission an den Papst mit dem Antrag, ein Sondergericht einzusetzen, vor dem sich die Bischöfe im Fall von Pflichtversäumnissen verantworten sollen. Der Papst sagt ja. Ein Paar Jahre passiert nichts. Am Ende erfährt man, dass einige Kurienkardinäle, darunter Kardinal Ludwig Gerhard Müller, mit dem Projekt nicht einverstanden waren. Es wurde sabotiert. Ebenso geschah es mit den von der Kommission verabschiedeten Richtlinien: Sie blieben auf der zugehörigen Website liegen und traten nie in Kraft. Von einer Anzeigepflicht an die weltlichen Behörden, falls man unter dem Klerus einen Missbrauchstäter entdecke, ist keine Rede.

Im Februar des Jahres 2019 hat der Papst eine Konferenz der Vorsitzenden der Bischofkonferenzen einberufen, um das brennende Thema zu besprechen. Zu einem Statement mit klaren Verpflichtungen ist es dennoch nicht gekommen, obwohl Kardinal Reinhard Marx es vorgeschlagen hatte. Es gab auch keine Agenda mit präzisen Punkten, die zu verwirklichen wären. Die Bischofskonferenzen wurden jedoch aufgefordert, innerhalb des Jahres 2020 neue effektive Organisationsformen einzurichten, um die Missbrauchsfälle zu behandeln. Der Papst selbst – so hat man es offiziell verkündigt – wird mit neuen Dokumenten einschreiten. Dieses Auf und Ab zeigt beispielhaft die Spannungen innerhalb der Kirche. Ein Art Bürgerkrieg ist im Gange. Die konservativen Kreise tolerieren die Neuerungen und die Reformen Bergoglios nicht. Wo es nicht offene Opposition gibt, da fühlt man das Wirken der lautlosen Sabotage und des Bremsens vonseiten derjenigen Würdenträger, die dem Papst nur ein Lippenbekenntnis schenken. Der Kirchenhistoriker Andrea Riccardi, Gründer der international bekannten Gemeinschaft Sant'Egidio, meint, dass es «in den letzten hundert Jahren nie so eine grosse Opposition gegen einen Papst gegeben hat vonseiten der Bischöfe und des Klerus». Die Missbrauchsaffäre selbst ist ein Schlachtfeld geworden, auf dem sich die Gegner von Franziskus tummeln. Eventuelle Fehler des Papstes und die weltweite Entrüstung über die sexuellen Übergriffe von Priestern und Bischöfen auf Minderjährige werden dazu benutzt, um hinter den Kulissen ein Bündnis zu schmieden zwischen der theologisch-innerkirchlichen Opposition und den politisch-ökonomischen Lobbys – Kreisen, die die soziale Botschaft von Franziskus nicht vertragen und aus dem öffentlichen Diskurs ausmerzen wollen. Bannon ist Verfechter der «America First»-Politik des Präsidenten Donald Trump und seiner Vision eines ungefesselten Kapitalismus und eines hypernationalistischen Machtdarwinismus auf Weltebene. Bannon beschuldigt Franziskus, dass er sich auf die Seite der globalisierten Eliten gestellt habe und die Volksmassen beiseitegelassen habe, und gleichzeitig beschuldigt er den Papst, zu wenig und zu spät etwas gegen den Missbrauchsskandal getan zu haben. Eine regelrechte politische Verleumdungskampagne. Vom Inneren der Kirche treten stattdessen Persönlichkeiten wie Nuntius Viganò auf, die den Papst angreifen und ihn anklagen, die Infiltration homosexueller Seilschaften im Vatikan zu tolerieren. Während Kardinal Müller ein Glaubensmanifest an die Öffentlichkeit bringt, um zu beklagen, dass das Kirchenvolk «verlassen und verunsichert» sei. So sieht das heutige Klima aus, in dem Franziskus regiert.

Seit 5 Jahren ist gegen ihn eine andauernde aggressive Eskalation im Gange. Es hat mit den Familiensynoden angefangen. Bücher sind erschienen von Bischöfen und Kardinälen, um die Möglichkeit der Kommunion für die wiederverheirateten Geschiedenen abzuwenden. 800 000 Unterschriften, darunter die von 100 Bischöfen, sind für ein traditionalistisches Volksbegehren gesammelt worden, damit niemand daran denke, das hergebrachte Lehramt in Sachen Ehe zu ändern. Man hat angefangen, Johannes Paul II. und Benedikt XVI. gegen den amtierenden Papst auszuspielen. Kritische Briefe gegen Franziskus sind an das Kardinalskollegium geschickt worden. Vier Kardinäle haben danach die Autorität Schreiben *Amoris laetitia* und damit die des Papstes selbst infrage gestellt. Im Zentrum Roms hat man aggressive Plakate gegen den Papst an die Mauern geklebt. Im Web hat man einen falschen Osservatore Romano verbreitet, mit einem falschen Interview mit

Franziskus, das den Papst lächerlich machte. 62 katholische Persönlichkeiten haben zudem ein Manifest veröffentlich, in dem man dem Papst «häretische Thesen» zuschrieb. Und noch dazu hat ein Nuntius sogar öffentlich seinen Rücktritt gefordert. Pater Antonio Spadaro, Chefredakteur der einflussreichen Jesuitenzeitschrift Civiltà Cattolica, hat jüngst gemahnt: «Dies ist kein hübsches Pontifikat, es ist ein dramatisches Pontifikat [...] wo Kardinäle den Papst angreifen und Atheisten ihn verteidigen.» Kardinal Walter Kasper hat das kirchenpolitisch in einem ARD-Interview ausgedrückt: «Es gibt schon Leute, die einfach dieses Pontifikat nicht mögen, und die wollen das so schnell wie möglich beenden und wollen sozusagen ein neues Konklave haben» – und es so vorbereiten möchten, dass der Ausgang nach ihrem Sinne sei. Das ist die Lage. Gleichzeitig merkt man aber, dass es in der Weltkirche keine wirkliche Mobilmachung gibt, um den Reformkurs des Papstes zu unterstützen. Damals, in der Zeit des 2. Vatikanischen Konzils und noch nach dem Konzil, fand man Bischöfe, Kardinäle, Theologen, Initiativkreise in den Diözesen, Gruppen von Gläubigen, die aktiv Stellung nahmen, um die Erneuerung der Kirche zu verfechten. So etwas sieht man heute nicht. Die Opposition ist lautstark. Die reformfreudigen Anhänger Bergoglios stehen grösstenteils stumm da. Franziskus weiss das und ist auch bereit dazu, gegen den Wind zu rudern. Er hat es seinen Jesuitenbrüdern auch gesagt. Aber vor allem ist er alleine. Ein italienischer Bischof, Giancarlo Bregantini, hat bemerkt: «Alle sprechen von diesem ausgezeichneten, tollen Papst. Doch es ist wie im Stadion. Die Zuschauer gucken und spenden Beifall, und unten spielt Franziskus alleine.» Die Einsamkeit des Papstes und eine verbreitete Passivität im Kirchenvolk – das fällt auf! Mehr kann ich nicht sagen. Ich bin ja nur ein Beobachter.

Kurzbiografien

Arens, Edmund, Dr. theol., war Professor für Fundamentaltheologie an der Theologischen Fakultät der Universität Luzern, von 2006 bis 2010 Leiter der Arbeitsgemeinschaft der katholischen Dogmatiker und Fundamentaltheologen des deutschen Sprachraums.

Berlis, Angela, Dr. theol, ist Professorin für die Geschichte des Altkatholizismus und Allgemeine Kirchengeschichte, Institut für Christkatholische Theologie, Theologische Fakultät, Universität Bern.

Bischof Feige, Gerhard, Prof. Dr. theol., Bischof von Magdeburg, Vorsitzender der Ökumenekommission der Deutschen Bischofskonferenz.

Brun, Maria, Dr. theol., ist langjährige theologische Mitarbeiterin des orthodoxen Metropoliten Damaskinos Papandreou am Orthodoxen Zentrum des Ökumenischen Patriarchats in Chambésy/Genf. Ihre Fachgebiete sind Orthodoxie und Ökumene.

Kardinal Koch, Kurt, Prof. Dr. theol., emeritierter Bischof von Basel. Seit 2020 Präsident des Päpstlichen Rates zur Förderung der Einheit der Christen.

Kauder, Volker, Dr. jur., war von 1990 bis 2021 Abgeordneter des Deutschen Bundestages und Vorsitzender der CDU/CSU-Bundestagsfraktion (2005–2018). Im Auftrag der Unionsfraktion ist er mit dem weltweiten Einsatz gegen Christenverfolgung beauftragt. Er ist zudem zuständig für folgende Themen: das «C» in Fraktion und Politik, Werte und Religionsfreiheit. Seit 2021 ist er Vorsitzender des Kuratoriums der Bundeskanzler-Helmut-Kohl-Stiftung.

Kosch, Daniel, Dr. theol., ist seit 2001 Generalsekretär der Römisch-Katholischen Zentralkonferenz der Schweiz (RKZ).

Liedhegener, Antonius, Prof. Dr. rer. pol., Forschungen zu Religion und Politik, Religionspolitik, Zivilgesellschaft, Identitätspolitik und Integration. Zentrum für Religion, Wirtschaft und Politik (ZRWP), Universität Luzern.

Müller, Wolfgang W., Dr. theol., war von 2001 bis 2021 Professor für Dogmatik und Leiter des Ökumenischen Instituts an der Universität Luzern. Forschungsschwerpunkte: Theologiegeschichte 19./20. Jahrhundert, Sakramententheologie, theologische Anthropologie, ökumenische Theologie, interreligiöser Dialog, das Verhältnis von Theologie und Musik.

Pereira, Suhas, Dr. theol., Indischer Kapuziner aus der Kapuzinerprovinz St. Bonaventura, Maharashtra, wurde an der Universität Luzern im Fach Theologie promoviert und ist seit 2019 im Theologieseminar tätig.

Politi, Marco, italienischer Vatikankorrespondent und Buchautor.

Rutishauser, Christian M., Dr. theol., Mitglied der Jüdisch/Röm.-kath. Gesprächskommission der Schweizer und der Deutschen Bischofskonferenz; Delegationsmitglied in der vatikanischen Kommission für die religiösen Beziehungen zum Judentum. Seit 2014 ständiger Berater des Heiligen Stuhls in eben dieser Angelegenheit.

Scornaienchi, Lorenzo, PD Dr. theol., Neutestamentler, Hochschulseelsorger an der Universität Luzern und reformierter Pfarrer.

Sigrist, Christoph, Prof. Dr. theol., Pfarrer am Grossmünster in Zürich, Titularprofessor für Diakoniewissenschaft an der Universität Bern.

Strasser, Peter, Prof. Dr., Philosoph, unterrichtete am Institut für Philosophie der Karl-Franzens-Universität Graz besonders die Fächer Ethik und Religiöses Denken. Zahlreiche Buchpublikationen. 2014 erhielt Strasser, der für verschiedene in- und ausländische Zeitschriften tätig ist, den Österreichischen Staatspreis für Kulturpublizistik.